NomosAnwalt

Dr. Ernst L. Schwarz
Rechtsanwalt und Fachanwalt für Erbrecht
und für Familienrecht, München

Testamentsvollstreckung

Nomos

Die Deutsche Nationalbibliothek verzeichnet diese Publikation in der Deutschen Nationalbibliografie; detaillierte bibliografische Daten sind im Internet über http://dnb.d-nb.de abrufbar.

ISBN 978-3-8329-4917-4

1. Auflage 2010

Vorwort

Im Wege der Erbfolge wechselt mehr denn je erhebliches Vermögen von einer Generation zur anderen. Erblasser haben vielfach ein besonderes Interesse daran, ihre Nachlasswerte nicht nur weiterzugeben, sondern über ihren Tod hinaus Einfluss auf die Nachlassabwicklung, insbesondere eine längerfristige Nachlassverwaltung zu nehmen. Das vom Gesetz für ein solches mittelbares „Nachlassmanagement" vorgesehene Rechtsinstitut ist die Testamentsvollstreckung. Erblasser machen hiervon immer häufiger Gebrauch und unterstellen ihren Nachlass der Verwaltung durch einen Testamentsvollstrecker. Die Motive dafür können vielschichtig sein: Vermeidung streitiger Auseinandersetzungen unter Miterben, Schutz minderjähriger oder unerfahrener Erben, Fernhalten von Eigengläubigern des Erben oder einfach eine professionelle Abwicklung durch einen Nachlassmanager, um nur einige Punkte zu nennen. Das Amt des Testamentsvollstreckers stellt dabei regelmäßig zivilrechtliche und steuerrechtliche Anforderungen und verlangt für eine sachgerechte Ausübung entsprechendes know-how.

Das Buch gliedert sich in 2 Teile und erläutert die verschiedenen Phasen einer Testamentsvollstreckung. Teil 1, überschrieben mit *„Vor dem Erbfall"*, wendet sich an den Erblasser. Welche Überlegungen sind von ihm anzustellen und mit welchen Anordnungen und Vorgaben kann er im Testament die Testamentsvollstreckung begründen und ausgestalten. Für die verschiedenen Konstellationen werden jeweils entsprechende Formulierungsvorschläge angeboten. Teil 2, überschrieben mit *„Nach dem Erbfall"*, stellt die konkrete Abwicklung mit den jeweiligen Verfahrensschritten dar, die der Testamentsvollstrecker nach dem Tod des Erblassers zu beachten hat. Checklisten und Mustertexte unterstützen den Testamentsvollstrecker bei seiner Amtsausübung.

Die sich durch das FamFG (1.9.2009) ergebenden Änderungen im Bereich der Testamentsvollstreckung werden bei den jeweiligen Kapiteln im Einzelnen dargestellt. Die Neuerungen im Erbschaftsteuerrecht (1.1.2009/1.1.2010) sowie durch die Erbrechtsreform (1.1.2010) sind ebenfalls erläutert.

München, im Dezember 2009

Ernst L. Schwarz

Inhaltsübersicht

Inhaltsverzeichnis

Literatur

Kommentare und Lehrbücher

Bamberger/Roth, Kommentar zum Bürgerlichen Gesetzbuch, 2. Auflage 2008;

Bengel/Reimann, Handbuch der Testamentsvollstreckung, 3. Auflage 2001;

Brox/Walker, Erbrecht, 22. Auflage 2007;

Demharter, Kommentar zur Grundbuchordnung, 24. Auflage 2002;

Firsching/Graf, Nachlassrecht, 9. Auflage 2008;

Fischer/Jüptner/Pahlke, ErbStG, 1. Auflage 2009;

Gottwald/Döbereiner, Insolvenzrechtshandbuch, 3. Auflage 2006;

Gräfe/Lenzen/Rainer, Steuerberaterhaftung, 3. Auflage 1997;

Herrmann/Heuer/Raupach, Kommentar zum Einkommensteuergesetz/Körperschaftsteuergesetz, 2008;

Hübschmann/Hepp/Spitaler/Boeker, 2006;

Jaeger/Weber, Kommentar zur Konkursordnung, 8. Auflage 1985;

Kapp/Ebeling, Kommentar zum Erbschaftsteuer- und Schenkungsteuergesetz, 2008;

Keidel/Schmatz/Stöber, Registerrecht, 6. Auflage 2003;

Keidel/Zimmermann, Freiwillige Gerichtsbarkeit, 16. Auflage 2009;

Kerscher/Tanck/Krug, Erbrechtliches Mandat, 4. Auflage 2007;

Kerscher/Tanck/Krug, Testament in der anwaltlichen und notariellen Praxis, 1. Auflage 1998;

Kipp/Coing, Erbrecht, 14. Auflage 1990;

Klingelhöffer, Vermögensverwaltung in Nachlasssachen, 1. Auflage 2002;

Korintenberg/Lappe/Bengel/Reimann, Kostenordnung, 17. Auflage 2008;

Kroiß, Das neue Nachlassverfahrensrecht, 1. Auflage 2009;

Kroiß/Seiler, Das neue FamFG, 2. Auflage 2009;

Krug/Rudolf/Kroiß/Littig, Formularbuch Erbrecht, 2. Auflage 2006;

Lange/Kuchinke, Erbrecht, 5. Auflage 2001;

Lieb, Die Vergütung des Testamentsvollstreckers, 1. Auflage 2004;

Littmann/Bitz/Meincke, EStG, 14. Auflage 1985;

Maunz/Dürig/Herzog, Grundgesetz, 55. Auflage 2009;

Mayer/Bonefeld/Wälzholz/Weidlich, Testamentsvollstreckung, 2. Auflage 2005;

Meincke, Erbschaftsteuer- und Schenkungsteuergesetz, 15. Auflage 2009;

Moench, ErbStG, 15. Auflage 2009;

Möhring/Beisswingert/Klingelhöffer, Vermögensverwaltung in Vormundschafts- und Nachlasssachen, 8. Auflage 2001;

Münchner Kommentar zum Bürgerlichen Gesetzbuch, 4. Auflage 2004;

Musielak, ZPO, 6. Auflage 2008;

Nieder/Kössinger, Handbuch der Testamentsgestaltung, 3. Auflage 2008;

Palandt, Bürgerliches Gesetzbuch, 68. Auflage 2009;

Reimann, Testamentsvollstreckung in der Wirtschaftsrechtspraxis, Rn. 344;

Schmidt, EStG, 28. Auflage 2009;

Soergel, Bürgerliches Gesetzbuch, 13. Auflage 2003;

Staudinger, Kommentar zum BGB, 13. Auflage 1994 (bezüglich der §§ 2197ff. BGB: 2003);

Tanck, Erbrecht, 1. Auflage 2007;

Tipke/Kruse, Abgabenordnung, 16. Auflage 2001;

Weidlich, Die Testamentsvollstreckung im Recht der Personengesellschaften, 1993;

Winkler, Testamentsvollstreckung, 19. Auflage 2008;

Zimmermann, Testamentsvollstreckung, 3. Auflage 2008;

Zöller/Philippi, Zivilprozessordnung, 27. Auflage 2008.

Aufsätze

Damrau, Das Bestimmungsrecht des Testamentsvollstreckers, FamRZ 2004, 422;

Damrau, Der Minderjährige im Erbrecht, ZEV 1994, 1;

Damrau, Testamentsvollstreckung bei Gesellschaftsanteilen, BWNotZ 1990, 69;

Damrau, Der Nachlass vor Beginn des Testamentsvollstreckeramtes, ZEV 1996, 81:

Damrau/Mayer, Zur Vor- und Nachvermächtnislösung beim sog. Behindertentestament, ZEV 2001, 293;

Flume, Die Erbnachfolge in den Anteil an einer Personengesellschaft und die Zugehörigkeit des Anteils zum Nachlass, NJW 1988, 161;

Garlichs, Der Testamentsvollstrecker privat, ZEV 1996, 447;

Grunsky/Hohmann, Die Teilbarkeit des Testamentsvollstreckeramtes, ZEV 2005, 41;

Haas/Lieb, Die Angemessenheit der Testamentsvollstreckervergütung nach § 2221 BGB, ZErb 2002, 202;

Habscheid, Schiedsverfahren und Freiwillige Gerichtsbarkeit, ZZP 1953, 188;

Haegele, Einzelfragen der Testamentsvollstreckung, BWNotZ 1974, 109;

Haegele, Familienrechtliche Fragen um den Testamentsvollstrecker, Rpfleger 1963, 330;

Häfke, Steuerliche Pflichten, Rechte und Haftung des Testamentsvollstreckers, ZEV 1997, 429;

Holch, Testamentsvollstreckung an einer OHG-Beteiligung, DNotZ 1958, 282;

Klingelhöffer, Berechnung der Höhe der Testamentsvollstreckervergütung, ZEV 1994, 121;

Klingelhöffer, Testamentsvollstreckung und Pflichtteilsrecht, ZEV 2000, 261;

Krug, Die dingliche Surrogation bei der Miterbengemeinschaft, ZEV 1999, 381;

Mayer, Die Testamentsvollstreckung über GmbH-Anteile, ZEV 2002, 209/213;

Muscheler, Antragsberechtigung bei Entlassung eines Testamentsvollstreckers, ZErb 12/2005, 424;

Muscheler, Der Pflichtteilsberechtigte als Beteiligter im Sinne des § 2227 BGB, ZErb 2/2009, 54;

Muscheler, Erbteilsvollstreckung, ZEV 1996, 185;

Muscheler, Die Freigabe von Nachlassgegenständen durch den Testamentsvollstrecker, ZEV 1996, 401;

Muscheler, Die vom Testamentsvollstrecker erteilte Vollmacht, ZEV 2008, 213;

Noll/Schmuck, Abzugsfähigkeit der Gebühren des – steuerberatenden – Testamentsvollstreckers, DStR 1993, 1437;

Piltz, Zur steuerlichen Haftung des Testamentsvollstreckers, ZEV 2001, 262;

Reimann, Die Berechnung der Testamentsvollstreckervergütung nach den neueren Tabellen, DStR 2002, 2008;

Reimann, Die Kontrolle des Testamentsvollstreckers, FamRZ 1995, 588;

Reimann, Vereinbarungen zwischen Testamentsvollstreckern und Erben über die vorzeitige Beendigung der Testamentsvollstreckung, NJW 2005, 789;

Reimann, Ende der Testamentsvollstreckung durch Umwandlung?, ZEV 2000, 381;

Reimann, Die „rules against perpetuities" im deutschen Erbrecht, NJW 2007, 3034/3037;

Reithmann, Testamentsvollstreckung und postmortale Vollmacht als Instrument der Kautelarjurisprudenz, BB 1984, 1394;

Reithmann, Die Vergütung des Testamentsvollstreckers im notariellen Testament, ZEV 2001, 385;

Römermann/Kusiak, Das RDG und seine Auswirkungen auf die erbrechtliche Beratungspraxis, ZErb 8/2008, 266;

Säcker, Die Bestimmung des Nachfolgers durch den Testamentsvollstrecker, ZEV 2006, 288;

Schaub, Die Legitimation des im öffentlichen Testament nicht bezeichneten Testamentsvollstreckers, ZEV 1995, 361;

Schaub, Anordnung einer Testamentsvollstreckung im Handelsregister nicht eintragungsfähig, ZEV 1996, 67;

Schaub, Die Veräußerung von Grundstücken durch den Testamentsvollstrecker, ZEV 2000, 49;

Schaub, Unentgeltliche Verfügungen des Testamentsvollstreckers, ZEV 2001, 257;

Schmidt, Die Einrichtung von Unternehmensträgerstiftungen durch Verfügung von Todes wegen und Testamentsvollstreckung, ZEV 2000, 438/439;

Sarres, Die Auskunftspflichten des Testamentsvollstreckers, ZEV 2000, 90;

Tilling, Die Vergütung des Testamentsvollstreckers, ZEV 1998, 331;

Weidlich, Die Testamentsvollstreckung an Beteiligungen an einer werbenden OHG bzw. Kommanditgesellschaft, ZEV 1994, 205;

Weidlich, Befugnisse des Testamentsvollstreckers bei der Verwaltung von Beteiligungen an einer werbenden BGB-Gesellschaft, ZEV 1998, 339;

Weidlich, Vorweggenommene Erbfolge und Behindertentestament, ZEV 2001, 94;

Winkler, Kostenverteilung bei Testamentsvollstreckung nur über einen Miterbenanteil, ZEV 2003, 413;

Zimmermann, Testamentsvollstreckung durch Banken, ZErb 8/2007, 278;

Zimmermann, Die Testamentsvollstreckung im FamFG, ZErb 3/2009, 86.

§ 1 Allgemeines zur Testamentsvollstreckung

I. Prinzip und Zweck der Testamentsvollstreckung

Durch eine Testamentsvollstreckung gibt der Erblasser die Herrschaftsmacht über den von ihm hinterlassenen Nachlass nicht auf, sondern „regiert" gewissermaßen mittelbar durch den Testamentsvollstrecker über seinen Tod hinaus weiter. 1

Als Gesamtrechtsnachfolger des Erblassers ist der Erbe zwar Rechtsträger des Nachlasses. Sein Verwaltungs- und Verfügungsrecht über den Nachlass wird für die Dauer einer angeordneten Testamentsvollstreckung jedoch vom Testamentsvollstrecker verdrängt. Die Testamentsvollstreckung stellt damit eine Beschränkung der Rechtsstellung des Erben dar. Der Nachlass bildet ein Sondervermögen, das dem Verfügungsrecht des Erben entzogen ist (§ 2211 BGB).[1] 2

Die Anordnung einer Testamentsvollstreckung erfolgt häufig aus folgenden Motiven und Überlegungen des Erblassers heraus, der Interesse am künftigen Schicksal seines Vermögens hat.[2] 3

- Schutz des Nachlasses vor dem Zugriff durch den Erben; der Erblasser hat Bedenken, dass der Erbe bei einem freien Verfügungsrecht mit dem Nachlass nicht verantwortungsbewusst umgeht;
- Einräumung einer bevorzugten Verwaltungsstellung für einen von mehreren Miterben;
- Vereinfachung der Abwicklung und Verwaltung bei einer größeren Anzahl oder schwer erreichbaren Beteiligten;
- Schutz vor dem Vollstreckungszugriff durch Eigengläubiger des Erben (§ 2214 BGB). Der Nachlass als Sondervermögen bleibt getrennt vom Eigenvermögen des Erben, so dass Eigengläubigern des Erben der Zugriff darauf verwehrt ist.

II. Stellung des Testamentsvollstreckers

Der Testamentsvollstrecker ist nach Rechtsprechung und Literatur Inhaber eines privaten Amtes, das ihm vom Erblasser übertragen wurde.[3] Weder die „Vertretertheorie" (Vertreter des Nachlasses oder des Erben) noch die Treuhandtheorie haben sich durchgesetzt. Kraft eigenen Rechts übt der Testamentsvollstrecker ein Verwaltungs- und Verfügungsrecht über den Nachlass aus.[4] 4

Der Testamentsvollstrecker hat gegenüber dem Erben eine weitgehend freie Stellung (sog. „Machtfülle" des Testamentsvollstreckers).[5] Er führt sein Amt unabhängig vom Erben nach objektiven Gesichtspunkten, dem Willen des Erblassers (= sog. wohlverstandener Erblasserwille)[6] entsprechend. 5

---

1 BGHZ 48, 214.
2 BayObLG 1976, 67/71; Zimmermann, Testamentsvollstreckung Rn 2; Nieder, Handbuch der Testamentsgestaltung Rn 891.
3 BGHZ 25, 275; Palandt/Edenhofer, Rn 2 vor § 2197.
4 Palandt/Edenhofer, Rn 2 vor § 2197.
5 Mayer in MBWW Rn 4.
6 Mayer aaO.

6 Der Testamentsvollstrecker ist weder Beauftragter noch Vertreter des Erben oder des Erblassers. Mit der Annahme des Amtes wird vielmehr ein gesetzliches „Pflichtverhältnis eigener Art“ begründet,[7] das im Gesetz in den §§ 2197 ff BGB näher ausgestaltet ist. Über § 2218 BGB werden einige Vorschriften aus dem Auftragsrecht auf das Rechtsverhältnis zwischen Testamentsvollstrecker und Erbe für anwendbar erklärt. Auch wenn der Testamentsvollstrecker nicht Vertreter des Erben ist, so treffen im Rahmen der vom Testamentsvollstrecker vorgenommenen Verwaltung die Rechte und Pflichten hieraus gleichwohl letztlich den Erben. Die Stellung des Testamentsvollstreckers ist damit der eines Vertreters angenähert.[8] So gelten beispielsweise die Vorschriften der §§ 181, 211, 278, 254 BGB für den Testamentsvollstrecker entsprechend, obwohl er im Rechtssinne nicht Vertreter des Erben ist.[9] Im Übrigen hat der Testamentsvollstrecker – ebenso wie im Vertretungsrecht – offen zu legen, dass er in seiner Eigenschaft als Testamentsvollstrecker handelt. Ansonsten kann er gegebenenfalls persönlich in Anspruch genommen werden (§ 164 Abs. 2 BGB).

7 Bei Vereinbarungen und im Schriftverkehr ist deshalb zur Vermeidung einer Eigenhaftung die Handlungsposition als Testamentsvollstrecker deutlich zu machen:

8 Eingangsformulierung bei Vereinbarungen:

„... hier handelnd als Testamentsvollstrecker für den Nachlass des am ....verstorbenen.......“

9 Unterzeichnung von Schriftstücken mit:

„Rechtsanwalt als Testamentsvollstrecker“

10 Der Erbe und der Testamentsvollstrecker können nach dem Erbfall Vereinbarungen treffen und die Art ihrer Beziehung auf eine vertragliche Grundlage stellen und zB die Vergütung, Fragen der Rechenschaftslegung oder Haftung besonders regeln.

11 **Achtung:** Der Testamentsvollstrecker darf durch solche Vereinbarungen mit dem Erben aber nicht seine Unabhängigkeit und Selbstständigkeit gegenüber dem Erben aufgeben. Dies wäre mit seiner Rechtsstellung als Testamentsvollstrecker unvereinbar. Er kann sich somit gegenüber dem Erben vertraglich nicht verpflichten, dessen Weisungen zu befolgen.[10]

III. Verhältnis Testamentsvollstrecker – Nachlassgericht

12 Der Testamentsvollstrecker unterliegt keiner allgemeinen Aufsicht oder Weisungen des Nachlassgerichts.[11] Ansonsten regelt unser Zivilrecht bei Fremdverwaltern durchaus solche gerichtlichen Kontrollrechte. So werden zB der Betreuer und Vormund vom Betreuungs- bzw Familiengericht (§§ 1908 i, 1837 BGB), der Nachlasspfleger vom Nachlassgericht (§§ 1960, 1962, 1915 Abs. 1, 1837 BGB), der Insolvenzverwalter vom Insolvenzgericht (§ 58 InsO), der Zwangsverwalter vom Vollstreckungsgericht (§ 153 ZVG) beaufsichtigt. Ein derartiges Aufsichts- bzw Weisungsrecht durch das Nachlassgericht gegenüber dem Testamentsvollstrecker kann auch durch den Erblasser nicht

7 BGHZ 25, 280.
8 Staudinger/Reimann/Vorbem. zu §§ 2197 Rn 15.
9 Palandt/Edenhofer, Rn 2 vor § 2197.
10 Soergel/Damrau, § 2218 Rn 1.
11 Palandt/Edenhofer, Einf. 3 vor § 2197.

verfügt werden.[12] Eine mittelbare Überwachungsfunktion kommt dem Nachlassgericht allerdings insoweit zu, dass es auf Antrag eines Beteiligten über die Entlassung des Testamentsvollstreckers aus wichtigem Grund zu entscheiden hat (§ 2227 BGB).[13] Eine gewisse Kontrollfunktion hat das Nachlassgericht auch dadurch, dass es auf Antrag Verwaltungsanordnungen des Erblassers außer Kraft setzen kann (§ 2216 Abs. 2 Satz 2 BGB).

12 BayObLG 1953, 361; Reimann FamRZ 1995, 590.
13 Palandt/Edenhofer, Einf. 3 vor § 2197.

§ 2 „Vor dem Erbfall" – Überlegungen und Vorgaben durch den Erblasser im Rahmen letztwilliger Verfügungen

I. Anordnung der Testamentsvollstreckung

1 Im Recht der Testamentsvollstreckung ist zwischen der Bestimmung einer **Testamentsvollstreckung** (dem Amt als solchem) und der Bestimmung des **Testamentsvollstreckers** (der Benennung der Person) zu unterscheiden.[1]

1. Anordnung durch Erblasser

2 Die Anordnung einer **Testamentsvollstreckung** hat der Erblasser selbst vorzunehmen (Ausschluss der Fremdbestimmung, § 2065 BGB). Dritte können vom Erblasser nicht ermächtigt werden (keine Vertretung im Willen).[2] Gemäß § 2197 Abs. 1 BGB erfolgt die Anordnung einer **Testamentsvollstreckung** durch Testament. Durch Rechtsgeschäft unter Lebenden kann eine Testamentsvollstreckung damit nicht wirksam verfügt werden.[3] Gegebenenfalls liegt in diesem Fall eine über den Tod hinaus fortdauernde Vollmacht vor.[4] Da eine Testamentsvollstreckung nur durch Testament angeordnet werden kann, ist umgekehrt auch eine etwaige Aufhebung der Testamentsvollstreckung als „actus contrarius" wiederum nur in Form einer letztwilligen Verfügung möglich.

3 Der Erblasser muss für die Anordnung einer Testamentsvollstreckung keine bestimmte Formulierung verwenden. Um nach Eintritt des Erbfalls jedoch Streitigkeiten zu vermeiden, ob der Erblasser tatsächlich eine **Testamentsvollstreckung** anordnen wollte oder gegebenenfalls nur die Vorstellung hatte, dass sich jemand um den Nachlass „kümmert", sollte von ihm eine klare Formulierung im Testament getroffen werden:

„Ich ordne für meinen Nachlass Testamentsvollstreckung an."

4 In der Ernennung eines **Testamentsvollstreckers** durch den Erblasser liegt zugleich auch die Anordnung einer **Testamentsvollstreckung** dem Grunde nach.[5]

5 Die klare Anordnung einer **Testamentsvollstreckung** hat auch den Vorteil, dass für den Fall eines späteren Wegfalls der Person des **Testamentsvollstreckers** darin regelmäßig ein stillschweigendes Ersuchen an das Nachlassgericht im Sinne von § 2200 BGB auf Ernennung eines Nachfolgers gesehen wird.[6]

6 Die Festlegung einer Testamentsvollstreckung ist regelmäßig nur eine Bestimmung unter mehreren Verfügungen des Erblassers in einem Testament. Der Erblasser kann aber auch ein Testament lediglich mit dem Inhalt der Anordnung einer Testamentsvollstreckung errichten und sonst keine weiteren letztwilligen Verfügungen treffen (es zB bei der gesetzlichen Erbfolge belassen).

---

1 Staudinger/Reimann, § 2197 Rn 1.
2 Bengel in Bengel/Reimann, 1. Kap. Rn 8; Staudinger/Reimann, § 2197 Rn 10.
3 Staudinger/Reimann, § 2197 Rn 10.
4 Palandt/Edenhofer, § 2197 Rn 2; MünchKomm/Zimmermann, § 2197 Rn 18.
5 MünchKomm/Brandner, § 2197 BGB Rn 4; Bengel in Bengel/Reimann, 1. Kap. Rn 1.
6 MünchKomm/Brandner, § 2197 Rn 2.

2. Anordnung durch letztwillige Verfügung

Die Testamentsvollstreckung kann vom Erblasser sowohl in einem Testament bzw gemeinschaftlichen Testament als auch in einem Erbvertrag wirksam angeordnet werden. Dies ergibt sich aus § 2299 Abs. 1 BGB, wonach jeder Vertragschließende in dem Erbvertrag einseitig jede Verfügung treffen kann, die auch durch Testament möglich ist. 7

Achtung: Die Anordnung einer Testamentsvollstreckung in einem Erbvertrag kann allerdings nicht vertragsmäßig erfolgen und ist deshalb ohne Bindungswirkung für die Parteien. Denn nach § 2278 Abs. 2 BGB kommen als vertragsmäßige Verfügungen lediglich Erbeinsetzungen, Vermächtnisse und Auflagen in Betracht. Die Testamentsvollstreckung fällt nicht darunter. In gleicher Weise kann auch in einem gemeinschaftlichen Testament eine Testamentsvollstreckung nicht als wechselbezügliche Verfügung ausgestaltet werden (§ 2270 Abs. 3 BGB). Die Anordnung einer Testamentsvollstreckung ist demzufolge wie jede andere letztwillige Verfügung auch jederzeit widerruflich oder abänderbar (§§ 2253 ff BGB). 8

Beispiel: Die Eheleute A und B setzen sich in einem gemeinschaftlichen Testament gegenseitig zu Alleinerben und ihren Sohn S als Schlusserben des länger Lebenden ein. Für den Schlusserbfall ordnen die Eheleute Testamentsvollstreckung an. Nach dem Tode des A möchte die überlebende B die Testamentsvollstreckung für den Schlusserbfall wieder aufheben. Dies ist mangels Bindungswirkung ohne weiteres möglich. 9

Andererseits stellt die Anordnung einer Testamentsvollstreckung selbst eine Beschränkung des Erben dar, so dass deren nachträgliche Anordnung bei einem bindend gewordenen Erbvertrag oder gemeinschaftlichen Testament unzulässig ist. 10

Beispiel: A und B setzen sich erbvertraglich gegenseitig zu Alleinerben und ihren Sohn S zum Schlusserben ein. Nach dem Tode von A will B für die Schlusserbschaft von S nun erstmals Testamentsvollstreckung anordnen. Dies ist nicht mehr möglich. Der bindende Erbvertrag kann mangels Zustimmung des Vertragspartners nicht mehr abgeändert werden. 11

Etwas anderes gilt selbstverständlich, falls sich ein Vertragspartner im Erbvertrag die nachträgliche Änderungsmöglichkeit oder den Rücktritt ausdrücklich vorbehalten hat.[7] Ob ein pauschaler Vorbehalt zugunsten des überlebenden Ehegatten, die im Erbvertrag geregelte Schlusserbeneinsetzung innerhalb der gemeinsamen Abkömmlinge abweichend zu regeln, auch die Anordnungsbefugnis für eine nachträgliche Anordnung von Testamentsvollstreckung umfasst, ist durch Auslegung zu ermitteln.[8] 12

3. Kollision mit § 2306 BGB (aF)

Bei der Testamentsvollstreckung ist darauf zu achten, ob diese nicht mit der Vorschrift des § 2306 Abs. 1 S. 1 BGB aF kollidierte und so gegebenenfalls ins Leere lief. Die Testamentsvollstreckung stellt eine Beschränkung im Sinne des Satzes 1 von § 2306 Abs. 1 dar. Für Erbfälle vor dem 1.1.2010 ist zu prüfen, ob bei der Zuordnung von Erbteilen an pflichtteilsberechtigte Personen unter Testamentsvollstreckung der zugewandte Erbteil die Hälfte des gesetzlichen Erbteils überstieg (also: Pflichtteilsquote + x). Andernfalls fiel die Testamentsvollstreckung automatisch weg.[9] 13

7 OLG Hamm FGPrax 1995, 241.
8 OLG München FamRZ 2009, 460/461.
9 Soergel/Dieckmann, § 2306 BGB Rn 10.

14 **Beispiel:** Vater V verstirbt am 1.12.2009 und hinterlässt zwei Söhne A und B. Seinen Sohn A setzte er zu $^3/_4$, seinen Sohn B nur zu $^1/_4$ als Erben ein. Ferner ordnete er für den Erbteil von Sohn B Dauertestamentsvollstreckung an. Der gesetzliche Erbteil von B belief sich auf $^1/_2$, dessen Pflichtteil damit auf $^1/_4$. Da B mit $^1/_4$ auf einen Erbteil gesetzt war, der lediglich seinem Pflichtteil entsprach (und diesen nicht überstieg!), gilt die Testamentsvollstreckung als nicht angeordnet. Der Erbteil des Sohnes B ist somit „testamentsvollstreckungsfrei."

15 **Achtung:** Bei Erbfällen vor dem 1.1.2010 mit mehreren Miterben fiel die Testamentsvollstreckung nur bei demjenigen Miterben weg, auf den § 2306 Abs. 1 S. 1 BGB zutraf. Im vorigen Beispiel wäre eine insgesamt sowohl für den Erbteil von A wie auch den Erbteil von B angeordnete Testamentsvollstreckung gegenüber A bestehen geblieben (denn dieser hätte mehr als seine Pflichtteilsquote erhalten). Die Testamentsvollstreckung wäre lediglich gegenüber B entfallen.

16 Mit der Erbrechtsreform zum 1.1.2010 ist der § 2306 Abs. 1 BGB „entschärft". Zwischen dem Satz 1 und Satz 2 von § 2306 Abs. 1 wird nicht mehr unterschieden. Ein Wegfall der angeordneten Beschränkungen und Beschwerungen nach Satz 1 findet nicht mehr statt. Vielmehr hat der betroffene Erbe im Falle angeordneter Beschränkungen und Beschwerungen nun stets die Wahlmöglichkeit, die Erbschaft insgesamt auszuschlagen oder sie mit ihren Beschränkungen zu behalten.

17 Wortlaut des § 2306 Abs. 1 BGB seit 1.1.2010:[10]

„Ist ein als Erbe berufener Pflichtteilsberechtigter durch die Einsetzung eines Nacherben, die Ernennung eines Testamentsvollstreckers oder eine Teilungsanordnung beschränkt oder ist er mit einem Vermächtnis oder einer Auflage beschwert, so kann er den Pflichtteil verlangen, wenn er den Erbteil ausschlägt; die Ausschlagungsfrist beginnt erst, wenn der Pflichtteilsberechtigte von der Beschränkung oder der Beschwerung Kenntnis erlangt."

18 **Achtung:** Die Neuregelung des § 2306 BGB betrifft nur **Erbfälle ab dem 1.1.2010.** Für zeitlich davor eingetretene Erbfälle ist nach wie vor § 2306 BGB in seiner bis 31.12.2009 geltenden Fassung anzuwenden, auch wenn die Testamentsvollstreckung (zB bei einer Dauervollstreckung) über den 31.12.2009 hinaus fortgilt. Für diesen Fall ist nach wie vor zu prüfen, ob die Testamentsvollstreckung wegen § 2306 Abs. 1 S. 1 BGB aF gegebenenfalls unwirksam ist (siehe dazu obiges Beispiel).

II. Verschiedene Arten einer Testamentsvollstreckung

19 Der Erblasser kann dem Testamentsvollstrecker unterschiedliche Aufgabenbereiche zuweisen. Das Gesetz sieht dafür verschiedene Arten von „Vollstreckungstypen" vor:

- Abwicklungsvollstreckung (§§ 2203, 2204 BGB),
- Dauertestamentsvollstreckung (§ 2209 S. 1 Hs 2 BGB),
- Verwaltungsvollstreckung (§ 2209 S. 1 Hs 1 BGB),
- Vermächtnisvollstreckung (§ 2223 BGB),
- Nacherbenvollstreckung (§ 2222 BGB).

10 BT-Drucks. 16/8954.

1. Abwicklungsvollstreckung

Die Abwicklungsvollstreckung (§§ 2203, 2204 BGB) stellt den Regeltypus dar.[11] Im Rahmen einer Abwicklungsvollstreckung hat der Testamentsvollstrecker die letztwilligen Anordnungen des Erblassers auszuführen, Nachlassverbindlichkeiten sowie Vermächtnisse und Auflagen zu erfüllen. Bei mehreren Miterben hat der Testamentsvollstrecker die Erbengemeinschaft nach den Vorgaben des Erblassers (zB Teilungsanordnungen) bzw den gesetzlichen Vorschriften (§§ 2204 Abs. 1, 2042 Abs. 2, 752 ff BGB) auseinanderzusetzen.[12] Die Auseinandersetzung ist vom Testamentsvollstrecker alsbald zu bewirken, sofern der Erblasser keine anderweitigen Vorgaben getroffen hat. Der Testamentsvollstrecker kann sich schadensersatzpflichtig machen, wenn er dieses Gebot der zügigen Auseinandersetzung nicht beachtet.[13] Gegebenenfalls riskiert er auch seine Entlassung nach § 2227 BGB.[14] 20

„Der Testamentsvollstrecker hat die Aufgabe, den Nachlass abzuwickeln und dabei insbesondere die folgenden Anordnungen auszuführen:... Er hat ferner die Auseinandersetzung unten den Miterben nach den gesetzlichen Bestimmungen durchzuführen."

Dieser Typus einer Abwicklungsvollstreckung liegt entweder bei einer ausdrücklichen Bestimmung durch den Erblasser oder aber auch dann vor, wenn der Erblasser lediglich Testamentsvollstreckung ohne nähere Konkretisierung des Aufgabenbereichs des Testamentsvollstreckers angeordnet hat. Die Abwicklungsvollstreckung endet automatisch mit Erledigung aller Aufgaben und damit in der Regel zeitnah zum Erbfall.[15] Es sind allerdings auch Fälle denkbar, in denen die Abwicklungsvollstreckung noch viele Jahre nach dem Erbfall andauert. Sie kann sogar über 30 Jahre hinaus bis zur Erledigung aller Aufgaben fortbestehen.[16] Im Gegensatz zu einer Dauervollstreckung ist für die Abwicklungsvollstreckung die 30-jährige Frist nach § 2210 BGB nicht vorgegeben. 21

2. Verwaltungsvollstreckung

Bei einer Verwaltungsvollstreckung (§ 2209 S. 1 Hs 1 BGB) besteht die Aufgabe des Testamentsvollstreckers lediglich in der Verwaltung des Nachlasses.[17] Eine solche schlichte Verwaltungsvollstreckung muss vom Erblasser ausdrücklich angeordnet werden, ansonsten ist wegen des Ausnahmecharakters der Verwaltungsvollstreckung vom Regeltypus der Abwicklungsvollstreckung auszugehen.[18] 22

Die bloße Verwaltungsvollstreckung ohne Abwicklungsaufgaben kann dem Erblasser zB bei Anordnung einer Testamentsvollstreckung über den Erbteil eines noch Minderjährigen innerhalb einer Erbengemeinschaft als sinnvoll erscheinen. Die Abwicklung des Nachlasses selbst erfolgt hier durch die Erbengemeinschaft, innerhalb der (nur) für den Erbteil des Minderjährigen der Testamentsvollstrecker tätig wird. Der Erblasser 23

11 Palandt/Edenhofer, § 2203 Rn 1.
12 Schaub in Bengel/Reimann, 4. Kap. Rn 220.
13 Staudinger/Reimann, § 2204 Rn 9.
14 MünchKomm/Zimmermann, § 2203 Rn 5.
15 MünchKomm/Zimmermann, § 2203 Rn 5.
16 Soergel/Damrau, § 2210 Rn 1.
17 Staudinger/Reimann, § 2203 Rn 3.
18 Bengel in Bengel/Reimann, 1. Kap. Rn 146.

gibt hier dem minderjährigen Erben zu dessen Schutz und aus Fürsorge einen Testamentsvollstrecker an die Hand.

„Der Testamentsvollstrecker hat die Aufgabe, den Erbteil meines Sohnes S bis zu dessen Volljährigkeit zu verwalten."

3. Dauervollstreckung

24 Die Anordnung einer Dauertestamentsvollstreckung (§ 2209 S. 1 Hs 2 BGB) erweitert den Aufgabenkreis des Testamentsvollstreckers dadurch, dass von ihm nach Durchführung der Abwicklung der Nachlass weiterhin zu verwalten ist. Abwicklungsvollstreckung und Verwaltungsvollstreckung fügen sich zeitlich aneinander.[19] Die Erledigung der dem Testamentsvollstrecker zugewiesenen Abwicklungsaufgaben führt damit noch nicht zur – automatischen – Beendigung der Testamentsvollstreckung.

25 Der Erblasser kann das Ende einer solchen Dauertestamentsvollstreckung dadurch festlegen, dass er die Testamentsvollstreckung ausdrücklich zeitlich begrenzt.

„Die Testamentsvollstreckung ist befristet auf die Dauer von 15 Jahren nach dem Erbfall."

26 Der Erblasser kann das Ende einer Dauertestamentsvollstreckung auch an eine (auflösende) Bedingung knüpfen:

„Die Testamentsvollstreckung dauert so lange an bis meine Tochter T eine Berufsausbildung oder ein Studium erfolgreich abgeschlossen hat, längstens bis zur Vollendung ihres 27. Lebensjahrs."

27 Nach § 2210 S. 1 BGB endet eine Dauervollstreckung spätestens mit Ablauf von 30 Jahren seit dem Erbfall (nicht seit Amtsannahme oder Ausstellung des Testamentsvollstreckerzeugnisses!).

28 Zweck dieser zeitlichen Höchstbegrenzung im Gesetz ist es, dem Erben nicht auf Dauer die unbeschränkte Herrschaft über den Nachlass durch eine Testamentsvollstreckung zu entziehen.

29 Nach § 2210 BGB kann der Erblasser durch entsprechende Nutzung der dortigen Gestaltungsmöglichkeiten die Dauer der Testamentsvollstreckung jedoch über 30 Jahre hinaus andauern lassen.

30 So kann der Erblasser bestimmen, dass die Verwaltung fortdauern soll

- bis zum Tode des **Erben**

  „Der Testamentsvollstrecker verwaltet den Nachlass über die Erledigung der Abwicklung hinaus weiter. Die Verwaltung endet mit dem Tod meines Sohnes B als meinem alleinigen Erben."

19 MünchKomm/Brandner, § 2209 BGB Rn 2.

- bis zum Tode des **Testamentsvollstreckers**

  „Der Testamentsvollstrecker verwaltet den Nachlass über die Erledigung der Abwicklung hinaus weiter. Die Vollstreckung endet mit dem Tod des Testamentsvollstreckers.“
- bis zum Eintritt eines **anderen Ereignisses** in der Person des **Erben** oder des **Testamentsvollstreckers**

Durch derartige Festlegungen des Erblassers können sich im Einzelfall Testamentsvoll- 31
streckungen mit erheblicher Laufzeit von weit über 30 Jahren ergeben. Ist zB vom Erblasser die Vollstreckung bis zum **Tod des Erben** angeordnet, der Erbe bei Eintritt des Erbfalls noch relativ jung (zB 10 Jahre) und stirbt dann erst im hohen Alter von zB 90 Jahren, dann hätte die Testamentsvollstreckung 80 Jahre lang angedauert. Ergebnis einer solchen Anordnung des Erblassers ist, dass der Erbe letztlich nie in den Genuss uneingeschränkter Verfügungsbefugnis über die ihm angefallene Erbschaft kommt. Fraglich ist, ob eine solche restriktive Beschränkung nicht gegen § 138 BGB (Sittenwidrigkeit) verstößt. Nachdem das Gesetz diese Art der Anordnungsmöglichkeit jedoch ausdrücklich vorsieht, kann eine lebzeitige Beschränkung für sich allein die Sittenwidrigkeit wohl nicht begründen.[20] Teilweise wird die Auffassung vertreten, dass die gesetzliche Regelung verfassungsrechtlich problematisch sei, weil sie das Eigentumsrecht des Erben am Nachlass faktisch wertlos mache.[21]

In gleicher Weise kann auch eine Testamentsvollstreckung bei Variante 2 (Abstellen 32
auf den Tod des Testamentsvollstreckers) gegebenenfalls über 30 Jahre hinaus andauern, wenn zB eine noch junge Person als Testamentsvollstrecker eingesetzt wird, kurz darauf der Erbfall eintritt und der Testamentsvollstrecker dann wiederum sehr alt wird. Da der Erblasser den Testamentsvollstrecker noch dazu ermächtigen kann, einen Nachfolger zu ernennen sowie auch den Nachfolger, ebenfalls einen Nachfolger zu bestimmen, könnte auf diesem Weg die Testamentsvollstreckung auf unbestimmte Zeit ausgedehnt werden. Dies verstößt jedoch gegen Sinn und Zweck von § 2210 BGB. Im sog. „Kronprinzenfall“ hatte sich der BGH mit der Frage einer jahrzehntelangen Fortdauer der Verwaltungsvollstreckung durch nacheinander eingesetzte Testamentsvollstrecker zu befassen. Der BGH entschied (entgegen der dazu vertretenen „Generationentheorie“,[22] „Kombinationstheorie“[23] und Primat- bzw Primatersatztheorie),[24] dass die Anordnung einer Dauertestamentsvollstreckung ihre Wirksamkeit mit dem Tod des letzten Testamentsvollstreckers, der innerhalb von 30 Jahren seit dem Erbfall zum Testamentsvollstrecker ernannt wurde, verliert („Amtstheorie“).[25] Die dagegen erhobene Verfassungsbeschwerde zum Bundesverfassungsgericht wurde nicht zur Entscheidung angenommen.[26]

20 OLG Zweibrücken Rpfleger 1982, 106.
21 Zimmermann, Rn 24, aA Maunz/Dürig/Herzog, Art. 14 GG, Rn 45.
22 Soergel/Damrau, § 2210 Rn 2; MünchKomm/Zimmermann, § 2210 Rn 6.
23 Mayer in MBWW S. 158.
24 Schmidt, ZEV 2000, 438/439; Reimann, NJW 2007, 3034/3037.
25 BGH FamRZ 2008, 406/504.
26 BVerfG ZEV 8/2009.

33 Die dritte Variante ermöglicht die Anknüpfung an Ereignisse in der Person sowohl des Erben wie auch des Testamentsvollstreckers. Auch hier kann im Einzelfall über 30 Jahre nach dem Erbfall hinaus die Testamentsvollstreckung fortbestehen, zB

„Ich ordne Testamentsvollstreckung an, bis mein Sohn das 90. Lebensjahr vollendet hat.“

34 **Achtung:** Auch eine juristische Person kann zum Testamentsvollstrecker bestimmt werden (zB Banken). In diesem Fall gibt es allerdings keine Möglichkeit, die 30-Jahres-Frist durch entsprechende Anordnungen – wie den vorgenannten – zu verlängern. Dies folgt aus der Verweisung in § 2210 S. 3 auf § 2163 Abs. 2 BGB. Gleiches gilt, falls als Erbe eine juristische Person eingesetzt ist.

Der Erbe hat nicht die Möglichkeit, eine Dauervollstreckung gegebenenfalls nach § 2216 Abs. 2 BGB durch das Nachlassgericht außer Kraft setzen zu lassen. Denn bei Anordnung einer Dauervollstreckung handelt es sich um keine Verwaltungsanordnung im Sinne von § 2216 Abs. 2 BGB.[27]

Wenn mehrere Erben eingesetzt sind, ist im Falle einer Dauervollstreckung davon auszugehen, dass es dem Erblasserwillen entspricht, die Auseinandersetzung der Erbengemeinschaft während der Laufzeit der Dauervollstreckung auszuschließen.[28]

4. Nacherbenvollstreckung

35 Eine Nacherbenvollstreckung (§ 2222 BGB) dient der Wahrung der Rechte und Pflichten des Nacherben gegenüber dem Vorerben während der Dauer der Vorerbschaft.[29] Mit der Anordnung einer Vor- und Nacherbschaft regelt der Erblasser in der Regel über mehrere Erbfälle bzw Ereignisse hinweg das Schicksal seines Nachlasses. Der Erblasser wird zeitlich nacheinander von verschiedenen Personen, zunächst dem Vorerben und später dem Nacherben, beerbt. Der Nacherbentestamentsvollstrecker wird für den Nacherben **während der Zeit der Vorerbschaft** tätig. Eine solche Nacherbenvollstreckung macht zB Sinn, wenn als Nacherben Personen eingesetzt sind, die sich gegenüber dem Vorerben gegebenenfalls nicht mit Nachdruck zur Wahrung ihrer Rechte durchsetzen können.

36 Bei Einsetzung eines Testamentsvollstreckers im Falle einer angeordneten Vor- und Nacherbschaft sollte der Erblasser genau festlegen, was von ihm gewollt ist, um nach dem Erbfall etwaige Auslegungsschwierigkeiten zu vermeiden. Denn wenn der Erblasser Vor- und Nacherbfolge mit Testamentsvollstreckung angeordnet hat, ohne dies näher zu konkretisieren, kann unklar sein, was vom Erblasser gemeint war.[30]

37 Es sind folgende Möglichkeiten denkbar:

- Die Anordnung einer Testamentsvollstreckung betrifft **nur den Vorerben.** Es soll lediglich der Vorerbe beschränkt werden. Der Nacherbe wird von der Testamentsvollstreckung nicht tangiert. Dies ist kein Fall des § 2222 BGB, sondern eine übliche Testamentsvollstreckung;

27 Soergel/Damrau, § 2209 Rn 4.
28 OLG Karlsruhe, ZEV 2005, 256; Staudinger/Reimann, § 2209 Rn 12.
29 BGHZ 87, 367; Palandt/Edenhofer, § 2222 BGB Rn 3.
30 BGH ZEV 1995, 67.

- der Erblasser kann eine Testamentsvollstreckung **nur für den Nacherben**, und zwar ab Eintritt des Nacherbfalles anordnen. Hier wird nur der Nacherbe belastet, und zwar ab dem Nacherbfall. Auch dies ist eine normale Testamentsvollstreckung und kein Fall des § 2222 BGB;
- der Erblasser kann einen Testamentsvollstrecker einsetzen, der **sowohl für den Vorerben,** als auch – nach Eintritt des Nacherbfalls – dann **für den Nacherben** den Nachlass verwaltet. Auch dies fällt nicht unter § 2222 BGB;
- der Erblasser ernennt einen Testamentsvollstrecker, der während der Vorerbschaft **für den Nacherben dessen Rechte ausübt und dessen Pflichten** wahrnimmt. Dies ist der Fall des § 2222 BGB.

  „Ich ordne Nacherbentestamentsvollstreckung an. Der Nacherbenvollstrecker hat während der Dauer der Vorerbschaft die Rechte und Pflichten des Nacherben wahrzunehmen. Mit Eintritt des Nacherbfalls endet die Nacherbentestamentsvollstreckung."

Gegebenenfalls werden während der Vorerbschaft Verfügungen durch Vorerben über Nachlassgegenstände erforderlich. Diese bedürfen zur Vermeidung der Unwirksamkeit der Zustimmung des Nacherben (§§ 2113, 2120 BGB). Wenn diese Rechte – zB bei mehreren Nacherben – einheitlich gebündelt durch einen Nacherbentestamentsvollstrecker wahrgenommen werden können, stellt dies regelmäßig eine wesentliche Verfahrenserleichterung dar. Wäre der Nacherbe minderjährig, so bedürfte der Testamentsvollstrecker – im Gegensatz zum gesetzlichen Vertreter – keiner zeitaufwändigen Genehmigung durch das Familiengericht.[31] 38

Achtung: Wegen möglicher Interessenkollision kann ein alleiniger Vorerbe nicht zum alleinigen Nacherbentestamentsvollstrecker nach § 2222 BGB ernannt werden.[32] Denn hier müsste der Testamentsvollstrecker die Rechte des Nacherben als Nacherbenvollstrecker gleichzeitig gegen sich selbst als Vorerben wahrnehmen. 39

Zulässig soll es hingegen sein, dass ein und dieselbe Person sowohl als Testamentsvollstrecker über die Vorerbschaft wie auch als Nacherbenvollstrecker eingesetzt wird.[33] Der Testamentsvollstrecker steht jedoch auch hier auf beiden Seiten und damit in der Situation einer möglichen Interessenkollision. 40

Das Rechtsverhältnis zwischen Nacherbenvollstrecker und Nacherben ist dasselbe wie das eines normalen Testamentsvollstreckers zum Erben (zB hinsichtlich Vergütungspflicht, ordnungsgemäßer Verwaltung, Rechnungslegung). 41

5. Vermächtnisvollstreckung

Die Anordnung einer Vermächtnisvollstreckung (§ 2223 BGB) durch den Erblasser dient dem Zweck, für die Ausführung einer **dem Vermächtnisnehmer auferlegten Beschwerung** (zB Untervermächtnis, Nachvermächtnis) zu sorgen. 42

Ordnet der Erblasser hingegen an, dass der Testamentsvollstrecker lediglich bestimmte Vermächtnisse erfüllen soll, so ist dies kein Fall der Vermächtnisvollstreckung im Sinne von § 2223 BGB, sondern eine Testamentsvollstreckung mit beschränktem Aufgaben- 43

31 BayObLG NJW-RR 1989, 1096.
32 Palandt/Edenhofer, § 2222 Rn 2.
33 BGH FamRZ 1995, 158; BayObLG FamRZ 1991, 984.

kreis. Die Verwaltungs- und Verfügungsbefugnis des Testamentsvollstreckers ist in diesem Fall allein auf die Vermächtnisgegenstände beschränkt und umfasst die sonstigen Nachlassgegenstände nicht.

44 § 2223 BGB ist eine **den Vermächtnisnehmer** beschwerende Testamentsvollstreckung mit der Aufgabe, die Ausführung der **dem Vermächtnisnehmer** (nicht dem Erben) auferlegten Verpflichtung zu erfüllen. Im Falle des § 2223 BGB wird nicht der Erbe, sondern der Vermächtnisnehmer durch die Testamentsvollstreckung belastet.

„Mein Sohn als Vermächtnisnehmer wird mit folgendem Untervermächtnis beschwert:... Aufgabe des Testamentsvollstreckers ist es, dieses Untervermächtnis zu erfüllen..."

45 **Beispiel:** Erblasser A hat seinen Sohn S zu seinem alleinigen Erben eingesetzt. Zu Gunsten seines Freundes F ordnet er ein Geldvermächtnis in Höhe von 300.000 Euro an. Der Erblasser bestimmt, dass F aus diesem Betrag jährlich eine Summe von 2.000 Euro an die Deutsche Krebshilfe zu überweisen hat. Für die Erfüllung dieses Untervermächtnisses ordnet er Testamentsvollstreckung iSv § 2223 BGB an.

46 Der Testamentsvollstrecker kann auch zur Erfüllung eines Nachvermächtnisses (§ 2191 BGB) eingesetzt werden. Dies entspricht bei der Erbfolge den Regelungen zur Vor- und Nacherbschaft.

47 **Beispiel:** Erblasser A setzt seinen Sohn S zu seinem Alleinerben ein und vermacht seinem Freund F eine Eigentumswohnung. Nach dem Tode des F soll die Immobilie an die Freundin K übertragen werden. Der Testamentsvollstrecker wird eingesetzt, um dies zu erfüllen. Beschwert ist hier der (Vor-)Vermächtnisnehmer F.

6. Testamentsvollstreckung über Erbteile

48 Der Erblasser ist frei in seiner Entscheidung, ob er bei mehreren Erben sämtliche Miterben einer Testamentsvollstreckung unterstellen will oder gegebenenfalls **nur den Erbteil eines der Miterben.** Ist Testamentsvollstreckung nur über einen Erbteil angeordnet, so nimmt der Testamentsvollstrecker für diesen beschwerten Erben dessen Rechte und Pflichten innerhalb der Erbengemeinschaft wahr.

7. Gegenständlich beschränkte Testamentsvollstreckung

49 Der Erblasser kann die Testamentsvollstreckung nach seinen Vorstellungen auch gegenständlich beschränken und zB nur auf bestimmte **Nachlassgegenstände** beziehen.

„Die Testamentsvollstreckung erstreckt sich nur und ausschließlich auf mein Immobilienvermögen. Mein sonstiger Nachlass unterfällt nicht der Testamentsvollstreckung."

III. Bestimmung der Person des Testamentsvollstreckers

50 Die Anordnung einer **Testamentsvollstreckung** als solcher muss durch die Benennung einer Person, die die Testamentsvollstreckung ausführt (den **Testamentsvollstrecker**), konkretisiert werden. Eine namentliche Bezeichnung des Testamentsvollstreckers durch den Erblasser ist nicht zwingend, sie kann sich auch durch Auslegung ergeben.[34] Die Ernennung, dh Bestimmung der Person des Testamentsvollstreckers kann auf verschiedene Art und Weise erfolgen:

34 BayObLG 1992, 178; Staudinger/Reimann, § 2197 Rn 45.

- als Regelfall durch den Erblasser selbst (§ 2197 BGB);
- durch einen vom Erblasser dazu ermächtigten Dritten (§ 2198 BGB);
- durch den zunächst berufenen Testamentsvollstrecker, der vom Erblasser ermächtigt wird, einen Mitvollstrecker oder einen Nachfolger zu ernennen (§ 2199 BGB);
- durch das Nachlassgericht, das vom Erblasser im Testament hierum ersucht wurde (§ 2200 BGB).

1. Bestimmung durch den Erblasser selbst

Der Regelfall ist, dass der Erblasser nicht nur die Testamentsvollstreckung dem Grunde nach anordnet, sondern auch gleichzeitig die Person, die Testamentsvollstrecker werden soll, in dem Testament benennt (§ 2197 Abs. 1 BGB). Da der Testamentsvollstrecker besondere Machtfülle hat, bringt der Erblasser ihm besonderes Vertrauen entgegen. Da macht es Sinn, wenn der Erblasser die Person des Testamentsvollstreckers kennt und selbst auswählt. Der Erblasser kann eine bestimmte Person konkret bezeichnen. 51

„Für meinen Nachlass ordne ich Testamentsvollstreckung an. Zum Testamentsvollstrecker bestimme ich meinen Freund X, geboren am... in..."

Er kann die von ihm als Testamentsvollstrecker ausgesuchte Person auch lediglich **abstrakt benennen,** zB durch eine Funktionsbezeichnung, etwa indem er den jeweiligen Notar einer bestimmten Notarstelle zu seinem Testamentsvollstrecker bestimmt. 52

Es ist nicht zwingend, dass der Erblasser sich vorab mit dem von ihm als Testamentsvollstrecker Ausgewählten abspricht. Er muss ihn noch nicht einmal informieren, dass er ihn als seinen Testamentsvollstrecker vorgesehen hat. Gleichwohl macht eine vorherige Abklärung Sinn. Denn der vom Erblasser als Testamentsvollstrecker Benannte muss das Amt nicht annehmen. Wenn von vornherein feststeht, dass der ausersehene Testamentsvollstrecker das Amt ablehnen wird, erübrigt sich die Benennung durch den Erblasser. 53

Der Erblasser kann vorsichtshalber für den Fall, dass der von ihm bestimmte Testamentsvollstrecker – aus welchen Gründen auch immer – vor oder nach Annahme des Amtes wegfällt, im Testament sogleich einen Ersatztestamentsvollstrecker vorsehen (§ 2197 Abs. 2 BGB). 54

„Für den Fall, dass die vorgenannte Person das Amt nicht annimmt oder annehmen kann oder nach Annahme des Amtes – aus welchem Grund auch immer – wegfällt, bestimme ich Herrn..., geboren am... als Ersatztestamentsvollstrecker mit dem gleichen Aufgabenbereich."

Wegfallgründe sind zB Ablehnung der Amtsannahme, Tod oder Entlassung des Testamentsvollstreckers. In Betracht kommen können auch die in § 2201 BGB genannten, einer Ernennung entgegenstehenden Gründe in der Person des Testamentsvollstreckers (Geschäftsunfähigkeit, beschränkte Geschäftsfähigkeit, Betreuung). 55

Der Erblasser kann auch mehrere Ersatztestamentsvollstrecker „hintereinanderschalten", also für den Wegfall des ersten Ersatztestamentsvollstreckers sogleich einen weiteren Ersatztestamentsvollstrecker und für dessen Wegfall wiederum einen dritten (Ersatz-)Testamentsvollstrecker bestimmen.[35] Der Erblasser kann so in einer langen Kette 56

35 Staudinger/Reimann, § 2197 Rn 47.

sicherstellen, dass in jedem Fall eine Person Testamentsvollstrecker wird, die er selbst ausgewählt hat und die sein besonderes Vertrauen genießt.

2. Ernennung durch Dritte

57 Der Erblasser kann in einer letztwilligen Verfügung auch anordnen, dass ein Dritter die Person des Testamentsvollstreckers bestimmt (§ 2198 Abs. 1 S. 1 BGB), zB, wenn der Erblasser selbst keine geeignete Person kennt und die Auswahl der Sachkenntnis eines Dritten überlassen will. Der Erblasser kann dieses Bestimmungsrecht jeder von ihm namentlich benannten oder sonst klar erkennbaren Person einräumen. Auch dem Notar, der die letztwillige Verfügung beurkundet hat, die die Anordnung der Testamentsvollstreckung enthält, kann das Bestimmungsrecht übertragen werden.[36] Allerdings kann der Notar sich aufgrund einer solchen Ermächtigung nicht selbst zum Testamentsvollstrecker benennen, da ihm insoweit ein rechtlicher Vorteil nach § 7 BeurkG erwachsen würde.[37] Ansonsten ist es möglich, dass der vom Erblasser für die Benennung ausgewählte Dritte auch sich selbst zum Testamentsvollstrecker bestimmt.[38]

58 Gelegentlich hat der Erblasser die Vorstellung und den Wunsch, den Leiter einer Behörde oder eines Gerichts zu seinem Testamentsvollstrecker einzusetzen, da er diesem Personenkreis eine für die Ausübung des Testamentsvollstreckeramtes förderliche Autorität und besondere Sachkenntnis unterstellt. Der Erblasser kann diesen Vertretern öffentlicher Institutionen jedoch in ihrer **Eigenschaft als Amtsträger** keine weiteren Aufgaben zuweisen. Sollte der Erblasser deshalb zB den Behördenleiter oder Präsidenten eines Gerichts mit der Benennung beauftragen, so ist das Beauftragungsersuchen an diese Personen rein als Privatleute gerichtet.[39]

59 **Achtung:** Der Erblasser kann auch dem Erben selbst das Recht einräumen, den Testamentsvollstrecker zu bestimmen.[40] Ob das Sinn macht, ist allerdings fraglich. In diesem Fall ist zumindest sicherzustellen, dass der Alleinerbe nicht durch Untätigkeit und Nichtbenennung die vorgesehene Testamentsvollstreckung ins Leere gehen lässt.

60 „Ich ordne Testamentsvollstreckung an. Meine Tochter T als meine Alleinerbin hat das Recht, den Testamentsvollstrecker zu bestimmen. Sollte sie davon innerhalb eines Monats nach dem Erbfall keinen Gebrauch gemacht haben, so soll mein Steuerberater X den Testamentsvollstrecker bestimmen."

61 Die Ausübung des vom Erblasser eingeräumten Bestimmungsrechts durch den Dritten ist eine einseitige empfangsbedürftige Willenserklärung. Sie muss durch ein **Schriftstück** erfolgen, das jedenfalls hinsichtlich der Unterschrift zu beglaubigen ist (§§ 2198 Abs. 1 S. 2 2. Hs BGB, 129 BGB; § 39 BeurkG). Ein Mangel der Beglaubigung macht die Benennung unwirksam (wichtig, wenn gegebenenfalls Frist zur Benennung zu beachten ist!).

62 Amtsgericht...

- Nachlassgericht –

36 Staudinger/Reimann § 2198 Rn 3; MünchKomm/Brandner, § 2198 Rn 3.
37 MünchKomm/Brandner, § 2198 Rn 4.
38 Staudinger/Reimann, § 2198 Rn 6.
39 OLG Stuttgart NJW-RR 1986, 7.
40 Staudinger/Reimann, § 2198 Rn 3; Palandt/Edenhofer, § 2198 Rn 3; Soergel/Damrau, § 2198 Rn 2.

Nachlasssache...

Aktenzeichen...

Der am... verstorbene Erblasser hat in seinem Testament vom... Testamentsvollstreckung angeordnet. In diesem Testament hat er mir die Bestimmung der Person des Testamentsvollstreckers überlassen. Das Amtsgericht... – Nachlassgericht – hat am... das Testament eröffnet.

Ich mache hiermit von meinem Bestimmungsrecht Gebrauch und bestimme als Testamentsvollstrecker:

- Herrn..., geboren am..., wohnhaft...

(Unterschrift)

notarielle Beglaubigung

Dieses Schriftstück muss dem zuständigen Nachlassgericht zugehen (§ 130 BGB). Empfangszuständig ist das Gericht, in dessen Bezirk der Erblasser seinen letzten Wohnsitz hatte (früher §§ 72, 73 FGG; seit dem FamFG zum 1.9.2009 in § 23a Abs. 2 Nr. 2 GVG, § 343 FamFG). Die Abgabe bei einem **örtlich** unzuständigen Nachlassgericht genügt, wenn das Gericht die Erklärung an das zuständige Gericht weiterleitet.[41] Ob eine Erklärung gegenüber dem **sachlich** unzuständigen Gericht (zB Landgericht oder Oberlandesgericht) ausreicht, ist umstritten.[42] 63

Stirbt der benennungsberechtigte Dritte nach Absendung des Briefes an das Nachlassgericht, so ist die Bestimmung gleichwohl wirksam (§ 130 Abs. 2 BGB). 64

Nach herrschender Meinung ist eine Bestimmung nicht mehr widerruflich, wenn sie dem Nachlassgericht zugegangen ist.[43] Fraglich ist, ob eine solche restriktive Handhabung dem Erblasserwillen entspricht. Solange der von dem Dritten Bestimmte sein Amt **noch nicht angenommen** hat, dürfte eine Änderung der Bestimmung durch den benennungsberechtigten Dritten deshalb wohl noch zulässig sein.[44] 65

Der vom Erblasser für die Benennung ausgewählte Dritte ist nicht verpflichtet, diese vorzunehmen. Er kann vom Nachlassgericht nicht dazu gezwungen werden (§ 35 FamFG scheidet aus). Der Dritte kann für die Bestimmung keine Vergütung verlangen. Gegebenenfalls kann der Erblasser den Dritten aber zur Benennungserklärung motivieren, indem er ihm im Testament eine Zuwendung (zB Geldbetrag) für den Fall der Ausübung des Bestimmungsrechts zusagt.[45] 66

„Die Person des Testamentsvollstreckers soll durch meinen Steuerberater X bestimmt werden. Für den Fall, dass mein Steuerberater diesem Ersuchen nachkommt, erhält er aus meinem Nachlass ein Geldvermächtnis in Höhe von 1.500 Euro, fällig einen Monat nach Ausübung der Bestimmungserklärung gegenüber dem Nachlassgericht." 67

Das vom Erblasser dem Dritten übertragene Bestimmungsrecht ist von diesem **persönlich auszuüben** und auf eine andere Person nicht übertragbar.[46] 68

Der Erblasser kann dem Dritten bestimmte Vorgaben bezüglich des Personenkreises machen, aus dem der Dritte den Testamentsvollstrecker benennen darf. 69

41 Keidel/Zimmermann FGG § 7 Rn 3 ff; Reimann in Bengel/Reimann, 2. Kap. Rn 142.
42 Staudinger/Reimann, § 2198 Rn 9 für Unwirksamkeit.
43 Soergel/Damrau, § 2198 Rn 6; Winkler, Rn 46.
44 Zimmermann FamRZ 2004, 421.
45 Soergel/Damrau, § 2198 Rn 3.
46 Staudinger/Reimann, § 2198 Rn 11.

70 „Mein Steuerberater X soll die Person des Testamentsvollstreckers bestimmen. Er darf aber nur Personen benennen, die das 45. Lebensjahr vollendet haben und der Berufsgruppe der Steuerberater oder Rechtsanwälte angehören."

71 Der Erblasser hat die Möglichkeit, die Ausübung des Bestimmungsrechts durch den Dritten auch zeitlich zu befristen. Nach Fristablauf erlischt das Benennungsrecht automatisch. Ob diese Frist vom Nachlassgericht verlängert werden kann, ist strittig.[47]

72 Das Nachlassgericht berechnet für die Entgegennahme der Bestimmungserklärung ¼ Gebühr nach der Kostenordnung (§ 112 Abs. 1 Nr. 6, § 6 S. 2 KostO). Wird später ein gebührenpflichtiges Testamentsvollstreckerzeugnis erteilt, ist die Entgegennahme als Nebengeschäft rückwirkend gebührenfrei (§ 115 KostO). Der benennungsberechtigte Dritte ist Kostenschuldner. Er soll jedoch einen Erstattungsanspruch gegen den Erben nach §§ 2218, 670 BGB haben.

73 Wenn sich der bestimmungsberechtigte Dritte nicht erklärt, so unternimmt das Nachlassgericht von sich aus von Amts wegen nichts. Allerdings können dann die aufgrund eines rechtlichen Interesses Beteiligten (Erbe, Pflichtteilsberechtigter, Vermächtnisnehmer, Nachlassgläubiger) tätig werden, indem sie beim Nachlassgericht einen Antrag stellen (§ 23 FamFG), dem Dritten eine Frist zu setzen (§ 2198 Abs. 2 BGB).

74 Amtsgericht...

– Nachlassgericht –

Nachlassverfahren...

Aktenzeichen...

Der Erblasser... ordnete in seinem Testament vom... Testamentsvollstreckung an. In diesem Testament hat der Erblasser auch bestimmt, dass die Benennung der Person des Testamentsvollstreckers durch Herrn..., geboren am..., wohnhaft..., erfolgen soll.

Ausweislich des Erbscheins des Amtsgerichts... bin ich der alleinige Erbe des Erblassers geworden. Trotz mehrfacher Aufforderungen durch mich (die entsprechenden Schreiben füge ich als Anlage bei) hat Herr... als bestimmungsberechtigter Dritter bislang keine Bestimmungserklärung abgegeben.

Hiermit beantrage ich gemäß § 2198 Abs. 2 BGB, Herrn... unter Fristsetzung aufzufordern, sein Bestimmungsrecht zur Benennung der Person des Testamentsvollstreckers auszuüben.

(Unterschrift)

75 Funktionell zuständig für die Fristsetzung beim Nachlassgericht ist der Rechtspfleger (§ 3 Nr. 2 c RPflG). Die Fristsetzung erfolgt durch Beschluss und ist dem Dritten bekannt zu geben (§§ 16 Abs. 1, 38 FamFG) mit Rechtsbehelfsbelehrung (§ 39 FamFG). In der Fristsetzung ist darauf hinzuweisen, dass die Bestimmung innerhalb der Frist beim Nachlassgericht in öffentlich beglaubigter Form einzugehen hat. Gegen die vom Nachlassgericht **vorgenommene** Fristsetzung war bis 31.8.2009 die sofortige Beschwerde nach §§ 80, 19, 20, 22 FGG; § 11 RPflG möglich.

76 Das zum 1.9.2009 in Kraft getretene FamFG hat Neuregelungen bei den Rechtsmitteln gebracht. Gegen Entscheidungen des Nachlassgerichts ist nach § 58 FamFG nun grundsätzlich das Rechtsmittel der Beschwerde statthaft. Gemäß der Spezialregelung in § 355 Abs. 1 FamFG ist jedoch ein Beschluss, durch den das Nachlassgericht einem Dritten

47 Dafür: Reimann in Bengel/Reimann, 2. Kap. Rn 150; dagegen: Zimmermann, Rn 60.

eine Frist zur Erklärung nach § 2198 Abs. 2 BGB bestimmt, weiterhin mit der sofortigen Beschwerde entsprechend den Vorschriften der ZPO anfechtbar. Die Beschwerdefrist beträgt 2 Wochen (§ 569 Abs. 1 ZPO). Zuständiges Beschwerdegericht ist seit 1.9.2009 aber nicht mehr das Landgericht, sondern das Oberlandesgericht (§ 119 Abs. 1 Nr. 1 b GVG). Gegen die **Ablehnung** der Fristsetzung war bis zum Inkrafttreten des FamFG die unbefristete einfache Beschwerde statthaft.

Seit dem 1.9.2009 ist die Ablehnungsentscheidung nur noch mit der befristeten Beschwerde anfechtbar (§ 58 FamFG). Die Beschwerdefrist beträgt 1 Monat (§ 63 FamFG). 77

Übergangsregelung: Für Beschwerden in Verfahren, die vor dem 1.9.2009 eingeleitet wurden oder deren Einleitung beantragt war, gelten die bisherigen Vorschriften weiter (Art. 111 FGG-RG)

Antragsberechtigt ist neben dem Erben jeder, der ein rechtliches Interesse an der Testamentsvollstreckung hat (also zB Nachlassgläubiger, Vermächtnisnehmer, Pflichtteilsberechtigte).[48] Nicht antragsberechtigt sind zB Privatgläubiger des Erben.[49] 78

Mit erfolglosem Ablauf der vom Nachlassgericht wirksam gesetzten Frist erlischt das Bestimmungsrecht des Dritten (§ 2198 Abs. 2 BGB). 79

Achtung: Der Dritte kann dem Erben für etwaige „Auswahlfehler“ bei der Bestimmung gegebenenfalls nach § 826 BGB haften.[50] 80

3. Ermächtigung des Testamentsvollstreckers

Der Erblasser kann den von ihm berufenen Testamentsvollstrecker im Testament ermächtigen, einen Nachfolger bzw Ersatznachfolger sowie einen oder mehrere Mitvollstrecker zu ernennen (§ 2199 BGB). 81

Achtung: Diese Befugnis kann nur dem Testamentsvollstrecker eingeräumt werden. Dritte sind zu einer solchen Bestimmung nicht befugt. 82

Die Ernennung des Nachfolgers durch den Testamentsvollstrecker erfolgt mit notariell beglaubigter Erklärung gegenüber dem Nachlassgericht (Verweisung über § 2199 Abs. 3 BGB auf § 2198 Abs. 1 S. 2 BGB). 83

Amtsgericht... 84

- Nachlassgericht –

Nachlass...

Aktenzeichen...

Der am... verstorbene Erblasser... hat mich in seinem Testament vom... zu seinem Testamentsvollstrecker eingesetzt. Das Testament wurde vom Nachlassgericht am... eröffnet. Der Erblasser hat mich in diesem Testament auch ermächtigt, einen Nachfolger zu ernennen (§ 2199 Abs. 2 BGB).

48 Palandt/Edenhofer, § 2198 Rn 3.
49 Staudinger/Reimann, § 2198 Rn 24.
50 Staudinger/Reimann, § 2198 Rn 4.

Hiermit mache ich von diesem Benennungsrecht Gebrauch und bestimme zu meinem Nachfolger Herrn...

(Unterschrift)

Unterschriftsbeglaubigung

85 Voraussetzung für eine Benennung durch den Testamentsvollstrecker ist zunächst, dass er sein Amt selbst angenommen hat.

86 Aus dem Wortlaut des § 2199 Abs. 1 BGB ist ferner zu entnehmen, dass der Testamentsvollstrecker bei **Zugang** seiner Nachfolgerbenennung beim Nachlassgericht **noch im Amt sein muss.** Kündigt er zB sein Amt (§ 2226 BGB) und ernennt er erst anschließend einen Nachfolger, so ist diese Nachfolgerbestimmung unwirksam.[51] In dem Fall, da der Testamentsvollstrecker nach § 2227 BGB vom Nachlassgericht entlassen werden soll, ist diesem vorher grundsätzlich Gelegenheit zu geben, von einem ihm eingeräumten Recht auf Bestimmung eines Nachfolgers Gebrauch zu machen.[52] Ob eine einmal ausgeübte Bestimmung nachträglich noch widerruflich ist, ist streitig.[53]

87 **Achtung:** Das Nachlassgericht kann dem Testamentsvollstrecker keine Frist für die Benennung setzen. **Denn:** § 2198 Abs. 2 BGB wird in § 2199 BGB gerade nicht in Bezug genommen (lediglich der § 2198 Abs. 1 S. 2 BGB!)

4. Bestimmung durch das Nachlassgericht

a) Ersuchen des Erblassers

88 Der Erblasser kann in einer letztwilligen Verfügung das Nachlassgericht ersuchen, einen Testamentsvollstrecker zu ernennen (§ 2200 Abs. 1 BGB).

„Ich ordne für meinen Nachlass Testamentsvollstreckung an und ersuche das zuständige Nachlassgericht darum, einen Testamentsvollstrecker für meinen Nachlass zu ernennen."

89 Oder hilfsweise Bestimmung durch das Nachlassgericht:

„Für meinen Nachlass ordne ich Testamentsvollstreckung an. Testamentsvollstrecker soll mein Steuerberater... sein. Sollte mein Steuerberater das Amt nicht annehmen können oder wollen oder nach der Annahme des Amtes – aus welchem Grund auch immer – wegfallen, so soll das zuständige Nachlassgericht einen Testamentsvollstrecker auswählen und ernennen."

90 Der Erblasser kann den Personenkreis, aus dem das Nachlassgericht den Testamentsvollstrecker zu bestimmen hat, einschränken.[54]

„Das Nachlassgericht hat den Testamentsvollstrecker aus dem Kreis der Berufsgruppe des Rechtsanwalts oder Steuerberaters zu benennen."

91 Eine Ernennung durch das Nachlassgericht **von Amts** wegen ist nicht zulässig.[55]

92 Ein Ersuchen an das Nachlassgericht durch den Erblasser muss in der letztwilligen Verfügung aber nicht wörtlich enthalten sein, es kann auch **stillschweigend** erfolgen.[56] Durch **Auslegung des Testaments** ist zu ermitteln, ob der Erblasser eine solche Ernennung durch das Nachlassgericht gewünscht hätte. Der Wille des Erblassers muss

---

51 Staudinger/Reimann, § 2199 Rn 10.
52 OLG Hamm ZErb 6/2007, 224; aber: OLG München FamRZ 2008, 2153/2155.
53 Für Unwiderruflichkeit: Damrau FamRZ 2004, 421; aA Säcker ZEV 2006, 288.
54 Bengel in Bengel/Reimann, 2. Kap. Rn 163.
55 Zimmermann, Rn 76.
56 BayObLG ZEV 2001, 284; Soergel/Damrau, § 2200 Rn 2.

dabei in seiner letztwilligen Verfügung in irgendeiner Form zum Ausdruck gekommen sein.[57] Dies ist regelmäßig anzunehmen, wenn der Erblasser dem Grunde nach Testamentsvollstreckung angeordnet hatte, die Person des Testamentsvollstreckers aber nicht (auch nicht durch ein Benennungsrecht Dritter) festlegte. Ebenso dann, wenn der ernannte Testamentsvollstrecker bei einer Dauervollstreckung durch Entlassung nach § 2227 BGB weggefallen ist oder das Amt abgelehnt hat und es dem Erblasser nicht auf die – weggefallene – Testamentsvollstreckerperson ankam, sondern um die Unterstellung seines Nachlasses unter eine Testamentsvollstreckung an sich.[58]

Bei Wegfall eines vom Erblasser bestimmten Testamentsvollstreckers ist deshalb stets zu prüfen, ob nach der Gesamtheit der letztwilligen Verfügung ein Wille des Erblassers erkennbar ist, die **Testamentsvollstreckung** weiterhin fortdauern zu lassen.[59] An ein stillschweigendes Ersuchen sind keine strengen Anforderungen zu stellen.[60] So wurde für den Fall, dass der Erblasser zwar formgerecht Testamentsvollstreckung anordnete, dann in einer anschließenden maschinenschriftlichen Verfügung (und damit unwirksam!) den Testamentsvollstrecker namentlich bestimmte, ein stillschweigendes Ersuchen an das Nachlassgericht gesehen, diese Person im Wege des § 2200 BGB zu benennen.[61] Andererseits enthält die Ernennung einer bestimmten Person zum Testamentsvollstrecker nicht stets ein Ersuchen an das Nachlassgericht auf Ernennung eines weiteren Testamentsvollstreckers.[62] Es ist zu prüfen, ob der Erblasser bei Berücksichtigung der später eingetretenen Sachlage mutmaßlich die Ernennung eines Testamentsvollstreckers durch das Nachlassgericht gewollt hätte. So wies das BayObLG in 2001 die Beschwerde eines **Nachlassgläubigers** gegen die Nichternennung eines weiteren Testamentsvollstreckers durch das Nachlassgericht nach § 2200 BGB zurück.[63] In diesem Fall hatte ein zur Nachlassabwicklung eingesetzter Testamentsvollstrecker im Jahre 1965 dem Nachlassgericht mitgeteilt, dass die Erbschaftsangelegenheit abgewickelt und erledigt sei und das Testamentsvollstreckerzeugnis zu den Akten zurückgegeben. Viele Jahre danach – im Jahr 2000 – beantragte ein Nachlassgläubiger zur Regelung einer noch offenen Grundbuchangelegenheit die Ernennung eines weiteren Testamentsvollstreckers gem. § 2200 BGB. Der ursprüngliche Testamentsvollstrecker war bereits verstorben. Das BayObLG erkannte keine Anhaltspunkte dafür, dass nach dem Willen des damaligen Erblassers über die zeitnahe Abwicklung der letztwilligen Verfügung hinaus die Testamentsvollstreckung noch über Jahrzehnte hinaus fortbestehen sollte, um ggf auch später Nachlassgläubigern noch die Geltendmachung von Ansprüchen gegen einen Testamentsvollstrecker zu ermöglichen.[64] 93

57 BayObLG FamRZ 1987, 98.
58 BayObLG ZEV 1997, 338 und NJW-RR 2003, 224/225; OLG Zweibrücken ZEV 2007, 31; OLG München FamRZ 2008 S. 2153/2155.
59 OLG Zweibrücken Beschluss vom 16.3.2006, 3 W 42/06; OLG München FamRZ 2009, 914/915.
60 BayObLG FamRZ 2003, 789; Palandt/Edenhofer, § 2200 Rn 3; Staudinger/Reimann, § 2200 Rn 7.
61 OLG Düsseldorf ZEV 1998, 325; OLG Zweibrücken FamRZ 2000, 323.
62 BayObLG FamRZ 1997, 1569/1570.
63 BayObLG ZEV 2007, 284/285.
64 BayObLG aaO.

94 Sollte das Nachlassgericht einen Testamentsvollstrecker ernennen, ohne dass ein Ersuchen des Erblassers vorlag (weder ausdrücklich noch stillschweigend aus den Umständen entnehmbar), so ist die Ernennung gegenstandslos.[65]

b) Entscheidung des Gerichts

95 Das Gesetz legt die Ernennung aufgrund eines Ersuchens des Erblassers in das pflichtgemäße **Ermessen** des Nachlassgerichts. Das Gericht muss diesem Ersuchen also nicht nachkommen, wird ihm aber in der Regel entsprechen.[66] Eine Ablehnung kommt nur ausnahmsweise bei besonders triftigen Gründen in Betracht.[67] Die Ernennung erfolgt durch Beschluss und wird mit Bekanntgabe an den Testamentsvollstrecker (§ 40 Abs. 1 FamFG), der das Amt nunmehr annehmen oder ablehnen kann (siehe § 3 Ziff. I), wirksam.

96 Die „Muss"- und „Kann"- Beteiligten für das Verfahren sind in § 345 Abs. 3 FamFG genannt. Beteiligter ist insbesondere der vom Nachlassgericht ausgewählte Testamentsvollstrecker (§ 345 Abs. 3 S. 1 FamFG). „Kann"-Beteiligte sind die Erben (§ 345 Abs. 3 S. 2 Nr. 1 FamFG) bzw. etwaige Mitvollstrecker (§ 345 Abs. 3 S. 2 Nr. 2 FamFG, § 2197 Abs. 1 BGB). Auf Antrag sind sie hinzuzuziehen (§ 345 Abs. 3 S. 3 FamFG). Gegen die Ablehnung eines Hinzuziehungsantrags ist die sofortige Beschwerde und nicht die Beschwerde nach §§ 58 ff. FamFG statthaft (§ 7 Abs. 5 S. 2 FamFG, §§ 567 bis 572 ZPO). Der – wohl versehentlich – nicht aufgehobene § 2200 Abs. 2 BGB erweitert die restriktive Beteiligtenregelung in § 345 Abs. 3 FamFG und überlässt die Beteiligteneinstufung im Rahmen der nach § 2200 Abs. 2 BGB bestimmten Anhörung dem Gericht. Bei einer unterlassenen Anhörung ist die Ernennung gleichwohl wirksam.

97 Sinnvoll ist es, wenn das Nachlassgericht bei dem von ihm ausersehenen Testamentsvollstrecker vor einer Ernennung anfragt, ob er das Amt denn überhaupt anzunehmen bereit ist.

98 Das Nachlassgericht hat eine geeignete Person auszuwählen.[68] Bei schuldhaften „Auswahlfehlern" kommt eine Amtshaftung nach § 839 BGB, Art. 34 GG in Betracht.[69]

c) Zuständigkeit

99 Zuständig ist das Nachlassgericht des letztes Wohnsitzes des Erblassers (früher: §§ 72, 73 FGG, seit FamFG zum 1.9.2009: § 23 a Abs. 2 Nr. 2 GVG, § 323 FamFG). Die Ernennung erfolgt durch den Richter (§ 16 Abs. 1 Nr. 2 RPflG), wobei auch eine stillschweigende Ernennung durch ein Testamentsvollstreckerzeugnis zulässig sein soll.[70]

d) Kosten

100 Es fällt eine 5/10 Gebühr nach § 113 KostO an. Der zugrunde zu legende Wert bemisst sich nach § 30 Abs. 2 KostO, wobei regelmäßig 10 % des reinen Nachlasswertes an-

65 BayObLG ZEV 2001, 194; Palandt/Edenhofer, § 2200 Rn 2; aA Kipp/Coing, § 67 I 7: Grund für eine Entlassung des TV.
66 Staudinger/Reimann, § 2200 Rn 10; OLG Hamm, Rpfleger 1984, 316.
67 BGH NJW 1964, 1316.
68 Zimmermann ZEV 2007, 313.
69 Soergel/Damrau, § 2200 Rn 6.
70 BayObLG 1985, 239; OLG Düsseldorf ZEV 1998, 353.

gesetzt werden.[71] Kommt es zur Ausstellung eines Testamentsvollstreckerzeugnisses, wird diese Ernennungsgebühr nach § 115 KostO nicht erhoben (Nebengeschäft!).

e) Beschwerde

Gegen die **Ablehnung** der Ernennung war nach dem früheren FGG die unbefristete Beschwerde (§ 19 FGG), gegen die **Ernennung** die sofortige Beschwerde (§ 81 FGG) statthaft. Nach dem FamFG sind seit 1.9.2009 diese Entscheidungen nur noch mit der befristeten Beschwerde (§ 58 FamFG) anfechtbar. Der vom Gericht ernannte Testamentsvollstrecker ist nicht beschwerdeberechtigt. Denn dieser kann das Amt jederzeit ablehnen (§ 2202 BGB). 101

Achtung: Ein von der Anordnung einer Testamentsvollstreckung nicht betroffener **Miterbe** kann die Ernennung eines Testamentsvollstreckers durch das Nachlassgericht für den Erbteil eines Miterben nicht anfechten mit dem beschränkten Ziel einer Änderung der **Auswahlentscheidung zur Person.** Durch die reine Auswahlentscheidung wird der nicht unter Testamentsvollstreckung stehende Miterbe nicht in seiner eigenen Rechtsposition betroffen.[72] Das Interesse des Miterben, mit einem ihm genehmen Testamentsvollstrecker zur reibungslosen Erbauseinandersetzung zu gelangen, ist allenfalls wirtschaftlicher Natur.[73] Im Gegensatz dazu sind die Miterben hingegen beschwerdeberechtigt, wenn entgegen der Ansicht eines Miterben ein Testamentsvollstrecker ernannt wird oder einer Anregung nach § 2200 BGB, einen Testamentsvollstrecker zu ernennen, nicht entsprochen wird, selbst wenn der Testamentsvollstrecker nur für den Erbteil eines Miterben tätig werden soll.[74] Denn die Erben dürfen die Testamentsvollstreckung an sich überwachen. 102

5. Auswahl der Person des Testamentsvollstreckers

Das Amt eines Testamentsvollstreckers kann grundsätzlich jeder natürlichen oder juristischen Person übertragen werden.[75] Bevor der Erblasser eine bestimmte Person benennt, sollte er sich Gedanken darüber machen, ob die von ihm ins Auge gefasste Person bereit sein wird, das Amt zu übernehmen und das Amt von seinem Anforderungsprofil auch bewältigen kann. Der Erblasser sollte ferner überlegen, ob der vorgesehene Testamentsvollstrecker von seinem Alter her den Amtsbeginn nach allgemeiner Lebenserwartung „erleben kann“ und eine Testamentsvollstreckung würde durchführen können. Neben dem Vertrauen, das der Erblasser in den Testamentsvollstrecker setzt, muss dieser von seinen persönlichen, rechtlichen wie wirtschaftlichen Qualifikationen zur Ausübung des Testamentsvollstreckeramtes in der Lage sein. 103

71 Zimmermann, Rn 301.
72 OLG Hamm FamRZ 2008, 1379/1380.
73 OLG Hamm aaO.
74 Staudinger/Reimann § 2200 Rn 16, 18.
75 Lange/Kuchinke, § 31 IV 3 a.

a) „Ungeeigneter Personenkreis"

104 **Nicht zum Testamentsvollstrecker** können ernannt werden:

- **Alleinerben**

  Es ist nicht möglich, den Alleinerben zum alleinigen Testamentsvollstrecker einzusetzen.[76] Denn die Testamentsvollstreckung ist regelmäßig eine **Beschränkung** des Erben. Den Erben einerseits zu beschränken und durch die Testamentsvollstreckung dann gleichzeitig diese Rechtsmacht wieder zu geben, macht keinen Sinn. Eine solche Doppelstellung scheint auch rechtsmissbräuchlich vor dem Hintergrund, dass Eigengläubiger des Erben wegen § 2214 BGB in den Nachlass nicht vollstrecken könnten, der Erbe aber gleichwohl über seine Funktion als Testamentsvollstrecker wieder die volle Verfügungsbefugnis über den Nachlass hätte.[77] Ein Alleinerbe kann hingegen dann Testamentsvollstrecker sein, wenn es sich um eine bloße Vermächtnisvollstreckung nach § 2223 BGB handelt. Denn diese beschränkt nur den Vermächtnisnehmer, nicht aber den Erben.[78] Nach einem Urteil des BGH vom 26.1.2005 kann ein Erbe auch dann Testamentsvollstrecker sein, wenn sich die Testamentsvollstreckung lediglich auf die sofortige Erfüllung eines Vermächtnisses beschränkt und das Nachlassgericht bei groben Pflichtverstößen einen anderen Testamentsvollstrecker bestimmen kann.[79] Ein Miterbe kann hingegen zum Testamentsvollstrecker bestimmt werden, da er dadurch mehr Rechte als durch die (Mit-)Erbenstellung erlangt.[80]

- **Personenkreis nach § 2201 BGB**

  Nach § 2201 BGB ist die Ernennung bestimmter Personen unwirksam. Dieser Personenkreis scheidet als Testamentsvollstrecker von vornherein aus: So Personen, die im Zeitpunkt der Amtsannahme geschäftsunfähig im Sinne von § 104 BGB oder beschränkt geschäftsfähig im Sinne von § 106 BGB sind. Ferner, wenn für den vorgesehenen Testamentsvollstrecker ein Betreuer mit dem Aufgabenkreis „Vermögensangelegenheiten" bestellt ist (§ 1896 BGB). Der Erblasser sollte bei Personen, die er als Testamentsvollstrecker im Auge hat, überlegen, ob diese bei Amtsbeginn möglicherweise unter diese Ausschlusskriterien des § 2201 BGB fallen **könnten.** Bei sehr alten Leuten besteht ein deutlich höheres Risiko, dass für sie gegebenenfalls eine Betreuung in Betracht kommt und sie insoweit wegen § 2201 BGB dann als Testamentsvollstrecker ausgeschlossen wären.

  Achtung: Treten die Unwirksamkeitsvoraussetzungen des § 2201 BGB **nach Amtsannahme** ein, so erlischt das Amt des Testamentsvollstreckers gemäß § 2225 BGB.

- **Gesetzliches Verbot**

  Nach § 14 HeimG ist es dem Heimleiter und den Heimmitarbeitern untersagt, sich für die Erfüllung der Pflichten aus dem Heimvertrag Geldleistungen von Heimbewohnern versprechen oder gewähren zu lassen. Da der Heimleiter bei einer Bestim-

---

76 BayObLG, ZEV 2001, 25.
77 Zimmermann, Rn 109.
78 Soergel/Damrau, § 2197 Rn 10; BayObLG FamRZ 2005, 553.
79 BGH ZEV 2005, 204.
80 Staudinger/Reimann, § 2197 Rn 53; Soergel/Damrau, § 2197 Rn 13.

mung zum Testamentsvollstrecker regelmäßig einen Vergütungsanspruch nach § 2221 BGB hat (es sei denn, eine Vergütung wurde vom Erblasser ausdrücklich ausgeschlossen), dürfte eine Testamentsvollstreckerernennung wegen Verstoßes gegen ein gesetzliches Verbot regelmäßig unwirksam sein (§ 134 BGB, § 14 HeimG).[81]

- **Behörden**

  Behörden kommen als Testamentsvollstrecker nicht in Betracht, da Privatpersonen den gesetzlichen Aufgabenkreis einer Behörde nicht erweitern können.[82] Wird vom Erblasser der **Amtsinhaber** benannt (zB Bürgermeister einer Gemeinde oder Präsident des Landgerichts), so handeln diese bei der Testamentsvollstreckung nicht in ihrer öffentlichen Funktion, sondern als reine Privatpersonen.

b) „Geeigneter Personenkreis"

Als Testamentsvollstrecker regelmäßig **in Betracht kommen:** 105

- **Rechtsanwalt** 106

  Die Bestellung eines Rechtsanwalts zum Testamentsvollstrecker wird vom Erblasser häufig deshalb gewünscht, weil er bei dieser Personengruppe davon ausgeht, dass sie über die entsprechenden fachlichen Kenntnisse zur Ausübung des Testamentsvollstreckeramtes verfügt. Da die Tätigkeit als Testamentsvollstrecker berufstypisch ist (§ 3 BRAO),[83] erfasst die Vermögensschadenshaftpflichtversicherung des Rechtsanwalts regelmäßig auch dessen Tätigkeit als Testamentsvollstrecker. Rein vorsorglich empfiehlt es sich für den Rechtsanwalt, vor einer Amtsannahme mit seiner Versicherung Kontakt aufzunehmen, den Versicherungsschutz abzuklären und im Bedarfsfall die Deckungssumme gegebenenfalls zu erhöhen.

  Frage bei der Benennung von Rechtsanwälten als Testamentsvollstrecker ist, ob der Rechtsanwalt sich in seiner Eigenschaft als Testamentsvollstrecker dann gleichzeitig selbst mit der Führung eines Prozesses für den Nachlass mandatieren könnte. Dies ist jedenfalls dann zulässig, wenn der Erblasser das im Testament ausdrücklich so gestattet hat oder aber eine Gestattung aus den Umständen zu entnehmen ist (§ 181 BGB). Letzteres ist der Fall, wenn im Hinblick auf eine ordnungsgemäße Verwaltung der Testamentsvollstrecker einen Rechtsanwalt einschalten muss.

  Eine andere Frage ist, ob und inwieweit der sich als Rechtsanwalt selbst beauftragende Testamentsvollstrecker dann eine Vergütung für seine Prozessführung zusätzlich erhält oder diese im Rahmen der Testamentsvollstreckervergütung bereits abgegolten ist. Regelmäßig ist Letzteres **nicht der Fall,** denn der Testamentsvollstrecker hat seine besonderen fachspezifischen Kenntnisse nicht ohne besondere Vergütung zur Verfügung zu stellen. Etwas anderes gilt dann, wenn die Testamentsvollstreckervergütung gerade im Hinblick auf die besondere Sonderqualifikation besonders hoch festgelegt wurde. Diese Fragen sollte der Erblasser bei der Benennung eines Rechtsanwalts zu seinem Testamentsvollstrecker bedenken und gegebenenfalls ausdrücklich regeln.

81 OLG Düsseldorf ZEV 1997, 459; ZEV 1998, 34; Zimmermann, Rn 115.
82 Staudinger/Reimann, § 2197 Rn 51; Palandt/Edenhofer, § 2197 Rn 3.

„Zu meinem Testamentsvollstrecker bestimme ich Herrn Rechtsanwalt..., wohnhaft... Herr Rechtsanwalt... ist berechtigt, in seiner Funktion als Testamentsvollstrecker sich auch selbst als Rechtsanwalt mit der Rechtsberatung und Rechtsvertretung für den Nachlass zu beauftragen. Er erhält dann seine Vergütung als Rechtsanwalt nach dem RVG zusätzlich neben der Testamentsvollstreckervergütung. Einfach gelagerte rechtliche Angelegenheiten sind vom Rechtsanwalt jedoch in seiner Eigenschaft als Testamentsvollstrecker mit zu erledigen und von der Testamentsvollstreckervergütung mit abgegolten."

107 ■ **Notar**

Eine Testamentsvollstreckung stellt keine dem Berufsbild des Notars im Sinne der Bundesnotarordnung entsprechende typische Tätigkeit dar. Der Notar als Organ der staatlichen Rechtspflege kann deshalb eine Testamentsvollstreckung **nicht in seiner Eigenschaft als Notar** ausüben. Eine Testamentsvollstreckung führt er vielmehr als erlaubte Nebentätigkeit neben seinem Amt als Notar aus. Die Tätigkeit als Testamentsvollstrecker ist jedoch nach den Allgemeinen Versicherungsbedingungen für die Vermögensschadenhaftpflichtversicherung für Notare und Anwaltsnotare mitversichert.[84]

Der Notar kann in dem von ihm beurkundeten Testament, in dem Testamentsvollstreckung angeordnet wurde, nicht zum Testamentsvollstrecker bestimmt werden (§§ 7, 27 BeurkG). Eine solche Anordnung wäre nichtig (§ 125 BGB). Der Fortbestand der übrigen Teile des Testaments würde sich dann nach § 2085 BGB richten.[85] Das Gleiche gilt, wenn bestimmte, dem Notar nahestehende Personen, wie zB der Ehegatte, in diesem Testament zum Testamentsvollstrecker bestellt werden (§ 7 Nr. 2, 2a und 3 BeurkG). Die Ernennung eines Sozius zum Testamentsvollstrecker in dem beurkundeten Testament dürfte wegen des Mitwirkungsverbots nach § 3 Abs. 1 S. 1 Nr. 4 BeurkG ebenfalls nicht möglich sein.[86] Ein Verstoß dagegen macht die Beurkundung aber nicht unwirksam, wäre aber disziplinarrechtlich zu ahnden.[87]

Achtung: Soll der Urkundsnotar auch zum Testamentsvollstrecker bestimmt werden, so behilft sich die Praxis damit, dass der Notar zwar das Testament mit der Testamentsvollstreckungsanordnung beurkundet, der Erblasser anschließend in einer **privatschriftlichen Ergänzung** der letztwilligen Verfügung (oder vor einem anderen Notar) den Urkundsnotar dann zu seinem Testamentsvollstrecker benennt.[88]

108 ■ **Steuerberater und Wirtschaftsprüfer**

Auch für Steuerberater und Wirtschaftsprüfer ist die Tätigkeit des Testamentsvollstreckers berufsrechtlich unproblematisch (§ 57 Abs. 3 Nr. 2 und 3 StBerG, § 43 Abs. 4 Nr. 1 und 4 WPO).

---

83 BFH ZEV 1998, 358.
84 DNotZ 1995, 733.
85 Staudinger/Reimann, § 2197 Rn 60.
86 Sandkühler in Bengel/Reimann, 11. Kap. Rn 29.
87 Sandkühler in Bengel/Reimann, 11. Kap. Rn 29.
88 Zimmermann, Rn 94; OLG Oldenburg DNotZ 1990, 431.

Sowohl für den Steuerberater als auch für den Wirtschaftsprüfer ist die Übernahme des Amts berufliche Betätigung und wird von deren Berufshaftpflichtversicherungen miterfasst. Wie beim Rechtsanwalt stellt sich auch beim Steuerberater die Frage der Selbstmandatierung. Denn der Testamentsvollstrecker hat u.a. Steuererklärungen (vgl Erbschaftsteuer) abzugeben. Kann der Steuerberater sich hier als Steuerberater beauftragen und eine zusätzliche Vergütung verlangen? Eine Selbstmandatierung ist auch hier möglich, wenn der Erblasser sie entweder gestattet hat oder eine stillschweigende Befreiung anzunehmen ist. Der Erblasser sollte wie beim Rechtsanwalt eine ausdrückliche Regelung treffen, ob der Steuerberater, den der Erblasser häufig gerade wegen seiner besonderen steuerlichen Kenntnisse als Testamentsvollstrecker eingesetzt hat, berechtigt ist, sich als Steuerberater zusätzlich zu mandatieren. Man wird jedenfalls davon ausgehen müssen, dass einfache steuerliche Angelegenheiten von der Tätigkeit des Steuerberaters in seiner Eigenschaft als Testamentsvollstrecker **ohne zusätzliche Vergütung** umfasst sind.

Vor Inkrafttreten des Rechtsdienstleistungsgesetzes war streitig, ob ein Steuerberater, welcher geschäftsmäßig eine Testamentsvollstreckung durchführte, damit gegen das Rechtsberatungsgesetz verstieß. Seit Inkrafttreten des Rechtsdienstleistungsgesetzes zum 1.7.2008[89] ist in § 5 Abs. 2 Nr. 1 klargestellt, dass Rechtsdienstleistungen, die im Zusammenhang mit einer Testamentsvollstreckung erbracht werden, als erlaubte Nebenleistungen gelten. Der Steuerberater kann als Testamentsvollstrecker deshalb zB Erbquoten ermitteln oder die Wirksamkeit von letztwilligen Verfügungen prüfen. Zu den erlaubten Rechtsdienstleistungen gehören aber nicht Tätigkeiten, die das Amt des Testamentsvollstreckers erst begründen (zB Fragen der Testamentsgestaltung).[90]

- **Juristische Personen** 109

Auch juristische Personen wie GmbH, AG können zu Testamentsvollstreckern bestimmt werden (vgl § 2210 S. 3 BGB). Ferner auch Personenhandelsgesellschaften wie OHG und KG (§§ 124, 161 HGB)[91] und die Partnerschaftsgesellschaft nach dem PartGG. Ein nicht rechtsfähiger Verein und eine Gesellschaft bürgerlichen Rechts können nicht Testamentsvollstrecker sein. Gegebenenfalls kann die Verfügung aber so ausgelegt werden, dass die einzelnen Mitglieder gemeinsam und persönlich als Testamentsvollstrecker berufen sind.[92] Nach der aktuellen Rechtsprechung des BGH besitzt eine Gesellschaft bürgerlichen Rechts entgegen früherer Ansicht Rechtsfähigkeit, so dass nunmehr wohl auch die GbR als Testamentsvollstrecker in Betracht kommt.[93]

Seit Inkrafttreten des Rechtsdienstleistungsgesetzes können nun unstreitig auch Banken und sonstige Kreditinstitute zu Testamentsvollstreckern ernannt werden

89 BGBl. 2008 I S. 2840.
90 Römermann/Kusiak ZErb 2008, 269.
91 MünchKomm/Zimmermann, § 2197 Rn 9.
92 MünchKomm/Zimmermann, § 2197 Rn 9; Staudinger/Reimann, § 2197 Rn 50.
93 BGHZ 146, 341.

(§ 5 Abs. 2 Nr. 1 Rechtsdienstleistungsgesetz).[94] Probleme können sich wegen des „Substitutionsverbots" ergeben. Dem könnte dadurch begegnet werden, dass

- der Vorstand (Organ der Bank) als Testamentsvollstrecker sich durch die Bankenmitarbeiter als Gehilfen lediglich (nach § 664 Abs. 1 S. 3 BGB) zuarbeiten lässt, nach außen aber in Erscheinung tritt und den relevanten Schriftverkehr (insbesondere das Nachlassverzeichnis) selbst unterschreibt;
- die Einsetzung einer Bank als Testamentsvollstrecker dahingehend ausgelegt wird, dass der Erblasser die jeweilige Filiale, mit der er Geschäftsverbindungen unterhielt und damit deren Leiter, als Testamentsvollstrecker eingesetzt wissen wollte;
- der Erblasser den Vorstand der eingesetzten Bank ausdrücklich dazu ermächtigt, Aufgaben auf Mitarbeiter zu übertragen (§ 664 Abs. 1 S. 2 BGB). Wesentliche Aufgaben (zB Erstellung des Nachlassverzeichnisses) dürften aber wohl nicht delegierbar sein.

In Einzelfällen können sich Probleme wegen möglicher Interessenkollisionen ergeben. Bei Wertpapierdepots zB hat die Bank ein wirtschaftliches Interesse daran, durch Umschichtungen Provisionen zu verdienen. Dies ist im Rahmen der Testamentsvollstreckung nur zulässig, wenn es sich um eine **ordnungsgemäße Verwaltung** handelt. Auch bei Festgeldern besteht die Gefahr, dass der Testamentsvollstrecker „Bank" Nachlassgelder bei „seinem" Kreditinstitut geringer verzinst. Diese Probleme gilt es zu bedenken, wenn der Erblasser an die Einsetzung der Bank als Testamentsvollstrecker denkt. Der Erblasser sollte im Vorfeld regeln und Klarheit schaffen, dass die eingesetzte Bank zB zu Geldanlagen bei konkurrierenden Instituten nur verpflichtet ist, wenn deren Konditionen **erheblich** über denen des eigenen Kreditinstitutes liegen.

110 ■ **Ehegatte**

Häufig wird der überlebende Ehegatte als Testamentsvollstrecker eingesetzt, wenn minderjährige Kinder Erben bzw Miterben werden. Der überlebende Ehegatte hat in diesem Fall eine Doppelstellung. Zum einen ist er Testamentsvollstrecker, zum anderen als gesetzlicher Vertreter Inhaber der elterlichen Sorge für die erbenden Kinder (§ 1629 BGB). Ob in diesem Fall eine Ergänzungspflegschaft (§ 1909 BGB) erforderlich ist, ist strittig. Nach einer Meinung ist diese wegen Vorliegens eines Interessengegensatzes notwendig. Denn die durch den überlebenden Ehegatten vertretenen minderjährigen Kinder haben als Erben Überwachungsrechte, gegebenenfalls auch Schadensersatzansprüche gegenüber dem Testamentsvollstrecker. Ist gesetzlicher Vertreter und Testamentsvollstrecker ein und dieselbe Person, so kann er diese Rechte nicht gegen sich selbst geltend machen.[95] Nach aA soll eine allgemein vorsorgende Bestellung eines Ergänzungspflegers (Überwachungspflegers) nicht geboten sein. Die Risikogeneigtheit eines typischen Interessengegensatzes führe nicht

94 Vgl vorher schon BGH NJW 2005, 969.
95 Zimmermann, Rn 105; Winkler, Rn 491; OLG Schleswig ZErb 2007, 264; OLG Nürnberg FamRZ 2002, 272.

zwangsläufig zur Anordnung einer Pflegschaft. Es komme vielmehr auf die tatrichterliche **Einzelfall**würdigung an.[96]

Vorsorglich sollte der Erblasser zur Vermeidung einer – ansonsten gegebenenfalls notwendigen – Pflegerbestellung einen Nebenvollstrecker einsetzen.

„Für die Fälle, in denen meine Ehefrau in der Ausübung der Tätigkeit als Testamentsvollstreckerin für meine Kinder gehindert sein sollte, bestimme ich als Mitvollstrecker zur alleinigen und ausschließlichen Wahrnehmung dieser Aufgaben Herrn..."

Achtung: Bei Verfügungen im Rahmen der Nachlassverwaltung unterliegt der Ehegatte als Testamentsvollstrecker nur den Beschränkungen eines Testamentsvollstreckers, nicht denen eines Elternteils. Die Genehmigung des Familiengerichts nach § 1643 BGB ist deshalb nicht erforderlich, wenn im Rahmen der Testamentsvollstreckung zB ein Grundstück veräußert wird.[97]

IV. Ergänzende Vollmachten

1. Vollmachten durch Erblasser

Es ist möglich, dass der Erblasser noch zu Lebzeiten eine Vollmacht erteilt, die dann über seinen Tod hinaus wirkt (sog. „transmortale Vollmacht"). Ferner ist auch eine Vollmacht des Erblassers zulässig, die aufschiebend bedingt erst ab seinem Tod wirksam werden soll (sog. „postmortale Vollmacht").[98] 111

Hat der Erblasser Testamentsvollstreckung angeordnet und zugleich einen (transmortal oder postmortal) Bevollmächtigten bestellt, so stehen Testamentsvollstrecker und Bevollmächtigter nebeneinander. Die Wirkungen zwischen Testamentsvollstreckung und Vollmacht sind streitig. Zum einen wird (wohl hM) die Ansicht vertreten, Bevollmächtigter und Testamentsvollstrecker seien grundsätzlich gleichberechtigt.[99] Nach anderer Ansicht soll der Bevollmächtigte, der nach dem Tod des Erblassers die Erben bzw den Nachlass vertritt, nur noch im Rahmen der Verfügungsmacht der Erben handeln können. Diese sei aber durch die Testamentsvollstreckung beschränkt.[100] 112

2. Widerruf erteilter Vollmacht

Für den Fall, dass der Erblasser einem Dritten Vollmacht erteilt hat, die entweder über seinen Tod hinaus fortgilt (transmortale Vollmacht) oder erst mit seinem Tode wirksam wird (postmortale Vollmacht), können ab dem Erbfall sowohl der **Erbe** wie ab Amtsannahme auch der **Testamentsvollstrecker** in Ausübung seines Verwaltungsrechts die Vollmacht widerrufen (sofern sie – was bei einer Generalvollmacht regelmäßig gegeben ist – widerruflich ist). Bei einer Testamentsvollstreckung und gleichzeitiger Vollmacht für einen Dritten besteht bezüglich Nachlassabwicklung und -verwaltung (nach hM) die Gefahr einander widersprechender Entscheidungen zwischen Testamentsvollstre- 113

96 Damrau ZEV 1994, 1 ff; Staudinger/Reimann, § 2197 Rn 56; Mayer in MBWW Rn 91; OLG Zweibrücken ZEV 2007, 333; BGH FamRZ 2008, 1156/1158.
97 BGH ZEV 2006, 262.
98 BGHZ 87, 19/25.
99 Mayer in MBWW Rn 306; Palandt/Edenhofer, vor § 2197 Rn 16.
100 Staudinger/Reimann, § 2211 Rn 12.

cker und Bevollmächtigtem. Deshalb wird ein Testamentsvollstrecker von seinem Widerrufsrecht sicherheitshalber regelmäßig Gebrauch machen.

3. Vollmacht für Testamentsvollstrecker

114 Sinnvoll ist es vielfach, wenn der Erblasser nicht einen Dritten bevollmächtigt, sondern die Position des Testamentsvollstreckers durch eine Vollmacht an ihn verstärkt. Denn mit dem Erbfall tritt zwar bereits Testamentsvollstreckung ein. Um sich im Rechtsverkehr legitimieren und handeln zu können, bedarf der Testamentsvollstrecker jedoch regelmäßig eines Testamentsvollstreckerzeugnisses. Dieses nimmt erfahrungsgemäß einige, wenn nicht sehr lange Zeit in Anspruch. Während dieses Zeitraums zwischen Erbfall und Amtsannahme bzw Erteilung des Testamentsvollstreckerzeugnisses entsteht eine „Verwaltungslücke", die durch eine ergänzende Vollmacht an den Testamentsvollstrecker überbrückt werden kann. Der Testamentsvollstrecker handelt dann bis zu seiner Legitimation durch das Testamentsvollstreckerzeugnis aufgrund der erteilten Vollmacht (und unterliegt insoweit nicht den Beschränkungen als Testamentsvollstrecker).

115 **Achtung:** Es ist nicht zweckmäßig, eine den Testamentsvollstrecker zusätzlich legitimierende Vollmacht in das Testament selbst mit aufzunehmen. Die Vollmacht sollte vielmehr gesondert in einem eigenen Schriftstück, das dem Testamentsvollstrecker entweder noch zu Lebzeiten des Erblassers ausgehändigt oder nach dem Erbfall für ihn zumindest leicht erhältlich ist, erteilt werden. Da die Vollmacht dem Zweck dient, dem Testamentsvollstrecker eine schnelle Handlungsmöglichkeit nach dem Erbfall an die Hand zu geben, ist es nicht zielführend, wenn diese Vollmacht erst nach der (gegebenenfalls erst späten) Eröffnung des Testaments durch das Nachlassgericht zugänglich wird. Dadurch entsteht unnötiger zeitlicher Verzug. Des Weiteren bleibt das Originaltestament und damit die darin enthaltene Vollmacht nach Eröffnung bei den Akten des Nachlassgerichtes und der Bevollmächtigte hat keine ihn legitimierende Original-Vollmacht in Händen.

116 Soll der Testamentsvollstrecker befugt sein, mit der Vollmacht auch Grundstücksgeschäfte zu tätigen, so bedarf die ansonsten formlos wirksame Vollmacht der notariellen Form (§ 29 GBO). Regelmäßig wird ein solches Eilbedürfnis für Grundstücksgeschäfte jedoch nicht bestehen, so dass eine handschriftlich oder maschinenschriftlich erteilte Vollmacht für die zeitlich begrenzten Legitimationszwecke wohl ausreichen dürfte.

117 Nach herrschender Meinung ist eine **unwiderrufliche** Generalvollmacht nicht zulässig.[101] Es wäre deshalb möglich, dass die Erben eine dem Testamentsvollstrecker vom Erblasser gegebenenfalls erteilte Vollmacht nach dem Erbfall widerrufen. Der Erblasser sollte Sicherungsmaßnahmen einbauen, damit der Erbe von einer solchen Widerrufsmöglichkeit nicht Gebrauch macht.

„In meinem Testament habe ich Herrn... zu meinem Testamentsvollstrecker ernannt. Zur Ergänzung seiner Befugnisse erteile ich Herrn... hiermit für die Besorgung der meinen Nachlass betreffenden rechtsgeschäftlichen Angelegenheiten Vollmacht aufschiebend bedingt auf den Zeitpunkt meines Todes. Mit Erteilung des Testamentsvollstreckerzeugnisses endet diese Vollmacht.

101 Palandt/Heinrichs, § 168 Rn 6.

Ein Widerruf der Vollmacht durch den Erben ist nicht zulässig. Sollte der Erbe gegen diese Anordnung verstoßen, so entfällt seine Erbenposition rückwirkend zum Erbfall."

V. Verwaltungsanordnungen des Erblassers

1. Vorgaben durch Erblasser

Der Testamentsvollstrecker hat über die Art und Weise der Nachlassverwaltung zu entscheiden. Nach § 2216 Abs. 1 BGB ist er aber zu **ordnungsgemäßer Verwaltung** verpflichtet. Von dieser Verpflichtung kann der Erblasser den Testamentsvollstrecker **nicht befreien** (§ 2220 BGB). 118

Der Erblasser hat die Möglichkeit, durch letztwillige Verfügung Vorgaben zu machen und Anordnungen zur Verwaltung zu treffen, die vom Testamentsvollstrecker dann zu befolgen sind (§ 2216 Abs. 2 S. 1 BGB).[102] Der Erbe selbst hingegen hat keine Weisungsbefugnis gegenüber dem Testamentsvollstrecker.[103] Der Testamentsvollstrecker leitet seine Position allein vom Erblasser und nicht vom Erben ab. Der Testamentsvollstrecker hat deshalb Verwaltungsanordnungen des Erblassers gegebenenfalls auch gegen den Willen des Erben zu beachten.[104] 119

Der Erblasser kann zB verfügen, dass der Testamentsvollstrecker bestimmte Nachlassgegenstände nicht unter einem bestimmten Wert veräußern darf:[105] 120

„Für das Grundstück in... treffe ich folgende Verwaltungsanordnung: Der Testamentsvollstrecker darf dieses Grundstück nicht unter einem Kaufpreis von 500.000 Euro veräußern."

Der Erblasser kann insbesondere Vorgaben zur Verwendung der Nachlassgegenstände bzw -erträge machen: 121

„Der Testamentsvollstrecker hat jeweils zum 31.01. des Folgejahres die Nachlasserträge des abgelaufenen Kalenderjahres zu 50 % an den Erben auszukehren. Eine Zweckbindung für die Verwendung des Geldbetrages ist nicht vorgegeben."

„Der Testamentsvollstrecker hat dem Erben die Mittel zur Verfügung zu stellen, die er für einen angemessenen Lebensunterhalt und zur Finanzierung einer angemessenen Ausbildung bzw Studium benötigt. Der Erbe hat dem Testamentsvollstrecker einmal jährlich über seine Einnahmen und Ausgaben Rechnung zu legen. Die Mittel, die dem Erben zur Verfügung gestellt werden, dürfen im Monat den Betrag von 1.500 Euro während der Ausbildungs- und Studienzeit nicht überschreiten."

Der Testamentsvollstrecker hat bei einer Erbengemeinschaft regelmäßig auch die Auseinandersetzung des Nachlasses durchzuführen. Dafür kann der Erblasser zB durch Teilungsanordnungen (§ 2048 BGB) konkrete Auseinandersetzungsvorgaben machen. Der Erblasser kann dem Testamentsvollstrecker aber auch eine weitgehende Befugnis zur freien Zuordnung der Nachlassgegenstände an die Miterben einräumen. 122

„Für die konkrete Auseinandersetzung des Nachlasses treffe ich selbst keine Teilungsanordnungen. Insoweit legitimiere ich den Testamentsvollstrecker, die Auseinandersetzung nach billigem Ermessen vorzunehmen."

102 BayObLG FamRZ 1997, 507; Staudinger/Reimann, § 2216 Rn 21.
103 BGHZ 25, 2804; Staudinger/Reimann, § 2216 Rn 19.
104 OLG Düsseldorf ZEV 1994, 303.
105 MünchKomm/Zimmermann, § 2216 Rn 15.

123 Durch eine Verwaltungsanordnung kann der Erblasser auch bestimmen, dass der Testamentsvollstrecker Maßnahmen nur mit Zustimmung Dritter, zB der Erben, vornehmen darf (einfache oder qualifizierte Erbenmehrheit, sog. „Demokratieklausel").[106]

2. „Behindertentestament"

124 Verwaltungsanordnungen im Sinne von § 2216 Abs. 2 S. 1 BGB spielen eine besondere Rolle beim sog. **„Behindertentestament"**. Sinn und Zweck dieser Gestaltungsform ist es, dem „behinderten" Kind nach dem Tod seiner Eltern aus deren Nachlass Erträge zuzuwenden und gleichzeitig weiter von Sozialleistungen profitieren zu lassen:

125 Bevor ein „behindertes" Kind Sozialhilfe beziehen kann, ist entsprechend dem Nachrangprinzip (§ 2 Abs. 1 SGB XII) eigenes Vermögen und Einkommen des Leistungsberechtigten einzusetzen. Von einer Vorabverwertungspflicht ist lediglich das sog. „Schonvermögen" (§ 90 Abs. 2 SGB XII) ausgenommen. Ferner bleibt ein sog. „Notgroschen" unangetastet (§ 90 Abs. 2 Nr. 9 SGB XII iVm DVO vom 11.2.1988, BGBl. I S. 150 und 27.12.2003, BGBl. I S. 3022). Bei der Hilfe zum Lebensunterhalt beträgt dieser „Notgroschen" 1.600 € (bei Personen ab dem 60. Lebensjahr 2.600 €).Über die Gestaltung des „Behindertentestaments" soll der Zugriff des Sozialhilfeträgers auf das das „Schonvermögen" bzw den „Notgroschen" übersteigende Vermögen verhindert werden.

126 Dabei werden regelmäßig folgende Regelungen getroffen:

- Das „behinderte" Kind wird von den Eltern zum Vorerben eingesetzt, dessen Abkömmlinge, Geschwister oder sonstige Verwandte als Nacherben. Zum Nacherbfall wird der Tod des Vorerben bestimmt;
- das „behinderte" Kind erhält einen Erbteil, der größer ist als sein Pflichtteil (um einer Unwirksamkeit nach § 2306 Abs. 1 S. 1 BGB zu entgehen, bis zum 31.12.2009 zu beachten!);
- für den Erbteil des „Behinderten" wird bis zu seinem Tod Testamentsvollstreckung als Dauertestamentsvollstreckung angeordnet, wobei eine Vertrauensperson als Testamentsvollstrecker benannt wird. Sinnvollerweise sollte vorsorglich auch ein Ersatztestamentsvollstrecker bestimmt werden;
- dem Testamentsvollstrecker werden vom Erblasser **konkrete Vorgaben** gemacht, welche Erträgnisse aus dem Nachlass er an den „behinderten" Erben auszukehren hat (**Verwaltungsanordnungen**). Es dürfen nur solche Leistungen zugewandt werden, die zur Verbesserung der Lebensqualität des „Behinderten" beitragen und nicht dem Zugriff des Sozialhilfeträgers unterliegen.

127 **Dies hat folgende Konsequenzen:**

- Durch die Testamentsvollstreckung verfügt der „Behinderte" nach dem Erbfall über kein Vermögen, das der Sozialhilfeträger in Anspruch nehmen könnte (§ 90 SGB XII). Eigengläubiger haben durch die Testamentsvollstreckung keinen Zugriff auf das ererbte Vermögen (§ 2214 BGB).

---

106 Staudinger/Reimann, Vorbem. zu § 2197 Rn 49.

Der Sozialhilfeträger kann auch nicht durch eine Ausschlagung den Pflichtteil des Kindes realisieren und darauf zugreifen. Denn die Ausschlagung ist ein höchstpersönliches Recht, das durch den Sozialhilfeträger nicht überleitungsfähig ist. Dieses Recht müsste vielmehr der „Behinderte" ausüben. Er würde hierbei durch seinen gesetzlichen Vertreter bzw Betreuer vertreten. Die Entscheidung für eine Ausschlagung hängt davon ab, ob eine solche dem Wohl des Kindes (nicht des Sozialamts!) entspricht. Regelmäßig ist deshalb die Entscheidung dahingehend zu treffen, dass eine Ausschlagung nicht in Betracht kommt. Im Übrigen wäre dafür auch eine gerichtliche Genehmigung erforderlich (§ 1908 i Abs. 1, 1822 Nr. 2, 1643 Abs. 2 BGB).

- Das Elternvermögen geht mit dem Nacherbfall (Tod des „behinderten" Kindes) sogleich auf den Nacherben über. Es handelt sich nicht um vererbtes Vermögen des Vorerben, sondern um Vermögen des ursprünglichen Erblassers (Eltern). Demzufolge kann der Sozialhilfeträger hier auch nicht nach § 102 SGB XII Erstattung der an den „Behinderten" in den letzten 10 Jahren vor dem Erbfall erbrachten Leistungen von dem Nacherben verlangen.

Verwaltungsanordnungen in einem Behindertentestament könnten wie folgt aussehen:[107] 128

„Für den Testamentsvollstrecker treffe ich folgende verbindliche Verwaltungsanordnungen gemäß § 2216 Abs. 2 BGB:

Der Testamentsvollstrecker hat meinem Sohn X die ihm gebührenden anteiligen jährlichen Reinerträge des Nachlasses, insbesondere Zinserträge, Dividenden und Gewinnanteile und etwaige sonstige Gebrauchsvorteile und Früchte von Nachlassgegenständen nur in Form folgender Leistungen zuzuwenden:

- Überlassung von Geldbeträgen in Höhe des Rahmens, der nach den jeweiligen einschlägigen Gesetzen einem Behinderten maximal zur freien Verfügung stehen kann;
- Geschenke zu Weihnachten, Ostern, Pfingsten und zum Geburtstag, wobei bei der Auswahl der Geschenke die Bedürfnisse und Wünsche meines Sohnes X ausdrücklich zu berücksichtigen sind;
- Zuschüsse zur Finanzierung eines Urlaubs und zur Urlaubsgestaltung einschließlich der erforderlichen Sach- und Materialkosten sowie gegebenenfalls Bezahlung einer für die Betreuung erforderlichen Begleitperson;
- Aufwendungen für die Besuche bei Verwandten und Freunden;
- Aufwendungen für ärztliche Behandlungen, Heilbehandlungen anderer Art, Therapien, Kuren und Medikamente, soweit diese von der Krankenkasse nicht übernommen werden, so etwa für Zahnersatz, Brillen uä;
- Anschaffung von Hilfsmitteln, Ausstattungsgegenständen, die von der Krankenkasse nicht oder nicht vollständig bezahlt werden, wobei diese Hilfsmittel von der Qualität so bemessen und ausgewählt werden, dass sie meinem Sohn X optimal dienen;
- Zuwendungen zur Befriedigung von individuellen Bedürfnissen geistiger und künstlerischer Art sowie zur Befriedigung der persönlichen Bedürfnisse meines Sohnes X in Bezug auf seine Freizeit, insbesondere zur Ausübung von Hobbys, wobei auf seine körperlichen und geistigen Fähigkeiten ausdrücklich Rücksicht zu nehmen ist;

107 Vgl dazu Kerscher/Tanck/Krug, Erbrechtliches Mandat, § 2 Rn 199 und Mayer in Bengel/Reimann, 5. Kap. Rn 359.

- Aufwendungen für die die zusätzliche Betreuung, so insbesondere bei Spaziergängen, angemessenen Ausflugsfahrten und – soweit dies seinem Zustand angemessen ist – bei Theater- und Konzertbesuchen;
- Aufwendungen für besondere Anschaffungen des persönlichen Bedarfs, so zB für Maßnahmen zur Schaffung einer behindertengerechten Wohnung.

Für welche der genannten Leistungen die jährlichen Reinerträge verwendet werden sollen, ob diese also auf sämtliche Leistungen gleichmäßig oder nach einem bestimmten Schlüssel zu verteilen sind oder in einem Jahr nur für eine oder mehrere der genannten Leistungen verwendet werden, entscheidet der Testamentsvollstrecker nach billigem Ermessen. Er hat dabei immer auf das Wohl meines Sohnes X bedacht zu sein. Werden die jährlichen Reinerträgnisse in einem Jahr nicht in voller Höhe in Form der vorbezeichneten Leistungen meinem Sohn X zugewandt, sind die entsprechenden Teile vom Testamentsvollstrecker gewinnbringend anzulegen. Dies muss nicht in mündelsicherer Form geschehen.

Sind größere Anschaffungen für meinen Sohn X, wie beispielsweise der Kauf eines Gegenstands zur Steigerung des Lebensstandards zu besorgen oder eine größere Reise o. ä. beabsichtigt, hat der Testamentsvollstrecker entsprechende Rücklagen zu bilden, die dann zur gegebenen Zeit zweckentsprechend zu verwenden sind."

129 Die herrschende Meinung und der BGH haben diese Gestaltungen des „Behindertentestaments" bisher als rechtlich zulässig angesehen.[108]

130 Der BGH deutete jedoch an, dass bei sehr großen Nachlässen diese Regelung uU anders bewertet werden könnte, insbesondere wenn allein aus dem Pflichtteil die Sicherstellung der Versorgung des Behinderten möglich wäre. Dies gilt es zu beachten.

3. Schuldrechtliche Wirkung

131 Verwaltungsanordnungen des Erblassers als Richtlinien für die Amtsführung des Testamentsvollstreckers wirken nur **schuldrechtlich.**[109] Wenn der Testamentsvollstrecker diese nicht beachtet, so sind seine Verfügungen gleichwohl wirksam. Möglicherweise macht sich der Testamentsvollstrecker bei einem Verstoß gegen Verwaltungsanordnungen dann aber schadensersatzpflichtig (§ 2219 BGB). Im Übrigen kann die Nichtbeachtung von Verwaltungsanordnungen auch einen Entlassungsgrund nach § 2227 BGB darstellen.[110]

4. Außerkraftsetzung

132 Zwischen der Anordnung durch den Erblasser und dem Anordnungsvollzug kann ein langer Zeitraum liegen und die maßgeblichen Verhältnisse können sich ändern. Für diesen besonderen Fall sieht § 2216 Abs. 2 S. 2 BGB die Möglichkeit vor, Anordnungen des Erblassers außer Kraft zu setzen. Zuständig hierfür ist das Nachlassgericht, dort der Richter (§ 16 Abs. 1 Nr. 3 RPflG). Voraussetzung ist, dass die Befolgung der früheren Erblasseranordnung den Nachlass **erheblich gefährden** würde. So kann eine Verwaltungsanordnung des Erblassers, einen bestimmten Nachlassgegenstand nur zu einem Mindestkaufpreis zu veräußern, zB dann außer Kraft gesetzt werden, wenn aufgrund eines besonderen Liquiditätsengpasses die Veräußerung des Nachlassgegenstandes unter dem vorgegebenen Mindestkaufpreis zwingend erforderlich ist, um anste-

108 BGH DNotZ 1992, 241 und DNotZ 1994, 380; ZEV 1994, 35, aber: Bengel ZEV 1994, 29; Damrau ZEV 2001, 293; Weidlich ZEV 2001, 94.
109 BayObLG ZEV 1995, 368.
110 OLG Zweibrücken FamRZ 1989, 788.

hende Verbindlichkeiten erfüllen zu können. Ein solcher Außerkraftsetzungsantrag ist nicht nur durch den Testamentsvollstrecker möglich, ihn können auch „andere Beteiligte“ stellen. Zu den anderen Beteiligten zählt zB der Erbe, nicht jedoch der Nachlassgläubiger.[111] Aus der Verpflichtung zur ordnungsgemäßen Verwaltung kann sich auch eine Pflicht des Testamentsvollstreckers zu einem solchen Außerkraftsetzungsantrag ergeben.[112] Zwar könnte der Testamentsvollstrecker bei Vorliegen einer erheblichen Nachlassgefährdung die Verwaltungsanordnung des Erblassers auch ohne entsprechende gerichtliche Außerkraftsetzungsanordnung schlicht nicht befolgen. In diesem Fall sollte er jedoch vorab vorsichtshalber das Einverständnis der Erben zu dieser Nichtbeachtung einholen. Andernfalls könnte er sich uU schadensersatzpflichtig nach § 2219 BGB machen. Im Übrigen bestünde wie bereits ausgeführt auch die Gefahr, dass wegen Nichtbefolgung der Erblasseranordnung der Testamentsvollstrecker eine Entlassung nach § 2227 BGB riskiert.

Amtsgericht... 133

– Nachlassgericht –

Nachlassverfahren...

Aktenzeichen...

Ich bin als Testamentsvollstrecker für den Nachlass des am... verstorbenen... eingesetzt. Der Erblasser hat in seiner letztwilligen Verfügung, eröffnet durch das Amtsgericht – Nachlassgericht – am... folgende Verwaltungsanordnung getroffen: Das Grundstück in der Gemarkung... Blatt... darf nicht unter einem Preis von 500.000 Euro verkauft werden.

Hiermit beantrage ich in meiner Eigenschaft als Testamentsvollstrecker gemäß § 2216 Abs. 2 S. 2 BGB, diese Verwaltungsanordnung außer Kraft zu setzen.

Begründung:

...

(Unterschrift)

als Testamentsvollstrecker

Achtung: Der Erblasser kann das Außerkraftsetzungsrecht des Nachlassgerichts gemäß § 2216 Abs. 2 S. 2 BGB nicht ausschließen (§ 2220 BGB). 134

Das Nachlassgericht kann durch Beschluss (§§ 38, 41 FamFG) auf den gestellten Antrag 135 hin die Verwaltungsanordnung des Erblassers lediglich aufheben oder den Antrag auf Außerkraftsetzung ablehnen. Das Nachlassgericht ist nicht befugt, eine eigene, seiner Meinung nach anstelle dieser Verwaltungsanordnung des Erblassers zweckmäßige Verwaltungsregelung zu treffen. Es ist insoweit nicht legitimiert, in die Amtsführung des Testamentsvollstreckers einzugreifen.[113]

Eine Aufhebung der Erblasseranordnung ist nicht gerechtfertigt, wenn diese Anord- 136 nung **lediglich unzweckmäßig** ist.[114]

In § 2216 Abs. 2 BGB ist die Befugnis des Nachlassgerichts zwar als **„Kann“**-Regelung 137 ausgestaltet. Liegt jedoch der Tatbestand einer „Nachlassgefährdung“ vor, so dürfte

111 BayObLG 1982, 459.
112 BayObLG FamRZ 2000, 573.
113 OLG Köln OLGZ 1987, 280.
114 Staudinger/Reimann, § 2216 Rn 28.

sich dieses „Können“ auf der Rechtsfolgenseite für das Nachlassgericht zu einem **„Müssen“** verdichten.

138 Setzt das Nachlassgericht durch Beschluss eine Anordnung außer Kraft, so erlangt der Testamentsvollstrecker entsprechende Handlungsfreiheit.

139 Bei Ablehnung des Antrags ist die befristete Beschwerde nach §§ 58 ff FamFG statthaft. Beschwerdeberechtigt ist nur der unterlegene Antragsteller (§ 59 Abs. 2 FamFG). Wird die Anordnung entsprechend dem Antrag außer Kraft gesetzt, so kann jeder Beteiligte befristete Beschwerde nach §§ 58 ff. FamFG einlegen. Bei gemeinschaftlicher Testamentsvollstreckung ist jeder Mitvollstrecker beschwerdebefugt (§ 355 Abs. 3 FamFG).

5. Dingliche Beschränkungen

140 Nach § 2208 BGB kann der Erblasser dem Testamentsvollstrecker durch letztwillige Verfügung die Verwaltungs- und Verfügungsbefugnisse nach §§ 2203 – 2206 BGB beschränken. Möglich ist zB

- eine lediglich beaufsichtigende Vollstreckung nach § 2208 Abs. 2 BGB, sodass der Testamentsvollstrecker nur einen Anspruch auf Ausführung der letztwilligen Anordnungen hat, eine eigene Verfügungsmacht des Testamentsvollstreckers nach § 2205 S. 2 BGB jedoch ausgeschlossen ist;
- eine Anordnung, wonach der Testamentsvollstrecker bestimmte Rechtsgeschäfte, wie etwa die Veräußerung von Grundbesitz, nur mit Zustimmung des Erben vornehmen darf;
- die Regelung eines bloßen Einspruchsrechts des Testamentsvollstreckers dahingehend, dass bestimmte Verfügungen des Erben nur mit seiner Zustimmung zulässig sind;
- die Beschränkung der Befugnisse des Testamentsvollstreckers dadurch, dass er an Weisungen Dritter gebunden ist, wobei Dritter in diesem Sinne nur der (Mit-)erbe oder ein Mitvollstrecker, nicht aber ein sonstiger Dritter sein darf (Verbot einer sog. „Megavollstreckung“);
- dem Testamentsvollstrecker auch nur die Verwaltung einzelner Nachlassgegenstände zuzuweisen (§ 2208 Abs. 1 S. 2 BGB);
- die Testamentsvollstreckung auf den Erbteil eines Miterben oder Mitvorerben zu beschränken.

141 Solche Anordnungen wirken im Gegensatz **zu den lediglich schuldrechtlichen Verwaltungsanordnungen** des § 2216 Abs. 1 BGB dinglich.[115] Eine dagegen getroffene Handlung des Testamentsvollstreckers ist unwirksam und kann allenfalls eine Eigenhaftung des Testamentsvollstreckers, nicht aber eine Bindung des Nachlasses bewirken. Ob eine bloße Verwaltungsanordnung nach **§ 2216 BGB** oder eine dinglich wirkende Beschränkung nach **§ 2208 BGB** vorliegt, ist durch Auslegung zu ermitteln. Die Abgrenzung kann im Einzelfall schwierig sein. So kann das Verbot, über bestimmte Nachlassgegenstände zu verfügen, eine lediglich schuldrechtliche Verwaltungsanordnung (§ 2216

115 OLG Zweibrücken Rpfleger 2001, 173.

Abs. 1 BGB), aber auch eine dinglich wirkende Verfügungsbeschränkung nach § 2208 BGB darstellen. Deshalb sollte der Erblasser eindeutig festlegen, ob es sich bei seiner Anordnung um eine schuldrechtlich oder um eine dinglich wirkende Regelung handelt.

„Ich bestimme hiermit als **dinglich wirkende** Beschränkung nach § 2208 BGB, dass mein Testamentsvollstrecker über Grundstücke nicht verfügen darf."

Achtung: Eine dinglich wirkende Beschränkung ist im Testamentsvollstreckerzeugnis nach § 2368 Abs. 1 S. 2 BGB einzutragen (eine schuldrechtliche nicht)! 142

6. Selbstkontrahieren

Nach **§ 181 BGB** kann ein Vertreter im Namen des Vertretenen mit sich im eigenen Namen oder als Vertreter eines Dritten ein Rechtsgeschäft nicht vornehmen, es sei denn, solches ist ihm **gestattet** oder das Rechtsgeschäft besteht ausschließlich in der **Erfüllung einer Verbindlichkeit.** Der Testamentsvollstrecker ist nach herrschender Meinung und Rechtsprechung zwar nicht Vertreter (weder des Erben noch des Erblassers), sondern Inhaber eines privaten Amtes. Formell betrachtet wäre deshalb § 181 BGB auf den Testamentsvollstrecker, der auf der einen Seite als Amtsinhaber, auf der anderen Seite als Privatperson handelt, nicht anzuwenden. Da jedoch gleichwohl eine Interessenkollision besteht, wenn der Testamentsvollstrecker in Bezug auf den Nachlass Rechtsgeschäfte tätigt, an denen er auf beiden Seiten beteiligt ist, wird § 181 BGB entsprechend angewandt.[116] Weil der Testamentsvollstrecker seine Handlungsbefugnis vom Erblasser ableitet, ist für ein zulässiges „Insichgeschäft" dessen Gestattung nach § 181 BGB erforderlich (bzw Handeln in Erfüllung einer Verbindlichkeit). Es ist deshalb sinnvoll, wenn der Erblasser bei entsprechendem Vertrauen in den Testamentsvollstrecker für diesen in seiner letztwilligen Verfügung eine entsprechende Befreiung von den Beschränkungen des § 181 BGB verfügt. 143

„Hiermit befreie ich den Testamentsvollstrecker von den Beschränkungen des § 181 BGB."

Achtung: Selbst wenn dem Testamentsvollstrecker ein Selbstkontrahieren vom Erblasser gestattet wird, so kann der Erblasser den Testamentsvollstrecker wegen § 2220 BGB dabei aber nicht von der Verpflichtung zur ordnungsgemäßen Verwaltung befreien. 144

Wenn der Erblasser keine ausdrückliche Gestattung getroffen hat, kann gegebenenfalls eine **stillschweigende Gestattung** in Betracht kommen. Hat zB der Erblasser den Testamentsvollstrecker zum Miterben bestimmt und diesen ohne Beschränkung mit der Auseinandersetzung des Nachlasses betraut, wird man den Testamentsvollstrecker im weiten Umfang auch zum Abschluss von Rechtsgeschäften mit sich selbst legitimiert ansehen.[117] 145

Liegt ein nicht gestattetes Insichgeschäft des Testamentsvollstreckers (und auch keine Erfüllung einer Verbindlichkeit) vor, so ist dieses schwebend unwirksam.[118] Die Erben können das Geschäft genehmigen, so dass rückwirkend Heilung eintritt (§§ 177, 184 BGB). 146

116 Staudinger/Reimann, § 2205 Rn 59; BGHZ 51, 210.
117 Schaub in Bengel/Reimann, 4. Kap. Rn 167; Soergel/Damrau, § 2205 Rn 71.
118 BGH NJW 1959, 1429.

7. Erweiterte Verpflichtungsbefugnis

147 Der Erblasser kann durch letztwillige Verfügung anordnen, dass der Testamentsvollstrecker in der Eingehung von Verbindlichkeiten für den Nachlass nicht beschränkt sein soll (§ 2207 BGB). Dann darf der Testamentsvollstrecker – im Außenverhältnis gegenüber Dritten – auch solche Verpflichtungsgeschäfte vornehmen, die nicht ordnungsgemäßer Verwaltung des Nachlasses entsprechen. Dem Erben gegenüber ist der Testamentsvollstrecker aber nach wie vor bei der Eingehung von Verbindlichkeiten für eine ordnungsgemäße Verwaltung des Nachlasses verantwortlich. Davon kann auch der Erblasser den Testamentsvollstrecker nicht befreien (§ 2220 BGB).[119]

„Der Testamentsvollstrecker soll von allen Beschränkungen befreit werden, von denen nach dem Gesetz eine Befreiung erteilt werden kann. Insbesondere soll der Testamentsvollstrecker in der Eingehung von Verbindlichkeiten für den Nachlass nicht beschränkt sein gemäß § 2207 BGB."

148 Gemäß § 2368 Abs. 1 S. 2 BGB ist im Testamentsvollstreckerzeugnis zu vermerken, wenn der Erblasser eine solche Befreiung von den Beschränkungen gemäß § 2207 S. 1 BGB verfügt hat.

149 **Achtung:** Bei einer Verwaltungsvollstreckung ist – sofern der Erblasser nichts anderes verfügt hat – im Zweifel anzunehmen, dass dem Testamentsvollstrecker eine Befreiung bei der Beschränkung der Eingehung von Verbindlichkeiten gemäß § 2207 S. 1 BGB erteilt ist.

150 Gemäß § 2207 S. 2 BGB ist jedoch eine so weit gehende Befreiung nicht möglich, dass der Testamentsvollstrecker Schenkungsversprechen zu Lasten des Nachlasses eingehen könnte. Wie § 2207 S. 2 BGB ausdrücklich ausführt, ist der Testamentsvollstrecker zu unentgeltlichen Verfügungen nur berechtigt, soweit sie einer sittlichen Pflicht oder einen auf den Anstand zu nehmenden Rücksicht entsprechen. Eine weitergehende Befreiung kann ihm auch vom Erblasser nicht eingeräumt werden.

VI. Regelungen zur Vergütung

151 Ausgangspunkt ist § 2221 BGB:

„Der Testamentsvollstrecker kann für die Führung seines Amtes eine angemessene Vergütung verlangen, sofern nicht der Erblasser ein anderes bestimmt hat."

152 Aus dem Nebensatz ergibt sich Vorrang und Maßgeblichkeit des Erblasserwillens.[120] Es steht zur freien Disposition des Erblassers, ob überhaupt und wenn ja, in welcher Höhe der Testamentsvollstrecker für seine Amtsführung eine Vergütung erhalten soll.[121] Ohne ausdrückliche Regelung durch den Erblasser hat der Testamentsvollstrecker Anspruch auf eine „angemessene Vergütung" nach § 2221 BGB.

119 MünchKomm/Brandner, § 2207 Rn 2; Staudinger/Reimann, § 2207 Rn 3.
120 BayObLG Rpfleger 1980, 152.
121 Eckelskemper in Bengel/Reimann, 10. Kap. Rn 1.

1. Vergütungsausschluss durch Erblasser

Der Erblasser kann bestimmen, dass dem Testamentsvollstrecker **keinerlei Vergütung** zustehen soll. Eine solche Verfügung ist bindend, eine gerichtliche Angemessenheitsprüfung dieser Ausschlussanordnung des Erblassers findet nicht statt.[122] Für den Fall, dass der eingesetzte Testamentsvollstrecker mit diesem Vergütungsausschluss durch den Erblasser nicht einverstanden ist, verbleibt ihm nur die Möglichkeit, die Übernahme der Testamentsvollstreckung abzulehnen oder zu versuchen, nach dem Erbfall mit dem Erben im Wege einer Vereinbarung eine anderweitige Vergütungsregelung zu treffen.[123] 153

Ein vollständiger Vergütungsausschluss durch den Erblasser kann allenfalls dort ein sachgerechter Ansatz sein, wo der Erblasser eine ihm nahestehende Person als seinen Testamentsvollstrecker vorsieht und die vergütungsfreie Ausübung des Testamentsvollstreckeramtes in einer persönlichen Verbundenheit wurzelt (zB im engeren Familien- oder Freundeskreis). Denn die Testamentsvollstreckung ist nicht selten eine sehr zeitintensive und durchaus haftungsträchtige Tätigkeit, deren Übernahme ohne angemessene Honorierung von einem Dritten realistischerweise nicht erwartet werden kann. Sollte der Erblasser die Nichtvergütung des Testamentsvollstreckeramtes in Erwägung ziehen und regeln wollen, dann sollte er sich im Vorfeld bei dem ausersehenen Testamentsvollstrecker jedenfalls vergewissern, ob dieser das Amt auch ohne Vergütung zu übernehmen bereit wäre. 154

Einen qualifizierten Testamentsvollstrecker, bei dem die Ausübung der Testamentsvollstreckung zu seinen beruflichen Tätigkeiten gehört, wird der Erblasser in der Regel nur gewinnen können, wenn diesem eine Vergütung in Aussicht gestellt wird (sei es durch positive Festlegung des Erblassers oder zumindest als angemessene Vergütung im Sinne von § 2221 BGB). Andernfalls ist mit hoher Wahrscheinlichkeit davon auszugehen, dass der vom Erblasser ins Auge gefasste Testamentsvollstrecker die Annahme des Amtes schlicht ablehnen wird. 155

2. Vergütungsregelungen durch Erblasser

Inhaltlich sind dem Erblasser bei der konkreten Ausgestaltung einer positiven Vergütungsregelung keine Grenzen gesetzt. So kann er Art, Höhe, Bemessungsgrundlage und Zahlungsweise des Testamentsvollstreckerhonorars frei bestimmen, zB einen bezifferten Einmalbetrag, eine jährliche Zahlungsweise, eine Stundensatzvergütung oder auch eine Umsatzbeteiligung vorsehen:[124] 156

„Der Testamentsvollstrecker erhält für seine Tätigkeit eine einmalige Gebühr in Höhe von 3 % des bei meinem Tod vorhandenen Bruttonachlasswertes. Darüber hinaus erhält er für jedes Jahr der Verwaltung eine Vergütung von 4 % der Bruttojahreseinnahmen des Nachlasses."

„Der Testamentsvollstrecker erhält für seine Tätigkeit im Rahmen der Konstituierung meines Nachlasses eine Vergütung in Höhe von 4 % meines Bruttonachlasses zum Zeitpunkt meines Todes.

122 Eckelskemper in Bengel/Reimann, 10. Kap. Rn 1.
123 Soergel/Damrau, § 2222 Rn 2.
124 Zimmermann, Rn 690.

Für die weiter angeordnete Dauertestamentsvollstreckung erhält der Testamentsvollstrecker für jedes Jahr, über das er die Testamentsvollstreckung ausübt, eine Vergütung in Höhe von 3 % der Bruttoeinnahmen entsprechend seiner jährlichen Rechnungslegung.

Nach Beendigung der Dauertestamentsvollstreckung soll der Testamentsvollstrecker nochmals eine Vergütung in Höhe von 2 % aus meinem bei Beendigung noch vorhandenem Bruttonachlass erhalten."

„Der Testamentsvollstrecker erhält eine pauschale Gesamtvergütung in Höhe von 7 % meines Bruttonachlasses nach seinem tatsächlichen Wert im Zeitpunkt meines Todes."

157 Anstelle eines Honorars kann der Erblasser dem Testamentsvollstrecker auch ein Geld- oder Sachvermächtnis (§ 2147 BGB) aus dem Nachlass zuwenden. Wird der Testamentsvollstrecker mit einem solchen Vermächtnis „anstelle" einer Vergütung bedacht, dann bleibt für eine weitere gesetzliche Vergütung nach § 2221 BGB kein Raum mehr.[125] Führt hingegen der Erblasser, der dem Testamentsvollstrecker ein Vermächtnis zuwendet, in Sachen „Vergütung" nichts weiter aus, ist dadurch eine Vergütung nach § 2221 BGB nicht von vornherein ausgeschlossen.[126] Ob Vergütung und Vermächtnis nebeneinander stehen und geltend gemacht werden können, ist eine Frage der Auslegung. Maßgeblich ist der zu erforschende Wille des Erblassers, ob dieser also mit dem Vermächtnis den Vergütungsanspruch nach § 2221 BGB gleichzeitig als mit abgegolten wissen wollte oder nicht.[127]

158 In Betracht kommt auch eine Bestimmung des Erblassers hinsichtlich einer Testamentsvollstreckervergütung auf **Stundensatzbasis.** Zeitabrechnungen sind heute vor allem bei Rechtsanwälten und Steuerberatern zu einer durchaus üblichen Abrechnungsmethode geworden. Auch gerichtliche Sachverständige werden nach Stunden vergütet (§ 9 JVEG), ebenso Zwangsverwalter nach § 19 ZwVwV und Mitglieder des Gläubigerausschusses im Insolvenzverfahren (§ 17 InsVV).[128] Gegen eine Vergütungsabrechnung nach Stunden wird u.a. eingewandt, dass der Testamentsvollstrecker seinen Zeitaufwand im Einzelnen nachweisen müsste, was schwierig sei.[129] Dies mag im Einzelfall zutreffen. Der nach einer vom Erblasser verfügten Stundensatzabrechnung tätige Testamentsvollstrecker wird jedenfalls dafür Sorge tragen müssen, dass der angefallene Zeitaufwand stets ausreichend dokumentiert und im Streitfall gegenüber den Erben entsprechend belegbar ist.

159 **Achtung:** Die ablehnende Haltung des BGH zur Stundensatzabrechnung bei der Testamentsvollstreckung betrifft nur den Fall, dass der Erblasser selbst keine Stundenabrechnung verfügt hat und die Vergütung deshalb in Ausfüllung des Kriteriums „Angemessenheit" nach § 2221 BGB zu ermitteln ist. Im Rahmen des § 2221 BGB ist nach dem BGH auf eine Abrechnung nach Tabellen abzustellen (wegen des „Rechtsfriedens und der Rechtssicherheit").[130] Eine vom Erblasser selbst angeordnete und vorgegebene Abrechnung der Testamentsvollstreckervergütung auf Stundenbasis ist jedoch zulässig.

125 Winkler, Rn 626.
126 Zimmermann, Rn 690.
127 Soergel/Damrau, § 2221 Rn 4.
128 Zimmermann, Rn 712.
129 Haas/Lieb ZErb 2002, 202.
130 BGH FamRZ 2005, 267.

Die Testamentsvollstreckung als solche kann vom Erblasser nur durch letztwillige Verfügung angeordnet werden. Insoweit kann auch die Amtsführung des Testamentsvollstreckers durch den Erblasser nur in der für die Anordnung der Testamentsvollstreckung vorgesehenen Form ausgefüllt und ausgestaltet werden.[131] Diese Form nicht einhaltende Erklärungen des Erblassers zur Testamentsvollstreckervergütung (zB in einem lediglich maschinengeschriebenen Brief) sind dann nur eine Auslegungshilfe für die Frage der „Angemessenheitsprüfung" im Rahmen des § 2221 BGB. 160

Wenngleich testamentarische Vergütungsbestimmungen des Erblassers keiner gerichtlichen Angemessenheitskontrolle unterliegen, konnte eine *überhöhte* Vergütung bis vor Kurzem steuerliche Fragen aufwerfen, so dass die „Angemessenheitsfrage" auch für eine vom Erblasser vorgegebene Vergütung mittelbar eine Rolle spielte. Eine unangemessen hohe Vergütung wurde in der Regel dann angenommen, wenn die Normalvergütung um 50 % überschritten war. 161

3. Angemessene Vergütung

Damit der Erblasser prüfen und entscheiden kann, ob er in einer letztwilligen Verfügung eine Vergütungsregelung treffen soll oder nicht, muss er sich vergegenwärtigen, was für den Fall gelten würde, dass er die Testamentsvollstreckervergütung offen und ungeregelt lässt: 162

Macht der Erblasser keine Vorgaben zur Testamentsvollstreckervergütung, so besteht nach § 2221 BGB für den Testamentsvollstrecker ein Anspruch auf eine **„angemessene Vergütung"**. Eine spezielle Gebührenordnung für Testamentsvollstrecker existiert nicht.[132] Was unter „angemessener Vergütung" zu verstehen ist, muss jeweils anhand der Umstände des konkreten Einzelfalles ermittelt werden. Das heißt, es gibt keine Einheitsvergütung.[133] Aus dem Wortlaut „angemessene Vergütung" leitet sich ein **Differenzierungsgebot** nach den konkreten Aufgabenbereichen des Testamentsvollstreckers ab.[134] 163

Wenngleich es stets auf eine Einzelfallbetrachtung ankommt, haben Rechtsprechung und Literatur im Hinblick auf eine Praktikabilität für die Beurteilung der „Angemessenheit" im Rahmen des § 2221 BGB Orientierungsgrundsätze entwickelt:[135] 164

a) „Grobgliederung" nach Art der Testamentsvollstreckung

Für eine normale Abwicklungsvollstreckung (dem gesetzlichen Regelfall nach § 2203 BGB) mit den Aufgabenbereichen Konstituierung, gegebenenfalls Auseinandersetzung und dazu notwendiger Verwaltung des Nachlasses wird eine **Regelvergütung** fällig. 165

Bei einer Dauervollstreckung nach § 2209 Satz 1 Hs 2 BGB ergibt sich für die Aufgabengebiete Konstituierung und Verwaltung die vorgenannte *Regelgebühr* **zuzüglich** einer besonderen **Verwaltungsgebühr** für die sich anschließende (Dauer)Verwaltung. 166

131 BayObLG Rpfleger 1980, 152; Soergel/Damrau, § 2221 Rn 2.
132 MünchKomm/Zimmermann, § 2221 BGB Rn 9; Winkler, Rn 570.
133 Eckelskemper in Bengel/Reimann, 10. Kap. Rn 4.
134 BGH DNotZ 1964, 173.
135 Tilling ZEV 1998, 331.

Nach Beendigung der Verwaltung kann für eine noch folgende Erbauseinandersetzung eine zusätzliche **Auseinandersetzungsgebühr** anfallen.

167 Für die reine Verwaltungsvollstreckung nach § 2209 Satz 1 Hs 1 BGB ist eine laufende **Verwaltungsgebühr** zu leisten.

b) „Feinabstimmung“ – nach Besonderheiten des Einzelfalls

168 Das unter 6.3.1 Genannte ist lediglich eine „Grobgliederung“, die dann noch weiter zu verfeinern ist. Zu berücksichtigen sind im Rahmen der „Feinabstimmung“:[136]

- Art, Umfang und Wert des Nachlasses,
- Dauer der Testamentsvollstreckung,
- Umfang und Schwierigkeit der zu erwartenden Geschäfte,
- Höhe der Verantwortung,
- Erforderlichkeit besonderer Kenntnisse und Erfahrungen,
- Anzahl der Beteiligten und beteiligtenbezogene Erschwernisse,
- Erfolg der Tätigkeit des Testamentsvollstreckers,
- Mit besonderen Rechtsproblemen behafteter Nachlass,
- Testamentsvollstreckung bei Unternehmen.

c) Bruttonachlasswert

169 Maßgebliche Basis ist der Bruttonachlasswert. Als Bemessungsgrundlage ist die Summe des Aktivvermögens (Verkehrswert) **ohne Abzug** der Nachlassverbindlichkeiten anzusetzen.[137] Denn gerade die der Testamentsvollstreckung regelmäßig unterliegende Regulierung der Schulden ist vielfach aufwendig und erfordert besonderen Einsatz und Mühe.[138] Besteht die Aufgabe des Testamentsvollstreckers hingegen allein in der Erfüllung von Vermächtnissen, so reduziert sich die Bemessungsgrundlage für die Vergütung auf den Vermächtniswert.

d) Vergütungstabellen

170 Auf diesen Bruttonachlasswert sind dann „vom Hundert-Sätze“ zu beziehen. Von der Praxis wurden dazu verschiedene Tabellen entwickelt. Diese haben zwar keinen Gesetzescharakter, sind aber zur Auslegung des unbestimmten Rechtsbegriffs „Angemessenheit“ praktikabel und anerkannt. Die gängigsten dieser Tabellen sind:

171 - **Die Rheinische Tabelle:**

  Sie ist die am längsten gebräuchliche Tabelle und wurde bereits 1925 vom Verein für das Notariat in Rhein-Preussen aufgestellt. Nach Plassmann (NJW 1935, 1831) ist die Gebühr für die Tätigkeit des Notars als Testamentsvollstrecker im Regelfall

136 Eckelskemper in Bengel/Reimann, Kap. 10 Rn 11.
137 BGH ZEV 2005, 22/23; Staudinger/Reimann § 2221 Rn 34; Palandt/Edenhofer, § 2221 Rn 10; MünchKomm/Zimmermann, § 2221 Rn 8.
138 BGH NJW 1967, 2402; Eckelskemper in Bengel/Reimann, 10. Kap. Rn 14.

wie folgt zu berechnen (die RM-Beträge sind dabei im Verhältnis 2:1 in Euro umgerechnet):[139]

1.	bei einem Nachlasswert bis zu 20.000 RM (10.000 Euro)	4 %
2.	darüber hinaus bis zu 100.000 RM (50.000 Euro)	3 %
3.	darüber hinaus bis zu 1 Mio. RM (500.000 Euro)	2 %
4.	darüber hinaus	1 %

Diese Sätze gelten für normale Verhältnisse und glatte Abwicklungen.

Die Prozentsätze ab der Stufe 2 sind jeweils für den entsprechenden **Mehrbetrag** anzuwenden:

Beispiel: Der Nachlasswert beträgt 210.000 Euro. Dies ergibt folgende Vergütung:

Aus 10.000 Euro: 4 % =	400 Euro
Aus 40.000 Euro: 3 % =	1.200 Euro
Aus 160.000 Euro : 2 % =	3.200 Euro
Gesamtvergütung:	4.800 Euro

Strittig ist, ob sich diese Sätze nur auf die Regelgebühr oder auch auf anschließende Aufgaben des Testamentsvollstreckers beziehen.[140] Nach einer Ansicht soll zusätzlich eine Sondergebühr verlangt werden können, falls die Tätigkeiten in besonderem Maße umfangreich und verantwortungsvoll waren.[141] Nach anderer Ansicht soll die Tabelle sich nur auf die Konstituierungsgebühr erstrecken,[142] teilweise auch die Verwaltungsgebühr abdecken. Die herrschende Meinung geht davon aus, dass von diesen Tabellensätzen eine „normale Konstituierung" und Verwaltung über absehbare Zeit mit normaler Abwicklung erfasst wird.[143] Sollte sich nur ein geringer Zeit- und Schwierigkeitsaufwand ergeben, so kann die Vergütungshöhe aus dieser Tabelle gegebenenfalls auch zu hoch sein.[144] Da die Tabelle schon sehr alt ist, wird eine Erhöhung diskutiert, von der Rechtsprechung jedoch abgelehnt.[145] Das Schrifttum fordert allgemeine Zuschläge zwischen 20 und 50 %.[146]

- **Vergütungsempfehlungen des Deutschen Notarvereins:**[147] 172

Die Rheinische Tabelle wurde fortentwickelt zu den Vergütungsempfehlungen des Deutschen Notarvereins („Nachfolgermodell"). Diese Vergütungsempfehlungen sehen neben den Vergütungs**sätzen** auch weitreichende Vergütungs**empfehlungen** vor. Auszugehen ist von einem Vergütungsgrundbetrag, der eine einfache Testamentsvollstreckung (Nachlassverwaltung bis zur Abwicklung der erbschaftsteuerlichen Fragen, Überleitung des Nachlasses oder Freigabe an die Erben) umfasst (vgl dazu Ziff. I der Empfehlungen). **Die Umsatzsteuer ist in den Sätzen nicht enthalten.**

139 Lieb, Die Vergütung des Testamentsvollstreckers, Rn 151.
140 Klingelhöffer ZEV 1994, 121.
141 Palandt/Edenhofer, § 2221 Rn 7; OLG Düsseldorf RhNotK 1996, 171.
142 Winkler, Rn 580.
143 OLG Düsseldorf RhNotk 1996, 172; Staudinger/Reimann, § 2221 Rn 39; Soergel/Damrau, Rn 9.
144 OLG Köln ZEV 1995, 70.
145 BGH NJW 67, 2402; OLG Köln NJW-RR 1987, 1098; Palandt/Edenhofer, § 2221 Rn 10.
146 Winkler, Rn 581; Eckelskemper in Bengel/Reimann 10. Kap. Rn 44.
147 ZEV Heft 5/2000.

bis	250.000 Euro	4,0 %
bis	500.000 Euro	3,0 %
bis	2.500.000 Euro	2,5 %
bis	5.000.000 Euro	2,0 %
über	5.000.000 Euro	1,5 %

Bei der Berechnung ist als **Mindestsumme** der Betrag der Vorstufe zugrunde zu legen.

Beispiel: *Bruttonachlasswert 550.000 Euro:*
Der Vergütungsgrundbetrag beträgt nicht 13.750 Euro (2,5 % aus 550.000 Euro), sondern 15.000 Euro (3 % aus 500.000 Euro).

Zu diesem Vergütungsgrundbetrag (bei der **Abwicklungsvollstreckung**) können gemäß Ziff. II der Empfehlungen Zuschläge zwischen 2/10 und 10/10 angesetzt werden und zwar

- für eine aufwendige Grundtätigkeit (zB bei der Ermittlung, Sichtung des Nachlasses),
- bei der Auseinandersetzung (Aufstellung eines Teilungsplans und dessen Vollzug),
- bei einer komplexen Nachlassverwaltung (zB Auslandsvermögen, Erbengemeinschaften, „Problemimmobilien", Rechtstreitigkeiten),
- bei aufwendigen oder schwierigen Gestaltungsaufgaben (Umstrukturierung, Verwertung des Nachlasses),
- bei umfangreichen Steuerangelegenheiten (außerhalb der Erbschaftsteuer, ausländische Steuerfragen).

Die Gesamtvergütung soll dabei insgesamt das **Dreifache** des Vergütungsgrundbetrages nicht überschreiten.

Bei einer **Dauertestamentsvollstreckung** wird zu diesem Vergütungsgrundbetrag (gegebenenfalls mit obigen Zuschlägen) eine Zusatzvergütung wie folgt geschuldet (Ziffer III der Empfehlungen):

- für den Normalfall der Dauertestamentsvollstreckung pro Jahr 1/3 bis 1/2 % des Nachlass**bruttowertes** oder 2 bis 4 % des jährlichen Nachlass**bruttoertrages** (wobei der jeweils höhere Wert von beiden maßgeblich sein soll),
- bei Geschäftsbetrieben/Unternehmen, Personengesellschaften 10 % des jährlichen Reingewinns,
- bei Tätigkeiten als Organ einer Kapitalgesellschaft oder Handeln als Bevollmächtigter ein branchenübliches Geschäftsführer- bzw Vorstandsgehalt und Tantieme,
- bei nur beaufsichtigender Tätigkeit eine branchenübliche Vergütung eines Aufsichtsrats- bzw Beiratsvorsitzenden.

- **Die Möhring'sche Tabelle:**[148] 173

  Diese Tabelle ist in der Praxis im Vordringen begriffen[149] und geht von folgenden Werten aus:[150]

Bruttonachlasswert:	
bis 12.500 Euro	7,5 %
bis 25.000 Euro	7,0 %
bis 50.000 Euro	6,0 %
bis 100.000 Euro	5,0 %
bis 200.000 Euro	4,5 %
bis 500.000 Euro	4,0 %
bis 1 Mio. Euro	3,0 %

  Bei Nachlässen über 1 Mio. ist die Vergütung dadurch zu ermitteln, dass aus dem über 1 Mio. Euro liegenden Wert 1 % genommen und dem Vergütungssatz für 1 Mio. hinzugerechnet wird.

  Die Tabelle ist so anzuwenden, dass die Vergütung zunächst bis zu dem unter dem Nachlasswert liegenden niedrigeren Schwellenwert ermittelt wird. Anschließend ist der Betrag hinzuzurechnen, der sich aus dem Prozentsatz für den folgenden Schwellenwert ergibt:

  Beispiel: Bruttonachlasswert von 250.000 Euro:

4,5 % aus 200.000 Euro	9.000 Euro
4,0 % aus 50.000 Euro	2.000 Euro
Gesamtbetrag	11.000 Euro

- **Die Eckelskemper'sche Tabelle:**[151] 174

  Von Eckelskemper wurde folgende Tabelle entwickelt:

Bruttonachlasswert:	
bis 50.000 Euro	4,0 %
für einen Mehrbetrag	
bis zu 250.000 Euro	3,0 %
für einen Mehrbetrag	
bis zu 1.250.000 Euro	2,5 %
für einen Mehrbetrag	
bis zu 2.500.000 Euro	2,0 %
für Werte darüber hinaus	1,0 %

148 Möhring, Vermögensverwaltung in Vormundschafts- und Nachlasssachen, S. 262 ff; Möhring/Beisswingert/Klingelhöffer, Vermögensverwaltung in Vormundschafts- und Nachlasssachen, S. 224 ff.
149 Winkler, Rn 582; OLG Karlsruhe ZEV 2001, 286; OLG Köln NJW-RR 1995, 203.
150 Klingelhöffer, Vermögensverwaltung in Nachlasssachen, Rn 323.

Nach Eckelskemper gelten diese Werte nur für einen „idealen Normalfall". Der Nachlass darf keine schwierigen Verhältnisse aus sich heraus aufweisen (wie zB durch Vermögen im Ausland), nicht besonders vielgestaltig sein, die Zahl der Beteiligten (Erben, Vermächtnisnehmer, Auflagenbegünstigte, Gläubiger usw.) muss sich in Grenzen halten sowie der Nachlass einigermaßen geordnet sein.[152] Bei Abweichungen vom „idealen Normalfall" sollen fallgruppenorientierte Zu- und Abschläge bei der Vergütung gemacht werden (orientiert an den Zuschlagstatbeständen der InsVV). Bei Zusammentreffen mehrerer Erschwerungsgründe sollen diese jeweils gesondert bewertet werden. Die Vergütungen sind dann zu addieren. Die Gesamtobergrenze beträgt 12 % des Nachlasswertes.[153]

Beispiel: Bruttonachlasswert: 1 Mio. Euro:

bis 250.000 Euro 3 % =	7.500 Euro
für Mehrbetrag 750.000 Euro 2,5 % =	18.750 Euro
Gesamtbetrag:	26.250 Euro

175 ■ **Tabelle von Tschischgale:**[154]

Die von Tschischgale entwickelte Tabelle geht von höheren Prozentsätzen aus und differenziert zwischen Regelfällen und schwierigen Fällen:

Bruttonachlasswert:	Regelfall	schwieriger Fall
bis zu 10.000 Euro	5,00 %	6,00 %
bis zu 50.000 Euro	3,75 %	4,50 %
bis zu 500.000 Euro	2,50 %	3,00 %
darüber hinaus	1,25 %	1,50 %

Beispiel: Bruttonachlasswert 250.000 Euro, **Regelfall:**

bis zu 10.000 Euro 5 % =	500 Euro
weitere 40.000 Euro (bis 50.000 Euro) 3,75 % =	1.500 Euro
weitere 200.000 Euro (bis 500.000 Euro) 2,5 % =	5.000 Euro
Gesamtbetrag:	7.000 Euro

176 ■ **Berliner Praxis:**[155]

In dieser Tabelle beinhaltet der untere Bereich mehrere Abstufungen. Diese haben höhere Prozentsätze als die sonstigen Tabellen. Im Einzelnen:

Bruttonachlasswert:	
bis zu 2.500 Euro	10 %
darüber hinaus bis zu 10.000 Euro	6 %
darüber hinaus bis zu 25.000 Euro	4 %

151 Eckelskemper in Bengel/Reimann, 10. Kap. Rn 57 ff.
152 Eckelskemper in Bengel/Reimann, 10. Kap. Rn 62.
153 Eckelskemper in Bengel/Reimann, Rn 70 ff.
154 JUR Büro 1965, 89; OLG Frankfurt MDR 2000, 788.
155 Tilling ZEV 1998, 335.

darüber hinaus bis zu 50.000 Euro	3 %
darüber hinaus	1 %

Beispiel: Bruttonachlasswert 50.000 Euro:

aus 2.500	10 % =	250 Euro
aus 7.500	6 % =	450 Euro
aus 15.000 Euro	4 % =	600 Euro
aus 25.000 Euro	3 % =	750 Euro
Gesamtbetrag:		2.050 Euro

Die vorgenannten Tabellenwerte beziehen sich nur auf die **Abwicklungsvollstreckung.** Eine reine **Verwaltungsvollstreckung** sowie die im Rahmen einer **Dauervollstreckung** anfallenden Verwaltungstätigkeiten werden von diesen Tabellenwerten nicht erfasst. Dafür sind periodische – jährliche – Vergütungszahlungen zu erbringen in Form von 1/3 % bis 1/2 % des Bruttonachlasswertes[156] oder 2 % bis 4 % der laufenden Jahreserträge[157] (vgl dazu oben bereits die entsprechenden Vergütungsempfehlungen des Deutschen Notarvereins). 177

e) Prüfung auf „offensichtliche Unangemessenheit"

Der BGH betont, dass die Angemessenheit der Vergütung nicht mathematisch-sachlich bestimmt werden könne, sondern nur im Rahmen eines Ermessensspielraums.[158] Deshalb beschränkt sich die Rechtsprechung im Wesentlichen darauf zu überprüfen, ob eine Gebühr **offensichtlich unangemessen** ist.[159] 178

Eine Überlegung wäre, aus allen gängigen Tabellen einen **Durchschnittswert** zu bilden. Gutdeutsch bietet in seinem EDV-Programm „Erbrechtliche Berechnungen" (C. H. Beck Verlag) ein entsprechendes Rechenmodul unter Berücksichtigung aller anerkannten Vergütungstabellen an. Wenn der Testamentsvollstrecker sich an dieser Durchschnittsberechnung als arithmetischem Mittel orientiert, wird ihm wohl kein Vorhalt bezüglich einer unangemessen hohen Vergütung gemacht werden können. 179

Nicht offensichtlich unangemessen ist auch eine Vergütung, die sich an Honoraren *vergleichbarer Berufsgruppen*, die entsprechende vom Testamentsvollstrecker verlangte Tätigkeiten ausüben, orientiert. Hier könnte man zB an Vergütungssätze gewerblicher Hausverwaltungen anknüpfen, wenn es im Rahmen einer Testamentsvollstreckung um die Verwaltung von Grundstücken und Mietshäusern geht.[160] Die übliche Vergütung beträgt hier 3 bis 8 % der Nettojahresmieten. Sollte der Testamentsvollstrecker mit der Betreuung von Wertpapierdepots befasst sein, dann könnte zB auf die entsprechenden Verwaltungssätze der Banken zurückgegriffen werden. 180

156 MünchKomm/Zimmermann, § 2221 Rn 14; Tilling ZEV 1998, 334; Eckelskemper in Bengel/Reimann, Kap. 10 Rn 69.
157 Winkler, Rn 595; Klingelhöffer, Vermögensverwaltung in Nachlasssachen, Rn 324.
158 BGH NJW 1967, 876; BGH NJW 2005, 320.
159 Haas/Lieb ZErb 2002, 107; Lieb Rn 164.
160 Zimmermann, Rn 705.

181 Übt der Testamentsvollstrecker eine *unternehmerische Tätigkeit* aus, wird vorgeschlagen, ihm eine Gewinnbeteiligung zuzubilligen.[161] Die Vergütung des Testamentsvollstreckers soll sich hier an dem erzielten Reingewinn orientieren. Eine Beteiligung von 10 % des bilanzierten Reingewinns wurde zB als angemessen erachtet.[162] Zum Wesen jeder unternehmerischen Tätigkeit gehöre das Streben nach Erzielung von Überschüssen. Daher könne hier nicht auf eine Entlohnung eines Angestellten abgestellt werden.[163] Im Übrigen ist auch eine Orientierung an Gehältern entsprechender Geschäftsführer oder Vorstandsmitglieder vergleichbarer Unternehmen denkbar.[164]

f) Honorarabrechnung nach Zeitaufwand

182 Anstelle einer Tabellenabrechnung wird auch eine solche nach Zeitaufwand vorgeschlagen.[165] Zimmermann verweist darauf, dass aufgrund der „Angemessenheitsprüfung" stets der Einzelfall betrachtet werden müsse und dies gerade gegen eine Tabellenorientierung spreche. Hätte der Gesetzgeber eine pauschalierende Abrechnung auf dieser Basis gewollt, so hätte er eine entsprechende Tabelle selbst vorgegeben wie zB bei der Vergütung der Insolvenzverwalter.[166] Zimmermann verweist darauf, dass gerichtliche Sachverständige ebenfalls nach Stunden abrechnen müssten (§ 9 JVEG), ebenso Zwangsverwalter nach § 19 ZwVwV sowie Mitglieder des Gutachterausschusses in Insolvenzverfahren nach § 17 InsVV. Die Stundenabrechnung sei für den Erben durchschaubarer und behandle den Einzelfall angemessener.[167]

183 Der **BGH** lehnt hingegen die Stundenabrechnung **im Rahmen des § 2221 BGB** ab.[168] Für die Abrechnung nach Bruttonachlasstabellen spreche vielmehr „Rechtssicherheit und Rechtsfrieden".[169]

g) Zusammenfassung

184
- Obliegt dem Testamentsvollstrecker der Normalfall der Testamentsvollstreckung, nämlich eine Abwicklungs- und Auseinandersetzungsvollstreckung, so fällt grundsätzlich eine Regelvergütung an. Eine gesonderte Auseinandersetzungsgebühr kommt nur ausnahmsweise in Betracht;[170]
- treffen besondere Erschwernisgründe ein, so sind diese jeweils gesondert zu bewerten und können mit Zuschlägen auf die Grundvergütung honoriert werden;
- die verschiedenen Tabellen dürfen nicht schematisch angewandt werden. Ihr Sinn und Zweck liegt darin, die Vergütungshöhe transparenter und nachvollziehbarer zu machen.[171] Daher ist stets zu prüfen, ob das sich nach ihnen ermittelte Ergebnis im Hinblick auf den Einzelfall einer Korrektur bedarf;[172]

161 Soergel/Damrau, § 2221 Rn 9; Tilling ZEV 1998, 338.
162 LG Hamburg MDR 1959, 761; Winkler, Rn 599.
163 Mayer in MBWW Rn 499.
164 MünchKomm/Zimmermann, § 2221 Rn 14; Eckelskemper in Bengel/Reimann, 10. Kap., Rn 94 ff.
165 Zimmermann, Rn 711.
166 Zimmermann aaO.
167 Zimmermann aaO.
168 BGH FamRZ 2005, 267.
169 BGH aaO.
170 OLG Karlsruhe ZEV 2001, 286; OLG Köln ZEV 1994, 120.
171 BGH MDR 1963, 293; Haas/Lieb ZErb 2002, 210.
172 Haas/Lieb ZErb 2002, 210.

- die Gesamthöhe der Testamentsvollstreckervergütung beschränkt sich auf 12 % des Nachlasswertes;[173]
- die Tätigkeiten für Verwaltungs- und Dauervollstreckung sind zusätzlich zu vergüten. Die oben genannte 12 % – Höchstgrenze gilt für diese Verwaltungsgebühren nicht. Denn eine solche kann uU noch viele Jahrzehnte andauern;[174]
- dem Testamentsvollstrecker wird im Ergebnis nur eine Gebühr geschuldet. Die vorstehenden Ermittlungsschritte stellen lediglich Orientierungswerte und eine Argumentationshilfe dar, um im Streitfall den unbestimmten Rechtsbegriff der „Angemessenheit" konkretisieren zu können.

4. Verweisung auf Tabellen

Der Erblasser kann eigene konkrete Vorgaben für die Vergütung des Testamentsvoll- 185
streckers machen. Er kann die Vergütungsfrage vollkommen ungeregelt und diese nach § 2221 BGB unter Angemessenheitsgesichtspunkten ermitteln lassen. Welche der unter obiger Ziff. 3 d genannten Tabellen im Einzelfall angewandt werden, bleibt dann offen.

Die Vorstellung des Erblassers kann aber auch dahin gehen, zwar keine dezidierte ei- 186
gene Vergütungsregelung treffen, aber jedenfalls die Anwendungen einer bestimmten **Tabelle verbindlich vorgeben** zu wollen.

„Für die Bemessung der Vergütung des Testamentsvollstreckers sollen die Empfehlungen des Deutschen Notarvereins in seiner jeweils aktuellsten Fassung maßgeblich sein."

In diesem Zusammenhang wird ein Problem diskutiert: 187

- Eine pauschale Verweisung im Testament auf eine der üblichen Vergütungstabellen und Empfehlungen könnte als Bezugnahme auf Anlagen, die nicht den Anforderungen des § 2247 BGB entsprechen, unzulässig sein.[175] Eine schlichte Inbezugnahme könnte nicht genügen, weil das Testament den Willen des Erblassers enthalten müsse. Bezugnahmen seien nur als Erläuterungen zulässig.[176] Im Ergebnis müsste der Erblasser für eine Verbindlichkeit der von ihm ausgesuchten Tabelle deren Wortlaut dann in testamentarischer Form wiedergeben, bei handschriftlichem Testament also vollständig abschreiben.
- Die herrschende Meinung sieht die bloße Bezugnahme auf die Tabellen dagegen als wirksam an. Zum einen wird angeführt, eine Verweisung auf gesetzliche Vorschriften sei anerkannt. Zwar seien Vergütungstabellen keine gesetzlichen Bestimmungen. Im Wege einer Analogie könnten sie diesen jedoch gleichgestellt werden.[177] Als anderer Zulässigkeitsansatz wird darauf verwiesen, dass die Vergütungsempfehlungen veröffentlichte und damit allgemein zugängliche Regelungswerke darstellten, deren Inhalte jederzeit feststellbar seien. Auf solche allgemein zugängliche Informationen könne Bezug genommen werden. Für veröffentlichte Indizes (Lebenshaltungskostenindex), DIN-Normen, Basiszinssatz sei dies anerkannt. Dann könne

173 Staudinger/Reimann, § 2221 Rn 52; Eckelskemper in Bengel/Reimann, 10. Kap. Rn 73.
174 Tilling ZEV 1998, 335.
175 Palandt/Edenhofer, § 2247 Rn 8; Reithmann ZEV 2001, 385/386.
176 Zimmermann, Rn 690; OLG Hamm FGPrax 2006, 168; MünchKomm/Hagena § 2247 Rn 20.
177 Soergel/Damrau, § 2221 Rn 2; Lieb Kap. II Rn 43.

für die vom Erblasser für anwendbar erklärte Tabelle nichts anderes gelten.[178] Im Übrigen handle es sich bei diesen veröffentlichten Tabellen um offenkundige Tatsachen.[179] Auf solche offenkundigen Tatsachen könne in gerichtlichen oder notariellen Entscheidungen verwiesen werden. Sie bedürften keines gesonderten Beweises (§ 291 ZPO, § 727 Abs. 1 ZPO). Deshalb dürfe auf sie auch in privatschriftlichen Testamenten verbindlich Bezug genommen werden.[180]

- Das strittige Problem, ob eine testamentarische Verweisung nun zulässig ist oder nicht, kann dadurch gelöst werden, dass dem Testamentsvollstrecker die Befugnis eingeräumt wird, die Höhe seiner angemessenen Vergütung nach billigem Ermessen **selbst festzusetzen** (§ 315 BGB). Gleichzeitig wird der Testamentsvollstrecker vom Erblasser angewiesen, seine Vergütung nach einer von ihm vorgegebenen Tabelle in ihrer jeweils gültigen Fassung zu bestimmen. Dadurch wird auch eine dynamische Verweisung auf jeweils aktuelle Tabellenfassungen erreicht. Die Zulässigkeit einer Ermächtigung des Testamentsvollstreckers zu einem solchen Leistungsbestimmungsrecht ist anerkannt.[181]

  „Der Testamentsvollstrecker darf die Höhe seiner Vergütung selbst festlegen. Diese hat sich nach der Möhring'schen Tabelle in ihrer jeweils aktuellsten Fassung zu richten."

5. Überhöhte Vergütung

188 Wie ausgeführt unterliegt eine vom Erblasser festgelegte Testamentsvollstreckervergütung grundsätzlich keiner gerichtlichen Angemessenheitskontrolle. Bei einer dem Testamentsvollstrecker vom Erblaser zugewandten **überhöhten Vergütung** gab es noch bis vor kurzem erheblichen Streitpunkt im Hinblick auf deren steuerliche Bewertung. Zivilrechtlich ist eine die Schwelle der Angemessenheit übersteigende Testamentsvollstreckervergütung als Vermächtnis zu werten.[182] Deshalb wurde die Ansicht vertreten, dass der „unangemessene" Teil der Vergütung als Erwerb von Todes wegen der Erbschaftsteuer unterliege (§§ 3 Abs. 1 Nr. 1, 9 Abs. 1 Nr. 1 ErbStG).[183]

189 Gleichzeitig wurde dieser Vergütungsteil aber **auch** der Einkommensteuer unterworfen. Der BFH wies in seinem früheren Grundsatzurteil vom 6.9.1990[184] darauf hin, allein die Tatsache, dass der unangemessene Teil der Vergütung zivilrechtlich als Vermächtnis anzusehen sei, hindere nicht, steuerlich die gesamte Vergütung den Einkünften aus selbstständiger Tätigkeit zuzurechnen und damit der Einkommensteuerpflicht zu unterwerfen. Damit konnte die Vergütung **sowohl der Einkommensteuer wie auch der Erbschaftsteuer** unterliegen. Wie sich aus § 35 EStG ergibt, ist eine Doppelbesteuerung nicht ausgeschlossen.

190 In seinem aktuellen **Urteil vom 2.2.2005** hat der 2. Senat des BFH nun klarstellend entschieden, dass für den unangemessenen Teil einer Testamentsvollstreckervergütung keine Doppelbesteuerung erfolgt. Auch dieser Vergütungsteil unterfalle **allein der Ein-**

178 Eckelskemper in Bengel/Reimann, Kap. 10 Rn 3; Lieb aaO.
179 Reimann, DStR 2002, 2008.
180 Lieb, Rn 44.
181 Eckelskemper in Bengel/Reimann, Kap. 10 Rn 74; Weidlich, § 2221 Rn 38.
182 BayObLG Rpfleger 1982, 227; Palandt/Edenhofer, § 2221 Rn 1.
183 Winkler, Rn 653; Eckelskemper in Bengel/Reimann, 10. Kap., Rn 183.
184 BFH BStBl. II 1990, 1028.

kommensteuer und nicht gleichzeitig auch der Erbschaftsteuer.[185] Nach dieser BFH-Entscheidung muss der Erblasser nun eine von ihm ggf sehr großzügig bemessene Testamentsvollstreckervergütung auf eine etwaige Doppelbesteuerungsmöglichkeit nicht mehr hinterfragen.

6. Fälligkeit

Eine ausdrückliche gesetzliche **Fälligkeitsregelung** zur Testamentsvollstreckervergütung fehlt. Die Vergütung ist daher grundsätzlich als einmalige Zahlung erst **nach Beendigung der Tätigkeit** zur Zahlung fällig. Ein Vorschuss steht dem Testamentsvollstrecker nicht zu.[186] In § 2218 BGB wird auf den die Vorschusspflicht regelnden § 669 gerade nicht Bezug genommen. 191

Es ist jedoch allgemein anerkannt, dass bei einer länger andauernden Verwaltung, insbesondere einer **Dauervollstreckung** gemäß § 2209 BGB der Testamentsvollstrecker periodische Teilzahlungen auf die angemessene Vergütung verlangen kann.[187] Unter Bezugnahme auf die Regelung bei der Rechnungslegung des § 2218 Abs. 2 BGB wird die Verwaltungsvergütung jährlich nachträglich zur Zahlung fällig. 192

Der Erblasser kann die Fälligkeit in seiner letztwilligen Verfügung aber auch entsprechend regeln und vorgeben. 193

„Der Testamentsvollstrecker erhält eine Vergütung in Höhe von 4 % meines Bruttonachlasses zum Zeitpunkt meines Todes. Der Testamentsvollstrecker darf die Vergütung nach Ablauf eines Jahres nach meinem Tod aus meinem Nachlass entnehmen."

„Die Testamentsvollstreckervergütung ist wie folgt fällig:

50 % nach Erstellung des Nachlassverzeichnisses, das Resthonorar nach Erledigung aller dem Testamentsvollstrecker obliegenden Tätigkeiten."

7. Schuldner

Wer Schuldner der Testamentsvollstreckervergütung sein soll, kann der Erblasser ebenfalls ausdrücklich regeln. Im Grundsatz muss die Vergütung im Außenverhältnis von den Erben **als Gesamtschuldner** beglichen werden. Es handelt sich um eine gemeinschaftliche Nachlassverbindlichkeit. Der Testamentsvollstrecker kann also **von jedem Erben den gesamten Betrag** verlangen. Im Innenverhältnis richtet sich der Anteil der Beteiligung an der Vergütung nach den entsprechenden Erbquoten, die sich aus dem Erbschein ergeben.[188] Der Erblasser kann eine anderweitige Festlegung treffen. In den Fällen der Erb**teils**vollstreckung ist eine solche Regelung sinnvoll und ratsam, wenn die Vergütung nicht die Erben in ihrer Gesamtheit treffen soll.[189] 194

„Ich ordne Testamentsvollstreckung über den Erbteil meines Sohnes X an. Die Testamentsvollstreckervergütung hat deshalb auch allein mein Sohn X zu tragen. Die anderen Miterben sind mit dieser Testamentsvollstreckervergütung nicht belastet."

185 BFH ZErb 2005, 221 ff.
186 OLG Köln Rpfleger 1987, 458.
187 Staudinger/Reimann, § 2221 Rn 17.
188 BGH NJW 1997, 1362.
189 BGH NJW 1997, 118.

8. Umsatzsteuer

195 Der Erblasser sollte auch eine klarstellende Regelung zur Umsatzsteuer treffen.

196 Nur wenn der Testamentsvollstrecker unentgeltlich tätig oder lediglich für seine Zeitversäumnis entschädigt wird, liegt eine umsatzsteuerfreie ehrenamtliche Tätigkeit vor (§§ 4, 26 b UStG). Ansonsten ist davon auszugehen, dass die Testamentsvollstreckertätigkeit der Umsatzsteuerpflicht unterworfen ist, da regelmäßig eine nachhaltige Tätigkeit zur Erzielung von Einnahmen gegeben ist. Auch in den Fällen, in denen nur eine einzige Testamentsvollstreckung durchgeführt wird, ist von einer nachhaltigen und damit unternehmerischen Tätigkeit im Sinne des § 1 UStG auszugehen. Selbst wenn sich jemand nur mit einer einmaligen Übernahmehandlung in ein für längere Zeit angelegtes Rechtsverhältnis begibt, das durch eine Vielzahl der durch die Aufgaben des Rechtsverhältnisses bedingten Handlungen bestimmt wird, liegt das Tatbestandsmerkmal der Nachhaltigkeit vor.[190] Unter Hinweis auf die vielfältigen Aufgaben des Testamentsvollstreckers im Rahmen der Abwicklungsvollstreckung wird die Nachhaltigkeit der Testamentsvollstreckertätigkeit deshalb regelmäßig gegeben sein.[191] Ggf kann aber die „Kleinunternehmerregelung" nach § 19 UStG greifen, wonach **Umsatzsteuer** (nicht Einkommensteuer!) nicht erhoben wird, wenn der Bruttoumsatz im Vorjahr 17.500 € nicht überstiegen und 50.000 € im laufenden Kalenderjahr voraussichtlich nicht übersteigen wird.

197 Nach herrschender Meinung stellt die Tabellenvergütung (Ausnahme: Empfehlungen des Deutschen Notarvereins) eine **Bruttovergütung** dar. Der Testamentsvollstrecker kann daher die Umsatzsteuer **nicht zusätzlich** zu seiner Vergütung verlangen.[192]

198 Der Testamentsvollstrecker hat zwar die Umsatzsteuer gesondert auszuweisen (§ 14 UStG), zivilrechtlich umfasst der ihm zustehende Bruttovergütungsbetrag jedoch bereits die Umsatzsteuer. Durch die in regelmäßigen Abständen erfolgenden Umsatzsteuererhöhungen bei gleich bleibenden Tabellenwerten geht so die dem Testamentsvollstrecker verbleibende Nettovergütung regelmäßig nach unten.

199 Der Erblasser sollte dies bedenken und durch eine entsprechende Regelung in seiner letztwilligen Verfügung klarstellen, **ob** bzw **dass** die Umsatzsteuer dem Testamentsvollstrecker zusätzlich zusteht.

„Der Testamentsvollstrecker kann die Umsatzsteuer zusätzlich verlangen."

200 Ein in Deutschland ansässiger Testamentsvollstrecker hat (auch wenn er der in § 3 a Abs. 4 UStG genannten Berufsgruppe zB als Rechtsanwalt, Steuerberater oder Wirtschaftsprüfer angehört) bei im Ausland ansässigen Erben die Umsatzsteuer für seine Testamentsvollstreckertätigkeit in Deutschland abzuführen.[193]

---

190 BFH ZEV 2007, 45/46; Eckelskemper in Bengel/Reimann, 10. Kap. Rn 215.
191 OLG Düsseldorf EFG 1980, 466.
192 OLG Frankfurt OLG Report 2000, 86; OLG Köln ZEV 1994, 118; Winkler, Rn 660; aA: Reimann DStR 2002, 2011.
193 BFH ZErb 9/2008 S. 451/452.

9. Vereinbarung mit Erben

Wenn der Testamentsvollstrecker mit dem vom Erblasser angeordneten Vergütungsausschluss, einer vom Erblasser verfügten oder einer Vergütung nach § 2221 BGB nicht zufrieden ist, verbleibt ihm nur die Möglichkeit, mit dem **Erben** nach dem Erbfall eine spezielle Vergütungsregelung treffen. Diese gilt vorrangig sogar dann, wenn sie einer etwaigen Vergütungsvorgabe des Erblassers widersprechen würde.[194] Eine solche Vergütungsvereinbarung macht auch Sinn, falls keine klare oder eine unbefriedigende Vergütungsregelung besteht. Dadurch lassen sich Streitigkeiten zwischen Testamentsvollstrecker und Erblasser über die Frage der Angemessenheit der Testamentsvollstreckervergütung im Rahmen des § 2221 BGB regelmäßig vermeiden.[195] Eine solche Regelung zwischen Testamentsvollstrecker und Erben setzt jedoch Konsens zwischen diesen voraus und kann vom Testamentsvollstrecker nicht einseitig erzwungen werden. 201

10. Auslagenersatz neben Vergütung

Neben dem Vergütungsanspruch besteht ein solcher auf **Auslagenersatz** nach Auftragsrecht, §§ 2218, 670 BGB. Dieser ist sofort zur Zahlung fällig. Hiervon erfasst werden auch Aufwendungen des Testamentsvollstreckers für Hilfskräfte, die der Testamentsvollstrecker für die Aufgabenbewältigung einsetzt. Allerdings ist genau zu prüfen, ob der Einsatz unter dem Gesichtspunkt der ordnungsgemäßen Amtsführung erforderlich war und die Aufwendungen nicht bereits mit der Vergütung abgegolten sein sollten. 202

Beispiel: Der Testamentsvollstrecker schließt mit sich selbst in seiner Eigenschaft als Rechtsanwalt etc. (wozu er bei Befreiung von § 181 BGB befugt ist) einen besonderen Geschäftsbesorgungsvertrag zur Führung eines Prozesses für den Nachlass. Hier kann er für diese „Extratätigkeit" die gesetzlichen Gebühren seiner Berufsgruppe gesondert verlangen, wenn dies nach objektiven Kriterien erforderlich war und nach dem Erblasserwillen nicht mit der allgemeinen Vergütung abgegolten sein sollte. Die Auslegung kann ergeben, dass für die Leistung besonderer beruflicher Dienste (Prozessvertretung, besondere steuerliche Beratung) die Zubilligung einer Sondervergütung nicht gerechtfertigt ist und die festgesetzte Vergütung diese Berufsdienste mit umfassen soll. Zumindest dann, wenn diese typischerweise vorhersehbar waren, üblicherweise von einem Normaltestamentsvollstrecker miterledigt werden und keinen besonderen Zusatzaufwand erfordern. 203

Delegiert der Testamentsvollstrecker Arbeiten, die er an sich selbst in dieser Eigenschaft zu erbringen hat (etwa eine Hausverwaltung oder die Erledigung einfacher Steuerangelegenheiten) an Dritte, so verringern die hierfür anfallenden Kosten jedenfalls die Höhe der als angemessen anzusehenden Testamentsvollstreckervergütung. 204

Ob **Versicherungsprämien** für eine Vermögensschadenhaftpflichtversicherung wegen etwaiger Regressansprüche ersatzfähig sind, ist streitig.[196] Wenn man auf die Vorschrift des § 670 BGB abstellt, so müsste man danach unterscheiden, ob Aufwendungen „erforderlich" sind oder nicht (gegebenenfalls nur „nützlich"). Im Ergebnis ist wohl zu differenzieren: Besteht für den berufsmäßigen Testamentsvollstrecker wie zB Anwalt die Pflicht zur Unterhaltung einer Haftpflichtversicherung, so wird der Wille der Erblassers regelmäßig dahin gehen, dass bis zur Höhe der von einem solchen Berufsträger normalerweise unterhaltenen Deckungssumme Auslagen für eine Versicherung nicht 205

194 Winkler, Rn 574.
195 Winkler, aaO.
196 Soergel/Damrau, § 2218 Rn 13; v. Paar in Bengel/Reimann, 12. Kap. Rn 150; aA: Winkler, Rn 566.

erstattungsfähig sind. Handelt es sich dagegen um einen privaten Testamentsvollstrecker oder ist die Testamentsvollstreckung besonders werthaltig oder risikoreich, so wird man den Willen des Erblassers dahingehend interpretieren können, dass eine entsprechende Versicherungsprämie als Aufwendungsersatz verlangt werden kann.

206 Es ist zu empfehlen, dass der Erblasser in seiner letztwilligen Verfügung eine entsprechende Klarstellung trifft.

„Der Testamentsvollstrecker ist berechtigt, eine Vermögensschaden-Haftpflichtversicherung bis zu einer Haftungssumme von 10 Mio. Euro auf Kosten des Nachlasses zur Abdeckung evtl Haftungsschäden als Testamentsvollstrecker abzuschließen."

VII. Die Testamentsvollstreckung im Handels- und Gesellschaftsrecht

207 Wenn der Erblasser Unternehmer ist, dann geht seine Vorstellung in der Regel dahin, dass sich der Testamentsvollstrecker auch um den Erhalt und die Fortführung seines Unternehmens kümmern soll. Die in Betracht kommenden Erben können in den Augen des Erblassers noch zu unerfahren, zu jung oder für die Unternehmensführung schlicht nicht geeignet sein.

1. Problemstellung

208 Die Haftungsgrundsätze des Handelsrechts sind mit denen des Erbrechts nicht vereinbar.[197] Nach den Grundsätzen des Handelsrechts haften der Inhaber einer Einzelfirma (§§ 22, 25, 27 HGB) und der persönlich haftende Gesellschafter einer Personengesellschaft (§§ 128, 130 HGB) grundsätzlich unbeschränkt auch mit ihrem Privatvermögen. Der Testamentsvollstrecker kann aber Verbindlichkeiten nur für den Nachlass (§ 2206 BGB), nicht für den Erben persönlich als Gesamtrechtsnachfolger (Inhaber des Handelsgeschäfts) eingehen. Der Testamentsvollstrecker selbst haftet ebenfalls nicht persönlich für solche Verbindlichkeiten, die aus der Unternehmensfortführung resultieren und der Erbe kann eine Beschränkung seiner persönlichen Haftung für die Nachlassverbindlichkeiten herbeiführen (§§ 1967, 1973, 1980, 1990 BGB; vgl auch § 2206 Abs. 2 BGB).

209 Da mithin **weder der Testamentsvollstrecker noch die Erben** für die vom Testamentsvollstrecker begründeten Verbindlichkeiten unbeschränkt bzw unbeschränkbar haften, würde dies im Ergebnis im Handelsrecht auf ein Handelsgeschäft mit beschränkter Haftung hinauslaufen.[198] Durch die Einschaltung eines Testamentsvollstreckers könnte der Erblasser damit sein Unternehmen letztlich in ein solches mit beschränkter Haftung umgestalten, ohne die dafür vorgesehenen Rechtsformen (GmbH, Aktiengesellschaft) einzusetzen.[199] Da die erbrechtlichen Vorschriften hinter den handelsrechtlichen zurücktreten (Art. 2 Abs. 1 EGHGB), ist eine Testamentsvollstreckung an einem vererbten Handelsgeschäft bzw einer persönlich haftenden Beteiligung daher im Ergebnis nicht zulässig.[200]

197 Staudinger/Reimann, § 2205 Rn 89.
198 BGHZ 12, 100.
199 Mayer in Bengel/Reimann, 5. Kap. Rn 112.
200 BGHZ 12, 100; 24, 106; Staudinger/Reimann, § 2205 Rn 89.

Aber: Für eine Testamentsvollstreckung besteht auch im Unternehmensbereich ein praktisches Bedürfnis. Deshalb wurden von Rechtsprechung und Literatur „Ersatzkonstruktionen" entwickelt.[201] Im Wesentlichen geht es darum, dass jedenfalls einer der Beteiligten – entweder der Erbe oder der Testamentsvollstrecker – für die eingegangenen Verbindlichkeiten in die persönliche Haftung genommen werden kann. 210

Dabei ist zunächst zu unterscheiden zwischen einer bloßen **Abwicklungsvollstreckung** nach den §§ 2203, 2204 BGB und einer längerfristigen **Dauervollstreckung** nach § 2209 BGB. Hat der Erblasser keine ausdrückliche Festlegung getroffen, so ist von einer Abwicklungsvollstreckung auszugehen.[202] 211

- **Bei der Abwicklungsvollstreckung:** 212

  Hier endet das Verwaltungs- und Verfügungsrecht des Testamentsvollstreckers regelmäßig bereits zeitnah nach Amtsübernahme. Der Testamentsvollstrecker tritt nur kurz in Aktion. In diesem Fall kann eine Haftungsbeschränkung auf den Nachlass hingenommen werden. Denn es handelt sich lediglich um die Erfüllung einer vorübergehenden, vom Testamentsvollstrecker rasch zu erledigenden Verwaltungsaufgabe. Der Testamentsvollstrecker handelt hier als bloßer Abwickler. Führt der Testamentsvollstrecker die Vollstreckung jedoch über drei Monate hinaus fort und sind keine Ersatzlösungen getroffen, so haftet er analog § 179 BGB persönlich.[203]

- **Bei der Dauervollstreckung:** 213

  Hier sind Ersatzlösungen für den Fall erforderlich, dass nach den Vorstellungen des Erblassers dem Testamentsvollstrecker die Verwaltung des Einzelunternehmens bzw der persönlich haftenden Gesellschaftsbeteiligung über eine bloße Abwicklungsvollstreckung hinaus obliegt.

2. Testamentsvollstreckung bei Einzelunternehmen

a) Ersatzlösung 1 – die „Treuhandlösung"

Bei der „Treuhandlösung" führt der Testamentsvollstrecker das Handelsgeschäft nach außen in eigenem Namen fort und haftet damit auch uneingeschränkt mit seinem Privatvermögen. Inhaber des Handelsgeschäfts ist der Testamentsvollstrecker. Er wird als Geschäftsinhaber im Handelsregister eingetragen und führt das Unternehmen als Privatperson – nicht als Testamentsvollstrecker – weiter. Im Innenverhältnis zum Erben handelt er als deren Treuhänder und für deren Rechnung.[204] 214

Treuhandlösung: 215

„Der Testamentsvollstrecker hat die Aufgabe, mein Unternehmen... im eigenen Namen und eigener persönlicher Haftung als Treuhänder für Rechnung der Erben fortzuführen und zu verwalten.

Die Erben werden im Wege der Auflage verpflichtet, diese Treuhandfunktion zu dulden und dem Testamentsvollstreckers alle Befugnisse einzuräumen, die erforderlich sind, damit der Testamentsvollstrecker seine Treuhandtätigkeit im Interesse des Nachlasses wahrnehmen kann."

201 Mayer in Bengel/Reimann, 5. Kap. Rn 113.
202 Palandt/Edenhofer, § 2203 Rn 1.
203 Soergel/Damrau, § 2205 Rn 17.
204 MünchKomm /Brandner, § 2205 Rn 22.

216 **Achtung:** Wenn der Erblasser in der Verfügung von Todes wegen nichts anderes bestimmt hat, so ist diese dahingehend auszulegen, dass der Erblasser die Treuhandlösung gewollt hat.[205]

217 Bei der Treuhandlösung sind zwei Formen zu unterscheiden:

- Die Verwaltungs- oder Ermächtigungstreuhand
- Die Vollrechtstreuhand

218 Die Rechtsprechung bewertet die Treuhand regelmäßig als Ermächtigungstreuhand.[206] Der Testamentsvollstrecker hat nur das Recht, über die seiner Verwaltung unterliegenden Geschäftsgegenstände zu verfügen, wird aber nicht Eigentümer des Geschäftsvermögens.[207] Der Testamentsvollstrecker hat bei der Ermächtigungstreuhand eine lediglich „pächterähnliche" Stellung.[208] Bei der Vollrechtstreuhand hingegen wird der Testamentsvollstrecker Eigentümer des Geschäftsvermögens. Das bedeutet, dass dieses dann auf ihn übertragen werden muss (gegebenenfalls durch In-Sich-Geschäft). Dies ist aufwendig und kostenintensiv.

219 In seiner letztwilligen Verfügung muss der Erblasser durch Auflage oder Bedingung (der Erbeinsetzung) sicherstellen, dass die treuhänderische Übertragung auf den Testamentsvollstrecker entweder im Wege der Vollrechtstreuhand oder Ermächtigungstreuhand erfolgt.[209]

220 Wenngleich der Testamentsvollstrecker als Inhaber des Unternehmens nach außen gegenüber Dritten unbeschränkt persönlich haftet, so hat er im **Innenverhältnis** gegenüber dem Erben nach §§ 2218, 670 BGB einen Anspruch auf Befreiung von der persönlichen Haftung bzw Ersatz.[210] Voraussetzung ist jedoch, dass die Eingehung der Verbindlichkeit für eine ordnungsgemäße Verwaltung erforderlich war (§ 2216 BGB).[211] Für diesen Aufwendungsersatzanspruch soll der Erbe gegenüber dem Testamentsvollstrecker unbeschränkt, das heißt nicht auf den Nachlass beschränkbar, haften.[212]

b) Ersatzlösung 2 – die „Vollmachtslösung"

221 Bei der „Vollmachtslösung" führt der Testamentsvollstrecker das Handelsgeschäft als Bevollmächtigter der Erben in deren Namen fort. Im Gegensatz zur „Treuhandlösung" sind hier die Erben Inhaber des Handelsgeschäfts und als solche auch in das Handelsregister einzutragen.[213] Die Eintragung eines Testamentsvollstreckervermerks erfolgt nicht.[214]

222 Bei der „Vollmachtslösung" haften für entstehende Geschäftsverbindlichkeiten dann die Erben persönlich.[215]

---

205 BGHZ 24, 106/116; 35, 13/15; Staudinger/Reimann, § 2005 Rn 100.
206 BGH NJW 1975, 54.
207 BGH aaO.
208 Reimann, Testamentsvollstreckung in der Wirtschaftsrechtspraxis, Rn 344.
209 MünchKomm/Brandner, § 2205 Rn 23.
210 Staudinger/Reimann, § 2205 Rn 95.
211 BGHZ 24,106.
212 BGHZ 12, 100/104; Holch DNotZ 1958, 282; aA: Soergel/Damrau, § 2205 Rn 20, 34.
213 Staudinger/Reimann, § 2205 Rn 99.
214 BGHZ 12, 100.
215 MünchKomm/Zimmermann, § 2205 Rn 24 a.

Die „Vollmachtslösung" setzt voraus, dass die Erben dem Testamentsvollstrecker entsprechende Vollmacht erteilen.[216] Damit dies sichergestellt ist, sind entsprechende „Strafklauseln" durch den Erblasser anzuordnen, dh zB die Erbeinsetzung unter die Bedingung zu stellen, dass der Erbe die Vollmacht erteilt oder die Erben mit einer entsprechenden Auflage dazu anzuhalten. In gleicher Weise muss sichergestellt werden, dass der Erbe eine einmal erteilte Vollmacht nicht widerruft.[217] Ferner ist auszuschließen, dass die Erben – wozu sie berechtigt sind – nicht selbst tätig werden und auf diese Art und Weise die Tätigkeit des Testamentsvollstreckers unterlaufen. 223

Bei der „Vollmachtslösung" werden der Erbe und bei mehreren Erben die Erbengemeinschaft im Handelsregister eingetragen. Die Anmeldung haben die Erben, nicht der Testamentsvollstrecker vorzunehmen.[218] 224

Vollmachtslösung: 225

„Der Testamentsvollstrecker hat die Aufgabe, mein Unternehmen... fortzuführen.

Dazu hat mein Erbe... dem Testamentsvollstrecker Vollmacht zu erteilen, damit dieser in dessen Namen und dessen Haftung das Unternehmen weiterführen kann.

Die Erbeinsetzung ist auflösend bedingt für den Fall, dass der Erbe dem Testamentsvollstrecker diese Vollmacht nicht innerhalb von zwei Wochen nach Aufforderung durch den Testamentsvollstrecker erteilt. (Alternative Regelung durch Auflage: Ich verpflichte den Erben im Wege der Auflage, dem Testamentsvollstrecker eine für die Fortführung des Unternehmens erforderliche Vollmacht zu erteilen.)

Die Vollmacht erlischt mit der Beendigung des Amtes des Testamentsvollstreckers."

Achtung: Gegebenenfalls sollte es der Erblasser dem Testamentsvollstrecker selbst überlassen, ob er die Unternehmensfortführung im Wege der Vollmachts- oder der Treuhandlösung betreiben will. 226

„Hauptaufgabe des von mir eingesetzten Testamentsvollstreckers ist die Fortführung meiner Firma... Er kann diese Aufgabe erfüllen, indem er entweder als Treuhänder in eigenem Namen und mit eigener Haftung oder als Bevollmächtigter im Namen und für Rechnung des Erben handelt. 227

Der Erbe ist verpflichtet, entsprechend dem ausgeübten Wahlrecht des Testamentsvollstreckers diesem die Befugnisse einzuräumen, damit er das Unternehmen verwalten kann."

c) Alternative: Umwandlungsanordnung

Bei Kapitalgesellschaften ist eine Testamentsvollstreckung leichter möglich. Deshalb kann es sich anbieten, das Unternehmen in eine GmbH oder Aktiengesellschaft umzuwandeln (§§ 152 ff. UmwG). An solchen Anteilen ist eine direkte Testamentsvollstreckung unproblematisch. Der Erblasser kann deshalb die Erben im Wege einer Auflage verpflichten, das Unternehmen in eine solche GmbH überzuführen. 228

„Im Wege der Auflage verpflichte ich den Erben, mein Unternehmen in eine GmbH überzuführen...."

d) Alternative: Beaufsichtigende Testamentsvollstreckung

Nach der Rechtsprechung des BGH zur Personengesellschaft soll eine Verwaltungsvollstreckung an der „Außenseite" der Beteiligung zulässig sein, und der Testaments- 229

216 BGHZ 12, 100/103; BayObLG NJW 1969, 2051.
217 MünchKomm/Ulmer, § 705 Rn 92.
218 Keidel/Schmatz/Stöber, Registerrecht, Rn 195.

vollstrecker lediglich im „Innern“ der Gesellschaft nicht anstelle des Erben tätig werden können.[219] Im Hinblick auf diese Rechtsprechung kann der Erblasser auch beim Einzelunternehmen eine lediglich „beaufsichtigende Testamentsvollstreckung“ anordnen. Im Ergebnis bedeutet dies, dass der Erbe Inhaber des Unternehmens ist und das kaufmännische Unternehmen führt. Er steht allerdings unter der Aufsicht des Testamentsvollstreckers. Im Innenverhältnis werden die Erben tätig, im Außenverhältnis können sie nur mit dem Testamentsvollstrecker zusammen über das Handelsgeschäft ganz oder teilweise verfügen.

e) Alternative: Weisungsgeberlösung

230 Hier gibt der Testamentsvollstrecker im Außenverhältnis das Handelsgeschäft frei (§ 2217 BGB), behält sich jedoch im Innenverhältnis die Entscheidungsbefugnis vor.[220] Dies setzt eine entsprechende Anordnung des Erblassers nach Maßgabe des § 2208 Abs. 2 BGB voraus, alternativ eine entsprechende Einigung des Testamentsvollstreckers mit dem Erben. Verstöße gegen Weisungsauflagen wirken aber nur im Innenverhältnis und nicht nach außen.[221]

3. Testamentsvollstreckung bei Personengesellschaften

a) Nachlasszugehörigkeit des Anteils

231 Eine Testamentsvollstreckung (Fremdverwaltung) setzt zunächst voraus, dass der Anteil des verstorbenen Gesellschafters überhaupt vererblich gestellt ist.

232 Seit dem Handelsrechtsreformgesetz vom 22.6.1998 (BGBl. I S. 1474) führt der Tod eines persönlich haftenden Gesellschafters einer OHG bzw KG nicht mehr zu deren Auflösung. Soweit im Gesellschaftsvertrag keine abweichende Regelung vorgesehen ist, wird die Gesellschaft mit den verbleibenden Gesellschaftern fortgesetzt. Bei Ausscheiden des verstorbenen Gesellschafters und Fortsetzung durch die übrigen Gesellschafter hat der Testamentsvollstrecker lediglich den gegen die Gesellschaft bestehenden **Abfindungsanspruch** des Erben geltend zu machen. Dieser Abfindungsanspruch fällt in den Nachlass, der der Testamentsvollstreckung untersteht. Der Testamentsvollstrecker wirkt an der Feststellung des Anspruchs mit, die Auszahlung des Guthabens erfolgt an ihn und er ist allein darüber verfügungsberechtigt.[222]

233 Bei einer BGB-Gesellschaft wird die Gesellschaft bei Tod eines Gesellschafters aufgelöst, sofern nicht aus dem Gesellschaftsvertrag sich ein anderes ergibt. Wird die Gesellschaft aufgelöst, so nimmt der Testamentsvollstrecker die Auseinandersetzungsansprüche für die Erben wahr.[223] Falls die Gesellschaft mit den übrigen Gesellschaftern fortgesetzt wird, macht er die Abfindungsansprüche für die Erben geltend.

234 Voraussetzung für eine **Vererblichkeit** ist eine (einfache oder qualifizierte) Nachfolgeklausel, wonach die Gesellschaft mit allen oder einigen Erben des verstorbenen Gesellschafters fortgesetzt wird. Über die Nachfolgeklausel wird der Anteil vererblich gestellt

219 Mayer in Bengel/Reimann, 5. Kap. Rn 146; BGH NJW 1985, 1953.
220 Weidlich ZEV 1998, 339.
221 Bamberger/Roth/J. Mayer, § 2205 Rn 31.
222 Winkler, Rn 374; BGHZ 91, 132/137.
223 MünchKomm/Zimmermann, § 2205 Rn 25.

mit der Konsequenz einer Sondererbfolge der Erben an der hinterlassenen Gesellschaftsbeteiligung nach Maßgabe der Erbquoten in dem Umfang, wie sie der Erbe innehatte.[224] Die Sonderrechtsnachfolge bewirkt, dass jeder zur Nachfolge berufene Erbe eine selbstständige Gesellschafterstellung erhält. Ein solcher Gesellschaftsanteil kann dann der Testamentsvollstreckung unterliegen.[225]

Liegt eine Eintrittsklausel vor, so kommt eine Testamentsvollstreckung hingegen nicht 235
in Betracht. Denn hier geht das Eintrittsrecht nicht durch eine Verfügung von Todes wegen, sondern durch Vertrag zu Gunsten Dritter auf den Todesfall auf den Nachfolger über.[226]

b) Gesellschaftsanteil persönlich haftender Gesellschafter

Für die Anteile an BGB-Gesellschaften, offenen Handelsgesellschaften sowie den Kom- 236
plementäranteilen an Kommanditgesellschaften gelten bei der Abwicklungsvollstreckung dieselben Grundsätze wie bei dem oben unter Ziff. VII. 2 genannten Einzelunternehmen. Auch bei Beteiligung an einer Personengesellschaft ist die regelmäßig auf einen kurzen Zeitraum beschränkte Abwicklungsvollstreckung zulässig.[227] Aufgrund der Nachfolgeklausel vollzieht sich die Vererbung des Anteils bei mehreren Erben durch Sondererbfolge. Der Erbe erwirbt die Beteiligung entsprechend seiner Erbquote durch diese Sondererbfolge unmittelbar. Der Testamentsvollstrecker hat die Beteiligung unter den Erben nicht mehr auseinanderzusetzen.

aa) Problem bei Dauertestamentsvollstreckung

Bei einer Dauertestamentsvollstreckung über persönlich haftende Gesellschaftsanteile 237
kommt eine Testamentsvollstreckung auf der **vermögensrechtlichen Seite** (= Außenseite) in Betracht.[228] Die **personenrechtliche Seite** (= Innenseite) kann dagegen nicht durch einen Dritten, sprich Testamentsvollstrecker, ausgeübt werden.[229] Deshalb können Verwaltungsmaßnahmen des Testamentsvollstreckers die Innenseite der Beteiligung nicht betreffen.[230] Dazu gehören die gesellschaftsrechtlichen Mitwirkungsrechte wie zB Stimmrecht, Informations- und Kontrollrechte, Teilnahme an Gesellschafterversammlungen und Beschlüssen. Die Außenseite der Beteiligung unterliegt der Verwaltung durch den Testamentsvollstrecker (während der Komplementär unbeschränkt haftet).[231] Darunter fällt zB die Verwaltung und Fälligkeit von Gewinnansprüchen nach dem Erbfall oder Ansprüchen auf ein Auseinandersetzungs- oder Abfindungsguthaben.[232]

Die Testamentsvollstreckung ist hier im Wesentlichen auf die Wahrnehmung und Er- 238
haltung der Vermögensrechte beschränkt und verhindert, dass der Erbe über den Anteil und die daraus erwachsenden Vermögensrechte verfügen (§ 2211 Abs. 1 BGB)[233] und

224 Mayer in Bengel/Reimann, 5. Kap. Rn 150; BayObLG DNotZ 1981, 702; BGH NJW 1983, 2373.
225 BGH NJW 1989, 3152.
226 BGHZ 22, 186.
227 BGHZ 22, 186; BGHZ 68, 225; Flume NJW 1988, 161/163; Staudinger/Reimann, § 2205 Rn 91.
228 BGH ZEV 1996, 110.
229 BGHZ 20, 363.
230 Staudinger/Reimann, § 2205 Rn 114.
231 BGH ZEV 1996, 110.
232 Weidlich ZEV 1994,205.
233 OLG Düsseldorf ZErb 2/2008, 43/44; Mayer in Bengel/Reimann, 5. Kap. Rn 160.

ein Eigengläubiger des Erben in den Nachlass vollstrecken kann (§ 2214 BGB).[234] Durch die Anordnung der Testamentsvollstreckung kann eine Kontrolle des Gesellschaftererben erreicht werden, nicht aber die Übertragung unternehmerischer Entscheidungen auf den Testamentsvollstrecker. Der Testamentsvollstrecker kann nicht in die inneren Angelegenheiten der Gesellschaft, die unmittelbar das Mitgliedschaftsrecht berühren, eingreifen. Deshalb sind auch hier „Ersatzlösungen" herausgebildet worden.

bb) Ersatzlösungen: „Vollmachtslösung" und „Treuhandlösung"

239 Gesellschaftsinterne Maßnahmen, die weder eine Verfügung über den Anteil noch einen Abfindungsanspruch berühren, fallen nur dann in den Machtbereich des Testamentsvollstreckers, wenn auf **Ersatzkonstruktionen** zurückgegriffen wird.[235] Wie beim einzelkaufmännischen Unternehmen, kommen auch hier die sog. „Treuhandlösung" und die „Vollmachtslösung" in Betracht. Bei der „Treuhandlösung" hält der Testamentsvollstrecker die Gesellschafterstellung „treuhänderisch" für den Gesellschaftererben. Bei der „Vollmachtslösung" bleibt der Erbe Gesellschafter, erteilt dem Testamentsvollstrecker aber Vollmacht zur Wahrnehmung der Gesellschafterrechte.[236]

240 **Achtung:** Die Ausübung der Gesellschafterrechte auf der **Innenseite** durch den Testamentsvollstrecker über diese Ersatzlösungen setzen zusätzlich eine ausdrückliche Zustimmung der Mitgesellschafter bzw vorherige entsprechende Zulässigkeitsregelung im Gesellschaftsvertrag voraus.[237] (Hinsichtlich der Außenseite ist dies nicht notwendig!)[238] **Zustimmung der Gesellschafter:**

„Im Falle des Todes eines Gesellschafters wird die Gesellschaft mit dessen Erben oder Vermächtnisnehmer fortgesetzt.

Hinsichtlich seiner Beteiligung ist jeder Gesellschafter befugt, einen Testamentsvollstrecker einzusetzen und zu bestimmen, dass dieser nach seiner Wahl alle personen- und vermögensrechtlichen Befugnisse einschließlich der höchstpersönlichen Sonderrechte der Erben oder/und Vermächtnisnehmer als deren Bevollmächtigter oder Treuhänder ausüben kann, ohne dass es einer Zustimmung der übrigen Gesellschafter bedarf."[239]

241 Bei der **„Vollmachtslösung"** ändert sich an der Gesellschafterstellung des Erben nichts. Es wird auch in das Handelsregister eingetragen. Der Testamentsvollstrecker handelt im Verhältnis zu den übrigen Gesellschaftern oder Dritten als Bevollmächtigter des Erben. Damit der Erbe eine solche Vollmacht erteilt bzw nicht widerruft, muss dies durch erbrechtliche Gestaltungsmittel (Auflage, Bedingung) abgesichert werden (siehe oben Ziff. 2. b)).

242 Bei der **„Treuhandlösung"** wird der Testamentsvollstrecker selbst Gesellschafter.[240] Der Testamentsvollstrecker haftet dann persönlich (hat aber im Innenverhältnis gegen den Erben einen Freistellungsanspruch).

243 **Aber:** Auch bei diesen Ersatzlösungen kann im Innenverhältnis eine zulässige Vertretung immer noch von der Zustimmung des Erben abhängen. Denn zum Schutz der

234 BGHZ 98, 48/57.
235 Mayer in Bengel/Reimann, 5. Kap. Rn 166.
236 Mayer in Bengel/Reimann, 5. Kap. Rn 166; MünchKomm/Brandner, § 2205 Rn 29.
237 BGH NJW 1995, 2551.
238 BGH NJW 1986, 2431.
239 Formulierungsvorschlag in Tanck/Krug/Daragan § 18 Rn 154.
240 Staudinger/Reimann, § 2205, Rn 108.

Minderheitsgesellschafter gegen Mehrheitsbeschlüsse wird im Gesellschaftsrecht anerkannt, dass es unentziehbare bzw mehrheitsfeste Rechte gibt, die dem Gesellschafter nicht ohne oder gegen seinen Willen entzogen werden können.[241] Dieser **Kernbereich** umfasst alle Rechte, die geeignet sind, die Rechtstellung des Gesellschafters in ihrem Bestand zu erhalten. Dies gilt insbesondere für Änderungen der gesellschaftsvertraglichen Regelungen über Kapitalanteil, Gewinnbeteiligung, Auseinandersetzungsguthaben, aber auch für das Recht auf Kündigung der Gesellschaft aus wichtigem Grund sowie die unentziehbaren Mitgliedschaftsrechte nach § 118 Abs. 2 (Informationsrecht) und das Wahlrecht nach § 139 HGB.[242]

c) Testamentsvollstreckung an Kommanditbeteiligung

Wenn der Gesellschaftsvertrag nichts anderes bestimmt, so wird gemäß § 177 HGB beim Tod eines Kommanditisten die Gesellschaft mit den Erben fortgesetzt. Da die Erben entsprechend ihrer Erbquote in die Kommanditistenstellung eintreten, bedarf es auch hier keiner Erbauseinandersetzung durch einen Testamentsvollstrecker.[243] **244**

An einer vererbten Kommanditbeteiligung ist eine Testamentsvollstreckung grundsätzlich möglich.[244] Ob die Kommanditeinlage voll erbracht ist oder nicht, spielt dabei keine Rolle.[245] **245**

Voraussetzung ist jedoch wiederum, dass die übrigen Gesellschafter der Anordnung einer Testamentsvollstreckung zugestimmt haben. Dies kann entweder bereits im **Gesellschaftsvertrag** erfolgen oder **nachträglich** im Einzelfall bei Wahrnehmung der Rechte durch den Testamentsvollstrecker.[246] Die Zustimmung kann auch konkludent erteilt werden, was anzunehmen ist, wenn die Gesellschaftsanteile nach dem Gesellschaftsvertrag frei veräußerlich oder Gegenstand einer erbrechtlichen Nachfolgeklausel sind.[247] **246**

Der Testamentsvollstrecker kann sowohl auf der Innenseite wie auf der Außenseite die Rechte der Erben wahrnehmen. **247**

Aber: Auch bei der Testamentsvollstreckung an Kommanditbeteiligungen sind die aus der Kernbereichstheorie sich ergebenden Beschränkungen zu berücksichtigen. Der Testamentsvollstrecker kann demzufolge keine Maßnahmen treffen, die den Bestand der Beteiligung als solches betreffen, den Anspruch auf Beteiligung am laufenden Gewinn schmälern, durch die eine verschärfte Haftung herbeigeführt oder der Gesellschaftsvertrag neu gefasst wird.[248] Der Testamentsvollstrecker ist insbesondere nicht befugt, seine Stimm- und Mitgliedschaftsrechte dahingehend auszuüben, dass es zu einer persönlichen Haftung der Gesellschaftererben kommt (vgl § 172 Abs. 4 HGB).[249] **248**

241 Mayer in Bengel/Reimann, 5. Kap. Rn 174; Staudinger/Reimann, § 2205 Rn 122; Weidlich ZEV 1994, 206.
242 Mayer in Bengel/Reimann, 5. Kap. Rn 175; Weidlich ZEV 1994, 206.
243 BGHZ 68, 225.
244 BGHZ 108, 187; BGH NJW 1989, 3152.
245 BGH aaO.
246 BGH NJW 1985, 1953.
247 Bonefeld in Tanck, Erbrecht Rn 394; Mayer in Bengel/Reimann, 5. Kap. Rn 199.
248 BGHZ 20, 363, 369; Tanck in Tanck/Krug/Daragan, § 18 Rn 159.
249 Tanck aaO.

249 **Achtung:** Fehlt es an der Zustimmung der übrigen Gesellschafter, so gilt im Innenverhältnis die Testamentsvollstreckung als nicht angeordnet. Im Außenverhältnis kann der Testamentsvollstrecker aber weiterhin die Rechte wahrnehmen.

4. Testamentsvollstreckung bei Kapitalgesellschaften

250 Der GmbH-Anteil eines Erblassers ist vererblich (§ 15 Abs. 1 GmbHG). Anders als bei Personengesellschaften tritt **keine Sondererbfolge** ein. Eine Verwaltungsvollstreckung an einem GmbH-Anteil ist möglich.[250] Der Testamentsvollstrecker tritt an die Stelle des Erben und nimmt alle Verwaltungshandlungen, die die Gesellschaftereigenschaft des Erben mit sich bringt, wahr.[251] Der Gesellschaftsvertrag kann aber bestimmen, dass ein Testamentsvollstrecker keine Mitverwaltungsrechte hat.[252] Die GmbH-Satzung kann verbindlich vorsehen, dass ein Testamentsvollstrecker nicht befugt ist, Verwaltungsrechte bzgl eines zum Nachlass gehörenden GmbH-Anteils auszuüben.[253] Die Wahrnehmung der Verwaltungsrechte erfolgt dann durch die Erben.[254]

251 Auch bei der GmbH ist zu beachten, dass **Kernbereiche** ausgenommen sind: So darf der Testamentsvollstrecker an einer Kapitalerhöhung nur mitwirken, wenn die übernommenen Verpflichtungen aus Mitteln erfüllt werden können, die der Testamentsvollstreckung unterliegen.[255] Eine Mitwirkung ist dem Testamentsvollstrecker auch dann nicht möglich, wenn dem Erbengesellschafter persönliche Verpflichtungen auferlegt werden sollen (§ 3 Abs. 2 GmbHG) oder Zahlungsverpflichtungen, die nicht aus dem Nachlass beglichen werden können.[256] Ein Eingriff in den Kernbereich, der nur mit Zustimmung des Erben erfolgen kann wäre zB die Mitwirkung an Satzungsänderungen, bei denen die Zustimmung des betroffenen Gesellschafters eine notwendige Wirksamkeitsvoraussetzung darstellt (vgl § 53 Abs. 3 GmbHG). Die Ausübung des Stimmrechts verbleibt beim Testamentsvollstrecker, bedarf aber der Zustimmung des Erben.

VIII. Testamentsvollstreckung mit Auslandsbezug

252 Eine Testamentsvollstreckung mit Auslandsbezug kann sich zB dadurch ergeben, dass der Erblasser eine ausländische Staatsangehörigkeit besitzt, seinen letzten Wohnsitz im Ausland hatte bzw Nachlass im Ausland belegen ist.

1. Anwendbares Recht

253 Nach welcher Rechtsordnung sich Zulässigkeit und Umfang einer Testamentsvollstreckung richtet, bestimmt sich **aus deutscher Sicht** nach dem deutschen Internationalen Privatrecht (IPR).[257] Die Testamentsvollstreckung unterliegt dem **Erbstatut.** Danach bemessen sich die Zulässigkeit der Testamentsvollstreckung, die Rechtsstellung und die

---

250 MünchKomm/Brandner, § 2205 Rn 42; Soergel/Damrau, § 2205 Rn 49.
251 BayObLG NJW-RR 1991, 1252/4; Palandt/Edenhofer, § 2205 Rn 19.
252 Mayer ZEV 2002, 209.
253 OLG Frankfurt FamRZ 2009, 733; Winkler, Rn 399.
254 Mayer ZEV 2002, 209/213.
255 Reithmann BB 1984, 1394.
256 Mayer 2002, 209.
257 Haas in Bengel/Reimann, 9. Kap. Rn 1.

Einzelbefugnisse des Testamentsvollstreckers.[258] Maßgeblich ist die Rechtsordnung, auf die die Rechtsnachfolge von Todes wegen Anwendung findet.[259]

Sofern keine vorrangigen staatsvertraglichen Regelungen nach Art. 3 Abs. 2 EGBGB vorliegen,[260] bestimmt sich das Erbstatut **aus deutscher Sicht** gemäß Art. 25 Abs. 1 EGBGB nach dem Heimatrecht des Erblassers, also dessen Staatsangehörigkeit im Zeitpunkt seines Todes. Andere Staaten können nach ihrem jeweils eigenen IPR andere Anknüpfungen beim Erbstatut haben (Dänemark, Norwegen oder Schweiz orientieren sich zB generell am Wohnsitz des Erblassers, Frankreich, Belgien oder Großbritannien zB unterwerfen den unbeweglichen Nachlass dem Recht des Belegenheitsortes und nur das bewegliche Vermögen dem Wohnsitzprinzip), so dass für ein und denselben Erbfall auch unterschiedliche Rechtsordnungen zur Anwendung kommen können (je nachdem ob man den Fall aus der Sicht des deutschen oder des ausländischen IPR betrachtet). War der Erblasser Deutscher, so findet für eine Testamentsvollstreckung aus deutscher Sicht deutsches Recht Anwendung (beachte aber Art. 3 Abs. 3 EGBGB) und gilt aus deutscher Sicht auch für im Ausland belegenen Nachlass. Das Ausland kann aber wie gesagt eine andere Anknüpfung bereits beim Erbstatut haben oder aber auch eine deutsche Testamentsvollstreckung als Rechtsinstitut bei sich nicht anerkennen. 254

Seit 1.9.1986 kann ein Erblasser gemäß Art. 25 Abs. 2 EGBGB für im **Inland** belegenes unbewegliches Vermögen in der Form einer Verfügung von Todes wegen deutsches Recht wählen. Ein ausländischer Erblasser kann damit inländisches unbewegliches Vermögen dem deutschen materiellen Erbrecht und damit für dieses Vermögen auch eine Testamentsvollstreckung dem deutschen Recht unterstellen. 255

2. Vollmachten

Ob eine Testamentsvollstreckung nach deutschem Recht auch im Ausland dann tatsächlich umsetzbar ist, bestimmt sich nach dem Recht des Ziellandes. Es kann sein, dass eine nach deutschem Recht wirksame Testamentsvollstreckung im Ausland nicht anerkannt wird. Um diese Unsicherheiten zu umgehen, sollte dem Testamentsvollstrecker vorsorglich zusätzlich eine **Vollmacht** an die Hand gegeben werden, damit dieser dann gegebenenfalls über eine im Ausland anerkennungsfähige Vollmacht für den Nachlass handeln kann. 256

Achtung: Nach deutschem Recht wirkt sich der Tod des Vollmachtgebers auf den Bestand einer von ihm erteilten Vollmacht nicht aus (§§ 168 S. 1, 672 S. 1 BGB). Andere Länder erkennen postmortale (zB Belgien, Frankreich, Luxemburg) oder transmortale Vollmachten (zB Griechenland, Spanien, Ungarn) nicht an bzw machen sie von Vereinbarungen, Erklärungen oder Formvorgaben abhängig (zB Österreich, Italien). Ggf kann über eine Rechtswahl das deutsche Vollmachtsstatut zur Anwendung gebracht und so die Vollmacht von Beschränkungen des ausländischen Rechts gelöst werden. 257

258 BGH NJW 1963, 46/47; LG Heidelberg IPRax 1982, 171.
259 Haas in Bengel/Reimann, 9. Kap. Rn 3.
260 Deutsch-iranisches Niederlassungsabkommen vom 17.2.1929 (RGBl. 1930 II S. 1006); Deutsch-türkischer Konsularvertrag vom 28.5.1929 (RGBl. 1930 II S. 747, 758; 1931 II S. 538; BGBl. 1952 II S. 608); Deutsch-sowjetischer Konsularvertrag vom 25.4.1958 (BGBl. 1959 II S. 33).

Voraussetzung ist aber wiederum, dass das ausländische Recht eine solche Rechtswahl in Bezug auf die Vollmacht anerkennt (wie zB Spanien, Österreich, Schweiz).

258 Dass der Erbe eine erteilte Vollmacht nicht widerruft, ist durch entsprechende Sanktionen (zB bedingte Erbeinsetzung für den Fall des Widerrufs) sicherzustellen.

259 Wird die Vollmacht nicht durch den Erblasser selbst erteilt, kann dem Erben vom Erblasser die Erteilung einer entsprechenden Vollmacht an den Testamentsvollstrecker auch zur Auflage bzw Bedingung gemacht werden. Die Vollmacht kann dahingehend begrenzt werden, dass Verpflichtungen nur den Nachlass, nicht den Erben persönlich binden dürfen.

260 Als Muster für eine solche Vollmacht kann die Internationale Nachlassvollmacht der Kommission für europäische Angelegenheiten (CAE) der internationalen Union des lateinischen Notariats (UINL) herangezogen werden.[261] Diese internationale Nachlassvollmacht wird von den meisten europäischen Staaten anerkannt und ist auch in die wichtigsten europäischen Sprachen übersetzt.

3. Deutsches Nachlassgericht bei ausländischem Recht

261 Seit dem FamFG zum 1.9.2009 gilt der Grundsatz, dass die internationale Zuständigkeit aus der örtlichen Zuständigkeit abgeleitet wird (§§ 105, 343 FamFG). Ein örtlich zuständiges deutsches Nachlassgericht kann demzufolge ein Testamentsvollstreckerzeugnis auch ausstellen, wenn sich dieses materiell nach ausländischem Recht richtet.

262 Dieses **Fremdrechtstestamentsvollstreckerzeugnis** nennt den Namen des Testamentsvollstreckers, das Recht, welches für die Stellung dieses Testamentsvollstreckers gilt sowie nach herrschender Meinung seine Befugnisse (die das Nachlassgericht durch Rechtsgutachten feststellen kann).[262] Nach anderer Ansicht sind die Befugnisse im Testamentsvollstreckerzeugnis nicht anzugeben.[263] Eine Darstellung des ausländischen Testamentsvollstreckerrechts sei deshalb nicht erforderlich, weil auch bei einem deutschen Testamentsvollstreckerzeugnis der Geschäftspartner darauf angewiesen sei, sich selbst über die Befugnisse des Testamentsvollstreckers kundig zu machen.[264]

263 Das Zeugnis betrifft den gesamten (im In- und Ausland belegenen Nachlass). Für den Testamentsvollstrecker besteht die Möglichkeit, den Antrag auf ein Testamentsvollstreckerzeugnis für den inländischen Nachlass (nicht aber nur für einzelne inländische Nachlassgegenstände!) zu beschränken (§§ 2369 Abs. 1, 2368 Abs. 3 BGB). Die Gebühren bemessen sich dann nur nach dem inländischen Nachlass (§ 107 KostO).

4. Ausländische Testamentsvollstreckung im Inland

264 **Ausländische Testamentsvollstreckerzeugnisse** wird man zwar grundsätzlich als anerkennungsfähig ansehen müssen (§§ 108, 109 FamFG).[265] Allerdings erkennt die Rechtsprechung aus Gründen der Rechtssicherheit ausländische „Erbscheine" im Grund-

261 Zu beziehen über Bundesnotarkammer, Mohrenstr. 34, D-10117 Berlin.
262 BayObLG 1965, 377/382; BayObLG FamRZ 1990, 669.
263 Zimmermann, Rn 272.
264 Zimmermann aaO.
265 Palandt/Heldrich, Art. 25 EGBGB Rn 22.

buchverkehr nicht an.[266] Entsprechendes muss bei ausländischen Testamentsvollstreckerzeugnissen gelten.[267] In der Regel wird man deshalb bei einer Testamentsvollstreckung nach ausländischem Recht für eine Verfügung über Nachlassgrundstücke ein deutsches Testamentsvollstreckerzeugnis benötigen. Eine dem Testamentsvollstrecker erteilte Vollmacht (ggf mit Rechtswahl zugunsten deutschen Rechts) kann dem Testamentsvollstrecker die Abwicklung erleichtern.

IX. Mehrere Testamentsvollstrecker

1. Mitvollstrecker

Der Erblasser steht vor der Frage, ob er **nur eine Person** zu seinem Testamentsvollstrecker bestimmen oder gegebenenfalls **mehrere Personen** dazu auserwählen soll. Bei komplizierten Nachlässen kann es zweckmäßig sein, mehrere Testamentsvollstrecker einzuschalten, zB mit unterschiedlichen Qualifikationen. 265

2. Ernennung

Der Erblasser kann selbst mehrere Testamentsvollstrecker ernennen (§ 2197 Abs. 1 BGB). Er kann einen Dritten bzw das Nachlassgericht ersuchen, mehrere Testamentsvollstrecker zu ernennen (§§ 2198, 2200 BGB). Er kann auch einen Testamentsvollstrecker selbst ermächtigen, mehrere Mitvollstrecker zu bestimmen (§ 2199 BGB). 266

3. Vorteil/Nachteil

Die Vorteile mehrerer Testamentsvollstrecker liegen regelmäßig in der Multiplizierung von Sachkunde und gegenseitiger Kontrolle. Nachteile liegen darin, dass regelmäßig mehrere Testamentsvollstreckerhonorare fällig und die Verwaltung uU umständlicher werden kann, wenn sich die Testamentsvollstrecker miteinander abstimmen müssen. 267

4. Amtsführung

Der Erblasser kann die Amtsführung der Testamentsvollstrecker durch Verfügung von Todes wegen im Einzelnen regeln. Diese Anordnungen des Erblassers sind vorrangig zu berücksichtigen (§ 2224 Abs. 1 S. 3 BGB). 268

Hat der Erblasser nichts anderes bestimmt, so gilt der Grundsatz der gemeinschaftlichen Amtsführung (§ 2224 Abs. 1 S. 1 1. Hs BGB). In diesem Fall ist Einstimmigkeit erforderlich. Das bedeutet, dass der Testamentsvollstrecker eine Rechtshandlung nur vornehmen darf und kann, wenn alle Mitvollstrecker sich einig sind. Die Testamentsvollstrecker können sich gegenseitig Vollmacht erteilen. Der Erblasser kann eine solche wechselseitige Bevollmächtigung allerdings auch einschränken bzw ausschließen.[268] 269

Für den Fall, dass ein Mitvollstrecker ohne Einverständnis des anderen handelt, ist das Geschäft schwebend unwirksam, es kann nachträglich genehmigt werden.[269] 270

266 OLG Zweibrücken Rpfleger 1990, 121; Zimmermann, Rn 189.
267 MünchKomm/Birk, EGBGB Art. 25 Rn 61.
268 Reimann in Bengel/Reimann, 2. Kap. Rn 214.
269 Zimmermann, Rn 210.

271 Bei **Meinungsverschiedenheiten** zwischen den Testamentsvollstreckern entscheidet – falls der Erblasser dafür keine andere Regelung getroffen hat – das Nachlassgericht (§ 2224 Abs. 1 S. 1 Hs 2 BGB). Der Erblasser kann zB anordnen, dass bei Meinungsverschiedenheiten die Ansicht eines bestimmten Testamentsvollstreckers den Ausschlag geben oder dass ein Dritter Schiedsrichter sein soll.

272 Der Erblasser kann auch festlegen, dass bei Meinungsverschiedenheiten unter mehreren Testamentsvollstreckern Stimmenmehrheit entscheiden soll. Die Mehrheit kann dann den Beschluss auch ohne Mitwirkung des überstimmten Testamentsvollstreckers durchführen.[270]

„Die Testamentsvollstrecker führen das Amt gemeinschaftlich und sind nur gemeinsam berechtigt, Verfügungen über Nachlassgegenstände zu treffen. Im Innenverhältnis entscheiden die Testamentsvollstrecker mit einfacher Mehrheit der Stimmen. Im Zweifel entscheidet die Stimme des Testamentsvollstreckers...“[271]

273 **Achtung:** Der Erblasser kann nicht anordnen, dass in Streitfällen die Testamentsvollstrecker die Zustimmung des Nachlassgerichts brauchen. Denn der Erblasser kann den Gerichten – über die gesetzliche Regelung hinaus – keine Aufgaben zuweisen.[272]

5. Nebenvollstrecker

274 Der Erblasser kann auch jedem Testamentsvollstrecker einen eigenständigen Bereich zuordnen, innerhalb dessen er ohne Mitwirkung des anderen handeln kann. In einem solchen Fall liegt keine echte Mitvollstreckung, sondern eine Nebenvollstreckung vor. Auf eine Einstimmigkeit oder Mehrheit kommt es dann nicht an.[273]

„Die Testamentsvollstrecker werden zu Nebenvollstreckern mit getrennten Aufgabenbereichen ernannt:

Dem Testamentsvollstrecker A wird die Verwaltung meines Privatvermögens übertragen, dem Testamentsvollstrecker B die Verwaltung meines gesamten betrieblich gebundenen Vermögens...“[274]

6. Haftung

275 Die Testamentsvollstrecker haften den Erben als Gesamtschuldner nach § 2219 Abs. 2 BGB. Bei Mehrheitsbeschluss haften für einen von den Testamentsvollstreckern verursachten Schaden auch die Überstimmten.[275] Wenn die Testamentsvollstrecker unter sich eine Geschäftsverteilung getroffen und einem Testamentsvollstrecker bestimmte Aufgaben selbstständig zugewiesen haben, so hat dies nur interne Bedeutung.[276]

7. Wegfall eines Mitvollstreckers

276 Fällt einer der Mitvollstrecker weg, so führen die übrigen das Amt alleine weiter, falls keine Ersatzberufung oder ein Ersatzbenennungsrecht vom Erblasser angeordnet wurde.

270 Reimann in Bengel/Reimann, 2. Kap. Rn 204; Soergel/Damrau, § 2224 Rn 3; Staudinger/Reimann, § 2224 Rn 6.
271 Formulierungsvorschlag von Reimann in Bengel/Reimann, 2. Kap. Rn 212.
272 Reimann in Bengel/Reimann, 2. Kap. Rn 206.
273 Zimmermann, Rn 207.
274 Formulierungsvorschlag von Reimann in Bengel/Reimann, 2. Kap. Rn 212.
275 Kipp/Coing, Erbrecht § 74 II.
276 BGH NJW 1967, 2004/1; Zimmermann, Rn 208.

Vorübergehende Krankheit, Urlaub oder Abwesenheit sind kein Wegfall.[277] 277

Dringende Maßnahmen kann aber dann der vorhandene Testamentsvollstrecker allein 278
treffen (§ 2224 Abs. 2 BGB). Jeder Testamentsvollstrecker kann selbstständig zur Erhaltung eines der gemeinschaftlichen Verwaltung unterliegenden Nachlassgegenstandes notwendige Maßregeln treffen. Darunter fallen nicht nur Maßnahmen tatsächlicher Art (zB Instandsetzungsarbeiten), sondern auch rechtlicher Art (zB Klage auf Nachlassforderung).[278] Nur objektiv notwendige Maßnahmen kann ein Mitvollstrecker allein treffen. Der Mitvollstrecker handelt auf eigene Verantwortung, falls die anderen Testamentsvollstrecker das Geschäft nicht nachträglich genehmigen. Gegebenenfalls kann er eine Entscheidung des Nachlassgerichts nach § 2224 Abs. 1 S. 1 BGB herbeiführen.

8. Nachlassgericht

Das Nachlassgericht entscheidet Meinungsverschiedenheiten zwischen den Testa- 279
mentsvollstreckern nur **auf Antrag** eines Beteiligten (§ 23 FamFG). Hält das Nachlassgericht den gestellten Antrag nicht für begründet, so weist es diesen zurück. Das Nachlassgericht kann nicht seine eigene Meinung an die Stelle eines – nicht gestellten – Antrags setzen.

Eine antragsgemäße Entscheidung durch das Nachlassgericht ersetzt nach herrschender 280
Meinung die Willenserklärung der anderen Testamentsvollstrecker[279] („Der Testamentsvollstrecker ist berechtigt...“).

Eine Entscheidung des Nachlassgerichts bindet Erben und sonstige Beteiligte nicht.[280] 281
Das heißt, die Erben sind nicht gehindert, den Testamentsvollstrecker, dessen Ansicht vom Nachlassgericht bestätigt wurde, trotzdem auf Schadensersatz in Anspruch zu nehmen.[281]

Für die Entscheidung über den Antrag ist beim Nachlassgericht der Richter zuständig 282
(§ 16 Abs. 1 Nr. 4 RPflG). Der Beschluss wird mit Rechtskraft wirksam. Bei Gefahr im Verzug kann das Gericht die sofortige Wirksamkeit anordnen (§§ 355 Abs. 2, 40 Abs. 3 S. 3 FamFG), der Beschluss wird dann bereits mit Bekanntgabe an den Antragsteller wirksam. Der Beschluss ist mit der Beschwerde nach §§ 58 ff. FamFG anfechtbar. Beschwerdeberechtigt bei gemeinschaftlicher Amtsführung ist jeder Testamentsvollstrecker selbstständig (§ 355 Abs. 3 FamFG).

Achtung: Die Beschwerdefrist (§ 63 Abs. 1 FamFG) beträgt aber lediglich zwei Wochen 283
(!) gemäß § 355 Abs. 2 FamFG.

277 Staudinger/Reimann, § 2224 Rn 37.
278 Reimann in Bengel/Reimann, 2. Kap. Rn 221.
279 MünchKomm/Brandner, § 2224 Rn 5.
280 OLG Hamburg OLGE 1, 196.
281 Zimmermann, Rn 223.

§ 3 „Nach dem Erbfall“ – Durchführung der Testamentsvollstreckung

I. Annahme und Ablehnung des Amtes

1. Beginn des Amtes

1 Bereits mit dem Erbfall beginnt die **Testamentsvollstreckung.**[1] Damit bestehen ab dem Erbfall die sich aufgrund der Testamentsvollstreckung ergebenden Verfügungsbeschränkungen.[2]

2 Das Amt des **Testamentsvollstreckers** selbst beginnt hingegen erst mit der Annahme des Amtes (§ 2202 Abs. 1 BGB). Erforderlich ist eine empfangsbedürftige Erklärung gegenüber dem Nachlassgericht (§§ 2202 Abs. 2 S. 1, 130 BGB). Örtlich und sachlich zuständig ist das Nachlassgericht am Wohnsitz des Erblassers zur Zeit des Erbfalls bzw hilfsweise dessen Aufenthalt bzw weiter hilfsweise das Amtsgericht Schöneberg in Berlin (§ 23 a Abs. 1 Nr. 2 iVm Abs. 2 Nr. 2 GVG, § 343 FamFG).

3 Zwischen dem Erbfall und der Annahme des Amtes besteht daher regelmäßig ein gewisser Schwebezustand, innerhalb dessen die Erben aufgrund der bereits bestehenden **Testamentsvollstreckung** aber keine Verwaltungsmöglichkeit haben, andererseits auch der **Testamentsvollstrecker** mangels Amtsannahme noch nicht handlungsbefugt ist. Sinnvoll ist es, wenn der Erblasser hier durch transmortale bzw postmortale Vollmachten vorsorgt (siehe dazu § 2 IV.). Für den Fall, dass der Erblasser diesen Zeitraum nicht über Vollmachten absichert, kann bei einem entsprechenden Fürsorgebedürfnis für den Nachlass während dieses Zeitraums eine Pflegerbestellung in Betracht kommen. Strittig ist, ob für eine solche nach § 1913 BGB das Familiengericht[3] oder entsprechend § 1960 BGB das Nachlassgericht zuständig ist.[4]

4 Für den als Testamentsvollstrecker Benannten besteht **keine Pflicht zur Amtsannahme,** unabhängig davon, ob er vom Erblasser selbst, von einem Dritten oder vom Nachlassgericht bestimmt wurde. Er braucht für die Ablehnung keinen Grund anzugeben. Eine Annahmepflicht besteht noch nicht einmal dann, wenn er sich gegenüber dem Erblasser ausdrücklich dazu verpflichtet hatte.[5] Unerheblich für eine Annahme ist auch, ob die Erben die Erbschaft bereits angenommen haben bzw die Erben überhaupt schon festgestellt sind.

5 **Aber:** Die Eintragung eines Testamentsvollstreckervermerks im Grundbuch ist nur mit gleichzeitiger Eintragung der Erben im Grundbuch zulässig (vgl § 52 GBO).[6]

2. Erklärung des Testamentsvollstreckers

6 Nach § 2202 Abs. 2 S. 2 1. Hs BGB kann die Erklärung, das Amt anzunehmen, erst **nach dem Erbfall** wirksam abgegeben werden. Die Erklärung der Annahme bzw Ab-

---

1 OLG München ZEV 2006, 173/174; LG Saarbrücken FamRZ 2009, 1252/1253; MünchKomm/Zimmermann, § 2202 Rn 4.
2 Soergel/Damrau, § 2202 Rn 10.
3 Damrau ZEV 1996, 83; Soergel/Damrau, § 2202 Rn 10.
4 Bengel in Bengel/Reimann, 1. Kap. Rn 16.
5 Palandt/Edenhofer, § 2202 Rn 2.
6 BayObLG 1995, 363.

lehnung des Testamentsvollstreckeramtes setzen Geschäftsfähigkeit des Testamentsvollstreckers voraus.[7] Ein bestimmter Wortlaut ist weder für die Annahme noch für die Ablehnung vorgeschrieben, sofern aus der Erklärung ein entsprechender Wille erkennbar ist. Auch eine konkludente Erklärung ist möglich. Z. B. liegt in dem Antrag auf Erteilung eines Testamentsvollstreckerzeugnisses regelmäßig auch die konkludente Annahme des Testamentsvollstreckeramtes.[8] Insbesondere bedarf die Erklärung **keiner notariellen Form.** Allerdings genügt eine bloße mündliche Erklärung nicht. Dies ergibt sich mittelbar aus der Nennung des § 2202 Abs. 2 BGB in § 2228 BGB. Eine mündliche Annahmeerklärung müsste zur Niederschrift der Geschäftsstelle des Nachlassgerichts (§ 25 Abs. 1 FamFG) bzw eines jeden Amtsgerichts abgegeben werden (§ 25 Abs. 2 FamFG).

Im Falle einer Protokollierung bei einem anderen Amtsgericht hat das protokollierende Amtsgericht die Erklärung an das zuständige Nachlassgericht weiterzuleiten. Wirksam wird die Erklärung dann erst mit dem dortigen Eingang.[9] Eine unter einer Bedingung oder Zeitbestimmung abgegebene Erklärung ist unwirksam (§ 2202 Abs. 2 S. 2 2. Hs BGB). Eine dem zuständigen Gericht zugegangene Erklärung ist unwiderruflich (§ 130 Abs. 1 S. 2 BGB).[10] Dem Testamentsvollstrecker bleibt dann aber die Möglichkeit einer Kündigung nach § 2226 BGB, so dass ein erklärter Widerruf als Kündigung aufgefasst werden kann.[11] 7

Nach Amtsablehnung ist eine Annahme nicht mehr möglich. 8

Amtsgericht ... 9

- Nachlassgericht –

Nachlassverfahren des..., verstorben am...

Aktenzeichen...

Mit letztwilliger Verfügung vom... hat mich der am... verstorbene Erblasser zu seinem Testamentsvollstrecker ernannt. Die letztwillige Verfügung wurde vom Amtsgericht – Nachlassgericht – am... eröffnet (Aktenzeichen...).

Hiermit erkläre ich, dass ich das Amt des Testamentsvollstreckers annehme.

Ich bitte um Erteilung einer Bestätigung, dass ich das Amt angenommen habe.

Ort, Datum

(Unterschrift)

Amtsgericht ... 10

- Nachlassgericht –

Nachlassverfahren des..., verstorben am...

Aktenzeichen...

Mit letztwilliger Verfügung vom... hat mich der am... verstorbene Erblasser zu seinem Testamentsvollstrecker ernannt. Die letztwillige Verfügung wurde vom Amtsgericht – Nachlassgericht – am... eröffnet (Aktenzeichen...).

7 Reimann in Bengel/Reimann, 2. Kap. Rn 230.
8 BGH WM 1961, 479.
9 Staudinger/Reimann, § 2202 Rn 6.
10 Soergel/Damrau, § 2202 Rn 3.
11 Zimmermann, Rn 123.

Hiermit erkläre ich die Ablehnung des Amtes.

Ort, Datum

(Unterschrift)

11 **Achtung:** Eine Bestätigung des Nachlassgerichts, dass der Testamentsvollstrecker das Amt angenommen hat, ist möglich, steht aber in seiner Wirkung dem Testamentsvollstreckerzeugnis nicht gleich.[12]

12 Geschäftszeichen:

Bestätigung

In der Nachlasssache..., verstorben am..., hat Herr... mit Erklärung vom... beim Amtsgericht – Nachlassgericht -, eingegangen am..., die Erklärung abgegeben, dass er das ihm vom Erblasser mit Testament vom... übertragene Amt als Testamentsvollstrecker annimmt.

Ort, Datum

(Unterschrift)

(Rechtspfleger)

3. Fristsetzung zur Erklärung

13 Es kann sein, dass sich der als Testamentsvollstrecker Benannte (nach Information durch das Nachlassgericht gem. § 348 Abs. 3 FamFG) **überhaupt nicht erklärt,** weder positiv im Sinne einer Annahme noch negativ im Sinne einer Ablehnung. Um diesen Schwebezustand zu beseitigen, sieht § 2202 Abs. 3 S. 1 BGB die Möglichkeit vor, dass das Nachlassgericht auf Antrag eines Beteiligten (§ 23 FamFG) dem Benannten eine Frist zur Erklärung über die Annahme setzt.

14 Amtsgericht...

- Nachlassgericht –

Nachlassverfahren des..., verstorben am...

Aktenzeichen...

Der am... verstorbene Erblasser... hat in seinem Testament vom..., eröffnet durch das Amtsgericht... – Nachlassgericht – am..., Herrn... zu seinem Testamentsvollstrecker ernannt.

Hiermit beantrage ich, Herrn... eine Frist zu setzen, binnen der er sich zur Annahme des Amtes als Testamentsvollstrecker zu erklären hat.

Ort, Datum

(Unterschrift)

15 Zuständig für die Fristbestimmung ist der Rechtspfleger (§ 3 Nr. 2 c RPflG), der durch Beschluss entscheidet (§ 38 FamFG). Nach Ablauf der Frist gilt das Amt als abgelehnt, wenn die Annahme nicht vorher erklärt wird (§ 2202 Abs. 3 S. 2 BGB). Entgegen dem Wortlaut des § 2202 Abs. 3 BGB soll eine Fristsetzung durch das Nachlassgericht auch ohne entsprechenden Antrag eines Beteiligten zulässig sein.[13]

16 Zwischenentscheidungen sind grundsätzlich unanfechtbar. Das FamFG sieht aber in § 355 Abs. 1 eine spezielle Regelung vor: danach kann der Beschluss des Rechtspflegers, **mit dem eine Fristsetzung angeordnet wurde**, mit der sofortigen Beschwerde entspre-

12 Winkler, Rn 685.

13 Mayer MBWW Rn 46; Reimann in Bengel/Reimann, 2. Kap. Rn 238.

chend §§ 567 bis 572 ZPO angefochten werden (Beschwerdefrist 2 Wochen nach § 569 Abs. 1 ZPO!). Wird dem **Antrag auf Fristsetzung hingegen nicht entsprochen,** so ist dagegen die sofortige Beschwerde nach §§ 58 ff. FamFG (Beschwerdefrist 1 Monat nach § 63 FamFG!) statthaft. Beschwerdeberechtigt ist hier nur der Antragsteller, aber nicht andere Beteiligte (§ 59 Abs. 2 FamFG).

Bevor der Testamentsvollstrecker sich dafür entscheidet, das Amt anzunehmen, sollte er sich überlegen und bedenken 17

- ob er dafür überhaupt die nötige Zeit und die entsprechenden Kenntnisse hat,
- dass mit der Übernahme eines Testamentsvollstreckeramtes auch Haftungsgefahren verbunden sind,
- ob eine Vergütung seiner Tätigkeit in seinem Sinne sichergestellt ist.

4. Verjährungsfrist

Mit Zugang der Annahmeerklärung läuft die Verjährungsfrist des § 211 BGB an. Die Verjährung eines Anspruchs, der zu einem Nachlass gehört oder sich gegen einen Nachlass richtet, wird **nicht vor dem Ablauf von sechs Monaten** nach dem Zeitpunkt vollendet, in welchem die Erbschaft von den Erben angenommen 18

„oder von dem an der Anspruch von einem oder gegen einen Vertreter geltend gemacht werden kann“.

Der Testamentsvollstrecker ist Vertreter in diesem Sinne.[14] 19

5. Prüfung des Nachlassgerichts

Das Nachlassgericht nimmt die Annahmeerklärung zu den Nachlassakten des Erbfalles. In diesem Verfahrensstadium prüft das Nachlassgericht die Wirksamkeit der Annahme nicht. Erst im Rahmen eines nachfolgenden Erbscheinsverfahrens (bei dem ein Testamentsvollstreckervermerk im Erbschein eingetragen wird) bzw bei Beantragung eines Testamentsvollstreckerzeugnisses wird die Frage der Wirksamkeit der Annahme vom Nachlassgericht überprüft. 20

6. Kosten

Für die Entgegennahme der Annahme- bzw Ablehnungserklärung erhebt das Nachlassgericht eine ¼-Gebühr nach § 112 Abs. 1 Nr. 6 KostO. Diese Kosten sind vom Nachlass zu tragen (§ 6 S. 2 KostO). Bei später nachfolgendem Testamentsvollstreckerzeugnis ist die Entgegennahme der Annahmeerklärung rückwirkend gebührenfrei (§ 115 KostO; Nebengeschäft). 21

7. Grundbuchamt

Gegenüber dem Grundbuchamt muss der Testamentsvollstrecker sein Amt nachweisen, wenn er über das Grundstück verfügen will. Dies kann er entweder durch ein Testamentsvollstreckerzeugnis oder durch ein notarielles Testament mit Eröffnungsprotokoll. Bei Letzterem kann das Nachlassgericht noch ein Annahmezeugnis (§ 342 Abs. 1 22

14 Palandt/Heinrichs, § 211 Rn 1; Zimmermann, Rn 121.

Nr. 6 FamFG) erteilen, dass der Testamentsvollstrecker sein Amt rechtswirksam angenommen hat. Dann kann mit diesem Testament samt Eröffnungsprotokoll und dem Annahmezeugnis dem Grundbuchamt die Verfügungsbefugnis nachgewiesen werden (§ 35 Abs. 1 S. 2 Hs 2 GBO). Da das Annahmezeugnis dieselben Gerichtsgebühren wie das Testamentsvollstreckerzeugnis verursacht (§ 109 Abs. 2 KostO), führt dies aber zu keiner Kostenersparnis.

8. Rechtsgeschäfte vor Amtsbeginn

23 Rechtsgeschäfte, die der Testamentsvollstrecker vor Amtsannahme vorgenommen hat, werden durch die nachfolgende Amtsannahme nicht automatisch wirksam, sondern bedürfen seiner Genehmigung nach §§ 177, 180 BGB. Dies kann stillschweigend oder ausdrücklich erfolgen.[15]

24 **Achtung:** Einseitige Rechtsgeschäfte vor Amtsannahme hingegen (zB Kündigungen) sind nichtig (§§ 180, 141 BGB). Eine etwaige Genehmigung des Erben für ein vor Amtsbeginn vom Testamentsvollstrecker vorgenommenes Rechtsgeschäft ist irrelevant.

II. Nachweis des Testamentsvollstreckeramtes – das Testamentsvollstreckerzeugnis

25 Wie ausgeführt beginnt die Testamtensvollstreck**ung** bereits mit dem Erbfall. Das Amt des Testamentsvollstreck**ers** hingegen beginnt nach § 2202 BGB erst mit der Amtsannahme.

1. Legitimation

26 Damit der Testamentsvollstrecker im Rechtsverkehr handeln kann, muss er sich nach außen entsprechend **legitimieren** können.

27 Die Vorlage eines Testamentsvollstreckerzeugnisses ist die regelmäßige Form der Legitimation, jedoch nicht zwingend erforderlich. Der Testamentsvollstrecker muss sein Amt nur nachweisen, wenn dies von seinem Geschäftspartner verlangt wird. Nicht selten begnügen sich Banken damit, dass ihnen das die Testamentsvollstreckung anordnende und die Person des Testamentsvollstreckers benennende Testament zusammen mit der Eröffnungsniederschrift des Nachlassgerichts und der Sterbeurkunde vorgelegt wird, wenn ihnen die Verhältnisse ansonsten bekannt sind. Der Dritte kann jedoch jederzeit einen Legitimationsnachweis des Testamentsvollstreckers durch ein entsprechendes Testamentsvollstreckerzeugnis fordern. Ein solches Verlangen ist nicht treuwidrig, selbst wenn die besonderen Umstände bekannt und offensichtlich sind. Ein solches Begehren löst deshalb keine Schadensersatzansprüche aus.[16]

28 Für den Fall, dass der Testamentsvollstrecker den Dritten verklagt haben sollte, ohne das von diesem geforderte Testamentsvollstreckerzeugnis als Legitimation vorzulegen, hat er nach § 94 ZPO die Kosten zu tragen. Regelmäßig wird ein Testamentsvollstreckerzeugnis deshalb von Dritten schon aus Absicherungsgründen verlangt. Denn wenn ohne entsprechendes Zeugnis zu Unrecht jemand als Testamentsvollstrecker angesehen

15 Soergel/Damrau, § 2202 Rn 5; Staudinger/Reimann, § 2202 Rn 2; Winkler, Rn 109.
16 BGH WM 1961, 479.

und an ihn geleistet wird, kann gegebenenfalls eine Schadensersatzpflicht gegenüber den Erben bestehen.[17]

Ob ein Ernennungsbeschluss des Nachlassgerichts im Falle des § 2200 BGB (Ernennung des Testamentsvollstreckers durch Ersuchen des Erblassers an das Nachlassgericht) ausreicht, ist strittig.[18] 29

Auch der Erbschein selbst genügt als Legitimation für den Testamentsvollstrecker regelmäßig nicht. Denn im Erbschein ist zwar die Testamentsvollstreck**ung** zu vermerken. Der Name des Testamentsvollstreck**ers** ist dort jedoch nicht aufgeführt (§ 2364 BGB). Teilweise wird die Auffassung vertreten, für den Fall, dass – zwar unrichtig – auch der Name des Testamentsvollstreckers im Erbschein enthalten sei, der Erbschein als Legitimation für den Testamentsvollstrecker ausreiche.[19] Nach herrschender Meinung kann der Erbschein das Testamentsvollstreckerzeugnis jedoch auch in diesem Fall nicht ersetzen.[20] 30

Für das Testamentsvollstreckerzeugnis gelten die **Erbscheinsvorschriften** gemäß § 2368 Abs. 3 BGB, § 354 FamFG entsprechend. In das Testamentsvollstreckerzeugnis sind folgende Punkte aufzunehmen: 31

- Der Erblasser (nicht der Erbe!)
- Der Testamentsvollstrecker
- Die Befugnisse des Testamentsvollstreckers, soweit sie von den gesetzlichen Regelbefugnissen abweichen.[21]
- Eine Dauertestamentsvollstreckung

2. Antrag

Nach § 2368 Abs. 1 S. 1 BGB wird ein Testamentsvollstreckerzeugnis nur **auf Antrag** erteilt. 32

Antragsberechtigt ist nach Annahme des Amtes der Testamentsvollstrecker selbst. Antragsberechtigt sind auch die Nachlassgläubiger, wenn sie den Testamentsvollstrecker verklagen oder vollstrecken wollen (§ 792 ZPO, § 896 ZPO).[22] 33

Für den Fall, dass mehrere Testamentsvollstrecker ernannt sind, ist für die Erteilung eines **gemeinschaftlichen** Testamentsvollstreckerzeugnisses jeder von ihnen antragsberechtigt (§§ 2368 Abs. 3, 2357 BGB). 34

Die *Erben* haben nach herrschender Meinung kein Antragsrecht.[23] Der Erbe habe kein Bedürfnis hierfür, denn das Bestehen der Testamentsvollstreckung als solcher ergebe sich ohne weiteres aus dem Erbschein.[24] Nach anderer Ansicht soll sich das Antragsrecht aus der Beteiligtenstellung des Erben ableiten.[25] Im Übrigen könne bei unklaren 35

17 LG Darmstadt ZEV 2002, 320.
18 Bejahend: Schaub ZEV 2000, 50; ablehnend: Zimmermann, Rn 251; Winkler, Rn 685.
19 Zimmermann, Rn 252.
20 Schaub in Bengel/Reimann, 4. Kap. Rn 32; Winkler, Rn 718.
21 BGH ZEV 1996, 110.
22 Zimmermann, Rn 253.
23 OLG Hamm NJW 1974, 505; BayObLG ZEV 1995, 22; Soergel/Damrau, § 2368 Rn 7.
24 Zimmermann, Rn 253.
25 Brox Erbrecht, Rn 626.

testamentarischen Anordnungen zweifelhaft sein, wer Testamentsvollstrecker sei, so dass den Erben ein Rechtschutzbedürfnis für ein Antragsrecht zuzubilligen sei.[26]

36 **Achtung:** Ein Testamentsvollstreckerzeugnis kann erst ab Amtsannahme beantragt werden. Fällt eine Testamentsvollstreckung erst über die Nacherbschaft an, so kann das Testamentsvollstreckerzeugnis hierfür erst beantragt werden, wenn der Nacherbfall eingetreten ist. Anders ist es hingegen bei der sog. „Nacherbenvollstreckung" nach § 2222 BGB. Hier ist ein Testamentsvollstreckerzeugnis bereits im Rahmen des ersten Erbfalls zu erteilen, weil der Tätigkeitsbereich des Testamentsvollstreckers bereits beginnt.

3. Antragsinhalt

37 Nachdem § 2368 Abs. 3 BGB auf das Erbscheinsverfahren verweist, ergibt sich der Antragsinhalt aus den entsprechenden Vorschriften der §§ 2354, 2355 BGB. Der Antrag muss enthalten:

- den Zeitpunkt des Todes,
- die letztwillige Verfügung, auf der die Ernennung des Testamentsvollstreckers beruht,
- die Aussage, ob und welche Personen vorhanden sind oder waren, durch die der antragstellende Testamentsvollstrecker vom Amt ausgeschlossen oder in seinen Befugnissen beschränkt werden würde,
- die Erklärung zum Vorliegen von weiteren letztwilligen Verfügungen von Todes wegen,
- die Erklärung über die Anhängigkeit eines Rechtsstreits über die Ernennung des Testamentsvollstreckers.

Für die Antragstellung besteht **kein Anwaltszwang.**

38 Die Angaben im Antrag sind gemäß § 2368 Abs. 3 iVm § 2356 BGB nachzuweisen wie folgt:

- durch **Urkunden** (Zeitpunkt des Todes des Erblassers; Verfügung von Todes wegen, auf der die Ernennung beruht und Wegfall einer Person durch die der Testamentsvollstrecker vom Amt ausgeschlossen und in seinen Befugnissen beschränkt),
- durch **eidesstattliche Versicherung** (ob sonstige letztwillige Verfügungen vorhanden sind und ob ein Rechtsstreit über die Ernennung anhängig ist)

  Von der eidesstattlichen Versicherung wird regelmäßig abgesehen, wenn diese schon im Erbscheinsverfahren abgegeben wurde. Im Übrigen besteht nach § 2356 Abs. 2 S. 2 BGB die Möglichkeit, dass das Nachlassgericht die eidesstattliche Versicherung erlässt.

  Ansonsten ist eine eidesstattliche Versicherung entweder vom Rechtspfleger (Nachlassgericht) oder vom Notar zu beurkunden.

26 MünchKomm/Mayer, § 2368 Rn 3; Winkler, Rn 687.

Achtung: Eventuelle ins Zeugnis aufzunehmende Einschränkungen hat der Antragsteller ausdrücklich in seinen Antrag aufzunehmen.[27] Im Falle einer Mitvollstreckung ist in dem Antrag eines einzelnen Testamentsvollstreckers auch anzugeben, dass von dem anderen Testamentsvollstrecker das Amt angenommen wurde (§§ 2368 Abs. 3, 2357 Abs. 3 BGB). 39

Antrag auf Testamentsvollstreckerzeugnis: 40

Urkunde-Nr.... vom...

Antrag auf Testamentsvollstreckerzeugnis

Heute, den... kam zu mir, Notar..., in meine Amtsräume in...:

Herr/Frau..., geboren am..., wohnhaft...

Auf Ansuchen beurkunde ich folgenden Antrag von Herrn/Frau... auf Erteilung eines Erbscheins bei testamentarischer Erbfolge:

1. Sachverhalt

1.1 Am... ist verstorben:..., geboren am..., zuletzt wohnhaft..., beim Amtsgericht... – Nachlassgericht – bereits erfasst unter Aktenzeichen/Geschäftsnummer...

1.2 Der Verstorbene hatte zur Zeit des Todes ausschließlich die deutsche Staatsangehörigkeit und hinterließ eine Verfügung von Todes wegen, nämlich ein handschriftliches Testament vom... Dieses wurde vom Amtsgericht... – Nachlassgericht – am... eröffnet.

1.3 Mit Schreiben vom... habe ich gegenüber dem Amtsgericht... – Nachlassgericht – die Annahme des Amtes als Testamentsvollstrecker erklärt.

2. Antrag auf Testamentsvollstreckerzeugnis

Rein vorsorglich erkläre ich hiermit nochmals, dass ich das Amt als Testamentsvollstrecker annehme.

Ich beantrage, mir in dreifacher Ausfertigung ein Testamentsvollstreckerzeugnis zu erteilen, dass ich alleiniger Testamentsvollstrecker bin. Ich bitte um Übersendung an meine Anschrift...

3. Sonstiges

3.1 Der Notar hat belehrt über die Bedeutung einer Versicherung an Eides Statt und über die strafrechtlichen Folgen einer wissentlich falsch oder fahrlässig falsch abgegebenen eidesstattlichen Versicherung. Dies wissend erkläre ich an Eides Statt:

Mir ist nichts bekannt, was der Richtigkeit folgender Angaben entgegensteht.

a) Weitere Verfügungen des Erblassers von Todes wegen sind nicht vorhanden.

b) Ein Rechtsstreit ist weder über die Gültigkeit des Testaments noch über meine Ernennung zum Testamentsvollstrecker anhängig.

3.2 Von dieser Urkunde erhalten:

eine Ausfertigung

- das Nachlassgericht beim Amtsgericht...
- der/jeder Erschienene

eine einfache Abschrift

- der Erschienene (1) ungeheftet als Kopierexemplar zur ergänzenden Information interessierter Dritter.

Vorgelesen vom Notar, von den Beteiligten genehmigt und eigenhändig unterschrieben:

...

27 OLG Zweibrücken FamRZ 1998, 581.

4. Zuständigkeit

41 Für die Erteilung des Testamentsvollstreckerzeugnisses ist das Nachlassgericht als Abteilung des Amtsgerichts (§ 23 a Abs. 2 Nr. 2 GVG, § 342 Abs. 1 Nr. 6 FamFG) sachlich zuständig gemäß § 2368 Abs. 1 BGB.

42 Funktionell zuständig ist der Richter nach § 16 Abs. 1 Nr. 6 RPflG.

43 Örtlich zuständig ist das Nachlassgericht am letzten Wohnsitz des Erblassers, hilfsweise zur Zeit des Aufenthalts beim Erbfall, weiter hilfsweise das Amtsgericht Schöneberg in Berlin (§ 343 FamFG). Aus der örtlichen Zuständigkeit leitet sich auch die internationale Zuständigkeit des deutschen Nachlassgerichts ab (der frühere Gleichlaufgrundsatz besteht seit dem FamFG nicht mehr).

44 **Achtung:** Im Falle eines Beschwerdeverfahrens kann das übergeordnete Oberlandesgericht ein Testamentsvollstreckerzeugnis nicht selbst erteilen, sondern das Nachlassgericht hierzu nur anweisen (vgl Wortlaut des § 2368 Abs. 1 S. 1 BGB: „Nachlassgericht").

5. Beteiligte

45 Beteiligter im Zeugniserteilungsverfahren ist der Testamentsvollstrecker nach § 345 Abs. 3 S. 1 FamFG. „Kann"-Beteiligte sind gemäß § 345 Abs. 3 S. 2 Nr. 1 FamFG die - mit der Testamentsvollstreckung belasteten - Erben (bei Testamentsvollstreckung für den Nacherben vor Eintritt der Nacherbfolge fällt hierunter auch der Nacherbe).[28] Ferner etwaige Mitvollstrecker nach § 345 Abs. 3 S. 2 Nr. 2 FamFG. Diese „Kann"-Beteiligten sind auf ihren Antrag hinzuzuziehen und werden dann zu „Muss"-Beteiligten (§ 345 Abs. 3 S. 3 FamFG). Sie sind auf ihr Antragsrecht hinzuweisen (§ 7 Abs. 4 S. 2 FamFG).

46 **Achtung:** Die Anhörungspflicht in § 2368 Abs. 2 BGB wurde durch das FGG-ReformG aufgehoben.

6. Verfahren

47 Das Nachlassgericht ermittelt von Amts wegen gemäß § 26 FamFG, §§ 2358, 2368 Abs. 3 BGB. Wie im Erbscheinsverfahren ist das Gericht auch hier **an den Antrag gebunden.** Es ist entweder eine stattgebende oder insgesamt abweisende, jedoch keine vom Antrag abweichende Entscheidung möglich.[29]

48 Die Beteiligten trifft aufgrund der Amtsermittlungspflicht keine formelle Beweislast. Es besteht aber eine materielle Beweislast. Der Antragsteller des Testamentsvollstreckerzeugnisses trägt das Risiko für die die Stellung als Testamentsvollstrecker begründenden Tatbestandsmerkmale.

49 Das Nachlassgericht prüft vor Erteilung des Testamentsvollstreckerzeugnisses insbesondere

- seine Zuständigkeit,
- die Gültigkeit der letztwilligen Verfügung (zB auf Testierunfähigkeit),

28 Staudinger/Reimann, § 2222 Rn 1.
29 OLG Zweibrücken OLGZ 1989, 155.

- eine bestehende Bindung durch Erbvertrag oder gemeinschaftliches Testament,
- eine etwaige Unwirksamkeit gemäß § 2306 Abs. 1 S. 1 BGB (bis 31.12.2009).

Achtung: Das Nachlassgericht darf das Verfahren auf Erteilung eines Testamentsvollstreckerzeugnisses nicht aussetzen und auf eine Klärung vor dem Zivilgericht (zB hinsichtlich der Frage der Testierfähigkeit des Erblassers) verweisen. Das Nachlassgericht hat die relevanten Fragen im Zeugniserteilungsverfahren selbst zu entscheiden. Ist jedoch bereits ein Zivilprozess anhängig, bevor das Testamentsvollstreckerzeugnis beantragt wurde, so darf das Erteilungsverfahren ausgesetzt werden.[30] 50

Da das Testamentsvollstreckerzeugnis nur antragsgemäß erteilt oder aber insgesamt zurückzuweisen ist,[31] ist auf eine **genaue Antragstellung** zu achten, insbesondere auch, was etwaige Einschränkungen der Testamentsvollstreckerbefugnisse anbelangt. Solche dürfen bei fehlendem Antrag vom Nachlassgericht nicht von Amts wegen hinzugefügt werden.

7. Entscheidung des Nachlassgerichts

Bis zum Inkrafttreten des FamFG konnte in zweifelhaften Fällen (ebenso wie beim Erbschein) die Erteilung eines Testamentsvollstreckerzeugnisses durch einen Vorbescheid angekündigt werden.[32] Voraussetzungen waren eine schwierige Sach- bzw Rechtslage mit widersprechenden Anträgen, Entscheidungsreife und die Absicht des Gerichts, einem Antrag Folge zu leisten. Diese Möglichkeit des Vorbescheids besteht seit Inkrafttreten des FamFG nicht mehr. 51

Hält das Nachlassgericht die Tatsachen für erwiesen, so erlässt es nunmehr einen Feststellungsbeschluss (§ 38 FamFG) gemäß § 352 Abs. 1 S. 1 FamFG (anwendbar für die Testamentsvollstreckung über § 354 FamFG). Liegen **keine widersprechenden Anträge** vor, wird dieser Beschluss – entgegen § 40 Abs. 1 FamFG – bereits mit Erlass wirksam (§§ 352 Abs. 1 S. 2, 354 FamFG). In diesem Fall folgt dem (gemäß § 352 Abs. 1 S. 3 FamFG weder dem Antragsteller noch sonst Beteiligten bekannt zu gebenden, in den Nachlassakten bleibenden und gemäß § 38 Abs. 4 Nr. 2 FamFG nicht zu begründenden) Beschluss der Vollzug, d.h. die Erteilung des Testamentsvollstreckerzeugnisses durch Ausfertigung und Versendung der Zeugnisurkunde nach. 52

Liegen hingegen **widersprechende Anträge** vor oder widerspricht der Beschluss dem erklärten Willen eines Beteiligten, so hat das Gericht die sofortige Wirksamkeit des Feststellungsbeschlusses auszusetzen und die Erteilung des Testamentsvollstreckerzeugnisses bis zur Rechtskraft des Beschlusses zurückzustellen (§§ 352 Abs. 2 S. 2, 354 FamFG). 53

Formulierungsbeispiel:[33] 54

„Die Tatsachen, die zur Erteilung des beantragten Testamentsvollstreckerzeugnisses erforderlich sind, werden für festgestellt erachtet. Die sofortige Wirksamkeit des Beschlusses wird ausgesetzt.

30 Zimmermann, Rn 265.
31 Palandt/Edenhofer, § 2368 Rn 6.
32 BayObLG NJW-RR 2003, 1587; OLG Hamm FamRZ 2000, 487.
33 Zimmermann ZEV 2009, 56.

Die Erteilung des Testamentsvollstreckerzeugnisses wird bis zur Rechtskraft dieses Beschlusses zurückgestellt."

55 Gemäß § 38 Abs. 3 S. 1 FamFG ist der Beschluss zu begründen (mit Rechtsbehelfsbelehrung nach § 39 FamFG) und den Beteiligten bekannt zu geben (§§ 352 Abs. 2 S. 1, 354 FamFG). Demjenigen, der widersprochen hat, ist er zuzustellen (§ 41 Abs. 1 Satz 2 FamFG). Das Nachlassgericht wartet den Ablauf der Beschwerdefrist nach § 63 FamFG (1 Monat) ab. Nach Rechtskraft (wenn keine Beschwerde) erfolgt der Vollzug und das Nachlassgericht erteilt das Testamentsvollstreckerzeugnis. Im Falle einer Beschwerdeerhebung (§§ 58 ff. FamFG) bleibt bei Nichtabhilfe durch das Nachlassgericht (§ 68 Abs. 1 S. 1 FamFG) die Entscheidung des Oberlandesgerichts als Beschwerdegericht (§ 119 Abs. 1 Nr. 1 b GVG) abzuwarten.

56 Liegen die formellen und/oder materiellen Voraussetzungen für die Erteilung des beantragten Zeugnisses **nicht vor** und sind **sie auch nicht demnächst behebbar,** so weist das Nachlassgericht den Antrag durch Beschluss gemäß §§ 38, 352, 354 FamFG zurück.

8. Rechtsmittel

57 **Lehnt** das Nachlassgericht es **ab,** das beantragte Zeugnis zu erteilen, so kann der Testamentsvollstrecker dagegen die Beschwerde nach § 58 FamFG erheben. Der Erbe ist nicht beschwerdebefugt. In der Beschwerdeinstanz kann nur der beim Nachlassgericht gestellte Antrag weiter verfolgt werden. Antragsänderungen müssen beim Nachlassgericht „begonnen" werden.

58 **Achtung:** Die Beschwerde kann nur noch bei dem Gericht eingelegt werden, dessen Beschluss angefochten wird, also beim Nachlassgericht (§ 64 Abs. 1 FamFG). Die Möglichkeit, auch bei dem Beschwerdegericht Beschwerde zu erheben, ist mit dem FamFG entfallen. Das Nachlassgericht als Ausgangsgericht hat das Recht, der Beschwerde abzuhelfen (§ 68 Abs. 1 S. 1 Hs 1 FamFG). Nach § 63 Abs. 1 S. 1 FamFG gilt für die Beschwerde eine Frist von einem Monat.

59 Bei Nichtabhilfe ist zuständiges Beschwerdegericht seit dem Inkrafttreten des FamFG (1.9.2009) das Oberlandesgericht gemäß § 119 Abs. 1 Nr. 1 GVG (nicht mehr das Landgericht). Ein anwaltliches Vertretungserfordernis besteht für das Beschwerdeverfahren auch vor dem Oberlandesgericht nicht. Gegen einen Beschwerdebeschluss des OLG ist die Rechtsbeschwerde zum BGH nach § 133 GVG nur nach Zulassung durch das OLG statthaft (zumeist wird es hierfür aber an den Zulassungsgründen des § 70 Abs. 2 FamFG fehlen; ist im Beschluss zur Zulassung nichts gesagt, gilt dies als Nichtzulassung). Eine Nichtzulassungsbeschwerde gibt es nicht. Damit ist die in FGG-Verfahren bislang zulassungsfreie dritte Instanz mit dem FamFG faktisch weggefallen.

60 Gegen die **Erteilungsanordnung** des Testamentsvollstreckerzeugnisses ist ebenfalls die Beschwerde nach § 58 FamFG statthaft (unter dem FGG einfache Beschwerde). Der Erbe ist beschwerdeberechtigt, da er durch den unrichtigen Ausweis von über den Nachlass bestehenden Befugnissen des Testamentsvollstreckers in seiner Erbenstellung beeinträchtigt wird (§ 59 Abs. 1 FamFG).

Für den Fall, dass das Testamentsvollstreckerzeugnis bereits erteilt wurde, ist die Beschwerde nur noch mit dem Antrag auf Einziehung des Zeugnisses zulässig (§§ 352 Abs. 3, 354 FamFG). Die Beschwerde kann in einen solchen Antrag auf Einziehung umgedeutet werden. Kommt das Beschwerdegericht dann zu dem Ergebnis, dass die Entscheidung des Nachlassgerichts unrichtig war, ist das Nachlassgericht anzuweisen, das Testamentsvollstreckerzeugnis einzuziehen..[34] 61

9. Inhalt des Testamentsvollstreckerzeugnisses

Das Testamentsvollstreckerzeugnis enthält den Namen des **Erblassers** und des **Testamentsvollstreckers,** nicht aber den Namen des Erben (**Ausnahme:** wenn Testamentsvollstreckung nur über den Erbteil eines bestimmten Erben angeordnet ist!). 62

Der Berufungsgrund (Testament) ist nicht anzugeben, macht das Testamentsvollstreckerzeugnis aber auch nicht unrichtig. 63

Amtsgericht...

Geschäftsnummer...

Zeugnis

über die Ernennung zum Testamentsvollstrecker

Herr..., geboren am..., wohnhaft...

ist zum Testamentsvollstrecker über den Nachlass

der Frau...

geboren am... in...

gestorben am... in...

zuletzt wohnhaft...

ernannt worden.

Richter...

Abweichungen von den gesetzlichen Regelbefugnissen sind im Testamentsvollstreckerzeugnis aufzunehmen.[35] Der Geschäftsgegner soll durch Einsicht in das Testamentsvollstreckerzeugnis feststellen können, was der Testamentsvollstrecker im Außenverhältnis darf und was nicht. Aufzunehmen sind insbesondere Abweichungen von der Verfügungsmacht.[36] Ebenso ist eine Dauervollstreckung zu bezeichnen und die Dauer anzugeben.[37] Ein ohne solche Vermerke erteiltes Zeugnis ist als unrichtig einzuziehen.[38] 64

Lediglich interne Verwaltungsanordnungen sind dagegen **nicht in das Zeugnis** aufzunehmen.[39] 65

34 BayObLG NJW-RR 1991, 523.
35 BGH ZEV 1996, 110.
36 Firsching/Graf, Rn 462.
37 OLG Zweibrücken FamRZ 1998, 581.
38 BayObLG 1992, 20.
39 Zimmermann, Rn 269.

66 Enthält das Zeugnis keine Angaben, wird damit zum Ausdruck gebracht, dass dem Testamentsvollstrecker die Regelbefugnisse nach den §§ 2203 bis 2006 BGB ungeschmälert zustehen, aber auch nur diese.[40]

67 Kommt ausländisches Erbrecht zur Anwendung, so ist wie beim Erbschein auch hier ein „Fremdrechtstestamentsvollstreckerzeugnis" möglich (§ 2368 Abs. 2 iVm § 2369 BGB). Das Erbstatut ist auch für die Testamentsvollstreckung maßgebend.[41] Voraussetzung ist, dass für das deutsche Nachlassgericht eine internationale Zuständigkeit gegeben ist. Aus § 105 FamFG folgt der **neue Grundsatz,** dass die internationale Zuständigkeit des Gerichts aus der örtlichen Zuständigkeit abgeleitet wird. Damit hat das FamFG der bisherigen „Gleichlauftheorie", wonach die deutschen Gerichte nur bei Anwendung deutschen Sachrechts für Nachlasssachen zuständig sind, eine Absage erteilt.

68 Das örtlich zuständige Nachlassgericht kann demzufolge in Zukunft ein Testamentsvollstreckerzeugnis auch dann ausstellen, wenn die Rechtsnachfolge von Todes wegen und damit auch die Testamentsvollstreckung ausländischem Recht unterliegt (siehe auch oben Ziff. VIII). Gemäß § 2369 Abs. 1 BGB kann der Antrag auf die im Inland befindlichen Gegenstände beschränkt werden.

10. Arten von Testamentsvollstreckerzeugnissen

69 Wie beim Erbschein gibt es auch bei Testamentsvollstreckerzeugnissen verschiedene Arten:

- einfaches Testamentsvollstreckerzeugnis;
- gemeinschaftliches Testamentsvollstreckerzeugnis:
- werden mehrere Testamentsvollstrecker ernannt, so kann für sie ein gemeinschaftliches Zeugnis, das das Recht aller bezeugt, erteilt werden (§§ 2368 Abs. 3, 2357 BGB);
- Teilvollstreckerzeugnis:

  entsprechend dem Erbschein ist ein Mitvollstreckerzeugnis auch als Teilvollstreckerzeugnis möglich. Hier wird das Recht eines oder einzelner Testamentsvollstrecker bezeugt, wobei die Mitvollstrecker in diesem „Sonderzeugnis" angegeben werden müssen;[42]
- Fremdrechtstestamentsvollstreckerzeugnis:

  bestimmt sich die Erbfolge nach fremdem Recht, kann bei Zuständigkeit des deutschen Nachlassgerichts ein Fremdrechtstestamentsvollstreckerzeugnis erteilt werden.

11. Wirkungen des Testamentsvollstreckerzeugnisses

70 Wie beim Erbschein wird die Richtigkeit des Testamentsvollstreckerzeugnisses **vermutet** (§ 2368 Abs. 3 BGB iVm § 2365 BGB). Die Vermutungswirkung geht dahin, dass

40 KG NJW-RR 1991, 835.
41 BayObLG FamRZ 2000, 573; BayObLG 1990, 51.
42 Krug/Rudolf/Kroiß/Littig, § 12 Rn 42.

- die als Testamentsvollstrecker bezeichnete Person wirksam zum Testamentsvollstrecker ernannt wurde,
- diese das Amt angenommen hat und
- ihr das Amt in seinem regelmäßigen Umfang zusteht und auf keine anderen als die im Zeugnis angegebenen Anordnungen beschränkt ist.[43]

§ 2365 BGB bezeugt lediglich, dass jemand Testamentsvollstrecker ist. D. h. Geschäfte eines **Scheintestamentsvollstreckers** werden den Geschäften eines **tatsächlichen Testamentsvollstreckers** gleichgestellt. Nicht geschützt wird der gute Glaube daran, dass ein Geschäftsgegenstand tatsächlich zum Nachlass gehört. Gutgläubige Dritte werden bei Rechtsgeschäften mit dem Erben geschützt, wenn sie nichts von der Testamentsvollstreckung wussten (§ 2211 Abs. 2 BGB). 71

Das Testamentsvollstreckerzeugnis **bezeugt nicht** 72

- wer Erbe ist[44]
- dass das Amt noch fortdauert.[45]

Der gute Glaube des Geschäftsgegners an eine Fortdauer des Amtes wird also nicht geschützt. Der gute Glaube erstreckt sich ferner nicht auf Angaben, die nicht in das Zeugnis gehören. Widersprechen sich mehrere Testamentsvollstreckerzeugnisse, so heben sich ihre Vermutungen gegenseitig auf.[46]

Achtung: Die Vermutungswirkung des Zeugnisses entfällt mit Beendigung des Amtes (§ 2368 Abs. 2 Hs 2 BGB). 73

Hinsichtlich des **öffentlichen Glaubens** gelten die §§ 2366, 2367 BGB unter Verweis des § 2368 Abs. 3 BGB entsprechend. 74

Wegen § 2366 BGB werden Personen, die von dem im Testamentsvollstreckerzeugnis ausgewiesenen Testamentsvollstrecker Nachlassgegenstände erwerben, im Falle ihrer Gutgläubigkeit geschützt. 75

Achtung: Dies gilt unabhängig davon, ob ihnen ein Testamentsvollstreckerzeugnis vorgezeigt wurde oder ob sie überhaupt wussten, dass sie es mit einem Testamentsvollstrecker zu tun haben.[47] 76

12. Kosten

Für die Erteilung eines Testamentsvollstreckerzeugnisses wird vom Nachlassgericht eine volle Gebühr erhoben (§ 109 Abs. 1 Nr. 2 KostO). Für die Beurkundung der eidesstattlichen Versicherung fällt eine weitere Gebühr an (§ 49 KostO), so dass ein erstes Testamentsvollstreckerzeugnis insgesamt regelmäßig eine 20/10 Gebühr kostet. Nach §§ 2365 Abs. 2 S. 2, 2368 Abs. 3 BGB kann das Nachlassgericht die im Gesetz vorgesehene eidesstattliche Versicherung erlassen, was die Gebühren halbieren würde (es empfiehlt sich deshalb vorsorglich zumindest einen entsprechenden Antrag zu stellen). 77

43 Staudinger/Reimann, § 2197 Rn 75; KG NJW-RR 1991, 835.
44 KG ZEV 2001, 73.
45 KG NJW 1964, 1905.
46 BGH NJW 1972, 582.
47 BGH NJW 1963, 1972 zum Erbschein.

Der der Berechnung zugrunde zu legende Wert bestimmt sich nach § 30 Abs. 2 KostO (Regelwert 3.000 €, Höchstwert 500.000 €). Jede weitere Ausfertigung des gleichen Zeugnisses kostet lediglich Schreibauslagen nach § 132 KostO.

78 Für jedes später nachfolgende neue Zeugnis (zB anderer Testamentsvollstrecker) wird ein Viertel der vollen Gebühr erhoben (§ 109 Abs. 1 Nr. 2 KostO).

13. Grundbuchamt

79 Liegt ein Testamentsvollstreckerzeugnis vor, so gilt bezüglich der Befugnisse des Testamentsvollstreckers zur Verfügung über ein Grundstück allein das Testamentsvollstreckerzeugnis. Das Grundbuchamt ist hieran gebunden und zu einer eigenen Prüfung oder Auslegung nicht berechtigt.[48] Zum Nachweis des Amtes muss das Zeugnis in Urschrift oder Ausfertigung vorgelegt werden, eine beglaubigte Abschrift genügt nicht. Die Befugnis kann entweder über dieses Testamentsvollstreckerzeugnis nach § 35 Abs. 2 Hs 1 GBO nachgewiesen werden oder nach § 35 Abs. 2 Hs 2 GBO mit einer in einer öffentlichen Urkunde enthaltenen Verfügung von Todes wegen.[49]

14. Finanzamt

80 Das Nachlassgericht hat dem für die Erbschaftsteuer zuständigen Finanzamt eine Abschrift des Testamentsvollstreckerzeugnisses zu übersenden (§ 7 Abs. 1 ErbStDV). In diesem Zusammenhang werden auch die Erkenntnisse des Gerichts zum Nachlassbestand sowie aus welchem Wert die gerichtlichen Gebühren berechnet wurden, mitgeteilt (§ 7 Abs. 3 Nr. 4 ErbStDV).

15. Einziehung des Testamentsvollstreckerzeugnisses

81 Ein Testamentsvollstreckerzeugnis ist wie ein Erbschein einzuziehen (§ 2368 Abs. 3 iVm § 2361 BGB), wenn es die Rechtslage nicht in vollem Umfang richtig wiedergibt.[50] § 354 FamFG verweist auch für das Verfahren auf die entsprechende Erbscheinsvorschrift des § 353 FamFG.

82 Antrag auf Einziehung eines Testamentsvollstreckerzeugnisses:

Amtsgericht ...

- Nachlassgericht –

Aktenzeichen...

Der am... verstorbene Erblasser hat in seiner letztwilligen Verfügung Testamentsvollstreckung angeordnet und Herrn... zum Testamentsvollstrecker ernannt. Dieser hat das Amt auch angenommen. Ihm wurde vom Nachlassgericht am ein Testamentsvollstreckerzeugnis erteilt.

Beweis: Beiziehung der Nachlassakten...

In dem Testament wurde ich zum Alleinerben berufen.

Das Testamentsvollstreckerzeugnis ist unrichtig geworden, weil:

...

Hiermit beantrage ich, das Testamentsvollstreckerzeugnis vom... wegen Unrichtigkeit einzuziehen.

---

48 BayObLG FamRZ 1999, 474.
49 Schaub ZEV 1995, 361.
50 OLG Zweibrücken FamRZ 2000, 323.

Hilfsweise beantrage ich, das Testamentsvollstreckerzeugnis für kraftlos zu erklären.
(Unterschrift)

Eine Berichtigung oder Ergänzung ist nicht möglich. Allenfalls offenkundige Unrichtigkeiten können nach § 42 FamFG berichtigt werden. 83

Die Einziehung eines unrichtigen Testamentsvollstreckerzeugnisses kann jedermann beim Nachlassgericht anregen (§ 2361 BGB). Es handelt sich hier um ein Verfahren mit Amtsermittlungsgrundsatz. 84

Ferner könnte der „richtige" Testamentsvollstrecker den Besitzer eines unrichtigen Testamentsvollstreckerzeugnisses auch vor dem Prozessgericht auf Herausgabe an das Nachlassgericht gemäß §§ 2362, 2368 Abs. 3 BGB verklagen. Es handelt sich dann um ein ZPO-Verfahren. 85

Das Testamentsvollstreckerzeugnis kann **materiell unrichtig** sein (falsche Person ist als Testamentsvollstrecker bezeichnet oder das Zeugnis enthält falsche Einschränkungen, eine Dauervollstreckung ist nicht angegeben). 86

Für **verfahrensrechtliche** Unrichtigkeiten gilt § 2361 BGB entsprechend. Aber nur dann, wenn die Verfahrensmängel möglicherweise Einfluss auf den Inhalt des Testamentsvollstreckerzeugnisses hatten.[51] Hat der Rechtspfleger anstelle des Richters das Zeugnis erteilt, so ist das Testamentsvollstreckerzeugnis wegen Verstoßes gegen § 16 Abs. 1 Nr. 6 RPflG unrichtig und einzuziehen.[52] 87

Unschädlich sind Verstöße beim Verfahrensablauf wie zB fehlendes rechtliches Gehör.[53] 88

Zuständig für eine Einziehung ist das Nachlassgericht, das das unrichtige Testamentsvollstreckerzeugnis erteilt hat.[54] Funktionell zuständig ist der Richter gemäß § 16 Abs. 1 Nr. 7 RPflG. Etwaige Anträge haben die Bedeutung von Anregungen. 89

Nur solange die Einziehungsanordnung nicht vollzogen ist, ist sie mit der Beschwerde angreifbar. Sobald hingegen das Testamentsvollstreckerzeugnis vom Nachlassgericht eingezogen (zurückgegeben) ist, ist die Einziehungsanordnung verfahrensrechtlich überholt. Es ist dann nur noch die Beschwerde möglich mit dem Antrag, das Nachlassgericht anzuweisen, ein neues Testamentsvollstreckerzeugnis zu erteilen. 90

Achtung: Das Nachlassgericht könnte mit einer seit 1.9.2009 nach § 49 FamFG zulässigen einstweiligen Anordnung während des laufenden Einziehungsverfahrens als Sicherungsmaßnahme dem Besitzer des Zeugnisses die Verfügung über Nachlassgegenstände verbieten und eine vorläufige Hinterlegung des Zeugnisses beim Nachlassgericht verlangen (falls Unrichtigkeit des Zeugnisses wahrscheinlich und ein dringendes Bedürfnis für Sicherung).[55] Die Einziehung des Zeugnisses selbst wäre im Wege einer einstweiligen Anordnung hingegen nicht zulässig, da es sich hierbei nicht nur um eine 91

51 BGH FamRZ 1990, 1111 zum Erbschein.
52 MünchKomm/Mayer, § 2361 Rn 13.
53 BGH NJW 1963, 1973; OLG Hamm OLGZ 1967, 77.
54 BayObLG 1981, 147.
55 Zimmermann, ZErb 3/2009, 90.

vorläufige Maßnahme handelte (Einziehung kann nicht mehr rückgängig gemacht werden).[56]

16. Kraftloserklärung des Testamentsvollstreckerzeugnisses

92 Wenn das unrichtige Testamentsvollstreckerzeugnis nicht sofort erlangt werden kann (dh nicht alsbald zurückgegeben wird), wird es vom Nachlassgericht für förmlich kraftlos erklärt gemäß §§ 2368 Abs. 3, 2361 Abs. 2 BGB.

93 Wurde das Testamentsvollstreckerzeugnis für kraftlos **erklärt**, so ist die Beschwerde ausgeschlossen (§ 353 Abs. 3 FamFG, entspricht dem bisherigen § 84 FGG). In diesem Fall ist nur ein Antrag auf Neuerteilung möglich.

94 Für die **Einziehung** oder **Kraftloserklärung** eines Testamentsvollstreckerzeugnisses wird eine 5/10-Gebühr nach der Kostenordnung berechnet (§§ 109 Abs. 1 Nr. 2, 108 KostO).

17. Kraftlos gewordene Testamentsvollstreckerzeugnisse

95 Mit Beendigung des Testamentsvollstreckeramtes wird das Zeugnis von selbst kraftlos (§ 2368 Abs. 2 Hs 2 BGB). Dies ist zB der Fall mit Erledigung aller Aufgaben, mit Kündigung durch den Testamentsvollstrecker, Entlassung durch das Nachlassgericht, Eintritt eines Endtermins, Ablauf der 30-Jahres-Frist bei einer Dauertestamentsvollstreckung.

96 Solche Zeugnisse werden nicht eingezogen, auch nicht für kraftlos erklärt. Sie **sind automatisch kraftlos.**

97 Wegen der Gefahr für den Rechtsverkehr wird die Ansicht vertreten, dass das Nachlassgericht das Testamentsvollstreckerzeugnis zu den Akten zurückfordern kann.[57]

98 Nach anderer Ansicht besteht ohne besonderen Anlass kein solches Recht des Nachlassgerichts, erst recht keine Pflicht dazu. Das Nachlassgericht führe keine allgemeine Aufsicht über den Testamentsvollstrecker.[58]

III. Verhältnis Testamentsvollstreckung – Erbschein

99 Der **Erbschein** des Nachlassgerichts bekundet, wer Erbe ist und welchen Beschränkungen die Erbenstellung unterliegt. Gemäß § 2364 Abs. 1 BGB ist die Testamentsvollstreckung ausdrücklich als eine einzutragende Beschränkung genannt.

100 Der Testamentsvollstrecker hat ein eigenes Antragsrecht bezüglich eines Erbscheins.[59]

101 Wenn ein Erbscheinsantrag des Erben zurückgewiesen wird, hat auch der Testamentsvollstrecker ein Beschwerderecht. Zwar setzt im Antragsverfahren – wie hier bei Erteilung eines Erbscheins – § 59 Abs. 2 FamFG neben der materiellen Rechtsbeeinträchtigung auch eine formelle Beschwer voraus. Grundsätzlich ist nur beschwerdeberechtigt, wessen Antrag zurückgewiesen wurde. Ausnahmsweise ist aber auch derjenige be-

56 Zimmermann, aaO.
57 KG NJW 1964, 1905.
58 Zimmermann, Rn 199.
59 BayObLG ZEV 2002, 190; Kroiß FamFG Rn 8.

schwerdebefugt, der zwar keinen Antrag gestellt hat, aber dazu die Möglichkeit gehabt hätte, wie der Testamentsvollstrecker.

Nach § 2364 Abs. 1 BGB ist die Testamentsvollstreckung im Erbschein anzugeben. Den Namen des Testamentsvollstreckers enthält der Erbschein nicht. 102

„Es ist Testamentsvollstreckung angeordnet."

Durch die Angabe der Testamentsvollstreckung im Erbschein sind Dritte über die Verfügungsbeschränkung des Erben entsprechend unterrichtet. Da der Testamentsvollstreckervermerk im Erbschein Dritte darüber informieren soll, ob und inwieweit die Erben beschränkt sind, hat der Testamentsvollstreckervermerk im Erbschein detailliert anzugeben, welche Beschränkungen bestehen. 103

Wenn nicht der gesamte Nachlass der Testamentsvollstreckung unterliegt, zB lediglich Grundstücke erfasst sind oder eine Erbteilsvollstreckung vorliegt, so ist das entsprechend zu vermerken.[60] 104

Bei einer Testamentsvollstreckung über eine Nacherbschaft ist der Testamentsvollstreckervermerk im Erbschein des Vorerben nicht aufzuführen, wohl aber in dem Erbschein, der dem Nacherben später erteilt wird. Nicht zu verwechseln ist dies mit dem Nacherbenvollstrecker gemäß § 2222 BGB. Dieser ist im Erbschein aufzunehmen unter Klarstellung, dass nur der Nacherbe unmittelbar beschränkt ist.[61] 105

Nachdem nur Beschränkungen des Erben in dem Erbschein aufzunehmen sind, ist eine Vermächtnisvollstreckung gemäß § 2223 BGB in dem Erbschein nicht zu vermerken. Denn nur der Erbe, nicht der Vermächtnisnehmer erhält einen Erbschein. 106

Wenn im Erbschein der Testamentsvollstreckervermerk fehlt oder umgekehrt die Testamentsvollstreckung fehlerhaft genannt ist, so kann der Testamentsvollstrecker gemäß § 2364 Abs. 2 iVm § 2362 Abs. 1 BGB von dem Besitzer des unrichtigen Erbscheins die Herausgabe an das Nachlassgericht verlangen. Unrichtig kann der Testamentsvollstreckervermerk im Erbschein zB sein, wenn das Amt des Testamentsvollstreckers durch Kündigung, Tod oder Entlassung geendet hat und gleichzeitig die Testamentsvollstreckung erledigt ist. Der Streit um die Herausgabe an das Nachlassgericht ist vor dem Prozessgericht und nicht vor dem Nachlassgericht zu führen. Aus Kostengründen wird der Testamentsvollstrecker beim Nachlassgericht anregen, den Erbschein nach § 2361 BGB einzuziehen. 107

Amtsgericht ... 108

- Nachlassgericht –

Nachlassverfahren...

Aktenzeichen...

Der am... verstorbene Erblasser hatte Testamentsvollstreckung angeordnet und mich zu seinem Testamentsvollstrecker ernannt. Das Amt habe ich angenommen und mir wurde ein Testamentsvollstreckerzeugnis erteilt. Ich nehme Bezug auf die Nachlassakten des Amtsgerichts... – Nachlassgericht.

60 Lange/Kuchinke, § 41 V 2 Rn 141.
61 Zimmermann, Rn 232.

Das Nachlassgericht hat aufgrund des Antrags des Erben... einen Erbschein ohne Testamentsvollstreckervermerk erteilt. Der Erbschein ist deshalb wegen Fehlens des Testamentsvollstreckervermerks unrichtig und nach § 2361 Abs. 1 BGB einzuziehen, hilfsweise gemäß § 2361 Abs. 2 BGB für kraftlos zu erklären.

(Unterschrift)

als Testamentsvollstrecker

109 Wurde der Erbschein mit dem Testamentsvollstreckervermerk als unrichtig eingezogen, kann die Erteilung eines neuen Erbscheins ohne Testamentsvollstreckervermerk verlangt werden. Eine Berichtigung des Erbscheins oder ein bloßes Zeugnis darüber, dass der Testamentsvollstreckervermerk im Erbschein weggefallen ist, kann nach herrschender Meinung nicht erfolgen.[62]

110 Ein bloßer Wechsel in der **Person** des Testamentsvollstreckers macht den Erbschein nicht unrichtig. Wie ausgeführt ist der Name des Testamentsvollstreckers im Testamentsvollstreckervermerk des Erbscheins gerade nicht anzugeben, da es für den Erbschein nur auf die Testamentsvollstreck**ung**, aber nicht auf die Person des Testamentsvollstreck**ers** ankommt.

111 **Achtung:** Wie beim Testamentsvollstreckerzeugnis ist auch der Erbschein entsprechend der materiellen Rechtslage **zu beantragen.** Für den Fall, dass der Erbschein ohne Testamentsvollstreckervermerk beantragt wird, ist der Antrag auf Erteilung des Erbscheins zurückzuweisen.[63] Die Aufnahme des Testamentsvollstreckervermerks muss ausdrücklich im Erbscheinsantrag beantragt werden. Eine Hinzufügung des Vermerks von Amts wegen erfolgt nicht.

IV. Verhältnis Testamentsvollstreckung – Grundbuch

112 Unterliegt ein im Grundbuch einzutragender Nachlassgegenstand der Testamentsvollstreckung, so trägt das Grundbuchamt den Testamentsvollstreckervermerk von Amts wegen im Grundbuch ein.

113 **Achtung:** Die Eintragung erfolgt aber nur **anlässlich** der Eintragung des Erben gemäß § 52 GBO. Eine gesonderte Eintragung des Testamentsvollstreckervermerks ohne Eintragung des Erben ist nicht möglich. Schon allein deshalb kann es für den Testamentsvollstrecker gegebenenfalls erforderlich werden, einen Erbschein zu beantragen, um eine Grundbuchberichtigung vornehmen zu können. Nach der Eintragung des Testamentsvollstreckervermerks ist ein gutgläubiger Erwerb durch Verfügung des Erben gemäß § 2211 Abs. 2, § 892 Abs. 1 S. 2 BGB nicht mehr möglich. Verfügungsberechtigt ist nur noch der Testamentsvollstrecker.

114 Dem Grundbuchamt muss wegen der Doppeleintragung des Erben und des Testamentsvollstreckervermerks sowohl der Erbfall wie auch die Testamentsvollstreckung in der Form des § 35 GBO nachgewiesen werden. Der Erbfall wird durch Erbschein oder notarielle letztwillige Verfügung in Verbindung mit dem Eröffnungsprotokoll nachgewiesen, die Testamentsvollstreckung in der Regel durch das Testamentsvollstreckerzeugnis (oder notarielle Urkunde mit Eröffnungsprotokoll und Annahmezeugnis).

62 Soergel/Damrau, § 2264 Rn 2; OLG Hamm OLGZ 1983, 59.
63 OLG München FamRZ 2009, 914/915.

Achtung: Der Erbschein mit Testamentsvollstreckervermerk genügt als Nachweis der Testamentsvollstreckung nicht.[64] 115

Umgekehrt reicht das Testamentsvollstreckerzeugnis alleine nicht aus, um die Erben einzutragen, weil in dem Testamentsvollstreckerzeugnis die Erben nicht ausgewiesen sind.

Der Testamentsvollstreckervermerk wird regelmäßig in Abteilung II des Grundbuchs eingetragen (es sei denn, er betrifft ausnahmsweise Rechte in Abteilung III).[65] 116

Wie im Erbschein auch wird der Name des Testamentsvollstreck**ers** im Grundbuch nicht eingetragen. Die näheren Einzelheiten, zB über den Namen des Testamentsvollstreckers können aus den Akten durch Anfrage beim Nachlassgericht festgestellt werden. 117

Kosten: Für die Eintragung des Vermerks wird eine 5/10-Gebühr nach der KostO erhoben (§ 65 Abs. 1 KostO). Der Wert bemisst sich nach § 30 Abs. 1 KostO (Regelwert 3.000 Euro). Diese Gebühr fällt **zusätzlich** zur Gebühr für die Eintragung der Erben an. 118

Achtung: Wenn der Eintragungsantrag der Erben innerhalb von zwei Jahren nach dem Erbfall erfolgt, so werden keine Eintragungsgebühren erhoben gemäß § 60 Abs. 4 KostO. Ob dies für den Testamentsvollstreckervermerk gilt, ist umstritten.[66] 119

Der Testamentsvollstreckervermerk im Grundbuch wird nur auf Antrag gelöscht. Nach herrschender Meinung genügt die bloße Löschungsbewilligung des Testamentsvollstreckers oder eine notariell beglaubigte Erklärung von ihm, die Testamentsvollstreckung sei beendet, **nicht.**[67] 120

Der Nachweis erfolgt durch Vorlage eines Erbscheins **ohne** Testamentsvollstreckervermerk. 121

Eine Eintragung im Grundbuch soll zwar nur erfolgen, wenn die Person, deren Recht betroffen ist, als Berechtigter eingetragen ist (§ 39 Abs. 1 GBO). Diese Bestimmung ist jedoch nicht anzuwenden, die Eintragung aufgrund einer Bewilligung des Testamentsvollstreckers erfolgt (§ 40 Abs. 2 GBO). Wenn also der Testamentsvollstrecker die Eintragung des Erwerbers eines von ihm veräußerten Nachlassgrundstücks bewilligt und er im Rahmen seiner Befugnisse handelt, ist weder die Voreintragung des Erben (mit Erbschein) noch des Testamentsvollstreckers notwendig.[68] Denn im Falle einer Voreintragung müsste beides sogleich wieder aus dem Grundbuch verschwinden, da der Erwerber das Grundstück frei von der Testamentsvollstreckung erwirbt. 122

Für die Löschung des Testamentsvollstreckervermerks wird eine ¼-Gebühr nach der Kostenordnung erhoben (§ 68 KostO). 123

64 Winkler, Rn 279; aA Zimmermann, Rn 241.
65 Winkler, Rn 274.
66 Bejahend: BayObLG Rpfleger 1973, 262; Zimmermann, Rn 243; aA: OLG Zweibrücken Rpfleger 1989, 150; Korintenberg/Lappe/Bengel/Reimann, Kostenordnung, § 60 Rn 62.
67 Demharter GBO, § 52 Rn 27; BayObLG FamRZ 1990, 670.
68 Winkler, Rn 287.

V. Verhältnis Testamentsvollstreckung – Handelsregister

124 Eine Regelung darüber, ob ein Testamentsvollstreckervermerk ins Handelsregister eingetragen werden muss oder auf Antrag des Testamentsvollstreckers oder Erben zumindest eingetragen werden kann, fehlt. Für das Grundbuchrecht ist die Eintragung gemäß § 52 GBO ausdrücklich vorgeschrieben. Daraus wird umgekehrt abgeleitet, dass eine Eintragungspflicht und auch Eintragungsfähigkeit der Testamentsvollstreckung im Handelsregister nicht besteht.[69]

125 Dies gebietet aber nach aA der Verkehrsschutz. Dritte würden so über die veränderten Rechtsverhältnisse im Unternehmen aufgeklärt und Gläubiger wüssten, ob sie sich nun an den Testamentsvollstrecker halten müssten. Eigengläubiger des Erben würden davor bewahrt, Ansprüche, die ihnen wegen § 2214 BGB nicht zustünden, geltend zu machen.[70]

VI. Inbesitznahme der Nachlassgegenstände

1. Maßnahme der Nachlasssicherung

126 Nach § 2205 S. 1 BGB hat der Testamentsvollstrecker während der Dauer der Vollstreckung das **Verwaltungsrecht** über den Nachlass. Der Erbe kann aufgrund der Testamentsvollstreckung den Nachlass nicht verwalten.[71]

127 Als eine der ersten Maßnahmen zur Nachlasssicherung hat der Testamentsvollstrecker gemäß § 2205 S. 2 BGB den Nachlass **in Besitz zu nehmen.** Mit dem Erbfall wird der Erbe „rechtlicher Besitzer" gemäß § 857 BGB. Der Testamentsvollstrecker hat sich regelmäßig zur Durchführung der Verwaltung den tatsächlichen Besitz zu verschaffen. Dieser tatsächliche Besitz kann entweder beim Erben (dann fällt rechtlicher Besitz im Sinne von § 857 BGB mit dem tatsächlichen im Sinne von § 854 BGB zusammen) oder bei einem Dritten liegen. § 2205 S. 2 BGB selbst spricht nur von einem „Recht" des Testamentsvollstreckers auf Inbesitznahme. Eine Pflicht des Testamentsvollstreckers hierzu ergibt sich jedoch aus seiner Verpflichtung zur ordnungsgemäßen Verwaltung nach § 2216 Abs. 1 BGB.

128 Selbstverständlich besteht ein solches Recht bzw Pflicht nur, soweit die Nachlassgegenstände der Verwaltung des Testamentsvollstreckers unterliegen bzw soweit der Testamentsvollstrecker sie zur Verwaltung bedarf (und nicht gegebenenfalls nach § 2217 BGB sogleich wieder freizugeben hätte).

2. Anspruch auf Besitzeinräumung

129 Sollte der Testamentsvollstrecker über Inhalt und Umfang des Nachlasses keine konkrete Kenntnis haben, so kann er von dem Erben bzw besitzenden Dritten Auskunft gemäß § 260 Abs. 1 BGB verlangen, verbunden mit dem Recht auf Abgabe einer eidesstattlichen Versicherung zu Richtigkeit und Vollständigkeit (§ 260 Abs. 2 BGB).

---

69 Damrau BWNotZ 1990, 69; KG NJW-RR 1996, 227; Schaub ZEV 1996, 67; OLG Frankfurt NJW 1983, 1806.
70 Zimmermann, Rn 248; Mayer in Bengel/Reimann, 2. Kap. Rn 268; Winkler, Rn 73.
71 Palandt/Edenhofer, § 2205 Rn 2.

Auskunftsverlagen: 130

Frau/Herrn ...

Nachlass des am... verstorbenen...

hier: Testamentsvollstreckung

Sehr geehrte...

ausweislich des als Anlage für Sie beigefügten Testamentsvollstreckerzeugnisses des Amtsgerichts... – Nachlassgericht – vom... bin ich als Testamentsvollstrecker für den Nachlass des am... verstorbenen... berufen.

Gemäß § 2205 S. 2 BGB habe ich den Nachlass in Besitz zu nehmen. Da ich über die zum Nachlass gehörenden Gegenstände gegenwärtig keine Kenntnis habe, fordere ich Sie hiermit auf, mir Auskunft über die in Ihrem Besitz befindlichen Nachlassgegenstände zu erteilen.

Als Eingang der Auskunft habe ich mir den... vorgemerkt.

Die Auskunft ist vollständig, richtig und sorgfältig zu erteilen. Gegebenenfalls besteht ein Anspruch auf Abgabe einer eidesstattlichen Versicherung nach § 260 Abs. 2 BGB.

(Unterschrift)

als Testamentsvollstrecker

Herausgabeverlangen: 131

Frau/Herrn ...

Nachlass des am... verstorbenen...

hier: Testamentsvollstreckung

Sehr geehrte...

ausweislich des als Anlage für Sie beigefügten Testamentsvollstreckerzeugnisses des Amtsgerichts... – Nachlassgericht – vom... bin ich als Testamentsvollstrecker für den Nachlass des am... verstorbenen... berufen.

Gemäß § 2205 S. 2 BGB habe ich den Nachlass in Besitz zu nehmen. Zur Erfüllung dieser Aufgabe fordere ich Sie auf, mir folgende zum Nachlass gehörenden Gegenstände herauszugeben:

1....

2....

3....

4....

(Unterschrift)

als Testamentsvollstrecker

Für den Fall, dass dem Testamentsvollstrecker der Besitz nicht freiwillig eingeräumt wird, kann er diesen mit einer Klage einfordern. Zuständig hierfür ist nicht das Nachlassgericht, sondern das **Prozessgericht.**[72] 132

Eine Klage ist so zu formulieren, dass der Urteilstenor einen vollstreckungsfähigen Inhalt hat und der Gerichtsvollzieher die wegzunehmenden Sachen genau identifizieren kann. 133

Amtsgericht... 134

Klage

des...

72 Schaub in Bengel/Reimann, 4. Kap., Rn 9.

in seiner Eigenschaft als Testamentsvollstrecker über den Nachlass des am... verstorbenen...

- Kläger –

gegen

...

- Beklagter –

wegen Herausgabe

Vorläufiger Gegenstandswert:

Hiermit erhebe ich in meiner Eigenschaft als Testamentsvollstrecker über den Nachlass des am... verstorbenen... Klage zum sachlich und örtlich zuständigen Amtsgericht... Im Termin zur mündlichen Verhandlung werde ich beantragen, wie folgt zu erkennen:

1. Der Beklagte wird verurteilt, das Fahrzeug der Marke..., amtliches Kennzeichen..., Fahrgestell-Nr.... an den Kläger herauszugeben.
2. Der Beklagte hat die Kosten des Rechtsstreits zu tragen.
3. Das Urteil ist – gegebenenfalls gegen Sicherheitsleistung – vorläufig vollstreckbar.

Begründung:

...

(Unterschrift)

als Testamentsvollstrecker

135 Miterben müssen, da sie den Besitz an Nachlassgegenständen gemeinschaftlich ausüben und diesen nur einheitlich herausgeben können (§ 2040 Abs. 1 BGB), gemeinschaftlich als notwendige Streitgenossen gemäß § 62 ZPO verklagt werden.[73]

136 Der Testamentsvollstrecker kann den Auskunfts- und Herausgabeanspruch auch im Wege einer Stufenklage geltend machen (Stufe 1: Auskunft über den Bestand des Nachlasses; Stufe 2: gegebenenfalls eidesstattliche Versicherung; Stufe 3: Herausgabe der nach Erteilung der Auskunft im Einzelnen noch zu bezeichnenden Nachlassgegenstände).

VII. Weitere „Erste Schritte" des Testamentsvollstreckers

1. Überprüfung des eigenen Versicherungsschutzes

137 Bei Durchführung einer Testamentsvollstreckung bestehen nicht unerhebliche Haftungsgefahren. Es empfiehlt sich deshalb, zeitnah Kontakt mit seiner Haftpflichtversicherung aufzunehmen, um die Reichweite des vorhandenen Versicherungsschutzes abzuklären. Zwar ist das Testamentsvollstreckerrisiko in den gängigen Berufshaftpflichtversicherungen regelmäßig eingeschlossen. Gerade bei Unternehmenstestamentsvollstreckungen kann eine normale Deckungssumme jedoch nicht ausreichen, um die hohen Haftungsrisiken abzusichern. Für „Privattestamentsvollstrecker" empfiehlt sich bei werthaltigen Nachlässen auf jeden Fall der Abschluss einer Haftpflichtversicherung.

138 **Achtung:** Ob die Kosten einer etwaigen (Zusatz-)Versicherung vom Nachlass zu tragen oder in einer („angemessenen") Vergütung enthalten sind, sollte der Erblasser in seiner letztwilligen Verfügung regeln (siehe dazu oben Rn. 205, 206).

73 Schaub in Bengel/Reimann, aaO.

2. Anlegen einer Abwicklungsakte

Es ist ratsam, seine Tätigkeit als Testamentsvollstrecker zu systematisieren.[74] 139

Aufbau und Aktenführung bleiben jedem Testamentsvollstrecker individuell überlassen. In der Praxis hat es sich zur schnelleren Auffindbarkeit der Unterlagen bewährt, die Akte aufzuteilen in Rubriken wie zB[75] 140

1. Korrespondenz mit Gericht

   (zB Testamentsvollstreckerzeugnis, Nachlassverzeichnis etc.)

2. Korrespondenz mit Dritten

   (zB Banken, Versicherungen, Mieter, Schuldner, Gläubiger etc.)

3. Korrespondenz mit Erben

   (zB Kontaktaufnahme, Information, Auskunft, Verteilung etc.)

4. Korrespondenz mit Finanzamt

   (zB Erbschaftsteuererklärung etc.)

3. Anlegen eines Abwicklungskontos

Der Testamentsvollstrecker ist verpflichtet, das der Testamentsvollstreckung unterliegende Nachlassvermögen des Erblassers von seinem Eigenvermögen **getrennt zu halten.** Es besteht hierfür die Möglichkeit, entweder bereits bestehende Konten des Erblassers als ausdrückliche Testamentsvollstrecker-Konten weiterzuführen oder aber ein gesondertes Testamentsvollstrecker-Konto für die Nachlassabwicklung anzulegen. 141

4. Einrichten eines Postnachsendeauftrags

Es ist sinnvoll, möglichst zeitnah einen Postnachsendeauftrag einzurichten. Durch Zuleitung der an den Erblasser adressierten Post erhält der Testamentsvollstrecker regelmäßig wichtige Informationen zu Forderungen und Verbindlichkeiten des Erblassers. Der Postnachsendeauftrag kann formlos beim Postamt am Wohnort des Erblassers gestellt werden. 142

Postamt (Wohnort Erblasser) 143

Nachlasssache des am... verstorbenen...

<u>hier:</u> Testamentsvollstreckung

Sehr geehrte Damen und Herren,

ausweislich des als Anlage für Sie beigefügten Testamentsvollstreckerzeugnisses vom... hat mich das Amtsgericht... – Nachlassgericht – zum Testamentsvollstrecker über den Nachlass des am... verstorbenen... ernannt.

Ich möchte sie bitten, die den Erblasser betreffende Post nunmehr an meine Anschrift zu übermitteln, damit ich das Testamentsvollstreckeramt ordnungsgemäß ausüben kann.

Vielen Dank und

74 Bonefeld in MBWW Rn 682.
75 Bonefeld Rn 684.

mit freundlichen Grüßen

(Unterschrift)

als Testamentsvollstrecker

5. Ermittlung des Erblasservermögens

a) Banken

144 Um festzustellen, ob über die aus den vorhandenen Erblasserunterlagen ersichtlichen Konten hinaus noch weiteres Bankvermögen existiert, kann der Testamentsvollstrecker sich an den **Bundesverband deutscher Banken,** Burgstraße 28 in 10178 Berlin oder an den **Bankenverband mittel- und ostdeutscher Länder e.V.,** Kurfürstendamm 178 in 10707 Berlin wenden. Der Bankenverband fragt bundesweit bei Privatbanken Konten, Schließfächer und Wertpapierdepots des Erblassers ab. Die Gebühr für die Recherche beträgt ca. 20 €.

145 Hinsichtlich etwaiger Bausparverträge kann bei der **Bundesgeschäftsstelle der Landesbausparkassen,** Buschstraße 32 in 53113 Bonn angefragt werden.

Weitere mögliche Anfrageadressen:

- Deutscher Sparkassen- und Giroverband, Simrockstraße 4, 53113 Bonn;
- Verband öffentlicher Banken Deutschlands, Lennéstr. 17, 10785 Berlin;
- Bundesverband der deutschen Volksbanken und Raiffeisenbanken, Schellingstr. 4, 10785 Berlin;
- Bezüglich Konten in der Schweiz: Bankenombudsmann, Postfach 1818, CH-8028 Zürich

146 Als Vorsichtsmaßnahmen sollten vom Erblasser umgehend erteilte Bankvollmachten widerrufen und EC-Karten oder Kreditkarten gesperrt werden.

147 Bank...

Nachlasssache des am... verstorbenen...

hier: Testamentsvollstreckung

Sehr geehrte Damen und Herren,

hiermit zeige ich Ihnen an, dass ich zum Testamentsvollstrecker für den am... verstorbenen... ernannt wurde. Als Anlage füge ich Ihnen eine beglaubigte Abschrift des Testamentsvollstreckerzeugnisses des Amtsgerichts... – Nachlassgericht – vom... bei. Ferner überreiche ich Ihnen eine Sterbeurkunde des Erblassers.

Für eine ordnungsgemäße Abwicklung der mir obliegenden Nachlassverwaltung ist es zwingend erforderlich, dass ich über alle Konten des Erblassers informiert bin.

Vor diesem Hintergrund möchte ich Sie bitten, mir alle Konten des Erblassers mit den jeweiligen Kontenständen zum Todestag und dem Tag der Amtsannahme (...), ferner etwaige Daueraufträge und Bankvollmachten mitzuteilen. Des Weiteren bitte ich, mir Kontoverlaufsübersichten zu übermitteln.

Rein vorsorglich widerrufe ich hiermit alle etwaigen vom Erblasser erteilten Vollmachten, Daueraufträge und Lastschriften. Kreditkarten bzw EC-Karten bitte ich sofort zu sperren.

Sollten Sie weitere Fragen haben, so sprechen Sie mich jederzeit gerne an.

Vielen Dank und

mit freundlichen Grüßen

(Unterschrift)

als Testamentsvollstrecker

Achtung: Banken verlangen regelmäßig eine sog. „Identitätsbestätigung“. Ohne eine solche Identitätsbestätigung ist eine Verfügung des Testamentsvollstreckers über Konten des Erblassers nicht möglich. Es ist deshalb sinnvoll, sich möglichst rasch eine solche Identitätsbescheinigung zu beschaffen. Am einfachsten ist es, wenn der Testamentsvollstrecker hierfür zeitnah zu seiner Bank geht und dort eine entsprechende Identitätsbestätigung nach dort vorliegendem Muster zeichnen lässt. 148

b) Lebensversicherungen

Eine Anfrage zu möglichen Lebensversicherungen kann der Testamentsvollstrecker an den Gesamtverband der Deutschen Versicherungswirtschaft e.V., Wilhelmstr. 43 in 10117 Berlin richten. Die Beantwortung der **kostenlosen Anfrage,** die nur im Erfolgsfall erfolgt, kann jedoch längere Zeit dauern. Vorsorglich sollte parallel dazu auch bei der Hausbank des Erblassers oder – soweit bekannt – bei der Versicherungsgesellschaft direkt angefragt werden, bei der der Erblasser seine sonstigen Versicherungen abgeschlossen hatte. 149

Hatte der Erblasser eine Lebensversicherung, so hängt die Anspruchsberechtigung davon ab, ob der Erblasser dort einen Bezugsberechtigten benannt hat oder nicht. Fehlt ein Bezugsberechtigter, so fällt die Lebensversicherung in den Nachlass. Nicht selten wurden vom Erblasser Lebensversicherungen abgeschlossen, bei denen die Bezugsberechtigten bestimmt sind. 150

Erhält der Testamentsvollstrecker positive Nachricht von einer solchen Versicherung, so ist Eile geboten. Der Testamentsvollstrecker hat **zum Schutze des Nachlasses** die Bezugsberechtigung des Dritten gegebenenfalls zu widerrufen, damit die Summe aus der Lebensversicherung dann doch noch in den Nachlass fällt. Dies ist möglich, solange der Begünstige die Schenkung noch nicht angenommen hat und im Valutaverhältnis zu den Erben damit noch kein Rechtsgrund für das Behalten der Versicherungsleistungen besteht. Die Schenkung kann entweder zu Lebzeiten des Erblassers bereits begründet worden sein. Dann ist ein Widerruf nicht mehr möglich. Eine etwaige fehlende Form wird durch den Schenkungsvollzug mit dem Erbfall (Abtretung) regelmäßig geheilt. Vielfach weist der Erblasser als Versicherungsnehmer seine Versicherung aber auch lediglich an, das Schenkungsangebot erst nach seinem Tode an den Begünstigten zu übermitteln. In der Einsetzung eines Bezugsberechtigten liegt regelmäßig ein konkludenter Auftrag an die Versicherung, nach Eintritt des Versicherungsfalles dem Bezugsberechtigten das Zuwendungsangebot erst zu überbringen. Mit Annahme dieses Zuwendungsangebots durch den Bezugsberechtigten käme dann ein formwirksamer Schenkungsvertrag zustande.[76] Während dieser Schwebezeit besteht die Möglichkeit, den Auftrag bei der Versicherung zu widerrufen. 151

Lebensversicherungsgesellschaft... 152

...

76 BGH VersR 2008, 1055.

Versicherungs-Nr.:...

Sehr geehrte Damen und Herren,

ausweislich der als Anlage beigefügten beglaubigten Kopie des Testamentsvollstreckerzeugnisses des Amtsgerichts... vom... bin ich als Testamentsvollstrecker für den Nachlass des am... verstorbenen... eingesetzt. Eine beglaubigte Kopie der Sterbeurkunde ist ebenfalls beigefügt.

Nach den mir vorliegenden Informationen besteht bei Ihnen eine Lebensversicherung des Erblassers. Ich möchte sie in meiner Eigenschaft als Testamentsvollstrecker bitten, mir die Höhe der auszuzahlenden Versicherungssumme mitzuteilen.

Sollte zugunsten eines Dritten ein Bezugsrecht bestehen, so **widerrufe** ich hiermit ausdrücklich einen vom Erblasser erteilten Auftrag, den Eintritt des Versicherungsfalls und die Zuwendung der Auszahlungssumme der dritten Person mitzuteilen.

Die Auszahlungssumme aus der Lebensversicherung bitte ich auf das Nachlasskonto... bei der... mit dem Vermerk "Auszahlung Lebensversicherung" zu überweisen.

Sollte das Versicherungsverhältnis bereits abgewickelt sein, bitte ich um Mitteilung der Höhe der ausbezahlten Versicherungsleistung und des Leistungsempfängers.

Vielen Dank und

mit freundlichen Grüßen

(Unterschrift)

als Testamentsvollstrecker

6. Mitteilung an Rentenstelle

153 Hat der Erblasser Rente bezogen, so ist die Rentenstelle über den Erbfall zu informieren. Nach Ablauf des Sterbemonats werden etwaige Rentenüberzahlungen zurückgefordert.

154 Um in Erfahrung zu bringen, welche Rente der Erblasser von welchem Rententräger erhielt, kann eine Anfrage an das jeweilige Postrentenzentrum der Deutschen Post AG gestellt werden. Dort sind alle bedeutenden Landesversicherungsanstalten, die Deutsche Rentenversicherung (DRV) sowie Berufsgenossenschaften erfasst. Pensionszahlungen sowie Betriebsrenten können über das Postrentenzentrum allerdings nicht erfragt werden.

155 Adressen der Postrentenzentren:

04099 Leipzig

13500 Berlin

22292 Hamburg

30001 Hannover

50879 Köln

60285 Frankfurt am Main

70143 Stuttgart

86130 Augsburg

156 Deutsche Post AG

Sehr geehrte Damen und Herren,

ausweislich der als Anlage beigefügten beglaubigten Kopie des Testamentsvollstreckerzeugnisses des Amtsgerichts... – Nachlassgericht – vom... bin ich als Testamentsvollstrecker für den Nachlass des am... verstorbenen... eingesetzt.

Ich darf Sie bitten, die gewährten Rentenzahlungen einzustellen.

Vielen Dank und

mit freundlichen Grüßen

(Unterschrift)

als Testamentsvollstrecker

VIII. Kontaktaufnahme mit den Erben

Neben den Sofortmaßnahmen ist es sinnvoll und an sich selbstverständlich, dass sich der Testamentsvollstrecker zeitnah bei den Erben meldet, auf seine rechtliche Stellung hinweist und diese den Erben erläutert. Der Erbe kann dem Testamentsvollstrecker zwar keine Weisungen erteilen. Eine regelmäßige Anhörung des Erben durch den Testamentsvollstrecker vor beabsichtigten Maßnahmen ist ebenfalls nicht notwendig. Die enge Abstimmung zwischen Testamentsvollstrecker und Erben ist aber einer möglichst reibungslosen Abwicklung förderlich. 157

Ein erstes Anschreiben an die Erben könnte vor allem bei fehlender Regelung durch den Erblasser auch einen Vorschlag zur Vergütung der Testamentsvollstreckung beinhalten. 158

Eine Vergütungsvereinbarung zwischen Testamentsvollstrecker und Erben kann sogar von einer vom Erblasser selbst angeordneten Vergütung abweichen, sofern nicht Ansprüche von Nachlassgläubigern oder Vermächtnisnehmern dadurch gefährdet werden. 159

Herrn/Frau... 160

...

Nachlass des...

Sehr geehrte...

ausweislich der als Anlage für Sie beigefügten beglaubigten Kopie des Testamentsvollstreckerzeugnisses des Amtsgerichts... vom... bin ich als Testamentsvollstrecker für den Nachlass des am... verstorbenen... eingesetzt.

Durch die Testamentsvollstreckung sind Sie in Ihrer Rechtsstellung beschränkt und können über die der Testamentsvollstreckung unterliegenden Nachlassgegenstände nicht mehr verfügen.

Ich werde Ihnen so bald als möglich ein Nachlassverzeichnis erstellen, aus dem Sie dann den Umfang des Nachlasses (Aktiva und Passiva) ersehen können. Sollten Sie im Besitz von Unterlagen sein, aus denen sich Informationen zum Vermögen des Erblassers ergeben, möchte ich Sie bitten, mir diese zeitnah auszuhändigen. Das Nachlassverzeichnis kann dann wesentlich schneller erstellt und der Nachlass umso zügiger geregelt werden.

Sollten Sie Gegenstände aus dem Nachlass entfernt haben, möchte ich Sie ferner bitten, mir diese Gegenstände umgehend zu übergeben.

Über die weitere Vorgehensweise werde ich Sie gerne informieren, mich mit Ihnen abstimmen und auf Anforderung Auskunft erteilen sowie nach Abschluss der Testamentsvollstreckung Rechenschaft legen.

Der Erblasser hat in seiner letztwilligen Verfügung zwar Testamentsvollstreckung angeordnet und mich als Testamentsvollstrecker ernannt, aber keine Regelungen zur Testamentsvollstreckervergütung getroffen. Nach dem Gesetz (§ 2221 BGB) ist eine angemessene Vergütung zu leisten. Rechtsprechung und Literatur haben hierzu verschiedene Vergütungstabellen entwickelt. Überwiegend wird bei Normalnachlässen die sog. „Möhring'sche Tabelle" als Grundlage genommen. Ich möchte Ihnen vorschlagen, die Testamentsvollstreckung nach dieser Tabelle wie folgt abzurechnen:

Entsprechend dem Bruttonachlasswert:

bis	12.500 €	= 7,5 %
bis	25.000 €	= 7,0 %
bis	50.000 €	= 6,0 %
bis	100.000 €	= 5,0 %
bis	200.000 €	= 4,5 %
bis	500.000 €	= 4,0 %
bis	1.000.000 €	= 3,0 %

In der Regelvergütung ist auch die sog. „Konstitutionsgebühr" zur Abgeltung meiner Tätigkeit als Testamentsvollstrecker für die Ermittlung und Inbesitznahme des Nachlasses, Aufstellung und Mitteilung des Nachlassverzeichnisses sowie Regulierung der Nachlassverbindlichkeiten erfasst. Die Mehrwertsteuer ist darin enthalten.

Die Vergütung wird grundsätzlich nach Anzeige des Testamentsvollstreckers von der Beendigung seiner Tätigkeit fällig. Der Testamentsvollstrecker ist jedoch nach Erstellung des Nachlassverzeichnisses berechtigt, eine Vorabentnahme in Höhe von... € aus dem Nachlassvermögen zu entnehmen, sofern der Nachlass durch die Entnahme nicht gefährdet wird.

Für den Fall Ihres Einverständnisses mit dieser Vergütungsregelung bitte ich um kurze Rückbestätigung.

Für Rückfragen stehe ich Ihnen jederzeit gerne zur Verfügung.

Mit freundlichen Grüßen

(Unterschrift)

als Testamentsvollstrecker

IX. Beendigung von Vertragsverhältnissen

1. Kündigung von Mietverträgen

161 Nach Maßgabe der §§ 563, 563a BGB besteht bei Tod des Erblassers (Mieter) die Möglichkeit der **Sonderrechtsnachfolge** in das Wohnraummietverhältnis. Findet eine derartige Sonderrechtsnachfolge nicht statt, verbleibt es bei der Fortsetzung mit dem Erben nach § 564 BGB.

162 Neben dem Eintrittsrecht (richtig: automatischer Eintritt) des Ehegatten hat auch der gleichgeschlechtliche (und im Partnerschaftsregister eingetragene) Lebenspartner eine Fortsetzungsbefugnis. Ferner hat die Rechtsprechung hinsichtlich des Eintrittsrechts nichtehelicher Partner nunmehr auch im Gesetz unter § 563 Abs. 2 S. 4 BGB ihren Niederschlag gefunden.

163 Die in das Mietverhältnis kraft Sonderrechtsnachfolge eintretende Person hat nach § 563 Abs. 3 BGB eine einmonatige Überlegensfrist. Erklärt sie, das Mietverhältnis nicht fortsetzen zu wollen, so gilt der Eintritt als nicht erfolgt. Bei mehreren Personen kommt es darauf an, ob alle vom Recht der Nichtfortsetzung Gebrauch machen wollen oder nicht. Wenn nur einer fortsetzen will und nicht „ausschlägt", dann wird das Mietverhältnis nur mit diesem weitergeführt.

164 Wenn niemand aufgrund Sonderrechtsnachfolge das Mietverhältnis fortsetzen will, besteht nach § 564 BGB sowohl für den Erben (bzw den Testamentsvollstrecker) als auch

für den Vermieter die Möglichkeit, das Mietverhältnis **außerordentlich** zu kündigen. Die Frist zur Ausübung dieses Kündigungsrechts beträgt einen Monat ab Kenntnis vom Tod des Mieters und Kenntnis des Eintritts in das Mietverhältnis bzw dessen Nichtfortsetzung durch im Wege der Sonderrechtsnachfolge berechtigte Personen. **Neu** ist für den Vermieter, dass dieser nach § 573 BGB hier kein berechtigtes Interesse an der Kündigung mehr geltend machen muss.

Für den Testamentsvollstrecker bedeutet dies, dass er überprüfen muss, ob es fortset- 165
zungswillige bzw -berechtigte Personen im Sinne des § 563 BGB gibt.

Im Übrigen muss der Testamentsvollstrecker vorsorglich die Erben befragen, ob diese 166
das Mietverhältnis fortsetzen wollen oder nicht.

Achtung: Die Frist des § 564 BGB wird nicht vor Amtsannahme durch den Testa- 167
mentsvollstrecker in Gang gesetzt.

Einschreiben mit Rückschein 168

An...

Betr.: Mietverhältnis (Straße, Ort)

Sehr geehrte...

ausweislich der als Anlage für Sie beigefügten beglaubigten Kopie des Testamentsvollstreckerzeugnisses des Amtsgerichts... vom... bin ich als Testamentsvollstrecker für den Nachlass des am... verstorbenen... eingesetzt. Eine beglaubigte Kopie der Sterbeurkunde ist ebenfalls beigefügt. Der Erblasser war Mieter des o.g. Wohnobjekts.

In meiner Eigenschaft als Testamentsvollstrecker kündige ich dieses Mietverhältnis. Die Kündigung erfolgt in Ausübung des Rechts zur außerordentlichen Kündigung gemäß § 564 BGB.

Etwaige eintrittsberechtigte Personen iSd § 563 BGB sind nicht vorhanden.

Mit freundlichen Grüßen

(Unterschrift)

als Testamentsvollstrecker

Achtung: War der Erblasser **Vermieter** eines Objekts, gibt es aufgrund des Erbfalls kein 169
Sonderkündigungsrecht! Die Erben sind Rechtsnachfolger, der Testamentsvollstrecker Verwalter. Das Mietverhältnis kann hier nur nach den allgemeinen Vorschriften des Mietrechts gekündigt werden. Dies gilt es vor allem bei Untermietverhältnissen zu beachten, wo der Erblasser gleichzeitig **Mieter** und **Untervermieter** war.

Daran zu denken ist auch, Verträge mit Versorgungsleistern zu beenden. Die Namen 170
der einzelnen Versorgungsträger können regelmäßig aus den Kontoauszügen entnommen werden:

- Energieversorger für Strom, Heizöl, Gas etc.,
- Gebühreneinzugszentrale (GEZ),
- Kabelanschluss und private Fernsehkanäle,
- stationäre (und/oder mobile) Telefonanschlüsse.

2. Beendigung von Versicherungen

171 Was mit Versicherungen des Erblassers geschieht, hängt von der Art der Versicherung ab. Das Versicherungsvertragsgesetz regelt das rechtliche Schicksal der Versicherung im Erbfall nicht. Auch das BGB enthält hierzu keine Bestimmungen.

172 Es empfiehlt sich jedenfalls eine rasche Kontaktaufnahme und Klärung mit der jeweiligen Versicherung, wobei folgende Grundsätze bestehen:

a) Kfz-Haftpflicht und -Kaskoversicherung

173 Es handelt sich hierbei um Sachversicherungen, deren versichertes Risiko mit dem Tod des Versicherungsnehmers regelmäßig nicht endet. Der Erbe tritt in den Versicherungsvertrag ein.[77]

174 Die Versicherung ist deshalb vom Testamentsvollstrecker nach Rücksprache mit dem Erben gegebenenfalls zu kündigen. Ein Sonderkündigungsrecht besteht aufgrund des Erbfalls nicht.

b) Hausratversicherung

175 Auch die Hausratversicherung als eine Sachversicherung erlischt mit dem Erbfall grundsätzlich nicht. In den Hausratsversicherungsbedingungen (VHB) ist jedoch regelmäßig festgelegt, dass der Versicherungsvertrag zwei Monate nach dem Tod des Versicherungsnehmers endet, sofern nicht ein Erbe in derselben Weise wie der frühere Versicherungsnehmer die Wohnung weiter nutzt.

c) Wohngebäudeversicherung

176 Eine Wohngebäudeversicherung wird als Sachversicherung mit dem Erbfall nicht beendet. Der Erbe tritt in den Versicherungsvertrag ein. Anders als bei der Hausratversicherung endet die Wohngebäudeversicherung nicht nach Ablauf eines bestimmten Zeitraums. Wenn diese nicht weitergeführt werden soll, bedarf es einer Kündigung durch den Testamentsvollstrecker.

d) Allgemeine Haftpflichtversicherung

177 Vermögensschadenhaftpflicht- oder Privathaftpflichtversicherungen sind personengebunden, so dass die Versicherung mit dem Tod des Versicherungsnehmers endet.[78] Gemäß § 9 Abs. 4 AHB besteht die Versicherung nicht fort, da das versicherte, an die Person gebundene Risiko erloschen ist.

178 Nicht verbrauchte Versicherungsprämien sind zu erstatten. Darauf hat der Testamentsvollstrecker im Rahmen der Nachlassabwicklung zu achten.

e) Rechtschutzversicherung

179 Nach § 12 Abs. 2 ARB läuft im Falle des Todes des Versicherungsnehmers der Versicherungsvertrag **bis zum Ende der laufenden Beitragsperiode** weiter.

77 BGH VersR 1974, 1191.
78 BGH VersR 2001, 740.

f) Unfall- und Krankenversicherung

Diese erlöschen als personengebundene Versicherungen mit dem Tod des versicherten 180 Erblassers. Selbstverständlich bleibt die Verpflichtung der Krankenversicherung unberührt, gegebenenfalls noch offene Krankenkosten des Verstorbenen zu begleichen.

g) Vereine

Mitgliedschaften in Vereinen enden kraft Gesetzes durch den Tod. Es genügt, den Tod 181 des Erblassers dem Verein anzuzeigen. Ein gesetzliches Eintrittsrecht des Erben gibt es nicht. Ein solches besteht allenfalls, wenn die entsprechende Satzung dies vorsieht. Dies hat der Testamentsvollstrecker abzuklären.

X. Auflistung des Nachlassbestandes – Das Nachlassverzeichnis

1. Wesentliche Pflicht des Testamentsvollstreckers

Eine im Gesetz ausdrücklich normierte Pflicht des Testamentsvollstreckers gegenüber 182 dem Erben besteht in der Auflistung der Nachlassgegenstände und Nachlassverbindlichkeiten in Form eines **Nachlassverzeichnisses (§ 2215 BGB)**. Dieses Nachlassverzeichnis ist Grundlage für eine ordnungsgemäße Amtsführung und Abwicklung durch den Testamentsvollstrecker.[79] Auf dieser Basis können die Erben ihre Kontrollrechte ausüben.[80]

Das Nachlassverzeichnis beweist aber lediglich, dass die dort aufgelisteten Gegenstände 183 bei der Errichtung **„nach dem Wissen"** des Testamentsvollstreckers zum Nachlass gehörten. Dass die Gegenstände **tatsächlich** Nachlassbestand waren, beweist das Verzeichnis nicht. Dies ist eine reine Rechtsfrage.[81] Ein Dritter kann jederzeit durch einfachen Gegenbeweis dartun, dass ein Nachlassgegenstand in seinem Eigentum steht und nicht zum Nachlass gehört.[82] Dieser Gegenbeweis ist dem Dritten auch nicht etwa dadurch abgeschnitten, dass gegebenenfalls ein amtliches Nachlassverzeichnis aufgenommen wurde. Zwar hat dieses amtliche Verzeichnis eine höhere Richtigkeitsvermutung, doch ist auch diese jederzeit widerleglich.[83] Trotz Widerleglichkeit des Nachlassverzeichnisses hat dieses aber grundlegende Bedeutung im Rahmen ordnungsgemäßer Nachlassabwicklung im Verhältnis Testamentsvollstrecker – Erbe.

Achtung: Auch wenn **nur über einen Erbteil** Testamentsvollstreckung angeordnet ist, 184 so hat der für den unter Testamentsvollstreckung stehenden Miterben eingesetzte Testamentsvollstrecker diesem gleichwohl ein Nachlassverzeichnis nach § 2215 BGB zu erstellen.[84] Unerheblich ist, dass keine Nachlassgegenstände vorhanden sind, die der alleinigen Verwaltung des Testamentsvollstreckers unterliegen. Der Testamentsvollstrecker hat ein Verzeichnis auch über diejenigen Nachlassgegenstände anzufertigen, die nur seiner Mitverwaltung unterstehen.[85]

79 Klumpp in Bengel/Reimann, 3. Kap. Rn 14.
80 BayObLG ZEV 1997, 381.
81 Zimmermann, Rn 342.
82 Klumpp in Bengel/Reimann, 3. Kap. Rn 21.
83 BGHZ 33, 376; OLG Oldenburg NJW-RR 1993, 782.
84 OLG München FamRZ 2009, 814/815.
85 OLG München aaO.

2. Mitteilung an Erben

185 Der Testamentsvollstrecker hat das Nachlassverzeichnis gemäß § 2215 Abs. 1 BGB den Erben „**mitzuteilen**". Eine besondere Form ist nicht genannt. § 2215 Abs. 2 BGB verlangt jedoch, dass das Verzeichnis mit der Angabe des Tages der Aufnahme zu versehen und von dem Testamentsvollstrecker zu **unterzeichnen** ist. Auf Verlangen hat der Testamentsvollstrecker die Unterzeichnung sogar öffentlich beglaubigen zu lassen. Daraus ergibt sich, dass das Nachlassverzeichnis der Schriftform bedarf. Für den Fall, dass der Erbe auf die Unterzeichnung verzichtet, wäre jedoch auch eine mündliche Auskunft zulässig.[86]

186 Das Verzeichnis ist lediglich **dem Erben** zu übermitteln (eine Kopie behält sich der Testamentsvollstrecker in seinen Unterlagen). Beim Nachlassgericht ist das Verzeichnis nicht einzureichen.

187 **Achtung:** Das Nachlassverzeichnis gemäß § 2215 BGB ist nicht identisch mit dem Verzeichnis gemäß § 103 KostO. Das nach § 103 KostO dem Nachlassgericht vorzulegende Verzeichnis dient der gerichtlichen Gebührenberechnung (und hat anders als das Verzeichnis nach § 2215 BGB Wertangaben zu enthalten). Auch das Verzeichnis, das der Erbe gegebenenfalls dem Pflichtteilsberechtigten nach § 2314 BGB zu erstellen hat, hat nichts mit diesem Verzeichnis nach § 2215 BGB zu tun.

188 Die Verpflichtung zur Erstellung des Nachlassverzeichnisses besteht nicht nur gegenüber dem Alleinerben bzw jedem Miterben bei einer Erbengemeinschaft. Auch der Nießbrauchsberechtigte an einem Erbteil und Gläubiger, die einen Erbteil gepfändet haben, haben Anspruch auf Übermittlung eines Nachlassverzeichnisses.[87] Nicht anspruchsberechtigt sind hingegen der Vermächtnisnehmer und der Pflichtteilsberechtigte.

189 Der Testamentsvollstrecker muss das Nachlassverzeichnis „**nach Annahme des Amtes**" erstellen. Damit genügt ein Verzeichnis, das vor Amtsannahme gefertigt wurde, nicht.[88]

3. Inhalt des Verzeichnisses

190 Das Verzeichnis hat alle Gegenstände zu erfassen, die der Verwaltung durch den Testamentsvollstrecker unterliegen. Das Verschweigen von Nachlassbestandteilen in einem Nachlassverzeichnis kann als eine grobe Pflichtverletzung zur Entlassung des Testamentsvollstreckers führen.[89]

191 Im Nachlassverzeichnis sind alle Aktiva und Passiva aufzulisten, und zwar vollständig. Für den Fall, dass die Zugehörigkeit von Gegenständen zum Nachlass zweifelhaft ist, so sind auch diese mit einem entsprechenden Erläuterungsvermerk aufzunehmen.[90] Die Zusammenfassung von einzelnen Gegenständen unter einem Sammelbegriff genügt, wenn die Einzelgegenstände keinen nennenswerten Wert haben (zB Hausrat).[91] Bei

86 Klumpp in Bengel/Reimann, 3. Kap. Rn 24.
87 Winkler, Rn 485; MünchKomm/Brandner, § 2215 Rn 2.
88 BayObLG ZEV 1997, 381.
89 OLG Schleswig ZErb 1/2009, 32 ff.
90 OLG Karlsruhe NJWE-FER 1998, 255.
91 Zimmermann, Rn 350; aA BayObLG ZEV 2002, 155.

Wertpapieren ist eine Einzelauflistung ebenfalls nicht erforderlich, es genügt die summarische Aufführung unter Angabe der Depotnummern bei der verwahrenden Bank.[92] Für den Fall, dass dem Testamentsvollstrecker einzelne Werte bekannt sind, wie zB bei Konten oder Bargeld, ist eine Wertangabe üblich.

Eine genaue Beschreibung der Nachlassgegenstände ist nicht erforderlich, sie müssen jedoch anhand des Verzeichnisses individualisiert werden können.[93] Der fiktive Nachlass (Vorausempfänge der Erben) ist in das Nachlassverzeichnis nicht aufzunehmen. 192

Eine **Wertangabe** zu den Nachlassgegenständen ist **nicht vorgeschrieben.**[94] Weder hat der Testamentsvollstrecker einen Wert selbst zu ermitteln noch durch einen Sachverständigen ermitteln zu lassen.[95] 193

Belege sind dem Verzeichnis ebenfalls nicht beizufügen. Sofern vorhanden empfiehlt sich jedoch zB die Anlage von Kontoauszügen bzw Depots. 194

Damit der Testamentsvollstrecker das Nachlassverzeichnis erstellen kann, hat er entsprechende Ermittlungen anzustellen (siehe oben „Erste Schritte"). Es sind alle Erkenntnismöglichkeiten auszuschöpfen, verfügbaren Urkunden und Unterlagen zu sichten und zu überprüfen.[96] 195

Nachlassverzeichnis 196

Herr... ist ausweislich der bei den Nachlassakten des Amtsgerichts... – Nachlassgericht – befindlichen Sterbeurkunde am... verstorben. Mit letztwilliger Verfügung vom..., eröffnet durch das Amtsgericht... – Nachlassgericht – hat der Erblasser Testamentsvollstreckung angeordnet und mich zu seinem Testamentsvollstrecker bestimmt. Gemäß Schreiben vom... habe ich gegenüber dem Nachlassgericht die Annahme des Amtes als Testamentsvollstrecker erklärt und das Amtsgericht... – Nachlassgericht – hat mir am... ein Testamentsvollstreckerzeugnis erteilt. Nach § 2215 BGB ist es Aufgabe des Testamentsvollstreckers, ein Nachlassverzeichnis zu erstellen.

Ich habe das Nachlassverzeichnis auf den..., den Tag der Annahme des Amtes, erstellt. Danach ergibt sich zum Stichtag folgender Nachlassbestand:

Aktiva

1. **Grundbesitz**
1.1 Bebaute Grundstücke
1.2 Unbebaute Grundstücke
2. **Unternehmen, Beteiligungen**
3. **Geldvermögen**
3.1 Bargeld
3.2 Konto...
3.3 Wertpapierdepot
4. **Forderungen/Rechte**
4.1 Darlehensforderungen
4.2 Lebensversicherung
4.3 Lizenzgebühren
4.4 Berlin-Darlehen
4.5 Sterbegeld
4.6 Sonstige Forderungen
5. **Bewegliche Gegenstände**

92 Klumpp in Bengel/Reimann, 3. Kap. Rn 7.
93 Sarres ZEV 2000, 90.
94 BayObLG FamRZ 2002, 989/990; ZEV 2002, 155/156.
95 BayObLG ZEV 1997, 381; MünchKomm/Brandner, § 2215 Rn 3; Winkler, Rn 487.
96 BGH NJW 1981, 1271.

5.1 Hausrat
5.2 Kunstgegenstände
6. Gegenstände des persönlichen Gebrauchs
7. Kraftfahrzeuge
8. Schmuck
9. Sonstiges

Summe Aktivnachlass...

Passiva
1. Hypotheken, Grundschulden, Rentenschulden, Reallasten
2. Bankverbindlichkeiten
2.1 Darlehen
2.2 Kontokorrent
3. Steuerverbindlichkeiten
3.1 Einkommen-/Kirchensteuer
3.2 Grundsteuer
3.3 Umsatzsteuer
4. Nachlasskosten
4.1 Bestattung
4.2 Grabstein
4.3 Nachlassverfahren Gericht
4.4 Notariat
5. Vermächtnisse
5.1 Geldvermächtnisse
5.2 Sachvermächtnisse
6. Pflichtteilsansprüche
7. Ausgleichsanspruch des überlebenden Ehegatten nach § 1371 Abs. 2 BGB
8. Ausbildungsanspruch von Stiefkindern nach § 1371 Abs. 4 BGB
9. Unterhaltsanspruch geschiedener Ehegatten
10. Unterhaltsanspruch nach § 1615 l BGB

Summe Passivnachlass...

Ich weise darauf hin, dass ich dieses Verzeichnis auf den Zeitpunkt meiner Amtsannahme am... erstellt habe. Dieses muss mit dem Nachlassbestand zum Zeitpunkt des Todes des Erblassers nicht übereinstimmen. Nach meinem bisherigen Kenntnis- und Ermittlungsstand haben sich in der Zeit zwischen Todestag und Amtsannahme jedoch keine Veränderungen ergeben. Sollten sich solche noch herausstellen, werde ich darüber gesondert berichten.

(Unterschrift)

als Testamentsvollstrecker

4. „Unverzügliche" Erstellung

197 Der Testamentsvollstrecker hat dem Erben das Nachlassverzeichnis „**unverzüglich**" zu erstellen. Für den Fall, dass die Erben unbekannt sind, ist vom Nachlassgericht gegebenenfalls ein Nachlasspfleger gemäß § 1960 BGB zu bestellen, dem dann das Verzeichnis vorzulegen ist.[97]

198 Unverzüglich heißt „ohne schuldhaftes Zögern" im Sinne von § 121 Abs. 1 BGB. Je nach Schwierigkeit der Nachlassermittlung kann die Erstellung des Nachlassverzeichnisses auch länger dauern. Wichtig ist, dass der Testamentsvollstrecker unverzüglich **tätig** wird.[98] Einer vorherigen Aufforderung des Erben an den Testamentsvollstrecker

97 Zimmermann, Rn 343.
98 BayObLG ZEV 1997, 381.

auf Erstellung des Nachlassverzeichnisses bedarf es nicht.[99] Dies ist bei § 2215 BGB gerade anders als zB bei der Mitteilungspflicht des Vorerben gegenüber dem Nacherben gemäß § 2121 Abs. 1 BGB (hier nur: „auf Verlangen").

Gemäß § 2220 BGB ist die Erstellung des Nachlassverzeichnisses nach § 2215 BGB als **zwingendes Recht** ausgestaltet. Der Erblasser kann den Testamentsvollstrecker hiervon nicht befreien. Eine Befreiung durch die Erben ist jedoch möglich.[100] 199

Achtung: Die Verpflichtung besteht nicht mehr, wenn der Testamentsvollstrecker sein Amt gekündigt hat oder es sonst wirksam beendet wurde, auch wenn bis dahin noch kein Verzeichnis erstellt wurde.[101] 200

Der Testamentsvollstrecker hat das Verzeichnis **persönlich zu unterschreiben** (§ 2215 Abs. 2 BGB). Eine Stellvertretung, zB durch einen Rechtsanwalt, ist nicht zulässig.[102] 201

Wenn berechtigter Anlass zu der Annahme besteht, dass der Testamentsvollstrecker das Verzeichnis nicht mit der erforderlichen Sorgfalt erstellt hat, kann von ihm die eidesstattliche Versicherung auf deren Vollständigkeit und Richtigkeit verlangt werden. Dies ergibt sich aus der Verweisungskette gemäß §§ 2218 Abs. 1, 666, 259, 260 BGB.[103] Fehlen nur einige Angaben, kann Ergänzung des Verzeichnisses vom Testamentsvollstrecker gefordert werden.[104] Die eidesstattliche Versicherung ist vor dem Amtsgericht abzugeben (§ 261 Abs. 1 BGB). Zuständig ist der Rechtspfleger gemäß § 3 Nr. 1 b RPflG. Die Abgabe einer eidesstattlichen Versicherung vor dem Notar genügt nicht.[105] Gibt der Testamentsvollstrecker die eidesstattliche Versicherung nicht freiwillig ab, so kann er hierauf verklagt werden. Zuständig ist nicht das Nachlassgericht, sondern das Prozessgericht.[106] 202

5. Maßgeblicher Stichtag

Zu welchem **Stichtag** das Verzeichnis zu erstellen ist, lässt sich aus dem Gesetz nicht unmittelbar entnehmen. § 2215 Abs. 2 BGB besagt lediglich, dass das Verzeichnis mit der Angabe des Tages der Aufnahme zu versehen ist. In Frage kommen können als maßgeblicher Stichtag 203

- der Todestag,
- der Tag der Annahme des Testamentsvollstreckeramtes oder
- der Tag der Erteilung des Testamentsvollstreckerzeugnisses.

Zum Teil wird die Ansicht vertreten, aus der Formulierung „Nachlassgegenstände" ergebe sich als Stichtag der Todestag des Erblassers.[107] Die **herrschende Meinung** geht hingegen davon aus, dass auf den Zeitpunkt der **Amtsannahme** abzustellen sei.[108] Der 204

99 Zimmermann, Rn 343.
100 Soergel/Damrau, § 2215 Rn 1.
101 OLG Koblenz NJW-RR 1993, 462; Soergel/Damrau, § 2215 Rn 1.
102 OLG Schleswig ZErb 2007, 16.
103 OLG München OLGZ 40, 134; MünchKomm/Brandner, § 2215 Rn 6; Winkler, Rn 193.
104 OLG Oldenburg NJW-RR 1992, 777.
105 Zimmermann, Rn 156; OLG Zweibrücken MDR 1979, 492.
106 Winkler, Rn 439.
107 Zimmermann, Rn 353; OLG Schleswig ZErb 2007, 16.
108 Staudinger/Reimann, § 2215 Rn 9; Klumpp in Bengel/Reimann, 3. Kap. Rn 17; Mayer in MBWW Rn 84.

Vermögensbestand vor Amtsannahme entziehe sich einer gesicherten Kenntnis des Testamentsvollstreckers. Er könne nur für den Bestand im Zeitpunkt seiner Amtsannahme verantwortlich zeichnen.[109]

205 Stellt der Testamentsvollstrecker fest, dass sich in der Zeit zwischen Erbfall und Amtsannahme Vermögensveränderungen ergeben haben (der Testamentsvollstrecker ist dann gegebenenfalls verpflichtet, entsprechende Rückforderungsansprüche für den Nachlass geltend zu machen), sollte dies durch einen entsprechenden Hinweis im Nachlassverzeichnis vermerkt werden.[110]

206 **Achtung:** Im Nachlassverzeichnis ist nach § 2215 Abs. 2 BGB der **Tag der Errichtung** anzugeben. Dieser Tag ist regelmäßig nicht identisch mit dem maßgeblichen Stichtag (= Annahme des Amtes).

6. Hinzuziehung/Amtliche Aufnahme

207 Nach § 2215 Abs. 3 BGB kann der Erbe verlangen, bei der Erstellung des Nachlassverzeichnisses **hinzugezogen zu werden.** Deshalb hat der Testamentsvollstrecker dem Erben den Termin zur Aufnahme des Verzeichnisses rechtzeitig mitzuteilen.[111] Ein Verstoß macht das Verzeichnis nicht unwirksam. Das absichtliche Übergehen des Erben kann jedoch gegebenenfalls ein Aspekt für eine Entlassung des Testamentsvollstreckers sein (§ 2227 BGB).

208 Bei der Hinzuziehung handelt es sich lediglich um ein **Recht,** nicht um eine **Pflicht** des Erben. Den Erben trifft keinerlei Mitwirkungspflicht, insbesondere ist er nicht verpflichtet, die Richtigkeit des vom Testamentsvollstrecker gefertigten Verzeichnisses anzuerkennen oder das Verzeichnis zu unterschreiben.[112]

209 Der Erbe kann darüber hinaus verlangen, dass der Testamentsvollstrecker das Verzeichnis durch eine **amtliche Stelle** aufnehmen lässt (§ 2215 Abs. 4 BGB). Zuständig für die Aufnahme ist entweder die „zuständige Behörde", „ein zuständiger Beamter" oder ein Notar. Die zuständige Behörde wird durch Landesrecht näher bestimmt (Art. 147 EGBGB, neu gefasst durch FGG-Reformgesetz zum 1.9.2009). Die einzelnen Bundesländer haben die amtliche Nachlassaufnahme unterschiedlich geregelt (in Bayern ist zB allein der Notar für die amtliche Nachlassaufnahme zuständig). In anderen Bundesländern sind teilweise Gerichtsvollzieher oder Urkundsbeamte der Geschäftsstelle des Nachlassgerichts bestimmt.[113]

210 Der Erbe kann ein solches amtliches Nachlassverzeichnis **jederzeit** verlangen, selbst nachdem der Testamentsvollstrecker gegebenenfalls schon ein privates Verzeichnis angefertigt hat.[114] Auch nach längerer Zeit kann ein solches Nachlassverzeichnis noch gefordert werden.[115]

109 Staudinger, aaO; Mayer, aaO.
110 Staudinger/Reimann, § 2215 Rn 9.
111 Soergel/Damrau, § 2215 Rn 2.
112 Zimmermann, Rn 347.
113 Länderregelungen dazu bei Klumpp in Bengel/Reimann, 3. Kap. Rn 28.
114 OLG Karlsruhe ZEV 2007, 329; OLG Oldenburg FamRZ 1993, 857.
115 OLG Köln NJW-RR 2005, 94; MünchKomm/Brandner, § 2215 Rn 5.

Der Notar hat als Amtsperson selbst die erforderlichen Ermittlungen vorzunehmen und ist für den Inhalt des Verzeichnisses voll verantwortlich.[116] Allein auf die Angaben des Testamentsvollstreckers darf sich der aufnehmende Notar nicht verlassen. Dem amtlichen Verzeichnis wird deshalb eine größere Richtigkeitsgarantie beigemessen.[117] 211

Nach § 2215 Abs. 5 BGB trägt der Nachlass die Kosten der Aufstellung des Nachlassverzeichnisses. Damit fallen die Notarkosten dem Nachlass zur Last. 212

7. Betreuung/Minderjährige

Steht der Erbe unter Vermögensbetreuung, so ist das Verzeichnis seinem Betreuer gemäß § 1902 BGB mitzuteilen. Ist der Erbe noch minderjährig, so ist das Verzeichnis dessen Eltern als gesetzliche Vertreter (§ 1629 BGB) bzw dem Vormund nach § 1793 BGB vorzulegen. Vormund (§ 1802 Abs. 1 BGB), Betreuer (§ 1908 i Abs. 1 BGB) sowie die Eltern (§ 1640 BGB) – sofern der Wert der Erbschaft über 15.000 Euro liegt – haben das Verzeichnis an das Familiengericht weiterzuleiten. Ist der Testamentsvollstrecker als Elternteil eines minderjährigen Erben zugleich gesetzlicher Vertreter, wird teilweise gefordert, dass für die Entgegennahme des Nachlassverzeichnisses ein Pfleger bestellt werden müsse. Der gesetzliche Vertreter sei von der Prüfung des von ihm selbst aufgestellten Vermögensverzeichnisses ausgeschlossen (§ 1729 Abs. 2 S. 1, 1795, 181 BGB).[118] 213

Nach anderer Ansicht ist eine solche Pflegerbestellung nicht erforderlich.[119] Es wird darauf verwiesen, dass die Verpflichtung des gesetzlichen Vertreters gemäß §§ 1640, 1802 BGB ihn nicht seiner Eigenschaft als Testamentsvollstrecker, sondern als Verwalter des Vermögens treffe. Diese bleibe trotz seiner Testamentsvollstreckereigenschaft bestehen. Deshalb sei er in der Lage, der Verpflichtung aus §§ 1640, 1802 BGB voll zu genügen. Eine Pflegerbestellung sei nur bei konkreter Gefährdung des Kindeswohls geboten. Der „Testamentsvollstrecker-Elternteil“ müsse das erstellte Nachlassverzeichnis nach § 1640 Abs. 1 BGB beim Familiengericht einreichen (sofern nicht ein geringerer Wert als 15.000 Euro oder eine abweichende Anordnung des Erblassers vorliegt).[120] Dadurch werde ein minderjähriger Erbe ausreichend geschützt.[121] 214

8. Folgen bei Nichterstellung des Nachlassverzeichnisses

Die Erstellung und Übermittlung des Nachlassverzeichnisses ist eine wesentliche Pflicht des Testamentsvollstreckers im Verhältnis zu den Erben. Es ist unverzichtbare Grundlage für eine ordnungsgemäße Amtsführung des Testamentsvollstreckers. Wenn der Testamentsvollstrecker kein Nachlassverzeichnis erstellt, verletzt er in grober Weise seine Pflichten, was zu seiner **Entlassung** führen kann (§ 2227 BGB).[122] Der Testamentsvollstrecker kann sich darüber hinaus **schadensersatzpflichtig** (§ 2219 BGB) ma- 215

116 Klumpp in Bengel/Reimann, 3. Kap. Rn 30; Zimmermann, Rn 346.
117 BGHZ 33, 377; OLG Oldenburg NJW-RR 1993, 782.
118 Palandt/Edenhofer, Rn 6 vor § 2197; Soergel/Damrau, § 2215 Rn 7; OLG Hamm ZEV 2002, 158; OLG Nürnberg FamRZ 2002, 272; OLG Schleswig ZErb 2007, 264.
119 Damrau ZEV 1995, 1; Winkler, Rn 491; OLG Zweibrücken ZEV 2007, 333.
120 Damrau ZEV 1994, 1.
121 Staudinger/Reimann, § 2215 Rn 8; MünchKomm/Brandner, § 2215 Rn 9.
122 OLG Hamm Rpfleger 1986, 16; OLG Koblenz NJW-RR 1993, 462; Zimmermann, Rn 344; BayObLG FamRZ 1998, 325; OLG Schleswig ZErb 2007, 16.

chen, wenn er der Erstellung des Nachlassverzeichnisses nicht unverzüglich nachkommt. Er kann dann zB zur Tragung der Kosten eines vom Erben zur Wahrung seiner Rechte eingeschalteten Rechtsanwalts verpflichtet werden.[123]

216 Die Erben können den Testamentsvollstrecker auch direkt auf Erteilung eines Nachlassverzeichnisses verklagen. Zuständig dafür ist das Zivilgericht.

217 Amtsgericht...

...

Klage

des Herrn...

- Kläger -

Prozessbevollmächtigter:...

gegen

Herrn...

in seiner Eigenschaft als Testamentsvollstrecker über den Nachlass des...

- Beklagter -

wegen Erstellung eines Nachlassverzeichnisses

Vorläufiger Gegenstandswert: 3.000 Euro

Namens und im Auftrag des Klägers erhebe ich hiermit Klage zum sachlich und örtlich zuständigen Amtsgericht... mit der Bitte um Anberaumung eines möglichst zeitnahen Termins zur mündlichen Verhandlung. Im Termin zur mündlichen Verhandlung werde ich folgende Anträge stellen:

1. Der Beklagte wird verurteilt, ein Verzeichnis der Nachlassgegenstände und Nachlassverbindlichkeiten über den Nachlass des am... in... verstorbenen... zum Zeitpunkt... zu erstellen.
2. Der Beklagte hat die Kosten des Rechtsstreits zu tragen.
3. Das Urteil ist vorläufig vollstreckbar.

Begründung:

1. Am... ist Herr... in... verstorben. Der Beklagte wurde vom Erblasser in seiner letztwilligen Verfügung vom... zum Testamentsvollstrecker ernannt. Er hat das Amt mit Erklärung vom... gegenüber dem Amtsgericht... - Nachlassgericht - angenommen.

   Der Kläger ist ausweislich des Erbscheins des Amtsgerichts... - Nachlassgericht - zum Alleinerben des verstorbenen Erblassers berufen.

   Beweis: Akten des Amtsgerichts - Nachlassgericht -, Aktenzeichen:..., deren Beiziehung zum vorliegenden Verfahren beantragt wird.

2. Der Kläger macht mit der vorliegenden Klage seinen Anspruch auf Erstellung eines Nachlassverzeichnisses gegen den Testamentsvollstrecker geltend. Der Anspruch ergibt sich aus § 2215 Abs. 1 BGB.

3. Der Beklagte hat das Nachlassverzeichnis bis heute nicht erstellt. Der Kläger hat den Beklagten mehrfach zur Erstellung dieses Nachlassverzeichnisses und Übermittlung aufgefordert.

   Beweis: Schreiben vom...

   Der Beklagte ist dem ohne nachvollziehbare Gründe bis heute nicht nachgekommen.

   Es ist daher Klage geboten.

(Unterschrift)

123 OLG Koblenz FamRZ 2009, 817/818.

Der Streitwert richtet sich nach dem für die Erstellung des Verzeichnisses erforderlichen Aufwand.[124] 218

Verliert der Testamentsvollstrecker diesen Prozess und wird er zur Erstellung des Nachlassverzeichnisses verurteilt, so kann er die Prozesskosten nicht dem Nachlass entnehmen. Denn er müsste sie als Schadensersatz dem Nachlass sogleich wieder erstatten.[125] 219

XI. Nachlassverwaltung

1. Nachlassverwaltung nach § 2205 Satz 1 BGB

a) Verwaltungsrecht des Testamentsvollstreckers

Der Testamentsvollstrecker hat den Nachlass zu verwalten (§ 2205 Satz 1 BGB). Der Erbe seinerseits ist von einem Verwaltungsrecht an dem Nachlass ausgeschlossen. Unter die Nachlassverwaltung fallen insbesondere die Ausführung der letztwilligen Verfügungen des Erblassers gemäß § 2203 BGB, die Erfüllung der Nachlassverbindlichkeiten sowie die Auseinandersetzung einer vorhandenen Erbengemeinschaft gemäß § 2204 BGB. Bei einer Verwaltungsvollstreckung sowie einer sich an die Abwicklungsvollstreckung gegebenenfalls anschließenden Dauervollstreckung ist die Verwaltung des Nachlasses selbstständige Aufgabe des Testamentsvollstreckers.[126] 220

Unter Verwaltung versteht man alle Maßnahmen zur Erhaltung, Sicherung, Nutzung und Vermehrung des verwalteten Vermögens.[127] Zu diesem umfassenden Verwaltungsrecht gehört u.a. das Eingehen von Verpflichtungen, die Verfügung über Nachlassgegenstände, das Führen von Rechtsstreitigkeiten sowie Maßnahmen tatsächlicher Art. 221

Achtung: Unter die Nachlassverwaltung fällt nur das nach § 1922 BGB auf die Erben übergehende **„Vermögen"**. Höchstpersönliche Rechte unterliegen deshalb nicht der Testamentsvollstreckung. So kann der Testamentsvollstrecker zB nicht die Erbschaft für den Erben annehmen oder ausschlagen. Dies ist und bleibt alleine Sache des Erben. 222

Dem Testamentsvollstrecker obliegt auch nicht die Totenfürsorge, es sei denn, er hat dazu vom Erblasser ausdrücklich den Auftrag erhalten.[128] Die Totenfürsorge steht vielmehr den nächsten Angehörigen des Erblassers (Ehefrau, Kindern usw.) zu.[129] Der Erblasser kann aber die Ausführung entsprechender Bestattungsanordnungen dem Testamentsvollstrecker zuweisen.[130] 223

Die Wahrung des postmortalen Persönlichkeitsschutzes (vgl dzu die „Mephisto"-Entscheidung des BVerfG)[131] ist ebenfalls nicht Aufgabe des Testamentsvollstreckers, sondern steht den nahen Angehörigen zu (Ehegatte, Kinder usw.). 224

Auch eine etwaige Einwilligung in eine Organentnahme obliegt ohne Verfügung des Erblassers regelmäßig den nächsten Angehörigen (§ 3 Abs. 1 TPG). 225

124 BGH NJW 1995, 664; BGH NJW-RR 1997, 233 (hier Wertfestsetzung auf 1.000 DM).
125 Zimmermann, Rn 345.
126 Soergel/Damrau, § 2205 Rn 2.
127 Staudinger/Reimann, § 2205 Rn 4; Zimmermann, Rn 167.
128 BGH NJW-RR 1992, 834.
129 BGH FamRZ 1978, 15.
130 Staudinger/Reimann, Rn 5 vor § 2197.
131 BVerfGE 30,173.

b) Verwaltungspflicht des Testamentsvollstreckers

226 Das Verwaltungs**recht** des Testamentsvollstreckers wird ergänzt durch die Verwaltungs**pflicht**, wie sie in § 2216 Abs. 1 BGB ausdrücklich angeordnet ist. Die Verwaltungspflicht des Testamentsvollstreckers besteht gegenüber den Erben und Vermächtnisnehmern, nicht gegenüber Auflagenbegünstigten und sonstigen Nachlassgläubigern.[132] Die Verwaltungspflicht begründet zwischen dem Erben und dem Testamentsvollstrecker ein gesetzliches Pflichtverhältnis eigener Art,[133] wovon der Erblasser den Testamentsvollstrecker gemäß § 2220 BGB auch **nicht befreien kann.**

c) Verwaltung des gesamten Nachlasses

227 Sofern der Erblasser keine anderen Regelungen getroffen hat, unterliegt der **gesamte Nachlass** der Verwaltung durch den Testamentsvollstrecker. Dazu gehört auch dasjenige Vermögen, das der Testamentsvollstrecker gegebenenfalls mit Nachlassmitteln oder aufgrund eines zum Nachlass gehörenden Rechts (zB Schadensersatzanspruch) für den Nachlass erlangt hat (Surrogationsprinzip).[134] Ferner gehören dazu auch die Erträge (zB Zinsen), die mit den Nachlassmitteln erzielt werden.

228 Nach § 2217 Abs. 1 S. 1 BGB kann der Testamentsvollstrecker Nachlassgegenstände, deren er zur Erfüllung seiner Obliegenheiten offensichtlich nicht bedarf, an den Erben freigeben. Für diesen Fall erlischt gemäß der ausdrücklichen Normierung in § 2217 Abs. 1 S. 2 BGB das Verwaltungsrecht an diesen Gegenständen. Das Verwaltungsrecht endet ferner mit Auseinandersetzung des Nachlasses, es sei denn, der Erblasser hat etwas anderes bestimmt. So kann der Erblasser eine Verwaltungsvollstreckung auch dergestalt anordnen, dass noch nach der Auseinandersetzung die verteilten Werte einer Verwaltung durch den Testamentsvollstrecker unterliegen sollen.[135]

229 **Achtung:** Ein Miterbe ist jederzeit trotz Testamentsvollstreckung berechtigt, seinen **Erbteil** (nicht Nachlassgegenstände!) zu veräußern. In diesem Fall wird der Verkaufserlös nicht mehr von der Testamentsvollstreckung erfasst.[136] Aber: Das Verwaltungsrecht des Testamentsvollstreckers erstreckt sich nun auf den Erbteil, den der Erwerber mit der Veräußerung erlangt hat.

d) Minderjährige

230 Unterstehen minderjährige Erben einer Testamentsvollstreckung, so liegt darin ein Ausschluss des Verwaltungsrechts der Eltern, wie er gemäß § 1638 Abs. 1 BGB vom Erblasser verfügt werden kann.[137] Deshalb bedarf es bei der Testamentsvollstreckung für minderjährige Erben keiner gerichtlichen Genehmigung, wie sie zB ansonsten nach § 1821 Abs. 1 Nr. 5 BGB bei dem Erwerb eines Grundstücks erforderlich ist.[138]

---

132 Staudinger/Reimann, § 2216 Rn 8.
133 BGHZ 25, 275.
134 Winkler, Rn 290; OLG Hamm ZEV 2001, 275; Krug ZEV 1999, 381/3.
135 Staudinger/Reimann, § 2209 Rn 12.
136 Staudinger/Reimann, § 2205 Rn 34.
137 Staudinger/Reimann, § 2205 Rn 10; Palandt/Diederichsen, § 1638 Rn 3.
138 OLG Hamburg MDR 1982, 849; BGH ZEV 2006, 262.

e) Nachlassgericht

Das Nachlassgericht hat keine Aufsichtsbefugnis über den Testamentsvollstrecker hinsichtlich seiner Verwaltungstätigkeit. Es ist vielmehr Sache der Erben, den Testamentsvollstrecker gegebenenfalls vor dem Prozessgericht zu verklagen. Das Nachlassgericht wird allenfalls im Rahmen eines Entlassungsverfahrens nach § 2227 BGB bzw im Rahmen von § 2216 Abs. 2 S. 2 BGB bei einer Außerkraftsetzung von Verwaltungsanordnungen des Erblassers tätig. 231

2. Grundsatz der ordnungsgemäßen Verwaltung

Der Testamentsvollstrecker hat allein über die Art der Nachlassverwaltung zu entscheiden. Er ist aber zu ordnungsgemäßer Verwaltung verpflichtet (§ 2216 Abs. 1 BGB). Etwaige Anordnungen seitens des Erblassers, die dieser durch Verfügung von Todes wegen getroffen hat, sind vom Testamentsvollstrecker zu befolgen (§ 2216 Abs. 2 BGB). 232

Was unter ordnungsgemäßer Nachlassverwaltung zu verstehen ist, richtet sich 233

- primär nach den letztwilligen Anordnungen des Erblassers,
- nach dem Zweck der Verwaltung sowie
- den Umständen des Einzelfalls.

a) Anordnungen des Erblassers

Der Testamentsvollstrecker ist an Anordnungen des **Erblassers** über die Nachlassverwaltung gebunden (§ 2216 Abs. 2 S. 1 BGB). Der Erblasser kann zB bestimmen, dass der Testamentsvollstrecker Maßnahmen nur dann durchführen darf, wenn vorher eine einfache oder qualifizierte Mehrheit der Erben innerhalb einer vorgegebenen Frist zugestimmt hat (sog. „Demokratieklausel“). 234

In Betracht kommen als Verwaltungsanordnungen vor allem Festlegungen des Erblassers über die konkrete Verwendung von Nachlasserträgen oder das Verbot, über bestimmte Nachlassgegenstände zu verfügen (siehe oben § 2 Ziff. V). 235

Anordnungen der **Erben** hingegen braucht der Testamentsvollstrecker nicht zu befolgen. Der Testamentsvollstrecker hat Anordnungen und erkennbare Wünsche des Erblassers gerade auch gegen einen gegenläufigen Willen der Erben zu beachten. 236

Von bindenden Verwaltungsanordnungen des Erblassers zu unterscheiden sind bloße Wünsche des Erblassers hinsichtlich der Nachlassverwaltung, die keine Befolgungspflicht des Testamentsvollstreckers auslösen. Für die Abgrenzung ist darauf abzustellen, ob der Erblasser mit der Anordnung eine rechtliche Bindung des Testamentsvollstreckers bezweckt hat oder nicht. Wünsche, Hoffnungen und Bitten können aber eine mittelbare rechtliche Bedeutung dadurch erlangen, dass sie den eigentlichen Zweck der Testamentsvollstreckung deutlich machen. 237

Verwaltungsanordnungen des Erblassers nach § 2216 Abs. 2 S. 1 BGB wirken (anders als Verfügungsbeschränkungen nach § 2208 BGB) **nur schuldrechtlich.** Setzt sich der Testamentsvollstrecker über solche hinweg, so ist die getroffene Verfügung gleichwohl wirksam, es sei denn, der Geschäftspartner hat den Missbrauch der Verfügungsmacht positiv gekannt oder grob fahrlässig nicht erkannt. Im Verhältnis zum Erben kann sich 238 eine Schadensersatzverpflichtung nach § 2219 BGB bei schuldhafter Pflichtverletzung ergeben. Zudem kann aus einem solchen Verhalten ein Entlassungsgrund folgen.

239 Die Bindung an eine Verwaltungsanordnung des Erblassers ist aber keine absolute. Ihre Befolgung kann infolge zwischenzeitlich eingetretener Veränderungen nicht mehr dem mutmaßlichen Willen des Erblassers entsprechen und durch **ergänzende Auslegung** beseitigt werden. Zusätzlich sieht das Gesetz vor, dass auf Antrag des Testamentsvollstreckers oder eines anderen Beteiligten die Verwaltungsanordnung vom Nachlassgericht außer Kraft gesetzt werden kann (§ 2216 Abs. 2 S. 2 BGB) (siehe dazu oben § 2 Ziff. V. 4). Anordnungen über die Testamentsvollstreckung als solche, deren Dauer, die Höhe der Vergütung können hingegen nicht außer Kraft gesetzt werden.[139]

240 Voraussetzung für eine Außerkraftsetzung ist die Besorgnis einer **erheblichen Nachlassgefährdung.** Ob die Gefährdung von Anfang an oder erst nachträglich zu befürchten war, ist unerheblich.[140] Eine solche Gefährdung kann zB gegeben sein, wenn sich zwischen der Erblasseranordnung und dem Vollzug die Umstände maßgeblich geändert haben und der Erblasser dies nicht vorhersehen konnte.

241 **Beispiel:** Der Erblasser hat verfügt, dass ein bestimmtes Grundstück nur zu einem bestimmten Festpreis verkauft werden darf. Es stellt sich heraus, dass das Grundstück zu diesem Preis nicht veräußerlich ist, da erhebliche unbekannte Altlasten hervorgetreten sind. Bei weiterem Zuwarten besteht die Gefahr, dass zusätzliche Kosten durch den Verfall der auf dem Grundstück befindlichen Gebäude entstehen.

242 Wenn eine Anordnung des Erblassers lediglich unzweckmäßig oder lästig ist, ist, so genügt dies für eine Aufhebung der Verwaltungsanordnung allein nicht.[141]

b) Keine Erblasseranordnung

aa) Funktionsbezogene Betrachtung

243 Ohne Anordnung des Erblassers hat der **Zweck** der Testamentsvollstreckung für die Nachlassverwaltung maßgebliche Bedeutung (**= funktionsbezogene Betrachtung**). Die ordnungsgemäße Verwaltung bei einer Abwicklungsvollstreckung (§ 2203 BGB) ist eine andere als bei einer Verwaltungsvollstreckung (§ 2209 BGB). Ist die Verwaltung reiner Selbstzweck, so beurteilt sich die Nutzbarmachung des Nachlasses nach den allgemein gültigen Regeln über die Vermögensverwaltung, jedoch immer im Sinne des Erblassers unter Berücksichtigung der besonderen Interessen der Erben. Inhalt und Umfang der Verwaltungspflicht werden in erster Linie durch die vom Erblasser im Testament festgelegte **Aufgabe** geprägt.

bb) Objektiver Maßstab

244 Inhalt und Grenzen ordnungsgemäßer Nachlassverwaltung bestimmen sich nach objektiven Maßstäben. Der Testamentsvollstrecker muss in jedem Einzelfall wirtschaftlich vernünftig und aus allgemein nachvollziehbaren Gründen handeln. Er darf sich nicht von eigenen Interessen und Neigungen leiten lassen. Es ist nicht ausreichend, wenn der Testamentsvollstrecker nur entsprechend seinen persönlichen Möglichkeiten und Fähigkeiten handelt, die Amtsführung aber trotzdem nicht objektiven Wirtschaftlich-

---

139 Palandt/Edenhofer, § 2216 Rn 4.
140 Winkler, Rn 669; MünchKomm/Brandner, § 2216 Rn 18.
141 Staudinger/Reimann, § 2216 Rn 28.

keitsanforderungen genügt (also lediglich subjektiver Mühewaltung entspricht). Der Testamentsvollstrecker darf sich gerade nicht mit einem mäßigen Erfolg begnügen, wenn die Möglichkeit einer besseren Ergebniserzielung besteht (etwa hinsichtlich eines höheren Kaufpreises für ein Objekt).

Die Beurteilung der Ordnungsmäßigkeit der Verwaltung hat anhand **aller Umstände des Einzelfalls** zu erfolgen. Selbst eine „Unter-Wert-Veräußerung" kann gerechtfertigt sein, wenn eine andere Verwertungsmöglichkeit nicht besteht, der Erlös für eine erforderliche Investition (zB Sanierung) dringend benötigt wird und dies nach einer Vergleichsberechnung immer noch wirtschaftlich vorteilhafter als die Aufnahme eines Kredits auf dem Kapitalmarkt ist. 245

cc) „Dynamischer Geschäftsführer"

Bei länger dauernder Nachlassverwaltung und besonders strukturierten Nachlässen (zB Unternehmen oder Kapitalanlagevermögen mit erforderlichen Anlageentscheidungen) wird vom Testamentsvollstrecker ein besonderes Maß an **Eigeninitiative** verlangt. Hier ist aber ein Ermessensspielraum des Testamentsvollstreckers anzuerkennen, der diesem genügend Raum für wirtschaftlich sinnvolle Eigeninitiative lässt und die Eingehung eines wirtschaftlich kalkulierten Risikos nicht ausschließt. Der Testamentsvollstrecker handelt erst dann pflichtwidrig, wenn er die Grenzen dieses Ermessens überschreitet. Als Leitbild für den Rahmen des zulässigen Ermessens dient der sog. **„dynamische Geschäftsführer"**, der unter Abwägung auch Risiken eingeht, um neue Chancen zu nutzen. Damit sind auch spekulative Anlagen durch den Testamentsvollstrecker nicht grundsätzlich ausgeschlossen, wenn diese zwar mit besonderem Risiko, aber gleichzeitig mit großer Renditeerwartung verbunden sind. **Allerdings dürfen sie nicht den gesamten Nachlass erfassen.** 246

c) Nicht ordnungsgemäße Verwaltung

Auswirkungen von Verstößen gegen § 2216 Abs. 1 BGB (nicht ordnungsgemäße Verwaltung): 247

- Eine schuldhafte Pflichtverletzung kann zur **Haftung** des Testamentsvollstreckers nach § 2219 BGB gegenüber den dadurch geschädigten Erben oder Vermächtnisnehmern führen.
- Die Missachtung der Grundsätze ordnungsgemäßer Verwaltung kann eine **Entlassung** des Testamentsvollstreckers durch das Nachlassgericht nach § 2227 BGB nach sich ziehen.
- Ordnungswidrige Verfügungen sind aber **nach außen** hin gegen den Nachlass **wirksam.** Anderes gilt nur dann, wenn der Missbrauch des Verwaltungsrechts dem Geschäftsgegner erkennbar oder gar bekannt war.

Zur Vermeidung von Sanktionen gegen den Testamentsvollstrecker empfiehlt es sich, 248

- bereits in der letztwilligen Verfügung durch den Erblasser Richtlinien für das Verwaltungshandeln des Testamentsvollstreckers, insbesondere für Vermögensanlagen festzulegen,

- eine „offensive Informationspolitik“ des Testamentsvollstreckers, mittels der er die Erben vor bedeutsamen Verwaltungshandlungen rechtzeitig informiert und ihnen Gelegenheit zur Stellungnahme gibt,
- die Gründe für die gewählten Verwaltungshandlungen, insbesondere wenn es um solche mit weitreichenden „Inhalten“ geht, im Einzelnen konkret zu dokumentieren.

249 Der Testamentsvollstrecker kann von dem Erben auch auf **Vornahme** einer zur ordnungsgemäßen Verwaltung notwendigen Maßnahme sowie auf **Unterlassung** einer ordnungswidrigen Maßnahme verklagt werden.

250 Landgericht...

- Zivilkammer -

Klage

des Herrn...

- Kläger –

Prozessbevollmächtigte:...

gegen

Herrn...

in seiner Eigenschaft als Testamentsvollstrecker über den Nachlass des...

- Beklagter –

wegen Erfüllung einer Nachlassverbindlichkeit

Gegenstandswert: 20.000 Euro

Namens und im Auftrag des Klägers erheben wir hiermit Klage zum sachlich und örtlich zuständigen Landgericht... Im Termin zur mündlichen Verhandlung werden wir beantragen, wie folgt zu erkennen:

1. Der Beklagte wird verurteilt, an dem zum Nachlass des am... in... verstorbenen... gehörenden Immobilienobjekt in... eine Dachsanierung durch Austausch des Dachstuhls auf Kosten des Nachlasses durchführen zu lassen.
2. Der Beklagte hat die Kosten des Rechtsstreits zu tragen.
3. Das Urteil ist – gegebenenfalls gegen Sicherheitsleistung – vorläufig vollstreckbar.

Begründung:

1. Am... ist Herr... verstorben.

   Beweis: Sterbeurkunde vom...

   Der Erblasser hatte den Beklagten in seinem Testament zum Testamentsvollstrecker eingesetzt. Der Beklagte hat das Amt angenommen. Das Amtsgericht... – Nachlassgericht – erteilte dem Beklagten am... ein Testamentsvollstreckerzeugnis.

   Beweis: Testamentsvollstreckerzeugnis vom...

   Ausweislich des Erbscheins des Amtsgerichts... – Nachlassgericht – ist der Kläger Alleinerbe des Erblassers geworden.

   Beweis: Erbschein vom...

2. Der Kläger macht mit der vorliegenden Klage gegenüber dem Beklagten als Testamentsvollstrecker den Anspruch auf ordnungsgemäße Nachlassverwaltung geltend (§ 2216 Abs. 1 BGB).

2.1 Zum Nachlass gehört u.a. das vermietete Objekt in der... Straße.

   Beweis: Grundbuchauszug des Grundbuchamts... vom...

2.2 Das Dach des Anwesens ist sanierungsbedürftig. Der Dachstuhl ist komplett auszutauschen. Dies hat ein seinerzeit noch von dem Erblasser in Auftrag gegebenes Sachverständigengutachten ergeben, das wir als **Anlage 1** beifügen.

Der Kläger hat nach dem Erbfall nochmals ein Gutachten (siehe **Anlage 2**) erstellen lassen, das die aktuelle Sanierungsbedürftigkeit erneut bestätigt.

Für den Fall des Bestreitens der Sanierungsbedürftigkeit

Beweis: Einholung eines Sachverständigengutachtens

2.3 Der Kläger hat sich bereits mehrfach an den Testamentsvollstrecker gewandt und diesen aufgefordert, die dringend erforderlichen Sanierungsmaßnahmen umgehend durchführen zu lassen.

Beweis: Schreiben vom...

2.4 Der Testamentsvollstrecker hat auf diese Schreiben bis heute nicht reagiert. Es ist dringender Handlungsbedarf gegeben, da die Mieter bereits angekündigt haben, gegebenenfalls Mietminderungen geltend zu machen.

Beweis: Schreiben vom...

2.5 Der Testamentsvollstrecker ist nach § 2216 Abs. 1 BGB verpflichtet, den Nachlass ordnungsgemäß zu verwalten. Die Erhaltung der Nachlassgegenstände ist vom Testamentsvollstrecker im Rahmen seiner Vollstreckungstätigkeit sicherzustellen.

Nachdem der Testamentsvollstrecker nicht bereit ist, dieser Verpflichtung nachzukommen, ist Klage geboten.

(Unterschrift)

Amtsgericht ... 251

Antrag auf Erlass einer einstweiligen Verfügung

in Sachen

...

- Antragsteller –

gegen

Herrn...

in seiner Eigenschaft als Testamentsvollstrecker über den Nachlass des...

- Antragsgegner -

wegen Unterlassung

Vorläufiger Gegenstandswert: 3.000 Euro

beantrage ich den Erlass einer einstweiligen Verfügung ohne mündliche Verhandlung mit folgendem Inhalt:

1. Dem Antragsgegner wird untersagt, den von der Firma... geltend gemachten Anspruch auf Zahlung einer Werklohnvergütung in Höhe von 3.000 Euro für den Nachlass zu erfüllen.
2. Dem Antragsgegner wird für den Fall der Zuwiderhandlung ein Ordnungsgeld bis zur Höhe von 10.000 Euro und für den Fall, dass dieses nicht beigetrieben werden kann, eine Ordnungshaft bis zu sechs Monaten angedroht.
3. Der Antragsgegner trägt die Kosten des Verfahrens.

Begründung:

Der Antragsteller ist Erbe des am... verstorbenen... Der Antragsgegner ist zum Testamentsvollstrecker über den Nachlass eingesetzt.

Glaubhaftmachung:

1. Testamentsvollstreckerzeugnis des Amtsgerichts vom...
2. Erbschein des Amtsgerichts... vom...

Mit dem vorliegenden Antrag macht der Antragsteller gegen den Antragsgegner einen Anspruch auf Unterlassung einer den Grundsätzen ordnungsgemäßer Verwaltung widersprechenden Maßnahme geltend.

1. Die Firma... hat dem Antragsgegner eine Rechnung für Leistungen, die die Firma noch zu Lebzeiten des Erblassers an dem Objekt... vor sieben Jahren durchgeführt haben will, vorgelegt. Die Rechnung war dem Erblasser kurz vor seinem Tode übersandt worden.

   Glaubhaftmachung: Rechnung vom... als Anlage

   Ob und inwieweit diese Rechnungsstellung gerechtfertigt ist, erschließt sich nicht. Überraschend ist jedenfalls, dass die Firma diesen Werklohn erst kurz vor dem Tode des Erblassers einforderte, obwohl die Arbeiten bereits sieben Jahre zuvor abgeschlossen worden sein sollen.

   Dies kann jedoch dahinstehen.

   Jedenfalls ist der Zahlungsanspruch gemäß §... verjährt.

   Dieser Verjährungseinwand wird ausdrücklich geltend gemacht.

2. Der Antragsgegner hat gleichwohl angekündigt, die Rechnung der Firma begleichen zu wollen. Ich habe dem Antragsgegner erklärt, dass es keiner ordnungsgemäßen Verwaltung entspricht, offensichtlich verjährte Ansprüche zu erfüllen und auf die Erhebung der Einrede der Verjährung hingewiesen.

   Glaubhaftmachung: Schreiben vom...

   Es besteht die Gefahr, dass der Antragsgegner die unbegründete Forderung erfüllt und ich dann im Innenverhältnis gegen den Antragsgegner auf gegebenenfalls nicht realisierbare Ersatzansprüche angewiesen bin.

   Es ist deshalb dem Antragsgegner zu untersagen, die bereits verjährte Forderung zu erfüllen.

(Unterschrift)

3. Besonderheiten im Pflichtteilsrecht/Vermächtnis

252 Wesentliche Aufgabe des Testamentsvollstreckers im Rahmen der Nachlassverwaltung ist die Erfüllung der **Nachlassverbindlichkeiten.** Dazu gehören insbesondere auch die durch den Erbfall entstandenen Pflichtteilsansprüche und Vermächtnisse.[142]

a) Pflichtteilsrecht

aa) Anrechnung

253 Bei den zu erfüllenden Pflichtteilsansprüchen muss der Testamentsvollstrecker prüfen, ob gegebenenfalls **Anrechnungspflichten nach § 2315 BGB** bestehen.

254 Aufgrund von Anrechnungsbestimmungen können lebzeitige Zuwendungen des Erblassers an den Pflichtteilsberechtigten berücksichtigt werden. Die Anrechnung kommt bei allen Pflichtteilsberechtigten, also auch bei dem Ehegatten und den Eltern des Erblassers, in Betracht. Die Anrechnung schmälert den Pflichtteil des Anrechnungspflichtigen um den Voremfang. Dies hat der Testamentsvollstrecker zu beachten, bevor er einen Pflichtteilsberechtigten bedient. Eine Anrechnung setzt jedoch immer eine Anrechnungsbestimmung des Erblassers vor oder spätestens bei der Zuwendung voraus.[143]

142 Mayer in MBWW S. 196; Schaub in Bengel/Reimann, 4. Kap. Rn 225; Winkler, Rn 124.
143 Palandt/Edenhofer, § 2315 Rn 3.

Für **jeden einzelnen** Pflichtteilsberechtigten wird sein Anspruch aus der Summe von Nachlass und **seiner** Zuwendung errechnet. Dazu wird der Vorempfang dem Nachlasswert hinzugerechnet, aus diesem entsprechend der Pflichtteilsquote der Pflichtteilsanspruch ermittelt und sodann der anzurechnende Betrag abgezogen. 255

Für jeden Pflichtteilsberechtigten erfolgt also eine **individuelle Berechnung,** so dass bei unterschiedlich hohen Vorempfängen von unterschiedlich hohen fiktiven Nachlässen auszugehen ist. 256

Berechnungsschema: 257

realer Nachlass

zuzüglich anrechnungspflichtiger Vorempfang

= fiktiver Nachlass

hieraus Pflichtteilsanspruch (fiktiver Nachlass geteilt durch Pflichtteilsquote)

abzüglich anrechnungspflichtiger Vorempfang

= Wertpflichtteil (realer Anspruch)

Beispiel: Erblasser E hinterlässt seine Ehefrau F, mit welcher er in Gütertrennung gelebt hatte, sowie die beiden Kinder S und T. Er hat seinen langjährigen Freund X zum Alleinerben eingesetzt. Vor seinem Tode hatte er – jeweils mit Anrechnungsbestimmungen – seiner Ehefrau F 30.000 Euro und seiner Tochter T 60.000 Euro geschenkt. Der Nachlasswert beträgt 600.000 Euro. 258

Wer hat in welcher Höhe einen Pflichtteilsanspruch?

–	Die Pflichtteilsquote von F beträgt	1/6.
	Der reale Nachlass für F beträgt	600.000 Euro
	zuzüglich Vorempfang	30.000 Euro
	=	630.000 Euro
	hiervon 1/6 =	105.000 Euro
	abzüglich Vorempfang (30.000 €)	**75.000 Euro**
–	Die Pflichtteilsquote für T beträgt ebenfalls	1/6
	Der reale Nachlass für T beträgt	600.000 Euro
	zuzüglich Vorempfang	60.000 Euro
	=	660.000 Euro
	hiervon 1/6 =	110.000 Euro
	abzüglich Vorempfang (60.000 €)	**50.000 Euro**
–	Sohn S erhält 1/6 von 600.000 Euro =	**100.000 Euro**

Im Streitfall sind Pflichtteilsansprüche **gerichtlich gegen den Erben,** nicht gegen den Testamentsvollstrecker geltend zu machen (siehe unten Ziff. XVIII. 3). 259

bb) Pflichtteilsergänzung

Der Testamentsvollstrecker hat als Nachlassverbindlichkeiten auch etwaige **Pflichtteilsergänzungsansprüche** gemäß § 2325 BGB zu erfüllen. 260

Der Pflichtteilsergänzungsanspruch ist ein vom ordentlichen Pflichtteil unabhängiger – selbständiger – Pflichtteilsanspruch.[144] Er steht dem Pflichtteilsberechtigten unabhängig vom ordentlichen Pflichtteil zu (§ 2326 BGB). Der Pflichtteilsergänzungsanspruch 261

144 BGHZ 103, 33.

umfasst Schenkungen des Erblassers an Dritte innerhalb der letzten 10 Jahre vor dem Erbfall. Bei Schenkungen an Ehegatten beginnt die Frist nicht vor Auflösung der Ehe. Der Pflichtteilsberechtigte kann als Ergänzung seines Pflichtteils den Betrag verlangen, um den sich der Pflichtteil erhöht, wenn der verschenkte Gegenstand dem Nachlass hinzugerechnet wird (fiktiver Nachlass). Der selbst beschenkte Pflichtteilsberechtigte muss sich das Eigengeschenk gem. § 2327 BGB auf seinen Ergänzungsanspruch anrechnen lassen (10 Jahresfrist gilt dabei nicht).

262 Der Wert des verschenkten Gegenstandes ist grundsätzlich mit dessen Verkehrswert anzusetzen (Ausnahme: Ertragswert bei Landgut gem. § 2312 BGB).

263 Der Bewertungsstichtag ist nach Art des verschenkten Gegenstandes verschieden:

- alle verbrauchbaren Sachen (§ 92 BGB – Geld, Wertpapiere usw.) werden stets mit ihrem Wert zum Zeitpunkt der Schenkung (§ 2325 Abs. 2 S. 1 BGB) angesetzt. Der Kaufkraftschwund (Geldentwertung) ist durch Indexierung auszugleichen;
- für andere – nicht verbrauchbare – Gegenstände (Immobilien, Gesellschaftsanteile) gilt das sog. „Niederstwertprinzip" (§ 2325 Abs. 2 S. 2 BGB).

264 Nach dem Niederstwertprinzip ist der Wert des verschenkten Gegenstandes an zwei Stichtagen festzustellen, nämlich zum Zeitpunkt der Schenkung und zum Zeitpunkt des Erbfalles. Bei der Schenkung von Grundbesitz ist auf die Verhältnisse zum Zeitpunkt des dinglichen Vollzugs, also Eintragung im Grundbuch abzustellen,[145] bei der Übertragung von Gesellschaftsanteilen kommt es auf deren Übergang an. Der **niedrigere Wert** ist dann für die Berechnung des Ergänzungsanspruches maßgebend. Hierbei ist so vorzugehen, dass zunächst der Wert zum Zeitpunkt der Schenkung ermittelt wird. Dieser Wert ist dann anhand des Lebenshaltungskostenindexes (Formel: Wert der Schenkung x Index z. Zt. des Erbfalles: Index z. Zt. der Schenkung) auf den Zeitpunkt des Erbfalles zu berechnen. Danach ist er mit dem Wert des Gegenstandes zum Zeitpunkt des Erbfalles zu vergleichen. Der niedrigere Wert ist anzusetzen.

265 Bei **vorbehaltenen Nutzungsrechten** (zB Nießbrauch) lässt der BGH bei der Feststellung des Niederstwertes den Nießbrauch zunächst außer Betracht.[146] Ergibt die Ermittlung des Niederstwertes, dass der Wert des Gegenstandes zum Zeitpunkt der Schenkung maßgebend ist, wird in einem zweiten Schritt für die konkrete Berechnung der Wert der Zuwendung unter Berücksichtigung des Nießbrauchs ermittelt. Dabei ist der Jahresnutzwert des Nießbrauchsrechts als künftig wiederkehrende Gegenleistung auf den Zeitpunkt der Übertragung (bei Grundbesitz Tag der Eintragung im Grundbuch) zu kapitalisieren.[147] Ist dagegen der Wert des Gegenstandes zum Erbfall (zu dem der Nießbrauch erloschen ist) maßgebend, so bleibt der Nießbrauch unberücksichtigt![148]

cc) Gesetz zur Änderung des Erb- und Verjährungsrechts

266 Das Gesetz zur Änderung des Erb- und Verjährungsrechts zum 1.1.2010[149] beinhaltet im Wesentlichen Neuregelungen zum Pflichtteilsrecht. Die ursprünglich vorgesehene

145 BGHZ 118, 49.
146 BGHZ 118, 49.
147 OLG Celle ZEV 2002, 83.
148 BGH FamRZ 1991, 552; ZEV 2003, 416; aber: OLG Celle ZErb 2003, 383.
149 BT-Drucks. 16/8954 und 16/13543.

und in der Reformdiskussion an sich nie umstrittene Möglichkeit einer **nachträglichen** Anordnung von Ausgleichungs- und Anrechnungspflichten wurde unter Hinweis auf das schützenswerte Vertrauen des Zuwendungsempfängers letztlich dann doch nicht umgesetzt. Eine Anrechnungs- oder Ausgleichsbestimmung hat also nach wie vor spätestens bei der Schenkung zu erfolgen.

- *Änderung des § 2306 Abs. 1 BGB* 267

  Der frühere § 2306 Abs. 1 BGB unterschied danach, ob der dem Pflichtteilsberechtigten hinterlassene Erbteil kleiner bzw gleich seinem Pflichtteil war oder den Pflichtteil überstieg. Im ersten Fall fielen vom Erblasser angeordnete Beschränkungen bzw Beschwerungen weg. Im zweiten Fall konnte der Erbe ausschlagen und seinen Pflichtteil verlangen. Nunmehr kann ein als Erbe mit Beschränkungen/Beschwerungen belasteter Pflichtteilsberechtigter das Erbe stets ausschlagen und seinen Pflichtteil fordern, unabhängig davon, ob seine Erbquote über der Pflichtteilsquote liegt oder nicht. Den bisherigen automatischen Wegfall von Beschränkungen/Beschwerungen bei einem Erbteil kleiner oder gleich dem Pflichtteil gibt es seit dem 1.1.2010 nicht mehr.

- *Abschmelzungsregelung in § 2325 Abs. 3 BGB* 268

  Nach dem § 2325 Abs. 3 BGB aF bestand eine „Alles-oder-Nichts-Regelung". Fiel die Schenkung in die 10-Jahres-Frist vor dem Erbfall, dann wurde sie voll berücksichtigt und der Pflichtteilsberechtigte so gestellt, als befände sich die Schenkung noch im Nachlass des Erblassers. Nur wenn die Schenkung außerhalb der 10-Jahres-Frist erfolgte, blieb sie außen vor.

  Nunmehr wird die Schenkung immer weniger berücksichtigt, je länger sie zurückliegt („Abschmelzungsmodell"). Nur eine im 1. Jahr vor dem Erbfall vorgenommene Schenkung wird noch voll im Rahmen der Pflichtteilsergänzung angesetzt. Ansonsten mindert sich der Ergänzungsbetrag pro abgelaufenem Jahr um jeweils 1/10 (Schenkung wird also im zweiten Jahr mit 9/10, im dritten Jahr mit 8/10, im vierten Jahr mit 7/10 usw bis im zehnten Jahr nur noch mit 1/10 angesetzt; nach 10 Jahren findet keine Berücksichtigung bei der Pflichtteilsergänzung mehr statt). Diese Neuregelung **gilt für alle Erbfälle** ab dem 1.1.2010, aber auch für Schenkungen, die bereits vor Inkrafttreten des Gesetzes erfolgten (Art. 229 § 21 Abs. 4 S. 2 EGBGB). An der Regelung des § 2325 Abs. 3 2. Hs BGB hat sich hingegen nichts geändert. Es bleibt dabei, dass bei Schenkungen an den Ehegatten die 10-Jahres-Frist bei bestehender Ehe nicht zu laufen beginnt.

- *Geänderte Stundungsregelungen* 269

  Bereits vor der Neuregelung gab es die Möglichkeit einer Stundung des Pflichtteils, um Härten aufgrund des bei Geltendmachung grundsätzlich sofort in Geld fälligen Pflichtteilsanspruchs (dessen Erfüllung oft nur durch Veräußerung ererbter Immobilien bzw Unternehmen möglich war) auszugleichen. Stundungsberechtigt war bislang aber nur ein selbst pflichtteilsberechtigter Erbe. Nach der Neufassung des § 2331 a BGB können nunmehr alle Erben eine Stundung beanspruchen, wenn die sofortige Erfüllung des gesamten Anspruchs für sie wegen der Art der Nachlassgegenstände eine unbillige Härte darstellen würde (zB zur Aufgabe des Familienheims bzw eines die Lebensgrundlage bildenden Wirtschaftsguts zwingen würde). Der bisherige Begriff der „ungewöhnlichen Härte“ wurde durch den Begriff der „unbilligen Härte“ ersetzt.

270 ■ *Neuregelung der Pflichtteilsentziehungsgründe*

Die Möglichkeit der Pflichtteilsentziehung bleibt weiterhin auf enge Ausnahmefälle beschränkt. Der im Rahmen einer möglichen Pflichtteilsentziehung geschützte Personenkreis wurde aber erweitert. Nunmehr ist auch „eine dem Erblasser ähnlich nahe stehende Person“ eingeschlossen. Darunter fällt zB der nichteheliche Lebensgefährte des Erblassers und dessen Kinder. Es sollen Personen berücksichtigt werden, deren Verletzung den Erblasser besonders trifft.

Völlig neu gefasst wurde der § 2333 Abs. 1 Nr. 4 BGB und damit der bisherige (viel zu unbestimmte und nur für Abkömmlinge, nicht aber für Ehegatten und Eltern geltende) Entziehungsgrund des „ehrlosen und unsittlichen Lebenswandels“ abgeschafft. Nunmehr kann der Erblasser den Pflichtteil entziehen, wenn der Pflichtteilsberechtigte wegen einer vorsätzlichen Straftat zu einer Freiheitsstrafe von mindestens 1 Jahr ohne Bewährung rechtskräftig verurteilt wird. Es ist nicht erforderlich, dass sich das Fehlverhalten gegen den Erblasser oder seine Familie richtet. Aus der Sicht des Erblassers muss die Tat aber so schwerwiegend sein, dass ihm „deshalb“ eine Teilhabe des Verurteilten am Nachlass unzumutbar ist.

271 ■ *Änderung bei Verjährungsfristen*

Durch die Aufhebung der Sonderverjährungsregel des § 197 Abs. 1 Nr. 2 BGB gilt nunmehr auch für familien- und erbrechtliche Ansprüche grundsätzlich die Regelverjährung von 3 Jahren (ausgenommen und deshalb nach wie vor 30-jährige Sonderverjährung für: Anspruch des Erben gegen den Erbschaftsbesitzer auf Herausgabe der Erbschaft, Anspruch des Nacherben gegen den Vorerben auf Herausgabe der Erbschaft, Anspruch des Erben gegen den Besitzer eines unrichtigen Erbscheins auf Herausgabe an das Nachlassgericht). § 2332 BGB nF enthält keine Verjährungsfrist für Pflichtteilsansprüche mehr. Diese sind nun in die allgemeine Regelverjährung von 3 Jahren (§ 195 BGB) einbezogen. Die Verjährung des Pflichtteilsanspruchs beginnt nach § 199 Abs. 1 BGB mit dem Schluss des Jahres, in dem der Anspruch entstanden ist und der Gläubiger von den den Anspruch begründenden Umständen und der Person des Schuldners Kenntnis erlangt hat oder ohne grobe Fahrlässigkeit hätte erlangen müssen. Übrigens: Bei dem nach 3 Jahren vom Eintritt des Erbfalls verjährenden Anspruch des Pflichtteilsberechtigten gegen den Beschenkten (§ 2329 BGB) kam es bereits bislang auf die nähere Kenntnis der Umstände nicht an. § 2332 Abs. 1 BGB nF regelt ebenfalls explizit, dass der Verjährungsbeginn für den Anspruch nach § 2329 BGB der Zeitpunkt des Erbfalls und nicht die Kenntnis oder grob fahrlässige Unkenntnis maßgebend ist (anders als in § 199 Abs. 1 BGB!).

- *Änderung des § 2257 a BGB* 272

  Siehe dazu unten Ziff. XVIII 4 b/bb

b) Vermächtniserfüllung

Der Testamentsvollstrecker hat im Rahmen der Nachlassverwaltung die letztwilligen Verfügungen des Erblassers zur Ausführung zu bringen (§ 2203 BGB). Dazu gehört insbesondere die Erfüllung vom Erblasser angeordneter Vermächtnisse. Hierbei ist ein etwaiges **Kürzungsrecht** des Erben gegenüber dem Vermächtnisnehmer gemäß § 2318 BGB zu berücksichtigen. Es handelt sich um ein Leistungsverweigerungsrecht. Dies gilt jedoch nicht, wenn der Erbe wegen der objektiven Verjährung des Pflichtteilsanspruchs nicht belastet wird.[150] Der Testamentsvollstrecker hat den Erben zur Erklärung aufzufordern, ob er sein Leistungsverweigerungsrecht ausüben will oder nicht. Dieses Kürzungsrecht soll nachfolgend kurz dargestellt werden. 273

a) Kürzungsrecht des Erben nach § 2318 Abs. 1 BGB: 274

Das Gesetz verteilt hier im **Innenverhältnis** die Pflichtteilslast auf den Erben **und** den Vermächtnisnehmer bzw den Auflagenbegünstigten. Im **Außenverhältnis** verbleibt es bei der alleinigen Haftung des Erben.

Beispiel: Erblasser E setzt seinen Freund F zu seinem Alleinerben ein. Seiner Freundin V vermacht er 20.000 Euro. Er hinterlässt seinen einzigen Sohn S. Der hinterlassene Nachlass beträgt 100.000 Euro.
Lösung:
Die Pflichtteilslast wird verhältnismäßig vom Alleinerben und dem Vermächtnisnehmer getragen.
Wie hoch ist die Pflichtteilslast? $^{1}/_{2}$ = 50.000 Euro
Verhältnis Vermächtnis zum Nachlass: Vermächtnis = 20 %
Vermächtnisnehmer trägt 20 % von 50.000 Euro = 10.000 Euro
Der Erbe kann das Vermächtnis der V demzufolge um 10.000 Euro kürzen und insoweit die Erfüllung verweigern. Der Sohn erhält 50.000 Euro, die Vermächtnisnehmerin 10.000 Euro, dem Erben verbleiben 40.000 Euro.

b) Erweitertes Kürzungsrecht, § 2318 Abs. 3 BGB: 275

Der Erbe hat ein erweitertes Kürzungsrecht, wenn dieser pflichtteilsberechtigt ist, und zwar soweit, dass ihm der Pflichtteil verbleibt.

Beispiel: Erblasser E hat 2 Kinder, S und T. Er setzt S zu seinem Alleinerben ein, T wird enterbt. Seinem Freund F setzt E ein Geldvermächtnis in Höhe von 220.000 Euro aus. Der Nachlass beträgt 300.000 Euro.
Lösung:
S muss T einen Pflichtteil von 75.000 Euro bezahlen (S verbleiben 225.000 Euro);
S kann das Vermächtnis um 73,33 % (= Relation Vermächtnis zu Nachlass) von 75.000 (= PT), also um 55.000 Euro kürzen;
verbleibendes Vermächtnis: 220.000 – 55.000 = 165.000 Euro
+ Pflichtteil T($^{1}/_{4}$) = 75.000 Euro
S müsste somit insgesamt 240.000 Euro ausbezahlen, ihm verblieben noch 60.000 Euro (was unter seinem eigenen Pflichtteil liegt). Er kann damit nach § 2318 Abs. 3 BGB eine weitere Kürzung des Vermächtnisses um 15.000 Euro vornehmen, damit er auf seinen Pflichtteil von 75.000 Euro kommt.

150 OLG München vom 5.5.2008 (21 U 5663/07), n.v.

276 c) Ist der pflichtteilsberechtigte Erbe immer geschützt?

Beispiel: Wie vorstehender Fall, allerdings beträgt das Vermächtnis zu Gunsten des F 240.000 Euro.
Kürzung des Vermächtnisses um 80 % (= Relation Vermächtnis zu Nachlass) des Pflichtteils = 60.000 Euro
verbleibendes Vermächtnis damit (240.000 – 60.000) = 180.000 Euro
+ Pflichtteil T =75.000 Euro
somit Zahlungspflicht = 255.00 Euro
S verblieben 45.000 Euro
Kann S das Vermächtnis um weitere 30.000 € kürzen, um auf seine eigene Pflichtteilshöhe von 75.000 € zu kommen? Nein! Denn § 2318 Abs. 3 BGB ist im Zusammenhang mit § 2306 BGB zu sehen:
S hätte ohne die Pflichtteilslast des T bereits lediglich 60.000 Euro erhalten. Er hätte seinen ungeschmälerten Pflichtteil durch Ausschlagung nach § 2306 BGB erlangen können. Da er nicht ausgeschlagen hat, soll er durch die Versäumung der Ausschlagungsfrist nicht mehr erhalten, als er gem. § 2306 BGB erhielte.

Also: *Er kann lediglich weitere 15.000 € verlangen (insgesamt 60.000 €), aber nicht mehr.*

277 Der Testamentsvollstrecker hat das Kürzungsrecht des Erben gegen den Vermächtnisnehmer nach § 2318 BGB zu berücksichtigen. Hat der Testamentsvollstrecker entgegen diesem Kürzungsrecht in voller Höhe das Vermächtnis erfüllt, so hat er ein Rückforderungsrecht in den Nachlass gemäß § 813 Abs. 1 BGB.

278 **Problem:** Für den Fall, dass das an den Vermächtnisnehmer zu viel Ausbezahlte von diesem nicht mehr erlangt werden kann, ist der Testamentsvollstrecker dem Erben zu Schadensersatz nach § 2219 BGB verpflichtet.

XII. Verpflichtungs- und Verfügungsbefugnis

1. Verpflichtungsbefugnis

279 Nach § 2205 S. 1 BGB hat der Testamentsvollstrecker den Nachlass zu verwalten. Regelmäßig macht es die Nachlassverwaltung erforderlich, dazu auch **Verbindlichkeiten** für den Nachlass einzugehen. Nach § 2206 BGB ist der Testamentsvollstrecker nur berechtigt, Verbindlichkeiten für den Nachlass einzugehen, soweit die Eingehung **zur ordnungsgemäßen Verwaltung** erforderlich ist. Die auf dem Innenverhältnis zum Erben beruhende Verpflichtung des Testamentsvollstreckers nach § 2216 Abs. 1 BGB schlägt auf sein rechtliches Können durch (kausale Beschränkung).

280 Legt der Testamentsvollstrecker offen, dass er in seiner Eigenschaft als Testamentsvollstrecker handelt, so treffen die von ihm eingegangenen Verbindlichkeiten den Nachlass (§ 164 Abs. 1 BGB). Es handelt sich um eine Nachlassverbindlichkeit im Sinne von § 1967 BGB, die Erben haften auch mit ihrem Eigenvermögen (sofern sie die Haftung nicht auf den Nachlass beschränkt haben, §§ 1975 ff BGB).[151] In gleicher Weise gilt dies, wenn der Testamentsvollstrecker den Nachlass verpflichten will und es dem Geschäftspartner gleichgültig ist, wer sein Vertragspartner wird („Geschäft für den, den es angeht"). Eine persönliche Haftung des Testamentsvollstreckers besteht

151 Palandt/Edenhofer, Rn 4 vor § 1967.

nicht.[152] Umgekehrt, wenn der Testamentsvollstrecker sein Handeln als Testamentsvollstrecker nicht offen legt, und dem Geschäftsgegner der Vertragspartner auch nicht gleichgültig ist, liegt ein unanfechtbares Eigengeschäft des Testamentsvollstreckers nach § 164 Abs. 2 BGB vor.

Während der Testamentsvollstrecker über Nachlassgegenstände unbeschränkt **verfügen** kann gemäß § 2205 S. 2 BGB (mit Ausnahme unentgeltlicher Verfügungen nach § 2205 S. 3 BGB), ist er in der **Eingehung von Verbindlichkeiten** für den Nachlass beschränkt. 281

Wie ausgeführt ist die Verpflichtungsbefugnis grundsätzlich davon abhängig, dass sie **ordnungsgemäßer Verwaltung** entspricht. 282

Das Gesetz sieht von dieser beschränkten Verpflichtungsbefugnis jedoch Ausnahmen vor: 283

a) Berechtigung zur Verfügung

Wenn das Verpflichtungsgeschäft **auf eine Verfügung** über einen Nachlassgegenstand gerichtet ist, muss grundsätzlich die unbeschränkte Verfügungsbefugnis des § 2205 S. 2 BGB mit der (eingeschränkten) Verpflichtungsbefugnis harmonisiert werden. Sonst könnte der Testamentsvollstrecker zwar zunächst wirksam verfügen, danach aber die Leistung nach § 812 BGB wegen des fehlenden rechtlichen Grundes wieder „kondizieren“, wenn es sich um keine ordnungsgemäße Nachlassverwaltung handelte. 284

Nach § 2206 Abs. 1 S. 2 BGB kann der Testamentsvollstrecker sich deshalb zu einer **Verfügung** über einen Nachlassgegenstand **wirksam verpflichten,** selbst wenn dies nicht ordnungsgemäßer Verwaltung entspricht. 285

Beispiel: Der Testamentsvollstrecker verkauft ein wertvolles Gemälde aus dem Nachlass, obwohl der Erbe dieses behalten möchte und keinerlei Notwendigkeit für die Beschaffung von Nachlassmitteln besteht. Der Testamentsvollstrecker kann über dieses Bild uneingeschränkt verfügen und damit **auch** den zugrunde liegenden Kaufvertrag wirksam schließen, obgleich der Verkauf nicht ordnungsgemäßer Nachlassverwaltung entspricht. 286

Achtung: § 2206 Abs. 1 S. 2 BGB legitimiert lediglich die Verpflichtungsbefugnis **nach außen.** Die Rechtmäßigkeit des Handelns **im Innenverhältnis** bemisst sich nach wie vor nach der Frage, ob ordnungsgemäße Verwaltung vorlag oder nicht. Entspricht die Verwaltungsmaßnahme nicht ordnungsgemäßer Verwaltung, so kann dies gegebenenfalls zu Schadensersatzansprüchen des Erben gegen den Testamentsvollstrecker führen (§ 2219 BGB).[153] 287

Ebenso wie unentgeltliche Verfügungen unwirksam sind, gilt dies aber dann auch für Verpflichtungsgeschäfte zu solchen unentgeltlichen Verfügungen (§ 2205 S. 3 iVm § 2206 Abs. 1 S. 2 BGB), also der Verpflichtung zu einer Schenkung. 288

b) Gutgläubiger Vertragspartner

Bei Rechtsgeschäften, die **nicht auf eine Verfügung** gerichtet sind, wäre damit stets ordnungsgemäße Verwaltung für die Wirksamkeit des Verpflichtungsgeschäfts erforderlich. 289

---

152 Zimmermann, Rn 400.
153 BGH NJW-RR 1989, 642.

290 Konsequenz einer solchen restriktiven Handhabung wäre aber eine unzumutbare Beeinträchtigung des Rechtsverkehrs. Dieser kann das Innenverhältnis zwischen Erbe und Testamentsvollstrecker regelmäßig nicht beurteilen. Deshalb legt die herrschende Meinung den § 2206 Abs. 1 S. 1 BGB über seinen Wortlaut weiter aus.[154] Für den Fall, dass eine (nicht auf eine Verfügung gerichtete) Verpflichtung ordnungsgemäßer Verwaltung widerspricht, soll trotzdem eine wirksame Nachlassverbindlichkeit begründet werden, falls der Vertragspartner angenommen oder ohne Fahrlässigkeit annehmen durfte, das Geschäft entspräche ordnungsgemäßer Verwaltung.[155] Auch in diesem Fall hat der Erbe aber die Möglichkeit, den Testamentsvollstrecker im Innenverhältnis gegebenenfalls auf Schadensersatz gemäß § 2219 BGB in Anspruch zu nehmen.

291 **Achtung:** Wenn der Testamentsvollstrecker zusammen mit dem Vertragspartner bewusst zum Nachteil des Nachlasses handelt, führt dies zur Nichtigkeit des Verpflichtungsgeschäfts gemäß § 138 Abs. 1 BGB (Kollusion).[156] Fehlt ein derartiger Vorsatz des Vertragspartners, kann der Erbe gegebenenfalls den Einwand unzulässiger Rechtsausübung wegen Missbrauchs der Vertretungsmacht durch den TV erheben (§ 242 BGB). Dies setzt jedoch voraus, dass sich der Testamentsvollstrecker ersichtlich verdächtig verhalten hat.[157]

c) Erweiterte Verpflichtungsbefugnis durch Erblasser

292 Der Erblasser kann durch letztwillige Verfügung anordnen, dass der Testamentsvollstrecker in der Eingehung von Verbindlichkeiten für den Nachlass nicht beschränkt sein soll (§ 2207 BGB). Dann darf der Testamentsvollstrecker – im Außenverhältnis gegenüber Dritten – auch solche Verpflichtungsgeschäfte vornehmen, die nicht ordnungsgemäßer Verwaltung des Nachlasses entsprechen. Dem Erben gegenüber ist der Testamentsvollstrecker aber nach wie vor bei der Eingehung von Verbindlichkeiten für eine ordnungsgemäße Verwaltung des Nachlasses verantwortlich. Davon kann auch der Erblasser den Testamentsvollstrecker nicht befreien (§ 2220 BGB).[158]

„Der Testamentsvollstrecker soll von allen Beschränkungen befreit sein, von denen nach dem Gesetz eine Befreiung erteilt werden kann. Insbesondere soll der Testamentsvollstrecker in der Eingehung von Verbindlichkeiten für den Nachlass nicht beschränkt sein (§ 2207 BGB)."

293 Gemäß § 2368 Abs. 1 S. 2 BGB ist im Testamentsvollstreckerzeugnis zu vermerken, wenn der Erblasser eine solche Befreiung von den Beschränkungen gemäß § 2207 S. 1 BGB verfügt hat.

294 Gemäß § 2207 S. 2 BGB ist allerdings eine so weit gehende Befreiung dahingehend, dass der Testamentsvollstrecker auch Schenkungsversprechen zu Lasten des Nachlasses eingehen könnte, nicht möglich. § 2207 S. 2 BGB regelt unter Verweis auf § 2205 S. 3 BGB, dass der Testamentsvollstrecker zu Verpflichtungen auf unentgeltliche Verfügungen nur berechtigt ist, soweit dies einer sittlichen Pflicht oder einen auf den Anstand zu

154 BGH NJW 2083, 40; Soergel/Damrau, § 2206 Rn 1; Palandt/Edenhofer, § 2206 Rn 1.
155 Palandt NJW 1983, 40; Staudinger/Reimann, § 2205 Rn 11; Palandt/Edenhofer, § 2205 Rn1.
156 Palandt/Edenhofer, § 2206 Rn 2; BGH NJW-RR 1989, 642.
157 BGH NJW-RR 1989, 642.
158 MünchKomm/Brandner, § 2207 Rn 2; Staudinger/Reimann, § 2207 Rn 3.

nehmenden Rücksicht entspricht. Eine weitergehende Befreiung kann ihm auch vom Erblasser nicht eingeräumt werden.

Achtung: Die Beschränkung der Verpflichtungsbefugnis ist nur beim Regeltypus der Abwicklungs- und Auseinandersetzungsvollstreckung sachgerecht. Bei einer komplexen Verwaltungsvollstreckung mit regelmäßig zahlreichen Verpflichtungsgeschäften ist – sofern der Erblasser nichts anderes verfügt hat – **im Zweifel anzunehmen,** dass dem Testamentsvollstrecker eine Befreiung von den Beschränkungen bei der Eingehung von Verbindlichkeiten iSv § 2207 S. 1 BGB erteilt ist (vgl § 2209 S. 2 BGB). 295

d) Einwilligung des Erben

Bei Unsicherheiten, ob der Testamentsvollstrecker den Nachlass wirksam verpflichten kann oder nicht, empfiehlt es sich für den Testamentsvollstrecker, den Erben zu einer Einwilligung in das betreffende Geschäft gemäß § 2206 Abs. 2 BGB aufzufordern. Dieser Anspruch auf Zustimmung kann vom Testamentsvollstrecker gegen den Erben vor dem Prozessgericht geltend gemacht werden. Ein rechtskräftiges Urteil ersetzt dann gemäß § 894 BGB die fehlende Zustimmung des Erben. Damit soll eine abschließende Klärung herbeigeführt werden. Im Verhältnis des Testamentsvollstreckers zum Erben dient sie auch dazu, den Testamentsvollstrecker vor möglichen Schadensersatzansprüchen des Erben zu schützen.[159] 296

Beispiel: Ein Nachlass steht unter Testamentsvollstreckung. Im Nachlass befindet sich eine Eigentumswohnung in X. Der alleinige Erbe studiert in Y. Er möchte die Wohnung in X als „Wochenendwohnung" nutzen. Der Testamentsvollstrecker hingegen ist der Ansicht, dass die Wohnung zu vermieten sei, um angemessene Erträge zu erzielen. Im Nachlass befindet sich noch Kapitalvermögen, dessen Zinsen alleine den Lebensaufwand des Erben (der als Student einkommenslos ist) aber nicht decken können. Der Erbe weist darauf hin, dass er beabsichtigt, irgendwann mal selbst in diese Wohnung einzuziehen. Vor diesem Hintergrund ist er mit einer Vermietung der Wohnung nicht einverstanden. Der Testamentsvollstrecker hat ein Interesse daran zu klären, ob er zu einer wirksamen Vermietung der Wohnung berechtigt ist oder nicht. 297

„Der Beklagte wird verurteilt, der vom Kläger als Testamentsvollstrecker beabsichtigten Vermietung der zum Nachlass gehörenden Eigentumswohnung in... zu einem Nettomietzins von... Euro/m² zuzustimmen." 298

Umgekehrt könnte hier auch der Erbe gegen den Testamentsvollstrecker **Unterlassungsklage** erheben, die seiner Meinung nach ordnungsgemäßer Verwaltung nicht entsprechende Vermietung nicht vorzunehmen. Er könnte gegen den Testamentsvollstrecker auch Klage auf **Feststellung** der mangelnden Verpflichtungsbefugnis bzw Unwirksamkeit der eingegangenen Verpflichtung erheben.[160] 299

Achtung: Der (potentielle) Vertragspartner kann den Erben nicht gemäß § 2206 Abs. 2 BGB zur Klarstellung verklagen.[161] Die dort geregelte Einwilligungspflicht des Erben besteht nur gegenüber dem Testamentsvollstrecker. 300

Das Gericht prüft im Rahmen des § 2206 Abs. 2 BGB, ob eine **ordnungsgemäße Verwaltung** des Nachlasses vorliegt oder nicht (unabhängig davon, ob gegebenenfalls § 2206 Abs. 1 S. 2 greift). Selbst für den Fall, dass eine wirksame Verpflichtungsbefug- 301

159 Staudinger/Reimann, § 2206 Rn 14.
160 MünchKomm/Zimmermann, § 2206 Rn 11; Bamberger/Roth/Mayer, § 2206 Rn 13; Soergel/Damrau, § 2206 Rn 5.
161 Zimmermann, Rn 406.

nis wegen Deckungsgleichheit mit einem Verfügungsgeschäft gegeben wäre, genügte dies nicht, um eine Zustimmungspflicht des Erben gemäß § 2206 Abs. 2 BGB zu begründen. Denn die Deckungsgleichheit zwischen Verpflichtungsgeschäft und Verfügungsgeschäft führt nur zu einer wirksamen Verpflichtungsbefugnis. Etwaige Schadensersatzansprüche gemäß § 2219 BGB blieben bestehen. Wird der Erbe gemäß § 2206 Abs. 2 BGB verpflichtet, so scheiden solche Schadensersatzansprüche nach § 2219 BGB aus.[162]

2. Verfügungsbefugnis

a) Umfassende Verfügungsbefugnis

302 Der Testamentsvollstrecker hat gemäß **§ 2205 S. 2 BGB** das Recht, über die Nachlassgegenstände zu verfügen. Zu Verfügungen zählen Übertragungen, Änderungen und Aufhebungen von Rechten. Umgekehrt zur Verfügungsbefugnis des Testamentsvollstreckers ist der Erbe gemäß § 2211 Abs. 1 BGB von der Verfügung der der Testamentsvollstreckung unterliegenden Nachlassgegenstände ausgeschlossen.[163] Ganz oder teilweise **unentgeltliche** Verfügungen kann der Testamentsvollstrecker gemäß § 2205 S. 3 BGB nicht tätigen.

303 Für die Wirksamkeit von **Verfügungen** ist unerheblich, ob sie ordnungsgemäßer Verwaltung entsprechen oder nicht.[164] Die Einschränkung ordnungsgemäßer Verwaltung tangiert lediglich das Innenverhältnis zwischen Testamentsvollstrecker und Erben, so dass sich bei Verstößen gegebenenfalls ein Schadensersatzanspruch des Erben gegen den Testamentsvollstrecker bzw eine Entlassung des Testamentsvollstreckers aus dem Amt ergeben kann.[165]

304 Für den Fall, dass der Erblasser gemäß § 2044 BGB ein Auseinandersetzungsverbot angeordnet hat, ist die Verfügungsmacht des Testamentsvollstreckers insgesamt beschränkt. Wenn aber alle Erben einverstanden sind, ist eine Auseinandersetzung gleichwohl möglich.[166]

305 **Achtung:** Die Beschränkungen eines Miterben aufgrund ehelichen Güterrechts (zB § 1365 BGB) gelten für den Testamentsvollstrecker nicht.[167]

306 Wie sich aus dem Wortlaut des § 2205 S. 2 bzw § 2211 Abs. 1 BGB ergibt, ist der Testamentsvollstrecker nur zur Verfügung über Nachlass**gegenstände** befugt, der Erbe umgekehrt nur von der Verfügung über Nachlass**gegenstände** ausgeschlossen. Das heißt, über den Anteil eines Miterben **am Nachlass** kann (nur) der Erbe selbst verfügen (§ 2033 Abs. 1 S. 1 BGB). Wenn der Miterbe seinen Erbanteil an einen Dritten überträgt – was zulässig ist – so ist dieser Anteil dann aber weiter mit der Testamentsvollstreckung belastet.[168] Die Gegenleistung für die Erbteilsübertragung unterliegt hingegen nicht mehr der Testamentsvollstreckung.[169] Der Erbe könnte also auf diese Art und Weise

162 Staudinger/Reimann, § 2206 Rn 15; Palandt/Edenhofer, § 2206 Rn 3.
163 Palandt/Edenhofer, § 2211 Rn 1.
164 Winkler, Rn 196.
165 Schaub in Bengel/Reimann, 4. Kap. Rn 129.
166 BGH NJW 1971, 1805; Soergel/Wolf, § 2044 Rn 4.
167 Palandt/Edenhofer, § 2205 Rn 28; Staudinger/Reimann, § 2205 Rn 79.
168 Palandt/Edenhofer, § 2033 Rn 6.
169 Staudinger/Reimann, § 2205 Rn 34; Winkler, Rn 233.

die ihn belastende Beschränkung der Testamentsvollstreckung umgehen und Geldmittel realisieren. Voraussetzung ist natürlich, dass sich jemand bereit findet, einen unter Testamentsvollstreckung stehenden Erbteil entgeltlich zu erwerben (da die Testamentsvollstreckung am übertragenen Erbteil dann ja weiter fortbesteht!).

Achtung: Die Veräußerung einer Alleinerbschaft wird nach herrschender Meinung als nichtig angesehen![170] 307

b) Keine unentgeltlichen Verfügungen

Wie ausgeführt ist der Testamentsvollstrecker zu **unentgeltlichen Verfügungen** nur berechtigt, soweit sie einer sittlichen Pflicht oder einer auf den Anstand zu nehmenden Rücksicht entsprechen (§ 2205 S. 3 BGB). Es handelt sich um eine Schutzvorschrift zur Erhaltung des Nachlasses. Wie sich aus § 2207 S. 2 BGB ergibt, ist dies eine zwingende Vorschrift, von der auch der Erblasser keine Befreiung erteilen kann. 308

Für die Frage der Unentgeltlichkeit kommt es darauf an, ob der Minderung des Nachlasses eine gleichwertige Gegenleistung entspricht.[171] Der Testamentsvollstrecker hat aber nicht vor jeder Verfügung eigens ein Sachverständigengutachten über den Wert von Leistung/Gegenleistung einzuholen, insbesondere nachdem idR die Marktverhältnisse den Preis und damit die Höhe der Gegenleistung bestimmen.[172] Es genügt, dass der Testamentsvollstrecker im Rahmen ordnungsgemäßer Verwaltung handelt. Der Testamentsvollstrecker hat einen gewissen Ermessensspielraum bei der Höhe der Gegenleistung.[173] Maßgeblicher Zeitpunkt für die Bewertung der Unentgeltlichkeit ist der Zeitpunkt der Vornahme der Verfügung.[174] 309

Wenn der Testamentsvollstrecker die vollwertige Gegenleistung später pflichtwidrig verwendet, so bleibt die Verfügung gleichwohl entgeltlich.[175] Eine **teilweise Unentgeltlichkeit** steht der völligen Unentgeltlichkeit gemäß § 2205 S. 3 BGB gleich.[176] 310

aa) Subjektive Komponente erforderlich

Nach herrschender Meinung muss für die Unentgeltlichkeit auch eine subjektive Komponente hinzukommen, dh der Testamentsvollstrecker muss das Fehlen oder die Unzulänglichkeit der Gegenleistung kennen oder zumindest erkennen können.[177] Die subjektive Komponente beruht darauf, dass die Bewertung von Leistung und Gegenleistung dem Testamentsvollstrecker unter Einräumung eines gewissen Ermessensspielraums obliegt. 311

bb) Erfüllung von Verbindlichkeiten

Wenn eine letztwillige Verfügung des Erblassers vom Testamentsvollstrecker **erfüllt wird**, so ist diese Verfügung nicht unentgeltlich. Denn dadurch wird der Nachlass von einer entsprechenden Verpflichtung befreit.[178] Überträgt der Testamentsvollstrecker 312

170 BGH DNotZ 1968, 358; Staudinger/Werner, § 2033 Rn 3.
171 Schaub in Bengel/Reimann, 4. Kap. Rn 133.
172 Schaub ZEV 2001, 259.
173 Soergel/Damrau, § 2205 Rn 83.
174 BGH NJW 1977, 1631; OLG Hamm Rpfleger 1991, 59.
175 Schaub in Bengel/Reimann, 4. Kap. Rn 133.
176 Soergel/Damrau, § 2205 Rn 80; BayObLG Rpfleger 1988, 525.
177 MünchKomm/Zimmermann, § 2205 Rn 63; Staudinger/Reimann, § 2205 BGB Rn 30.
178 OLG Karlsruhe NJW-RR 2005, 1097.

also in Erfüllung eines Vermächtnisses ein Grundstück an den Vermächtnisnehmer, so liegt keine unentgeltliche Verfügung vor. Besteht die Vermächtnisschuld aber in Wahrheit nicht, so ist die Auflassung eines solchen Nachlassgrundstücks an den Vermächtnisnehmer unentgeltlich und damit unwirksam.[179] Überträgt der Testamentsvollstrecker einem Nacherben ein Grundstück schon vor Eintritt des Nacherbfalls, liegt ebenfalls Unentgeltlichkeit vor.[180] Denn Erträgnisse, die in den Nachlass des Vorerben gefallen wären, fallen nunmehr aus.

313 **Achtung:** Erhält ein Miterbe im Rahmen einer Erbauseinandersetzung mehr als ihm zusteht, so erfolgt dies ebenfalls unentgeltlich.[181] **Aber:** Wenn die Miterben zustimmen oder einen Auseinandersetzungsvertrag schließen, ist § 2205 S. 3 BGB nicht einschlägig.[182]

cc) Sittliche Pflicht/Anstandsschenkungen

314 Unentgeltliche Verfügungen sind nach § 2205 S. 3 BGB gleichwohl dann zulässig, wenn es sich um Pflicht- oder Anstandsschenkungen handelt. Solche können bei kleineren üblichen Geschenken gegeben sein (zB Geburtstag, Weihnachten usw.). Wenn Kinder ihre Eltern pflegen, so begründet das für sich aber noch keine sittliche Pflicht für größere Schenkungen an die Kinder.[183]

dd) Schwebende Unwirksamkeit

315 Hat der Testamentsvollstrecker unentgeltlich verfügt, ohne hierzu berechtigt zu sein, so ist die Verfügung schwebend unwirksam (nicht nichtig).[184] Wird aber die Genehmigung verweigert, so ist die Verfügung unwirksam mit der Folge, dass die Gegenstände nach wie vor zum Nachlass gehören. Teilentgeltliche Verfügungen machen das ganze Rechtsgeschäft unwirksam. Auch ein etwaiger Ausgleich des Differenzbetrags zur Vollentgeltlichkeit durch den Erwerber heilt nicht.[185]

316 Die Nichtigkeit der Verfügung erfasst das Kausalgeschäft, so dass das Grundgeschäft ebenfalls unwirksam ist.[186] Ein gutgläubiger Erwerb ist nicht möglich.[187] Denn der gute Glaube eines Erwerbers kann nur das fehlende Eigentum des Veräußerers ersetzen, nicht aber dessen mangelnde Verfügungsbefugnis.[188] Gleiches gilt, wenn der Erwerber gutgläubig auf das Vorliegen der notwendigen Zustimmungserklärung vertraut, aber Kenntnis von der Unentgeltlichkeit hat.[189]

179 Staudinger/Reimann, § 2205 Rn 49.
180 BGH NJW 1971, 2264.
181 BGH NJW 1963, 1613.
182 Soergel/Damrau, § 2205 Rn 85.
183 BayObLG FamRZ 1999, 47; OLG Hamm FamRZ 1985, 206.
184 Schaub in Bengel/Reimann, 4. Kap. Rn 149; Soergel/Damrau, § 2205 Rn 78.
185 Palandt/Edenhofer, § 2113 Rn 12.
186 Soergel/Damrau, § 2205 Rn 82.
187 Schaub ZEV 2001, 257; OLG Hamm ZEV 2001, 257.
188 Palandt/Bassenge, § 892 Rn 3; § 932 Rn 3.
189 Schaub in Bengel/Reimann, 4. Kap. Rn 150.

ee) Grundbuchverkehr

Nach § 35 Abs. 2 GBO ist dem Grundbuchamt bei Verfügungen über Grundstücke nachzuweisen, dass die Verfügung des Testamentsvollstreckers entweder nicht unentgeltlich ist oder der Erbe der Verfügung zustimmt.[190] 317

Der Wert des Grundstücks und damit die Gleichwertigkeit mit dem Kaufpreis ist nicht in Urkundsform nach § 29 GBO nachzuweisen. Dies wäre praktisch nicht möglich.[191] Es soll genügen, wenn der Testamentsvollstrecker einen Sachverhalt, Beweggrund und Zweck glaubhaft darlegt, der nach freier Beweiswürdigung unter Anwendung von allgemeinen Erfahrungssätzen die Entgeltlichkeit ergibt.[192] Das Grundbuchamt prüft die Frage der Entgeltlichkeit von Amts wegen (§ 26 FamFG).[193] Eine Entgeltlichkeit der Verfügung wird regelmäßig angenommen, wenn sie auf einem zweiseitigen entgeltlichen Rechtsgeschäft beruht, der andere Vertragsteil ein unbeteiligter Dritter ist und sich hinsichtlich des Kaufpreises von der Höhe keine Bedenken aufdrängen.[194] Gegebenenfalls kann das Grundbuchamt mit einer Zwischenverfügung die Vorlage eines Gutachtens über den Wert verlangen. Gegen eine solche Zwischenverfügung nach § 18 GBO ist weiterhin die unbefristete Beschwerde möglich. Die durch das FamFG abgeschaffte einfache Beschwerde hat in Grundbuchsachen weiterhin Bestand. 318

Steht Unentgeltlichkeit fest, so ist die Zustimmung der Erben in der Form des § 29 GBO nachzuweisen. 319

Problem: Wenn minderjährige Erben vorhanden sind, müsste die Zustimmung durch den gesetzlichen Vertreter erfolgen. Die Eltern können wegen § 1641 BGB (gleiches gilt für Vormund und Betreuer gemäß § 1804 BGB) aber keine Zustimmung zu unentgeltlichen Verfügungen (wegen des Schenkungsverbots) erklären. Eine gerichtliche Zustimmung ist ebenfalls nicht möglich.[195] Im Ergebnis wäre deshalb in diesem Fall eine Heilung ausgeschlossen.[196] 320

c) § 181 BGB

Im Rahmen von Verfügungen ist § 181 BGB auf den Testamentsvollstrecker als Partei kraft Amtes zwar nicht unmittelbar, aber entsprechend anwendbar. Es besteht die Gefahr einer Interessenkollision.[197] Liegt ein unzulässiges In-Sich-Geschäft des Testamentsvollstreckers vor, so ist dieses schwebend unwirksam.[198] Die Erben können das Geschäft aber rückwirkend genehmigen (§§ 177, 184 BGB). 321

Nach § 181 BGB ist ein In-Sich-Geschäft zulässig, wenn dem Testamentsvollstrecker dieses gestattet ist oder der Testamentsvollstrecker in Erfüllung einer Verbindlichkeit handelt. 322

190 OLG Karlsruhe NJW-RR 2005, 1097.
191 Zimmermann, Rn 491.
192 BGH NJW 1971, 2264; OLG Zweibrücken Rpfleger 1968, 88; LG Köln RHNotK 1989, 171.
193 BayObLG NJW-RR 1989, 587.
194 OLG Frankfurt MittBayNot 1980, 77.
195 Soergel/Damrau, § 2205 Rn 78.
196 Soergel/Damrau, aaO; Zimmermann, Rn 489; aA: Schaub ZEV 2001, 257.
197 BGHZ 30, 67; Staudinger/Reimann, § 2205 Rn 59.
198 BGH NJW 1959, 1429.

323 Wie oben ausgeführt (§ 2 Ziff. V.6) ist es sinnvoll, wenn der Erblasser – sofern gewollt – den Testamentsvollstrecker von den Beschränkungen des § 181 BGB ausdrücklich befreit. Erforderlich ist aber, dass neben der Gestattung vom Erblasser das Geschäft sich nach wie vor auch im Rahmen ordnungsgemäßer Verwaltung bewegt.[199] Nicht erforderlich ist, dass die Gestattung in eine letztwillige Verfügung eingekleidet ist, sie ist vielmehr auch formfrei möglich.[200] Auch eine konkludente Gestattung ist möglich, wenngleich an eine solche strenge Anforderungen zu stellen sind.

324 Dem Testamentsvollstrecker, der zugleich Miterbe ist, ist es regelmäßig stillschweigend erlaubt, Rechtsgeschäfte mit sich selbst vorzunehmen, die sich im Rahmen ordnungsgemäßer Verwaltung halten.[201] Maßgeblich ist, ob der Erblasser die Gefahr eines Interessenkonflikts erkannt und dem Testamentsvollstrecker dennoch die Möglichkeit einräumen wollte, das Rechtsgeschäft mit sich selbst durchzuführen.

325 Ein In-Sich-Geschäft ist des Weiteren wirksam, wenn der Testamentsvollstrecker in Erfüllung einer Verbindlichkeit handelt (und diese sich wiederum im Rahmen ordnungsgemäßer Verwaltung bewegt). So kann der Testamentsvollstrecker beispielsweise Forderungen, die er selbst gegenüber dem Nachlass hat, dadurch erfüllen, dass er das Geld dem Nachlass entnimmt. Dies gilt vor allem für einen fälligen Anspruch auf Vergütung, weil der Vergütungsanspruch eine Nachlassverbindlichkeit darstellt.[202] Auch ein ihm vom Erblasser zugewandtes Vermächtnis kann der Testamentsvollstrecker selbst vollziehen.[203] Ferner kann sich der Testamentsvollstrecker einen Gegenstand, der nach dem Teilungsplan als Miterbe auf ihn entfällt, selbst übereignen, insbesondere Grundstücke auf sich übertragen. Insoweit ist regelmäßig auch eine entsprechende stillschweigende Gestattung des Erblassers anzunehmen.[204]

XIII. Informationspflichten des Testamentsvollstreckers (Benachrichtigung, Auskunft, Rechnungslegung)

326 Auszugehen ist von § 2218 BGB, der insoweit auf das Auftragsrecht, nämlich § 666 BGB verweist. Danach bestehen für den Testamentsvollstrecker drei Arten von Informationspflichten:

- die Benachrichtigungspflicht,
- die Auskunftspflicht,
- die Rechenschaftspflicht.

327 Die Informationsansprüche aus § 2218 BGB stehen dem **Erben** zu und richten sich gegen den Testamentsvollstrecker persönlich. Zu Gunsten von Vermächtnisnehmern und Pflichtteilsberechtigten gilt § 2218 BGB nicht.

328 Benachrichtigung, Auskunft und Rechenschaft sind graduell unterschiedliche Ausgestaltungen einer **einheitlichen Auskunftsverpflichtung.**

---

199 BGHZ 30, 69.
200 Zimmermann, Rn 465.
201 BGH NJW 1959, 1429; Soergel/Damrau, § 2205 Rn 71.
202 BGH NJW 1973, 360/1.
203 BayObLG Rpfleger 1982, 344.
204 Winkler, Rn 508, 524.

1. Benachrichtigungspflicht

a) Unaufgeforderte Information

Wesentlich an der Benachrichtigungs- bzw Mitteilungspflicht ist, dass sie **unaufgefordert**, also aus eigener Initiative des Testamentsvollstreckers zu erfolgen hat. Dies ergibt sich daraus, dass § 666 BGB ein „Verlangen" nur bei Auskunft und Rechnungslegung voraussetzt. Maßgeblich ist jeweils die objektive Lage eines Geschäfts, die es einem umsichtigen und objektiven Testamentsvollstrecker gebietet, den Erben – unaufgefordert – zu benachrichtigen.[205] 329

Der Testamentsvollstrecker hat den Erben hier über wichtige Einzelfragen und bedeutende über den „Alltag" der Testamentsvollstreckung hinausgehende Entscheidungen zu informieren.[206] Der Erbe muss die Übersicht über das Geschehen be- und erhalten, um so im Hinblick auf seine Vermögens- und Haftungsinteressen die Möglichkeit zu haben, bei bedeutsamen Vorgängen Einfluss auf den Testamentsvollstrecker nehmen, ihn insbesondere gegebenenfalls auf Unterlassung verklagen zu können.[207] 330

Eine besondere Informationspflicht kann sich ergeben, wenn der Testamentsvollstrecker selbst Miterbe ist und vom Erblasser vom Verbot des Selbstkontrahierens befreit wurde. Dies gilt insbesondere, wenn der Testamentsvollstrecker auf sich selbst Nachlassgegenstände überträgt und der Anschein begründet werden könnte, dass nicht der volle Gegenwert in die Nachlassmasse fließt.[208] 331

Eine Benachrichtigungspflicht wird im Übrigen vor allem bei besonders risikobehafteten Geschäften (insbesondere spekulativer Art) bejaht, die erhebliche Verlustrisiken in sich tragen.[209] 332

Ungeachtet dessen, ob eine solche unaufgeforderte Benachrichtigungspflicht für den Testamentsvollstrecker besteht oder nicht, tut dieser gut daran, den Erben fortlaufend zu informieren. Eine kontinuierliche Unterrichtung des Erben trägt wesentlich zur Konfliktvermeidung bzw -reduzierung zwischen Erbe und Testamentsvollstrecker bei. 333

b) Keine Form

Die Benachrichtigung bedarf keiner besonderen Form.[210] Sie kann mündlich oder schriftlich erfolgen.[211] Aus Beweisgründen empfiehlt sich jedoch die schriftliche Information (zB durch Telefax).[212] 334

c) Berufsspezifische Pflichten

Unterliegt der Testamentsvollstrecker berufsspezifischen Pflichten, zB als Rechtsanwalt oder Steuerberater, dann gelten die besonderen Benachrichtigungspflichten dieser Berufsgruppen als Sachwalter fremden Vermögens und überlagern die allgemeinen, jeden Testamentsvollstrecker treffenden Pflichten. So hat zB ein Rechtsanwalt seinen Man- 335

205 MünchKomm/Seiler, § 666 Rn 5; Palandt/Sprau, § 666 Rn 2.
206 MünchKomm/Seiler, § 666 Rn 5; Winkler, Rn 477.
207 BayObLG ZEV 1998, 348.
208 Klumpp in Bengel/Reimann, 6. Kap. Rn 69.
209 Klumpp in Bengel/Reimann, 6. Kap. Rn 70.
210 BayObLG ZEV 1998, 348.
211 Zimmermann, Rn 318.
212 Klumpp in Bengel/Reimann, 6. Kap. Rn 79.

danten auf etwaige Schadensersatzansprüche gegen ihn selbst wegen fehlerhafter Beratung hinzuweisen. Unterlässt er dies, so trifft ihn durch diese neue schuldhafte Pflichtverletzung eine sekundäre Schadensersatzverpflichtung. Der Sekundäranspruch verjährt drei Jahre nach Verjährung des Primäranspruchs, spätestens drei Jahre nach Beendigung des Mandats.[213] Gleiches gilt für Steuerberater.[214]

d) Nicht einklagbar

336 Die den Testamentsvollstrecker treffende Benachrichtigungspflicht **kann nicht eingeklagt werden.** Es handelt sich lediglich um eine Schutzpflicht zu Gunsten des Erben. Bei einer Verletzung dieser Pflicht kann sich für den Erben jedoch ein Schadensersatzanspruch nach § 2219 BGB gegenüber dem Testamentsvollstrecker ergeben.[215] Eine weitere Sanktion liegt darin, dass der Verstoß gegen die Informationspflicht einen Entlassungsgrund nach § 2227 BGB darstellen kann.[216]

337 Die Unterlassung einer notwendigen Benachrichtigung des Erben hat auf das vom Testamentsvollstrecker geschlossene Geschäft keine unmittelbare Auswirkung.

2. Auskunftspflicht

a) Auskunft auf Verlangen

338 Anders als bei der vorgenannten Benachrichtigungspflicht setzt die Auskunftspflicht ein entsprechendes „Verlangen" des Erben voraus.[217] Der Erbe hat es in der Hand, jederzeit entsprechende Auskünfte vom Testamentsvollstrecker zu fordern.

339 **Aber:** Das Auskunftsbegehren des Erben darf nicht schikanös sein und unterliegt deshalb dem allgemeinen Gebot von Treu und Glauben nach § 242 BGB.[218] Missbräuchlich wäre es zB, wenn der Erbe einen ihm nicht genehmen Testamentsvollstrecker durch tägliche Anfragen so stark belasten und „entnerven" will, damit dieser sein Amt letztlich zur Verfügung stellt.[219] Die Grenze der Auskunftspflicht wird durch die Zumutbarkeit für den Testamentsvollstrecker und das schutzwürdige Interesse des Erben bestimmt. Ist das Interesse des Erben derart unbedeutend, dass es in keinem vernünftigen Verhältnis zum Aufwand steht, so besteht kein Anspruch auf Auskunftserteilung.[220]

340 **Achtung:** Eine Verpflichtung zur Auskunft besteht für den Testamentsvollstrecker auch dann, wenn er mit der Auskunft eine eigene Straftat offenbaren müsste, die er bei Durchführung der Testamentsvollstreckung begangen hat (zB eine Unterschlagung).[221] Der Testamentsvollstrecker hat auch kein Aussageverweigerungsrecht nach § 384 Nr. 2 ZPO. Die anwaltliche Schweigepflicht greift nur ein, wenn es um die Geheimnisse Dritter, also nicht des auskunftsberechtigten Erben selbst geht.[222]

---

213 BGHZ 94, 389.
214 BGH NJW 1982, 1285.
215 MünchKomm/Brandner, § 2218 Rn 9; Soergel/Damrau, § 2218 Rn 4; Winkler, Rn 477.
216 BayObLG ZEV 1998, 348.
217 BayObLG ZEV 1998, 348.
218 MünchKomm/Seiler, § 666 Rn 7; Staudinger/Reimann, § 2218 Rn 18.
219 Klumpp in Bengel/Reimann, 6. Kap. Rn 84.
220 MünchKomm/Seiler, § 666 Rn 7; Palandt/Sprau, § 666 Rn 1.
221 BGH 41, 318, 323.
222 MünchKomm/Krüger, § 259 Rn 33.

Im Einzelfall kann der Testamentsvollstrecker auch verpflichtet sein, sich über sein eigenes Wissen hinaus die entsprechenden Kenntnisse zu verschaffen, um dem Erben die verlangte Auskunft erteilen zu können. Ihn trifft dann eine sog. „Wissensverschaffungspflicht“.[223] 341

b) Bestandsverzeichnis

Eine besondere Form der Auskunftserteilung regelt § 260 Abs. 1 2. Alt. BGB. Wer über ein Sondervermögen, wie zB einen Nachlass, Auskunft zu erteilen hat, muss dem Berechtigten auf Verlangen ein Verzeichnis **des Bestandes** vorlegen.[224] Hat der Testamentsvollstrecker im Rahmen seiner Amtsführung durch wesentliche Umschichtungen, Veränderungen oder Neuerwerb den Bestand verändert, so ist dies auf **Verlangen** durch ein entsprechendes Verzeichnis zu dokumentieren. Die Vorlage des Nachlassverzeichnisses zu Beginn der Testamentsvollstreckung ersetzt diese Bestandsdokumentierung im Laufe der Testamentsvollstreckung nicht. Ebenso wie das Nachlassverzeichnis ist auch dieses Bestandsverzeichnis so zu erstellen, dass es der Erbe überprüfen kann. 342

Herrn... 343

Testamentsvollstreckung über den Nachlass von...

Sehr geehrter Herr...

nach meinen Informationen haben Sie im Rahmen Ihrer Nachlassverwaltung das Kapitalvermögen, das bislang bei der X-Bank angelegt war, umgeschichtet und verschiedene Neuanlagen getätigt. Über die von Ihnen im Einzelnen getroffenen Maßnahmen habe ich von Ihnen bislang keine Mitteilungen erhalten.

Ich fordere Sie hiermit auf, mir Auskunft über den Bestand des Nachlasses zum Zeitpunkt... durch Vorlage eines Bestandsverzeichnisses gemäß § 260 Abs. 1 BGB zu erteilen.

Ich bitte um Übersendung des Bestandsverzeichnisses bis spätestens...

(Unterschrift)

c) Keine Form

Die Auskunft ist nicht formgebunden, sie kann also auch mündlich erteilt werden.[225] Aus Beweisgründen empfiehlt sich jedoch die Schriftform.[226] Bei Auskunft durch ein Bestandsverzeichnis ergibt sich bereits aus dem Wort „Verzeichnis“ für diesen Fall das Schriftformerfordernis.[227] 344

d) Miterben

Miterben untereinander sind über den Nachlassbestand nicht auskunftsverpflichtet.[228] Für einen Testamentsvollstrecker, der gleichzeitig Miterbe ist, gilt dies jedoch nicht. Die Auskunftsverpflichtung verlangt eine Sonderbeziehung, die unter bloßen Miterben nicht gegeben ist. Anders ist dies im Verhältnis zwischen Miterben und Testamentsvollstrecker-Miterbe. Der Testamentsvollstrecker-Miterbe hat gegenüber den anderen Erben besondere Rechte und Pflichten, die ihn aus seiner allgemeinen Erben- 345

223 Klumpp in Bengel/Reimann, 6. Kap. Rn 102.
224 MünchKomm/Krüger, § 260 Rn 5; Klumpp in Bengel/Reimann, 6. Kap. Rn 106.
225 Klumpp in Bengel/Reimann, 6. Kap. Rn 117.
226 Sarres ZEV 2000, 90; Zimmermann, Rn 319.
227 Klumpp in Bengel/Reimann, 6. Kap. Rn 118.
228 BGHZ 61, 183; MünchKomm/Krüger, § 260 Rn 19; Palandt/Heinrichs, § 261 Rn 15.

stellung herausheben. Die besonderen Pflichten aus dem gesetzlichen Schuldverhältnis Testamentsvollstrecker zu Erben überlagern die allgemeinen Rechtsbeziehungen.

e) Zurückbehaltungsrecht

346 Ein Zurückbehaltungsrecht wegen seiner Vergütung oder eines Aufwendungsersatzanspruchs steht dem Testamentsvollstrecker gegen den Auskunftsanspruch des Erben nicht zu. Der Testamentsvollstrecker ist insofern „vorleistungspflichtig".[229]

f) Klage vor Prozessgericht

347 Kommt der Testamentsvollstrecker seiner Auskunftspflicht nicht freiwillig nach, so kann der Erbe ihn vor dem Prozessgericht verklagen. Der Streitwert bemisst sich nach dem Interesse des Erben an der Auskunft (idR 10 – 25 % des Werts der Hauptsache).[230] Jeder Miterbe kann Auskunft vom Testamentsvollstrecker verlangen, die dann an alle Miterben zu erteilen ist (§§ 2032, 432 BGB).

348 Amtsgericht...

Klage

von Herrn...

- Kläger –

gegen

Herrn...

als Testamentsvollstrecker über den Nachlass des am... verstorbenen...

- Beklagter –

wegen Auskunft

Hiermit erhebe ich Klage zum sachlich und örtlich zuständigen Amtsgericht... Im Termin zur mündlichen Verhandlung werde ich beantragen, wie folgt zu erkennen:

1. Der Beklagte wird verurteilt, dem Kläger als Alleinerben des am... verstorbenen... Auskunft über den Bestand des Nachlasses zum... durch Vorlage eines Bestandsverzeichnisses zu erteilen.
2. Der Beklagte hat die Kosten des Rechtsstreits zu tragen.
3. Das Urteil ist bezüglich der Kosten vorläufig vollstreckbar.

349 Hat sich der Testamentsvollstrecker zu Unrecht geweigert, die vom Erben begehrte Auskunft zu erteilen, so hat der Testamentsvollstrecker die Kosten des Prozesses persönlich zu tragen. Den Nachlass darf er damit nicht belasten. Für den Fall, dass der Testamentsvollstrecker zu Unrecht die Summe dem Nachlass entnimmt, macht er sich schadensersatzpflichtig.[231]

3. Rechnungslegungspflicht

a) Rechnungslegung auf Verlangen

350 Als dritte Komponente der Informationspflichten hat der Testamentsvollstrecker umfassend **Rechenschaft** abzulegen. Eine Rechenschaftspflicht besteht (ebenso wie die Auskunftspflicht) aber nur **auf Verlangen.**

---

229 Soergel/Damrau, § 2218 Rn 9; Staudinger/Reimann, § 2218 Rn 21.
230 BGH NJW 1997, 1016.
231 Klumpp in Bengel/Reimann, 6. Kap. Rn 115.

Die Rechenschaftspflicht geht über die Auskunftspflicht hinaus. Die Auskunftspflicht informiert über den **„Stand"** der Geschäfte. Die Rechenschaftspflicht umfasst eine genaue Darstellung des **Ablaufs** und der **Ergebnisse** der Geschäftstätigkeit.[232] 351

b) Darstellung der Einnahmen-/Ausgabenentwicklung

Die Rechenschaftsablegung muss eine übersichtliche, geordnete und vollständige Gegenüberstellung der Einnahmen und Ausgaben enthalten.[233] Wichtig ist, dass die Aufstellung nicht nur den aktuellen Zustand zu einem Stichtag anzugeben, sondern nachvollziehbar darzustellen hat, wie sich dieser Zustand aus den Daten und Zahlen der Vergangenheit **entwickelt hat.**[234] Belege sind der Rechnungslegung beizufügen, soweit sie üblicherweise ausgestellt werden und dem Pflichtigen zur Verfügung stehen bzw beschaffbar sind.[235] 352

Auch die Rechenschaftspflicht unterliegt **Treu und Glauben** und dem **Schikaneverbot.** Eine Rechenschaftspflicht kann für den Verpflichteten unzumutbar sein, wenn das Interesse des Berechtigten derart gering ist, dass es in keinem vernünftigen Verhältnis zu Aufwand an Arbeit und Zeit für den Testamentsvollstrecker steht.[236] 353

c) Nach Ausführung des „Auftrags"

Nach dem Wortlaut des § 666 BGB ist die Rechenschaft **„nach Ausführung des Auftrages"** zu erteilen. Damit ist sie fällig bei Beendigung des Amtes. Mit der Beendigung der Testamentsvollstreckung kann der Erbe die Rechenschaftsablegung verlangen. Der Testamentsvollstrecker muss diese erfüllen, wenn er vom Erben dazu aufgefordert wird.[237] Die Rechenschaft ist dann innerhalb angemessener Frist zu legen.[238] Die Angemessenheit der Frist hängt von Art und Umfang des Nachlasses sowie der abgewickelten Tätigkeiten ab. 354

d) Jährliche Rechnungslegung

Bei einer länger dauernden Verwaltung kann der Erbe vom Testamentsvollstrecker auch jährliche Rechnungslegung verlangen (§ 2218 Abs. 2 BGB). Unter „länger dauernd" versteht man (jede) Testamentsvollstreckung, die mehr als ein Jahr andauert (unerheblich, ob es sich dabei um eine Verwaltungsvollstreckung oder Abwicklungsvollstreckung handelt).[239] Auch die jährliche Rechnungslegung hat aber nur „auf Verlangen" zu erfolgen. Die jährliche Rechnungslegung muss alle Positionen enthalten, die sich während der Rechnungsperiode gegenüber dem Vorjahr verändert haben. Sämtliche Einnahmen und Ausgaben sind in einer Einnahmen-Überschussrechnung anzugeben.[240] Es ist ein Vermögensstatus zu erstellen, aus dem die Entwicklung und das Er- 355

232 Klumpp in Bengel/Reimann, 6. Kap. Rn 242.
233 BGH NJW 1982, 573.
234 OLG Köln NJW-RR 1989, 528; Klumpp in Bengel/Reimann, 6. Kap. Rn 267.
235 BGHZ 39, 94; MünchKomm/Krüger, § 259 Rn 23; Palandt/Heinrichs, § 261 Rn 23.
236 BGHZ 70, 86; MünchKomm/Krüger, § 259 Rn 28; Palandt/Heinrichs, § 261 Rn 24.
237 MünchKomm/Seiler, § 666 Rn 11; Klumpp in Bengel/Reimann, 6. Kap. Rn 291.
238 MünchKomm/Seiler, § 666 Rn 11.
239 Soergel/Damrau, § 2218 Rn 7.
240 Klumpp in Bengel/Reimann, 6. Kap. Rn 297.

gebnis der vermögensrelevanten Vorgänge des vorangegangenen Jahres ersichtlich sind.[241]

356 Im Gegensatz zur **Schlussabrechnung** nach Beendigung des Amts muss die **jährliche Rechnungslegung** nicht so umfangreich und detailliert sein, da letztere nur eine Art Zwischenbilanz ist. Die Schlussabrechnung muss hingegen alles enthalten, was Relevanz zum Nachlass hat oder auch nur haben kann, um dem Erben die Prüfung zu ermöglichen, ob und gegebenenfalls in welcher Höhe Ansprüche gegen den Testamentsvollstrecker bestehen.[242] Die jährliche Rechnung hat die sich während der Rechnungsperiode gegenüber dem Vorjahr erfolgten Zu- und Abflüsse in zeitlicher Reihenfolge mit Datumsangabe darzustellen. Zum Jahresende ist der Vermögensstatus mit Übersicht über Entwicklung und Ergebnis aufzulisten.

357 Herrn...

Testamentsvollstreckung für...

Sehr geehrter Herr...

als Testamentsvollstrecker sind Sie gemäß § 2218 Abs. 2 BGB bei länger dauernder Verwaltung zur jährlichen Rechnungslegung gegenüber dem Erben verpflichtet. Von diesem Recht mache ich hiermit Gebrauch und fordere Sie ausdrücklich auf,

> durch Vorlage einer geordneten Aufstellung über die im Rahmen der Testamentsvollstreckung von Ihnen getätigten Einnahmen und Ausgaben seit 01.01. bis 31.12. Rechnung zu legen und den aktuellen Stand zum Ende des Abrechnungszeitraums anzugeben.

Ich bitte um Vorlage der Rechnungslegung bis spätestens...

(Unterschrift)

358 Ein Verzicht auf die Rechenschaftsablegung durch den Erblasser ist nicht möglich (siehe § 2220 BGB), wohl jedoch ein Verzicht hierauf durch den Erben.

e) Klage vor Prozessgericht

359 Für den Fall, dass der Testamentsvollstrecker dem Verlangen des Erben nicht nachkommt, kann er vor dem Prozessgericht darauf verklagt werden.

360 ...

1. Der Beklagte wird verurteilt, dem Kläger als Alleinerben des am... verstorbenen... über den Stand des Nachlasses zum 31.12.... durch Vorlage eines Bestandsverzeichnisses Auskunft zu erteilen.
2. Der Beklagte wird weiter verurteilt, gegenüber dem Kläger durch Vorlage einer geordneten Aufstellung über die seit Beginn der Testamentsvollstreckung über den Nachlass des am... verstorbenen... bis zum 31.12.... getätigten Einnahmen und Ausgaben Rechnung zu legen.

...

361 Der Testamentsvollstrecker kann seinerseits gegen den Erben auf Feststellung klagen, dass er seine Geschäfte ordnungsgemäß erfüllt hat und keine Schadensersatzansprüche bestehen. Dies gilt auch während noch bestehender Amtszeit. Der Testamentsvollstrecker hat ein Rechtsschutzinteresse daran, dass seine zukünftige Tätigkeit nicht mit Ungewissheiten belastet bleibt.

241 Staudinger/Reimann, § 2218 Rn 36; MünchKomm/Brandner, § 2218 Rn 11.
242 Klumpp in Bengel/Reimann, 6. Kap. Rn 296.

XIV. Testamentsvollstreckung und Steuerrecht

1. Allgemeines

Aufgrund der Testamentsvollstreckung besteht eine **zivilrechtliche Spaltung** der Rechtsposition zwischen Erben und Testamentsvollstrecker. Im Wege der Universalsukzession geht zwar das Vermögen des Erblassers auf den Erben über, er wird Eigentümer des Nachlasses. Demgegenüber steht aber der Testamentsvollstrecker, der über dieses Vermögen verwaltungs- und verfügungsbefugt ist. Vermögensträgerschaft (Erbe) und Rechtsausübungsbefugnis (Testamentsvollstrecker) fallen bei der Testamentsvollstreckung auseinander. 362

Aufgrund dieser zivilrechtlichen Spaltung ist im Steuerrecht zu klären, wem dort im Rahmen einer Testamentsvollstreckung die steuerlichen Rechte zukommen bzw steuerlichen Pflichten obliegen. 363

Als allgemeine Grundsätze gilt Folgendes: 364

- Der Testamentsvollstrecker hat keine öffentlich-rechtlichen Pflichten des Erben zu erfüllen, soweit nicht gesetzlich ausdrücklich etwas anderes angeordnet ist.[243]
- Das Steuerrecht verpflichtet den Testamentsvollstrecker nur soweit, als seine zivilrechtlichen Befugnisse gehen. Andernfalls würde von ihm etwas rechtlich Unmögliches verlangt.[244] Im Rahmen des zivilrechtlich vorgegebenen Aufgabenbereichs ist der Testamentsvollstrecker kein gesetzlicher Vertreter des Eigentümers gemäß § 34 Abs. 1 AO, sondern Vermögensverwalter gemäß § 34 Abs. 3 AO.[245]
- Steuer**pflichtiger** im Sinne des § 33 AO ist der Testamentsvollstrecker insoweit, als ihm die Steuergesetze ausdrücklich Pflichten auferlegen.
- Steuer**schuldner** für das der Testamentsvollstreckung unterliegende Vermögen samt Erträgen ist regelmäßig der Erwerber, nicht der Testamentsvollstrecker (anders bezüglich der Umsatzsteuer, wenn der Testamentsvollstrecker aufgrund der sog. „Treuhandlösung" im Unternehmensbereich Inhaber des Betriebs ist).
- Bei mehreren Testamentsvollstreckern treffen die **Pflichten** alle Testamentsvollstrecker. Das Finanzamt hat die Möglichkeit, sich beliebig an den einen oder anderen Testamentsvollstrecker zu halten. Eine etwaige Zuständigkeitsverteilung im Innenverhältnis ist für das Finanzamt nicht verbindlich.
- Der Testamentsvollstrecker ist nur in besonderen Ausnahmefällen Steuerschuldner. Ungeachtet der Steuerschuldnerschaft trifft den Testamentsvollstrecker aber regelmäßig eine besondere **Haftung** für die Steuerschulden des Eigentümers.
- Die steuerlichen **Rechte** kann der Testamentsvollstrecker nur geltend machen, wenn sie ihm durch die Steuergesetze zugewiesen sind (so kann zB ein erbschaftsteuerliches Wahlrecht nur der Erwerber selbst ausüben).

Die Rechte und Pflichten des Testamentsvollstreckers richten sich ausschließlich nach den steuergesetzlichen Vorschriften. Der Erblasser kann durch Anordnungen in einer 365

243 BFH BStBl. 1974 II S. 100; NV 1992, 223.
244 Häfke ZEV 1997, 429 ff.
245 Piltz in Bengel/Reimann, 8. Kap. Rn 5.

letztwilligen Verfügung die den Testamentsvollstrecker betreffenden steuerlichen Rechte und Pflichten nicht verändern bzw gestalten. Eine mittelbare Einflussmöglichkeit ergibt sich allerdings dadurch, dass der Erblasser den Aufgabenkreis des Testamentsvollstreckers einschränken und dadurch den steuergesetzlichen Status des Testamentsvollstreckers auf diesen Bereich reduzieren kann.

366 Das Erbschaftsteuerfinanzamt erhält Kenntnis von der Testamentsvollstreckung bzw der Person des Testamentsvollstreckers regelmäßig dadurch, dass das Nachlassgericht ihm eine **Abschrift der eröffneten letztwilligen Verfügung** zu übersenden hat. Ferner ist dem Erbschaftsteuerfinanzamt auch eine **Abschrift des Testamentsvollstreckerzeugnisses** zuzuleiten (§ 12 Abs. 1 ErbStDV). In diesem Zusammenhang werden dem Finanzamt auch die Nachlassbestandteile mitgeteilt (durch Kopie des Nachlassverzeichnisses). Ferner informiert das Nachlassgericht das Finanzamt, aus welchem Wert die gerichtlichen Gebühren berechnet wurden (§ 12 Abs. 2 ErbStDV).

367 Für den Testamentsvollstrecker ergeben sich im Wesentlichen **drei Handlungsphasen,** in denen er steuerliche Rechte bzw Pflichten zu beachten hat:

1. vor dem Erbfall entstandene Steuern (des Erblassers)
2. durch den Erbfall entstandene Steuern (die Erbschaftsteuer)
3. nach dem Erbfall entstehende Steuern (bezüglich des der Testamentsvollstreckung unterliegenden Vermögens)

2. Steuern des Erblassers

a) Allgemein

368 Im Zeitpunkt des Erbfalls in der Person des Erblassers bereits entstandene, aber noch nicht beglichene Steuerschulden sind Nachlassverbindlichkeiten gemäß § 1967 BGB.[246] Unerheblich ist, ob diese Steuerschulden des Erblassers durch Steuerbescheid bereits festgesetzt waren oder nicht.

369 Gemäß § 45 Abs. 1 AO gehen Steuerschulden (Verpflichtungen) und Ansprüche auf Steuererstattungen (Forderungen) im Wege der Universalsukzession auf den Erben über.

370 Durch die Testamentsvollstreckung bleibt die Stellung des Erben als Steuerschuldner unberührt.

371 Bestimmte steuerliche Pflichten gehen unter Wegfall der Verpflichtung des Erben jedoch auf den Testamentsvollstrecker über oder treffen zusätzlich neben dem Erben auch den Testamentsvollstrecker.

372 Selbstverständlich ist der Testamentsvollstrecker immer nur soweit steuerlich verpflichtet, als auch seine zivilrechtlichen Befugnisse reichen. Hat der Testamentsvollstrecker zB lediglich ein Vermächtnis zu erfüllen, treffen ihn keine steuerlichen Pflichten im Hinblick auf den Erben.

246 BFH NJW 1993, 300.

b) Steuerarten

- **Einkommensteuer** 373

  Mit dem Tod des Erblassers endet dessen Einkommensteuerpflicht.[247] Stirbt der Erblasser zB am 10.7.2009, so sind die bis zu diesem Tag erzielten Einkünfte in dessen Einkommensteuererklärung des Jahres 2009 aufzulisten. Die Einkünfte des Nachlasses (zB Kapitalerträge), die ab dem 11.7.2009 entstehen, sind Einkünfte der Erben und gehören in deren Einkommensteuererklärung des Jahres 2009. Die Einkünfte des Erblassers werden mit den Einkünften der Erben nicht zusammengerechnet.

  Wahlrechte im Einkommensteuerrecht, die vom Erblasser gegebenenfalls noch nicht ausgeübt wurden, kann nunmehr **der Testamentsvollstrecker** ausüben (Beispiel: getrennte Veranlagung oder Zusammenveranlagung der Ehegatten gemäß § 26 Abs. 1 S. 1 EStG; Wahlmöglichkeiten zwischen verschiedenen Abschreibungsmethoden gemäß § 7 Abs. 1 – Abs. 3 EStG; Gewinnermittlungsmöglichkeit nach § 4 Abs. 1 oder § 4 Abs. 3 EStG; Wahlrecht für Abzug von Sonderausgaben gemäß § 10 EStG und außergewöhnliche Belastungen gemäß §§ 33, 33 a EStG). Eine Abstimmung mit dem Erben vor Ausübung des Wahlrechts empfiehlt sich jedoch, insbesondere wenn sich die Ausübung auf die Einkommensteuerbelastung der Erben bezüglich der nach dem Erbfall bezogenen Einkünfte auswirkt (zB bei Abschreibungswahlrecht).[248]

- **Gewerbesteuer** 374

  Bei der Gewerbesteuer gilt der Tod des Erblassers als Einstellung des Gewerbebetriebs und Neugründung durch den Erben, wenn dieser den Betrieb fortführt (§ 2 Abs. 5 GewStG).[249] Etwaige Wahlrechte übt auch hier der Testamentsvollstrecker aus (zB nach § 9 Nr. 1 S. 2 und 9 Nr. 7 S. 2 GewStG).[250]

- **Umsatzsteuer** 375

  Mit dem Tod des Unternehmers erlischt seine Unternehmereigenschaft (Abschnitt 19 Abs. 6 UStR). Nunmehr schuldet der Erbe die Umsatzsteuer, die sich unter der Unternehmertätigkeit des Erblassers ergeben hat.[251] Hat der Erblasser eine umsatzsteuerlich bindende Erklärung abgegeben (zB Option zur Regelbesteuerung nach § 19 Abs. 2 S. 1 und 2 UStG), so tritt der Erbe in diese Rechtsposition ein.

c) Abgabe der Steuererklärung

Hat der Erblasser selbst keine Steuererklärung für die entstandene Steuer mehr abgegeben, so ist dies nun Aufgabe des Testamentsvollstreckers als Vermögensverwalter (§ 34 Abs. 1 und 3 AO). Der Testamentsvollstrecker hat entsprechende Ermittlungen zB bei Banken bzw dem Steuerberater des Erblassers anzustellen, um sich erforderliche 376

247 Schmidt EStG § 1 Rn 14.
248 Piltz in Bengel/Reimann, 8. Kap. Rn 16.
249 BFH BStBl. 1972 II S. 526.
250 Piltz in Bengel/Reimann, 8. Kap. Rn 18.
251 BFH BStBl. 1971 II S. 121.

Kenntnisse zu verschaffen. Bei verspäteter Abgabe der Steuererklärung können Verspätungszuschläge bzw Zwangsgelder festgesetzt werden.

d) Richtigstellung falscher Steuererklärungen

377 Wenn die Festsetzungsfrist gemäß § 169 AO abgelaufen ist, ist eine Steuerfestsetzung nicht mehr zulässig. Die Frist beträgt idR 4 Jahre gemäß § 169 Abs. 2 Nr. 2 AO. Bei leichtfertiger Steuerverkürzung beträgt die Frist 5 Jahre, bei Steuerhinterziehung 10 Jahre (§ 169 Abs. 2 S. 2 AO). In der Regel beginnt die Frist mit Ablauf des Kalenderjahres, in dem die Steuer entstanden ist (§ 170 Abs. 1 AO). Solange diese Festsetzungsfrist nicht abgelaufen ist, hat der Testamentsvollstrecker als Vermögensverwalter (§ 34 Abs. 1, 3 AO) die Pflicht, eine als unrichtig oder unvollständig erkannte Steuererklärung des Erblassers unverzüglich anzuzeigen und richtig zu stellen (§ 153 Abs. 1 iVm § 34 AO).

378 **Achtung:** Der Testamentsvollstrecker ist aber nicht verpflichtet, nach Unrichtigkeiten zu suchen. Er hat keine allgemeine Überprüfungspflicht. Erkennen müssen oder erkennen können führt zu keiner Anzeigepflicht.[252] Findet sich im Nachlass aber zB erhebliches Kapitalvermögen und hat der Erblasser in seinen Steuererklärungen keinerlei Zinseinkünfte angegeben, so dürfte sich die Frage nach etwaigen Kapitalerträgen förmlich aufdrängen und vom Testamentsvollstrecker einer Prüfung unterzogen werden müssen.

379 Wenn der Testamentsvollstrecker gegen seine Anzeige- und Berichtigungspflicht nach § 153 AO verstößt, kommt für ihn eine Haftung nach § 71 AO in Betracht. Gleichzeitig kann er sich einer leichtfertigen Steuerverkürzung nach § 378 AO oder Steuerhinterziehung nach § 370 AO schuldig machen.

e) Steuerbescheid

380 Ist gegen den Erblasser kein Steuerbescheid mehr ergangen, so ist der Steuerbescheid nunmehr **an den Erben** zu richten und diesem **bekannt zu geben.**[253] Der Testamentsvollstrecker erhält zur Information eine Ausfertigung des Steuerbescheids übersandt. Haben die Erben den Testamentsvollstrecker ausdrücklich als Empfangsbevollmächtigten bestimmt, so ist der Bescheid dem Testamentsvollstrecker bekannt zu geben.[254] Ein Steuerbescheid, der nach dem Erbfall noch an den Erblasser gerichtet wird, ist nichtig.[255]

381 **Aber:** Da der Testamentsvollstrecker wegen § 2213 Abs. 1 BGB im Rahmen seiner Verwaltung des gesamten Nachlasses zur Erfüllung von Nachlassverbindlichkeiten verpflichtet ist, kann der Steuerbescheid nach Ansicht der Finanzverwaltung auch direkt an ihn gerichtet werden, um zur Erfüllung der Steuerschuld aus dem von ihm verwalteten Nachlass herangezogen werden zu können.[256]

---

252 Tipke/Kruse, § 153 AO Anm. 4.
253 BFH BStBl. 1978 II S. 491; BStBl. 1979 II S. 501.
254 Nieders. Finanzgericht, EFG 1983, 483.
255 BFH BStBl. 1993 II S. 174.
256 BMF – Bekanntgabeerlass 1991 I S. 398; BFH BStBl. 1988 II S. 120.

f) Rechtsbehelf

Der Testamentsvollstrecker kann Rechtsbehelfe gegen Steuerbescheide an die Erben, 382
die noch vom Erblasser verwirklichte Steuertatbestände betreffen, nicht erheben.[257] Auch dann nicht, wenn er vom Finanzamt den Bescheid in Abschrift erhält. Ein vom Testamentsvollstrecker eingelegter Rechtsbehelf wäre unzulässig. Nur der Erbe ist rechtsbehelfsbefugt.[258] Einen Rechtsbehelf kann der Testamentsvollstrecker nur erheben, wenn er vom Erben hierzu eigens bevollmächtigt wurde.

Problem ist, dass die Erben durch Nichteinlegen eines Einspruchs den Testamentsvoll- 383
strecker zu nicht gerechtfertigten Steuerzahlungen aus dem Nachlass zwingen können.

Achtung: Wird der Testamentsvollstrecker durch einen Haftungs- oder Duldungsbe- 384
scheid selbst in Anspruch genommen, ist er wegen seiner eigenen unmittelbaren Betroffenheit zur Einlegung von Rechtsbehelfen selbstverständlich befugt.

g) Steuerzahlung

Die in der Person des Erblassers entstandenen Steuerschulden, also Steuern, die an sich 385
der Erblasser hätte zahlen müssen, sind als Nachlassverbindlichkeiten aus den Nachlassmitteln gemäß § 34 Abs. 1 und 3 AO zu bedienen.[259] Steuererstattungsansprüche, die dem Erblasser zugestanden hätten, fallen umgekehrt in den Nachlass. Eine Vollstreckung wegen Steuerforderungen aufgrund vom Erblasser herrührender Schulden richtet sich nach § 265 AO. Für die Vollstreckung in den der Testamentsvollstreckung unterliegenden Nachlass ist entweder ein vollstreckbarer Verwaltungsakt direkt gegen den Testamentsvollstrecker nach § 265 AO iVm § 748 Abs. 1 ZPO erforderlich (siehe oben unter Rn. 381). Bei einem Steuerbescheid gegen den Erben bedarf es eines Duldungstitels gegen den Testamentsvollstrecker (§ 2213 Abs. 3 BGB; § 748 Abs. 3 ZPO).[260]

h) Haftung des Testamentsvollstreckers

Der Testamentsvollstrecker ist Vermögensverwalter im Sinne von § 34 Abs. 3 AO und 386
hat deshalb nach § 34 Abs. 1 AO dafür **Sorge zu tragen,** dass die Steuern aus den von ihm verwalteten Mitteln entrichtet werden. Bei vorsätzlicher oder grob fahrlässiger Verletzung dieser Verpflichtungen haftet der Testamentsvollstrecker nach § 69 AO.[261] Der Testamentsvollstrecker handelt grob fahrlässig, wenn er die Sorgfalt, zu der er nach den Umständen und persönlichen Kenntnissen verpflichtet und imstande war, in ungewöhnlich hohem Maße verletzt.[262] Der Testamentsvollstrecker haftet insbesondere, wenn er falsche Steuererklärungen des Erblassers entgegen § 153 AO nicht berichtigt (siehe oben Rn. 379).

Achtung: Wer einen Steuerberater einschaltet, diesen ausreichend informiert und über- 387
wacht, kann sich in der Regel entschuldigen.[263]

257 BFH BStBl. 1978 II S. 383.
258 BFH BStBl. 1978 II S. 383.
259 BFH BStBl. 1988 II S. 120.
260 BFH BStBl. 1996 II S. 322/5.
261 Piltz ZEV 2001, 262.
262 BFH BStBl. 1989 II S. 491.
263 Zimmermann, Rn 581.

388 Gehört zum Vermögen, das der Testamentsvollstreckung unterliegt, ein Unternehmen, und kann für die Zeit vor dem Erbfall noch eine **Betriebsprüfung** angeordnet werden, so hat der Testamentsvollstrecker zu berücksichtigen, dass eine solche Betriebsprüfung noch zu Steuernachforderungen führen kann. Er hat deshalb entsprechende Mittel aus dem Nachlass zur Steuerzahlung zurückzubehalten.[264]

389 Der für die Steuerschulden haftende Testamentsvollstrecker ist neben dem Erben als **Steuerschuldner** Gesamtschuldner (§ 44 Abs. 1 AO). Das Finanzamt hat Ermessen, ob es den Testamentsvollstrecker als Haftungsschuldner oder den Erben als Steuerschuldner in Anspruch nimmt (§ 191 Abs. 1 AO). Eine Haftungsinanspruchnahme des Testamentsvollstreckers setzt nicht voraus, dass die Vollstreckung in das bewegliche Vermögen des Steuerschuldners ohne Erfolg geblieben ist. Nach § 219 S. 2 AO kann die direkte Haftung geltend gemacht werden, weil § 69 AO Haftungsgrundlage ist.

390 Die Inanspruchnahme des Testamentsvollstreckers aus seiner Eigenhaftung ist durch Haftungsbescheid des Finanzamts geltend zu machen (§ 191 Abs. 1 AO). Dagegen kann der Testamentsvollstrecker aus eigenem Recht Einspruch einlegen.

391 Wird der Testamentsvollstrecker als Gesamtschuldner in Anspruch genommen, so kann er Rückgriff gegenüber den Erben nach § 426 Abs. 1, §§ 2218, 670 BGB nehmen.

392 **Deshalb:** Vor vollständiger Erbauseinandersetzung hat der Testamentsvollstrecker besonderes Augenmerk darauf zu legen, dass rückständige Steuern beglichen sind.

3. Durch den Erbfall entstandene Steuer – die Erbschaftsteuer

393 Der Erwerb von Todes wegen unterliegt der Erbschaftsteuer gemäß § 1 Abs. 1 Nr. 1 ErbStG. Die erbschaftsteuerpflichtigen Vorgänge sind in § 3 ErbStG im Einzelnen genannt. Als steuerpflichtiger Erwerb gilt die Bereicherung des Erwerbers, soweit sie nicht steuerfrei ist (§ 10 Abs. 1 ErbStG). Der Erbschaftsteuerpflicht unterliegen der Erbe, Vermächtnisnehmer, Auflagenbegünstigte und Pflichtteilsberechtigte.

a) Steuerschuldner

394 Steuerschuldner der Erbschaftsteuer ist der **Erwerber** gemäß § 20 Abs. 1 ErbStG, also die Person, die aufgrund eines der in § 3 ErbStG genannten Vorgänge bereichert ist.[265] An dem Erbschaftsteuerschuldner ändert sich durch die Testamentsvollstreckung nichts. Der Testamentsvollstrecker tritt nicht in die Steuerschuldnerschaft ein.

b) Entstehungszeitpunkt

395 Die Erbschaftsteuer entsteht grundsätzlich mit dem Tode des Erblassers gemäß § 9 Abs. 1 Nr. 1 ErbStG. In den in § 9 Abs. 1 Nr. 1 a – j ErbStG abschließend aufgezählten Ausnahmefällen entsteht die Steuer zu einem anderen Zeitpunkt (vgl zB vor allem die Geltendmachung des Pflichtteils!). Dieser Zeitpunkt ist auch maßgeblich für die Wertermittlung des der Erbschaftsteuer unterliegenden Anfalls (§ 11 ErbStG). Die Testamentsvollstreckung und die sich daraus ergebende Einschränkung des Erwerbers hinsichtlich seiner Verfügungsmacht ändert daran nichts.[266]

---

264 Piltz in Bengel/Reimann, 8. Kap. Rn 39.
265 Piltz in Bengel/Reimann, 8. Kap. Rn 45.
266 BFH BStBl. 1995 II S. 787.

c) Anzeigepflichten

Der der Erbschaftsteuer unterliegende Erwerb ist vom Erwerber binnen einer Frist von drei Monaten nach erlangter Kenntnis von dem Anfall dem Finanzamt anzuzeigen (§ 30 Abs. 1 ErbStG). 396

Keiner Anzeige bedarf es jedoch, wenn der Erwerb auf einer eröffneten Verfügung von Todes wegen beruht und das Verhältnis des Erwerbers zum Erblasser sich unzweifelhaft aus der letztwilligen Verfügung ergibt (§ 30 Abs. 3 ErbStG). Denn einen Erwerb aufgrund Testaments oder Erbvertrag teilt bereits das Nachlassgericht dem Finanzamt mit. **Aber:** das ErbStRG hat den Anwendungsbereich des § 30 ErbStG eingeschränkt als nunmehr ein nicht der Anzeigepflicht nach § 33 ErbStG unterliegender Erwerb von Grundbesitz, Betriebsvermögen und Anteilen an Kapitalgesellschaften sowie Auslandsvermögen vom Erwerber stets anzuzeigen ist. 397

Achtung: Für den Testamentsvollstrecker besteht **keine** Anzeigepflicht. Die besondere Anzeigepflicht nach § 33 ErbStG iVm § 1 ErbStDV gilt nur für Banken, Sparkassen und sonstige Vermögensverwalter, nicht jedoch für den Testamentsvollstrecker.[267] 398

d) Erbschaftsteuererklärung

Das Finanzamt kann von jedem an dem Erbfall Beteiligten die Abgabe einer Erbschaftsteuererklärung verlangen, ungeachtet dessen, ob er selbst steuerpflichtig ist oder nicht (§ 31 Abs. 1 ErbStG). Mit dieser Aufforderung entsteht die Pflicht zur Abgabe der Steuererklärung.[268] Als steuererklärungspflichtige Personen kommen Erben, Vermächtnisnehmer, Pflichtteilsberechtigte, Auflagenbegünstigte und auch Miterben in Betracht, wobei jeder Erwerber nur für den von ihm selbst erworbenen Anteil abgabepflichtig ist (der Vermächtnisnehmer muss also nur das angeben, was ihn betrifft). Bei mehreren Nachlassbeteiligten kann eine gemeinsame Steuererklärung abgegeben werden (§ 31 Abs. 4 ErbStG). Jeder Miterbe kann aber auch eine gesonderte Erklärung für sich abgeben. 399

Sonderregelung bei Testamentsvollstreckung: 400

Wenn ein Testamentsvollstrecker eingesetzt ist, so hat dieser die Steuererklärung abzugeben (§ 31 Abs. 5 ErbStG). Die Erben sind zur Abgabe weder berechtigt noch verpflichtet.

Achtung: Während der Erbe eine Erbschaftsteuererklärung erst **nach Aufforderung** durch das Finanzamt abzugeben braucht, ist der Testamentsvollstrecker auch ohne besondere Aufforderung des Finanzamts stets zur Abgabe der Steuererklärung verpflichtet (aber strittig!).[269] 401

Die Streitfrage hat Bedeutung: Bedürfte es hinsichtlich der Pflicht zur Abgabe der Steuererklärung keiner besonderen Aufforderung durch das Finanzamt, so führt die Nichtabgabe der Erbschaftsteuererklärung durch den Testamentsvollstrecker zur Anlaufhemmung der Frist für die Festsetzung der Erbschaftsteuer gegenüber dem Erben nach § 170 Abs. 2 Nr. 1 AO. Ist es hingegen erforderlich, dass das Finanzamt eine dahinge- 402

267 Meincke, § 33 ErbStG Rn 3; Pahlke in Fischer/Jüptner/Pahlke, ErbStG § 30 Rn 17.
268 BFH NJW-RR 1999, 1594/5.
269 BFH BStBl. 1997 II S. 73; aA: Meincke, § 31 ErbStG Rn 12.

hende Aufforderung an den Testamentsvollstrecker erlässt, so tritt bei Unterlassung keine Anlaufhemmung und vier Jahre nach Ablauf des Kalenderjahres des Erbfalls bereits Erlöschen durch Festsetzungsverjährung nach § 47 AO ein.

403 Das Finanzamt kann aber verlangen, dass die Steuererklärung nicht nur vom Testamentsvollstrecker, sondern auch von einem oder mehreren Erben **mitunterschrieben** wird (§ 31 Abs. 5 S. 2 ErbStG).

404 Die Verpflichtung des Testamentsvollstreckers zur Abgabe der Steuererklärung besteht nur insoweit, als auch seine zivilrechtlichen Befugnisse reichen.[270] Die Erklärungspflicht des Testamentsvollstreckers kann sich nur auf die Person erstrecken, für die er eingesetzt ist bzw auf die von ihm verwalteten Teile des Nachlasses.[271] Denn der Testamentsvollstrecker tritt als Erklärungspflichtiger an die Stelle des Erwerbers, weshalb seine Verpflichtung nicht weitreichender sein kann als die des Erwerbers ohne Testamentsvollstreckung. Hat der Erblasser zB Vermächtnisse bestimmt und für die Erben Testamentsvollstreckung angeordnet, so hat der Testamentsvollstrecker die Steuererklärung **nur** für den Erben, nicht aber für den Vermächtnisnehmer abzugeben. Umgekehrt für den Fall, dass der Erblasser den Vermächtnisnehmer unter eine Testamentsvollstreckung stellt (zB Verwaltung eines vermachten Unternehmens), dann hat der Testamentsvollstrecker die Erbschaftsteuererklärung nur für den Vermächtnisnehmer, nicht aber für den Erben abzugeben.[272]

405 In der Erbschaftsteuererklärung hat der Testamentsvollstrecker auch Angaben über etwaige Vorschenkungen (§ 14 ErbStG) zu machen. Diese Informationen können gegebenenfalls nur durch den Erwerber erteilt werden. Ob der Testamentsvollstrecker gegen den Erwerber dann einen Auskunftsanspruch hat, ist streitig. Zur Erfüllung seiner steuerlichen Pflichten wird ihm aber wohl ein solcher Auskunftsanspruch nach § 2218 iVm § 242 BGB zuzusprechen sein.[273]

406 Herrn...

Testamentsvollstreckung über den Nachlass...

Sehr geehrter Herr...

wie Ihnen bekannt, bin ich als Testamentsvollstrecker über den Nachlass des Herrn... eingesetzt.

Nach § 31 Abs. 5 ErbStG habe ich die Erbschaftsteuererklärung gegenüber dem Finanzamt abzugeben. Im Rahmen dieser Erbschaftsteuererklärung sind auch Angaben zu den dem Erben innerhalb der letzten 10 Jahre vor dem Erbfall angefallenen Vermögensvorteile zu machen. Um diese Verpflichtung ordnungsgemäß erfüllen zu können, habe ich Sie aufzufordern, mir in schriftlicher Form Auskunft darüber zu erteilen, ob bzw welche Schenkungen oder sonstigen Vermögensvorteile der Erblasser Ihnen in den letzten 10 Jahren vor seinem Tod zugewandt hat und dazu entsprechende Belege beizufügen. Teilunentgeltliche Zuwendungen sind ebenfalls anzugeben.

Die Auskunft bitte ich bis spätestens... zu erteilen.

Mit freundlichen Grüßen

(Unterschrift)

als Testamentsvollstrecker

---

270 FG München ZEV 2001, 287.
271 Zimmermann, Rn 557.
272 BFH NJW-RR 1999, 1594.
273 Piltz in Bengel/Reimann, 8. Kap. Rn 137.

Fordert das Finanzamt den Testamentsvollstrecker zur Abgabe der Steuererklärung auf, so muss die Frist **mindestens einen Monat** betragen (§ 31 Abs. 1 S. 2 ErbStG). Eine Fristverlängerung ist möglich (§ 109 Abs. 1 AO).[274] 407

Die Steuererklärung ist auf einem amtlich vorgeschriebenen Vordruck gemäß § 150 Abs. 1 S. 1 AO abzugeben. Die Steuererklärungsformulare enthalten auch Fragen nach der Ausübung von erbschaftsteuerlichen Wahlrechten (zB Steuerklassenwahl bei Nacherbschaft gemäß § 6 Abs. 2 S. 2 ErbStG). Die Ausübung dieser Wahlrechte steht aber **nur dem Erwerber**, nicht dem Testamentsvollstrecker zu.[275] Übt der Testamentsvollstrecker unzulässigerweise ein solches Wahlrecht aus, so ist streitig, ob ein darauf ergehender Steuerbescheid nichtig[276] oder nur anfechtbar ist.[277] Im letzteren Fall kann sich für den Testamentsvollstrecker eine Schadensersatzpflicht ergeben, wenn der Steuerbescheid unanfechtbar wird und das Wahlrecht zu einer höheren Steuerbelastung des Erben geführt hat. 408

Der Testamentsvollstrecker ist berechtigt, für die Abgabe der Erbschaftsteuererklärung einen Steuerberater hinzuzuziehen und kann die entsprechenden Honorare idR als Aufwendungsersatz aus dem Nachlass entnehmen (die Kosten der Anfertigung der Steuererklärung sind im Übrigen auch als Nachlassabwicklungskosten vom Nachlass abzuziehen (§ 10 Abs. 5 Nr. 3 ErbStG).[278] 409

Für den Fall, dass über bestimmte Umstände noch keine abschließenden Angaben gemacht werden können (zB Höhe von Vermächtnissen, Pflichtteilslasten), so sollte der Testamentsvollstrecker in der Steuererklärung darauf hinweisen. Es kommt dann zur vorläufigen Festsetzung.[279] 410

Erkennt der Testamentsvollstrecker **nach Abgabe** der Steuererklärung, dass diese unrichtig oder unvollständig ist (zB weil weiteres Vermögen aufgetaucht ist), muss er dies dem Finanzamt anzeigen und eine Richtigstellung vornehmen (§ 153 Abs. 1 S. 2 AO). 411

e) Erbschaftsteuerbescheid

Gemäß § 122 Abs. 1 AO ist ein Steuerbescheid demjenigen bekannt zu geben, für den er bestimmt ist oder der von ihm betroffen wird. Da der Erbschaftsteuerbescheid für den Erbschaftsteuerschuldner bestimmt ist, ist er grundsätzlich diesem bekannt zu geben. 412

Bei einer Testamentsvollstreckung ist bezüglich des Erbschaftsteuerbescheids jedoch zu unterscheiden zwischen 413

- dem Inhaltsadressaten und
- dem Bekanntgabeadressaten.

Inhaltsadressat des Erbschaftsteuerbescheids ist und bleibt der Erbe. Bei mehreren Erben ergehen **mehrere** Steuerbescheide. 414

274 Piltz in Bengel/Reimann, 8. Kap. Rn 64.
275 Moench, ErbStG § 31 Rn 12; Meincke, ErbStG § 31 Rn 13; Häfke ZEV 1997, 429/432.
276 Kapp/Ebeling, ErbStG § 31 Rn 18.
277 Moench, ErbStG § 31 Rn 12.
278 Meincke, § 10 ErbStG, Rn 45.
279 Zimmermann, Rn 559.

415 **Aber:** Da der Testamentsvollstrecker die Steuererklärung für den Erwerber abzugeben hat, ist der Erbschaftsteuerbescheid ihm mit Wirkung für und gegen die Erwerber bekannt zu geben (§§ 32 Abs. 1 S. 1, 31 Abs. 5 ErbStG). **Bekanntgabeadressat** des Erbschaftsteuerbescheids ist damit der Testamentsvollstrecker. Der Steuerbescheid wird mit Wirkung für und gegen die Erben dem Testamentsvollstrecker als deren Zugangsvertreter bekannt gemacht. Der Testamentsvollstrecker ist aber nur **Adressat der Bekanntmachung und nicht Adressat des Steuerbescheides selbst.** Inhaltsadressat und Steuerschuldner bleibt der Erbe (oder Vermächtnisnehmer).

416 Rechtswirkung der Bekanntgabe ist: Die Steuer wird sofort bzw mit Ablauf der im Steuerbescheid festgesetzten Frist fällig (§ 220 Abs. 2 AO) und – vor allem – die Rechtsbehelfsfrist beginnt zu laufen (§ 355 Abs. 1 S. 1 AO).

417 Eine zusätzliche Bekanntgabe an den Erben ist nicht erforderlich, in der Praxis erfolgt aber vielfach die Zusendung einer Kopie des Bescheides an den Erben. Ansonsten ist es Sache des Testamentsvollstreckers, den Erben über den Steuerbescheid zu informieren. Unterrichtet der Testamentsvollstrecker den Erben nicht und versäumt dieser deshalb die Anfechtungsfrist, so ist diesem Wiedereinsetzung in den vorigen Stand zu gewähren (§ 110 AO). Das Verhalten des Testamentsvollstreckers ist ihm nicht zuzurechnen.[280]

418 Wird der Steuerbescheid unrichtigerweise **dem Erben** (und nicht dem Testamentsvollstrecker) zugestellt, so ist er deswegen nicht nichtig (§ 125 AO). Der Erbe kann Rechtsmittel einlegen.

419 Erbschaftsteuerbescheide, die dem **Testamentsvollstrecker** bekannt gegeben werden, obwohl dies richtigerweise anderen Personen, zB nicht unter Testamentsvollstreckung stehenden Vermächtnisnehmern oder Pflichtteilsberechtigten gegenüber vorzunehmen wäre, sind nicht wirksam bekannt gegeben. Der Steuerbescheid kann nicht bestandskräftig werden und braucht deshalb auch nicht angefochten zu werden.[281]

420 Der Erbschaftsteuerbescheid muss den Steuerschuldner klar angeben (§ 157 Abs. 1 S. 2 AO). Ansonsten mangelt es ihm an der inhaltlichen Bestimmtheit (§ 119 Abs. 1 AO) und der Bescheid ist nichtig.

421 **Achtung:** Wird der Testamentsvollstrecker selbst als Schuldner in Anspruch genommen, zB als Miterbe oder als Haftungsschuldner oder weil er aufgefordert wird, für die Zahlung der Erbschaftsteuer zu sorgen (§ 32 Abs. 1 S. 2 ErbStG), so ist **er selbst Adressat** des Steuerbescheides, dann aber nicht nach § 32 Abs. 1 ErbStG, sondern nach § 122 Abs. 1 S. 1 AO. In welcher Eigenschaft der Steuerbescheid an den Testamentsvollstrecker ergeht (gemäß § 32 ErbStG **für den Erben** oder gemäß § 122 AO **für ihn selbst**), ist im Steuerbescheid deutlich zu machen.[282]

422 Häufig halten die Finanzämter den Steuerfall offen, indem die Steuerfestsetzung unter dem Vorbehalt der Nachprüfung (§ 164 Abs. 1 AO) oder vorläufig erfolgt (§ 165 AO). Die Steuer wird unter dem Vorbehalt der Nachprüfung festgesetzt, solange der Steuerfall nicht abschließend geprüft ist. Bis zur Verjährung kann er wegen aller in ihm

280 BFH BStBl. 1991 II S. 52.
281 Piltz in Bengel/Reimann, 8. Kap. Rn 77.
282 BFH BStBl. 1986 II S. 524.

enthaltener (tatsächlicher oder rechtlicher) Fehler aufgehoben oder geändert werden. Die vorläufige Festsetzung betrifft noch nicht feststehende Tatsachen und Rechtsverhältnisse nichtsteuerlicher Art, zB wenn noch nicht klar ist, ob Pflichtteilsansprüche geltend gemacht werden oder ob bestimmte Vermögensgegenstände zum Nachlass gehören. Auch hier ist die zeitliche Grenze der Änderungsmöglichkeit das Ende der Festsetzungsfrist nach § 171 Abs. 8 AO.[283]

f) Rechtsbehelf

Bekanntgabeadressat des Erbschaftsteuerbescheids ist der Testamentsvollstrecker. Der Erbschaftsteuerbescheid wirkt aber für und gegen den Erben. Rechtsbehelfsbefugt ist allein der Erbe, nicht der Testamentsvollstrecker. Letzterem fehlt es an der Beschwer.[284] 423

Damit der Erbe gegebenenfalls einen Rechtsbehelf einlegen kann, hat der Testamentsvollstrecker ihm den Steuerbescheid zu übermitteln. Erlangt der Erbe von dem Steuerbescheid Kenntnis erst nach Ablauf der Rechtsbehelfsfrist (die mit Bekanntgabe an den Testamentsvollstrecker zu laufen beginnt), so ist ihm Wiedereinsetzung in den vorigen Stand zu gewähren. Ein Verschulden des Testamentsvollstreckers ist dem Erben nicht zuzurechnen. Der Testamentsvollstrecker ist nicht Vertreter des Erben, sondern lediglich kraft Gesetzes dessen Zugangsvertreter.[285] 424

Achtung: Auch bei Wiedereinsetzung ist jedoch die **Jahresfrist** des § 110 Abs. 3 AO zu beachten. Wird diese versäumt, kann keine Wiedereinsetzung mehr erfolgen (außer bei höherer Gewalt). Der Testamentsvollstrecker ist dann dem Erben gegebenenfalls schadensersatzpflichtig! 425

Legt der Testamentsvollstrecker in seiner Eigenschaft als „Testamentsvollstrecker" Einspruch ein, so ist ein solcher Einspruch **unzulässig,** wenn er nur Bekanntgabeadressat war (ohne selbst in Anspruch genommen zu werden).[286] Er könnte nur dann Einspruch einlegen, wenn er als **Bevollmächtigter** des Erben handelt. Dies ist ausdrücklich klarzustellen. Ein Vollmachtsnachweis kann verlangt werden (§ 80 Abs. 1 S. 3 AO). Der Testamentsvollstrecker sollte in einem Begleitschreiben an den Erben ausdrücklich darauf hinweisen, dass er ohne entsprechende Weisung **und** Vollmacht gegen den Bescheid nichts unternehmen kann und wird. Gegebenenfalls sollte auf die Notwendigkeit steuerlicher Beratung hingewiesen werden, die der Erbe einzuholen hat. 426

Richtet sich der Steuerbescheid hingegen **gegen den Testamentsvollstrecker selbst** (zB mit der Aufforderung, für die Zahlung der Erbschaftsteuer zu sorgen oder als Haftungsschuldner), so ist selbstverständlich der Testamentsvollstrecker insoweit auch rechtsbehelfsbefugt (und nicht der Erbe!). 427

Ist der Steuerbescheid **unklar,** ob der Erbe oder der Testamentsvollstrecker in Anspruch genommen werden und sind beide Auslegungen möglich, so sollen der Erbe **und** der Testamentsvollstrecker Rechtsmittel einlegen können.[287] 428

283 Piltz in Bengel/Reimann, 8. Kap. Rn 80.
284 BFH BStBl. 1982 II S. 262; H 88 ErbStR 2003.
285 BFH BStBl. 1991 II S. 49/52.
286 BFH in NVwZ 1982, 528.
287 BFH BStBl. 1986 II S. 524.

g) Einspruchsentscheidung

429 Die Einspruchsentscheidung des Finanzamts ist den Erben bekannt zu geben, wenn sie Einspruch eingelegt haben, dem Testamentsvollstrecker, wenn dieser **als Bevollmächtigter** der Erben den Einspruch einlegte.[288]

430 Ein Einspruch gegen den Erbschaftsteuerbescheid hat keine aufschiebende Wirkung (§ 361 Abs. 1 AO). Die Erbschaftsteuer wird – trotz Einspruchs – mit der im Bescheid genannten Frist – idR einen Monat nach Zustellung des Bescheids – zur Zahlung fällig (§ 220 Abs. 2 AO). Gegebenenfalls ist ein Antrag auf Aussetzung der Vollziehung zu stellen (§ 361 Abs. 2 AO). Auch diesen Antrag kann aber wiederum **nur der Erbe** stellen, nicht der Testamentsvollstrecker.[289] Etwas anderes gilt wiederum für den Fall, dass der Erbe den Testamentsvollstrecker dazu entsprechend bevollmächtigt hat.

h) Steuerzahlungen

431 **Schuldner** der Erbschaftsteuer ist und bleibt der Erwerber gemäß § 20 Abs. 1 ErbStG. Die Tatsache, dass Testamentsvollstreckung angeordnet ist bzw der Erbschaftsteuerbescheid dem Testamentsvollstrecker bekannt zu geben ist, ändert daran nichts. Der **Erbe hat deshalb die Erbschaftsteuer zu bezahlen.** Bis zur Auseinandersetzung haftet der Nachlass für die Erbschaftsteuer gemäß § 20 Abs. 3 ErbStG.

432 **Achtung:** Neben der Steuerzahlungspflicht des Erben besteht eine eigenständige Pflicht des Testamentsvollstreckers, für die Bezahlung der Erbschaftsteuer zu sorgen (§ 32 Abs. 1 S. 2 ErbStG).[290] Obwohl es sich um eine persönliche Steuerschuld des Erben handelt, die den Nachlass nicht betrifft, begründet § 32 ErbStG eine entsprechende Befugnis und Verpflichtung des Testamentsvollstreckers, die Steuerzahlung mit Nachlassmitteln zu bewirken.[291] Es handelt sich um eine selbstständige steuerrechtliche Pflicht des Testamentsvollstreckers. **§ 32 ErbStG ist lex specialis zu § 34 AO.**[292] Das Finanzamt kann daher auch durch einen Bescheid direkt den Testamentsvollstrecker auffordern, diese Verpflichtung zu erfüllen und die Erbschaftsteuer aus den Mitteln des Nachlasses zu begleichen. Der Steuerbescheid hat **klar erkennen zu lassen,** ob der Testamentsvollstrecker aufgrund dieses § 32 Abs. 1 S. 2 ErbStG in Anspruch genommen wird **oder** an ihn als bloßer Zugangsvertreter ein materiell-rechtlich gegen den Erben gerichteter Steuerbescheid ergeht.[293] Ist der Bescheid nicht eindeutig, so ist er rechtswidrig und auf Anfechtung des Testamentsvollstreckers aufzuheben.[294] Auf Verlangen des Finanzamts hat der Testamentsvollstrecker gemäß § 32 Abs. 1 S. 2 ErbStG Sicherheit zu leisten (vgl § 241 AO).

433 Wird die Erbschaftsteuer nicht bezahlt, so dass vollstreckt werden muss, so hat der Testamentsvollstrecker nach einem gegen ihn erlassenen Duldungsbescheid die Vollstreckung der Steueransprüche in das von ihm verwaltete Vermögen zu dulden (§ 77 Abs. 1 AO).

---

288 Finanzministerium Saarland ZEV 2001, 270.
289 FG Hamburg EFG 1982, 255.
290 Piltz in Bengel/Reimann, 8. Kap. Rn 86.
291 Zimmermann, Rn 569; Meincke ErbStG, § 32 Rn 11.
292 Piltz in Bengel/Reimann, 8. Kap. Rn 86.
293 BFH BStBl. 1986 II S. 524.
294 BFH aaO.

i) Steuererstattung

Nachdem der Testamentsvollstrecker die Pflicht hat, für die Bezahlung der Erbschaftsteuer zu sorgen, hat er umgekehrt auch die **Empfangszuständigkeit** für etwaige Erstattungsansprüche gegen das Finanzamt aufgrund einer überzahlten Erbschaftsteuer. Bei Überzahlung der Erbschaftsteuer aus dem der Testamentsvollstreckung unterliegenden Vermögen sind zwar die Erben **Inhaber des Erstattungsanspruchs. Verfügungsberechtigt** ist jedoch der Testamentsvollstrecker. Das Finanzamt kann mit befreiender Wirkung nur an ihn leisten.[295] 434

Eine Empfangszuständigkeit des Testamentsvollstreckers ist aber nur gegeben, wenn er die Erbschaftsteuer **aus den Nachlassmitteln** bezahlt hat. Haben die Erben die Steuer mit Mitteln außerhalb des Nachlasses geleistet, so steht der Erstattungsanspruch selbstverständlich ihnen allein zu. 435

j) Haftung des Testamentsvollstreckers

Der Testamentsvollstrecker hat wie ausgeführt nach § 32 Abs. 1 S. 2 ErbStG die Pflicht, für die Zahlung der Erbschaftsteuer zu sorgen. Verletzt er vorsätzlich oder grob fahrlässig diese Pflicht und wird deswegen die Steuer nicht oder nicht rechtzeitig festgesetzt oder erfüllt, so haftet er persönlich als Vermögensverwalter (§ 69 AO). Eine nur einfache Fahrlässigkeit führt nicht zu einer Haftung.[296] Einem steuerlichen Laien als Testamentsvollstrecker, dem unbekannt war, dass er für die Bezahlung der Erbschaftsteuer zu sorgen hat, und den Nachlass ohne Einbehalt auskehrt, kann das Haftungsprivileg der leichten Fahrlässigkeit zugute kommen.[297] 436

Das Finanzamt kann den Testamentsvollstrecker durch **Haftungsbescheid** nach § 191 Abs. 1 AO in Anspruch nehmen. Es ist nicht erforderlich, dass das Finanzamt zuerst gegen den Erben zu vollstrecken versucht oder anzunehmen ist, dass die Vollstreckung dort aussichtslos sein würde (§ 219 S. 2 AO).[298] 437

Achtung: Ist der Testamentsvollstrecker Rechtsanwalt, Notar, Steuerberater, Wirtschaftsprüfer oder ähnlicher Berufsträger, so ist vor Erlass eines solchen Haftungsbescheides durch das Finanzamt die zuständige Berufskammer anzuhören, wenn er **in Ausübung seines Berufs** handelt (§ 191 Abs. 2 AO). Ein Rechtsanwalt, der als Testamentsvollstrecker tätig wird, handelt regelmäßig in Ausübung seines Berufes.[299] Es bedarf daher keiner zusätzlichen Prüfung, ob er in dem speziellen Fall gerade als Rechtsanwalt tätig wurde.[300] Der BFH weist dazu darauf hin, dass die Ernennung eines Rechtsanwalts zum Testamentsvollstrecker im Zweifel wegen seiner beruflichen Stellung und seiner Rechtskenntnisse erfolgte. Dies wird man für Wirtschaftsprüfer und Steuerberater nicht anders sehen können.[301] 438

Dem Testamentsvollstrecker ist aufgrund dieser Haftungsgefahr (§ 69 AO) anzuraten, den Nachlass solange nicht vollständig auszukehren, bis die Erbschaftsteuer festgesetzt

295 BFH BStBl. 1986 II S. 704.
296 Piltz ZEV 2001, 262.
297 FG München ZEV 2000, 191.
298 Piltz in Bengel/Reimann, 8. Kap. Rn 92.
299 BFH BStBl. II 1998 S. 760.
300 BFH aaO.
301 Piltz in Bengel/Reimann, 8. Kap. Rn 93.

und aus dem Nachlass auch bezahlt ist. Bei Zweifeln hinsichtlich der Höhe der zu erwartenden Erbschaftsteuer sollte sich der Testamentsvollstrecker mit dem zuständigen Finanzamt in Verbindung setzen.[302] Hat der Testamentsvollstrecker beim Erbschaftsteuerfinanzamt nachgefragt, lässt sich für ihn gegebenenfalls zumindest grobe Fahrlässigkeit ausschließen.[303] Vorsichtshalber sollte der Testamentsvollstrecker einen der voraussichtlichen Steuer entsprechenden Teil zurückbehalten.

439 **Problem:** Für das unternehmerische Vermögen gilt nach dem neuen Erbschaftsteuerrecht eine Behaltefrist bzw zeitlich begrenzte Lohnsummenklausel. Vergünstigungen stehen damit unter dem Vorbehalt, dass diese Vorgaben eingehalten werden. Wenn diese nicht erfüllt werden, dann fällt die Steuervergünstigung mit Wirkung für die Vergangenheit weg und die insoweit nicht erhobene Erbschaftsteuer muss nachbezahlt werden. Frage ist, ob der Testamentsvollstrecker dann für die nachzuzahlende Steuer haftet, wenn er den Nachlass bereits ausgekehrt hat. Bei einer Auseinandersetzungsvollstreckung wird man von ihm nicht verlangen können, dass er vom Nachlass so viel zurückbehält, dass eine etwaige spätere Steuernachforderung beglichen werden kann. Damit würde die Testamentsvollstreckung stets auf die 7- bzw 10-Jahres-Frist ausgedehnt. Der Testamentsvollstrecker muss aber die Erben auf die Sachlage hinweisen und dem Finanzamt vor Auskehrung des Nachlasses mitteilen, dass für etwaige spätere Erbschaftsteuernachzahlungen mit Abschluss der Testamentsvollstreckung keine Gelder mehr zurückbehalten wurden.[304]

440 **Besonderheit:** Personen, in deren Gewahrsam sich Vermögen des Erblassers befindet (also auch der Testamentsvollstrecker), haften persönlich, wenn Vermögen vorsätzlich oder fahrlässig vor Entrichtung oder Sicherstellung der Steuer ins Ausland gebracht oder im Ausland wohnhaften Berechtigten zur Verfügung gestellt wird (§ 20 Abs. 6 S. 2 ErbStG).

k) Bezüge zum Ausland

441 Ist weder der Erblasser noch der Erwerber Steuerinländer (dh haben im Inland weder Wohnsitz noch gewöhnlichen Aufenthalt bzw sind seit einem Wegzug aus Deutschland 5 Jahre verstrichen), so kommt deutsches Steuerrecht nicht zur Anwendung. Falls deutsches Steuerrecht **und** ausländisches Steuerrecht Anwendung finden, so ist zu prüfen, ob gegebenenfalls Doppelbesteuerungsabkommen die deutsche Erbschaftsteuer ausschließen (vgl Dänemark, Griechenland, Schweden, Schweiz, USA).

442 Ansonsten ist zu prüfen, ob die ausländische Erbschaftsteuer gegebenenfalls auf die deutsche angerechnet werden kann(§ 21 ErbStG). Bei Auslandssachverhalten trifft den Testamentsvollstrecker für die deutsche Erbschaftsteuer neben seiner allgemeinen Mitwirkungspflicht die erweiterte Mitwirkungspflicht nach § 90 Abs. 2 AO.[305]

302 Kapp DStR 1985, 726.
303 Zimmermann, Rn 573.
304 Piltz in Bengel/Reimann, 8. Kap. Rn 95.
305 Piltz in Bengel/Reimann, 8. Kap. Rn 194.

4. Reform des Erbschaft- und Schenkungsteuerrechts zum 1.1.2009

Da der Testamentsvollstrecker sich um die Erbschaftsteuer – sowohl was Erklärung wie Begleichung anbelangt – zu kümmern hat, ist auch Kenntnis des neuen Erbschaftsteuerrechts zum 1.1.2009 von Bedeutung. Zumindest die Grundstrukturen des neuen Rechts sollten bekannt sein und werden nachfolgend dargestellt. 443

Am 31.1.2007 verkündete das Bundesverfassungsgericht die lange erwartete Entscheidung zur Frage der Verfassungsmäßigkeit des Erbschaftsteuerrechts. In seinem Beschluss vom 7.11.2006 (1 BvL10/02) stellte das Bundesverfassungsgericht fest, dass § 19 ErbStG – also die Regelung über die **Steuersätze** – gegen den Gleichheitssatz des Artikels 3 Abs. 1 GG verstößt. Das Bundesverfassungsgericht begründete dies damit, dass nach geltendem Recht ein einheitlicher Steuersatz auf unterschiedlich bewertete wirtschaftliche Einheiten angewendet werde. Voraussetzung für eine gleichmäßige Besteuerung sei jedoch, dass die der Besteuerung unterliegenden Wirtschaftsgüter zu einem vergleichbaren Wert führten. Es müsse gewährleistet sein, dass alle Vermögensgegenstände in einem Annäherungswert an den **gemeinen Wert** erfasst werden. 444

Auf der **Bewertungsebene** habe deshalb unabhängig von der Art des Bewertungsgegenstandes immer eine am Verkehrswert orientierte Wertermittlung (Anknüpfung an die zu besteuernde Leistungsfähigkeit) zu erfolgen. Erst auf einer **zweiten Ebene** könne dann bei Vorliegen ausreichender Gemeinwohlgründe eine Begünstigung durch Verschonungsregelungen erfolgen. Dabei sei dann auch eine sehr weit reichende Freistellung möglich. Der Kreis der Begünstigten müsse aber sachgerecht abgegrenzt und die Lenkungszwecke gleichheitsgerecht ausgestaltet sein. Das Bundesverfassungsgericht erklärte in dieser Entscheidung das bisherige, mit dem Verfassungsrecht **nicht vereinbare** Erbschaftsteuerrecht bis zu einer Neuregelung weiterhin für anwendbar und gab dem Gesetzgeber hierfür eine Frist zur Neuregelung bis spätestens 31.12.2008 auf. 445

Die Erbschaftsteuerreform 2009 war damit politisch nicht gefordert, sondern bedingt durch diese Rechtsprechung des Bundesverfassungsgerichts. 446

Die Politik diskutierte anschließend differenziert die Folgerungen aus diesem Urteil. Auch die Beibehaltung der Erbschaftsteuer überhaupt war zeitweise in Frage gestellt. Erst kurz vor Ablauf der gesetzten Frist verständigte sich die Regierungskoalition Anfang November 2008 auf einen Fortbestand und konkrete Regelungen der Erbschaftsteuerreform. Am 27.11.2008 beschloss der Bundestag das Erbschaftsteuerreformgesetz in der Fassung der Beschlussvorlage des BT-Finanzausschusses. Der Bundesrat stimmte am 5.12.2008 dem Gesetzentwurf zu. Am 24.12.2008 wurde das Gesetz verkündet (BGBl. I S. 3018). 447

Zum 1.1.2009 trat die Erbschaftsteuerreform in Kraft. Ob das neue Erbschaftsteuerrecht verfassungsrechtlich Bestand haben wird, bleibt abzuwarten. Der Grundsatz der Gleichmäßigkeit der Besteuerung ist wesentlicher Bestandteil des Steuerbegriffs. Wenn nur ca. 5 % der steuerbaren Vorgänge überhaupt zum Steueraufkommen beitragen, führt die Erbschaft- und Schenkungsteuer nicht mehr zu einer allgemeinen und gleichmäßigen Besteuerung, sondern stellt eine Sonderbelastung, besonders für Erben bzw Zuwendungsempfänger von Privatvermögen und Angehörigen der Steuerklassen II und III dar. Ob dies vom gesetzgeberischen Gestaltungsspielraum des Art. 3 Abs. 1 GG noch 448 gedeckt ist, ist fraglich. Ferner hatte das Bundesverfassungsgericht in seiner Entscheidung „Verwerfungen auf der Bewertungsebene" kritisiert. Haben wir nun diese beanstandeten „Verwerfungen" im neuen Recht ggf auf der Ebene der Verschonungsregelungen? Vor dem Hintergrund des steuerlichen Leistungsfähigkeits- und Bereicherungsprinzips ist die völlige Herausnahme einer Vielzahl grundsätzlich steuerbarer Lebenssachverhalte zumindest bedenklich.

a) Allgemeine Änderungen des Erbschaftsteuergesetzes

449 Neben redaktionellen ergaben sich – außerhalb der Bewertungsvorschriften mit Verschonungsregelungen – vor allem folgende wichtige Änderungen:

1. Umfassende Neuregelung bei den persönlichen Freibeträgen des § 16 ErbStG;
2. Glättung der Stufenwerte bei den Steuersätzen nach § 19 ErbStG und Änderung der Steuersätze in Abhängigkeit der jeweiligen Steuerklasse;
3. Streichung des § 25 ErbStG.

aa) Persönliche Freibeträge

450 Die persönlichen Freibeträge nach § 16 ErbStG wurden durch die Erbschaftsteuerreform durchgängig angehoben:

Steuerklasse	Erbe	Freibetrag in Euro	
		alt	neu
I	Ehegatte Kind, Stiefkind, Enkel (wenn Eltern verstorben) Enkel, Eltern, Großeltern (bei Erbschaft)	307.000 205.000 51.200	500.000 400.000 200.000 (Enkel) 100.000 (Eltern und Großeltern)
II	Eltern, Großeltern (bei Schenkung) Geschwister, Nichte/Neffe, geschiedener Ehegatte, Stiefeltern, Schwieger-eltern/-kinder	10.300	20.000
III	Sonstige	5.200	20.000

451 Die persönlichen Freibeträge sind nunmehr für alle Personen der Steuerklassen II und III identisch auf 20.000 € festgelegt. Verwandtschaftliche Nähebeziehungen zum Erblasser/Schenker werden damit negiert. Ob dies verfassungskonform ist, ist fraglich.

452 Die gleichgeschlechtlichen Lebenspartner bei einer eingetragenen Lebenspartnerschaft haben nunmehr einen Freibetrag wie Ehegatten in Höhe von 500.000 Euro (bislang lediglich 5.200 Euro). Trotz dieses an den Ehegatten angepassten Freibetrags sind die

Lebenspartner aber **weiterhin der ungünstigen Steuerklasse III** (!) zugeordnet. Insoweit erfolgte noch keine vollständige Gleichstellung der Lebenspartner mit den Ehegatten.

Der Freibetrag bei beschränkt persönlicher Steuerpflicht nach § 2 Abs. 1 Nr. 3 ErbStG wurde von bisher 1.100 Euro auf 2.000 Euro angehoben. 453

Der besondere Versorgungsfreibetrag nach § 17 ErbStG blieb unverändert. In die Begünstigung nach § 17 Abs. 1 ErbStG ist nunmehr aber auch der Lebenspartner einbezogen. 454

Achtung: Der besondere Versorgungsfreibetrag wird – wie bisher – nur bei einem **Erwerb von Todes wegen** gewährt und ist um den nach § 14 BewG zu berechnenden Kapitalwert von nicht der Besteuerung unterliegenden Versorgungsbezügen zu kürzen. 455

Auch die sachlichen Freibeträge nach § 13 ErbStG wurden – allerdings nur geringfügig – angepasst: 456

Steuerklasse I:	Hausrat 41.000 Euro (unverändert) Bewegliche Gegenstände 12.000 Euro (bisher 10.300 Euro)
Steuerklasse II und III:	Hausrat und bewegliche Gegenstände 12.000 Euro (bisher 10.300 Euro) Personen, die gepflegt und/oder Unterhalt gewährt 20.000 Euro (bisher 5.200 Euro)

bb) Steuersätze

Die jeweiligen Tarifstufen wurden nach oben gerundet. 457

In der Steuerklasse I blieben die Steuersätze unverändert.

Für die Steuerklassen II und III wurde ein zweistufiger Tarif eingeführt. 458

Wert des Erwerbs in Euro (nach Freibetrag)		Steuersatz in Prozent					
		I		II		III	
alt	neu	alt	neu	alt	neu	alt	neu
bis 52.000	75.000	7	7	12	30	17	30
bis 256.000	300.000	11	11	17	30	23	30
bis 512.000	600.000	15	15	22	30	29	30
bis 5.113.000	6 Mio.	19	19	27	30	35	30
bis 12.783.000	13 Mio.	23	23	32	50	41	50
bis 25.565.000	26 Mio.	27	27	37	50	47	50
alles darüber	alles darüber	30	30	40	50	50	50

Auch hier stellt sich die Frage, ob die in den Steuerklassen II und III identischen Steuersätze und damit das Fehlen jeglicher Differenzierung nach dem verwandtschaftlichen Näheverhältnis zum Erblasser/Schenker verfassungskonform ist. Wenngleich Art. 6 GG nur für die Kernfamilie gilt (Eltern und Kinder), so ist das Erbschaftsteuerrecht doch 459 von der Idee getragen, dem Erblasser/Schenker näher stehende Personen weniger zu belasten als entferntere. Dem wird durch die fehlende Differenzierung bei den Steuersätzen der Steuerklassen II und III nicht Rechnung getragen. Durch das Gesetz zur Wachstumsbeschleunigung soll dies dahingehend korrigiert werden, dass für Geschwister, Nichten und Neffen (Steuerklasse II) wieder geringere Steuersätze gelten.

460 Bei den Personengruppen der Steuerklassen II und III werden sich nach der Reform dadurch nunmehr regelmäßig höhere Steuerbelastungen ergeben. Im Zusammenhang mit den geänderten **Steuerfreibeträgen** kann im Einzelfall nach neuem Recht aber auch eine Entlastung eintreten:

461 **Beispiel:** M erhält von seinem Freund F ein Geldvermächtnis in Höhe von 20.000 Euro.

Bis 31.12.2008:

Bereicherung des M:	20.000 Euro
Persönlicher Freibetrag:	**./. 5.200 Euro**
Steuerpflichtiger Erwerb:	14.800 Euro
Steuersatz:	17 %
Erbschaftsteuerlast:	2.516 Euro

Ab 1.1.2009:

Bereicherung des M:	20.000 Euro
Persönlicher Freibetrag:	./. 20.000 Euro
Steuerpflichtiger Erwerb:	0 Euro
Erbschaftsteuerlast:	0 Euro

cc) § 25 ErbStG

462 Der frühere § 25 ErbStG regelte die Besteuerung von Erwerben bei einer Nutzungs- oder Rentenlast. Danach musste das übergegangene Vermögen ohne Berücksichtigung dieser Nutzungs- oder Rentenlasten besteuert werden, wenn dem Schenker oder dessen Ehegatten bzw dem Ehegatten des Erblassers das Nutzungsrecht oder das Rentenrecht an dem übergegangenen Vermögen zustand. Als Entlastung war in diesen Fällen lediglich die Steuer sofort zu entrichten, die sich bei Berücksichtigung der Nutzungs- oder Rentenlast ergeben hätte. Der Differenzbetrag zur Steuer ohne Berücksichtigung dieser Belastungen war bis zu deren Erlöschen zinslos zu stunden (und auf Antrag mit dem Barwert vorzeitig ablösbar!).

463 An diesem § 25 ErbStG wurde mit der Erbschaftsteuerreform nicht mehr festgehalten. Diese Regelung war mit den bisherigen niedrigen Wertansätzen für bestimmtes Vermögen begründet worden. Nachdem nunmehr alle Vermögensgegenstände mit dem gemeinen Wert anzusetzen sind, entfiel auch die causa für den bisherigen § 25 ErbStG.

464 Durch Streichung des Abzugsverbots wird die lebzeitige Übertragung von Immobilienbesitz gegen Nutzungsvorbehalte nun noch interessanter.

dd) Wahlrecht

465 Die neuen Regelungen sind für alle unter das Gesetz fallenden Erwerbe anzuwenden, die nach dem 31.12.2008 anfallen. Für nach dem 31.12.2006 bis zum Inkrafttreten des neuen Rechts (31.12.2008) eingetretenen **Erbfälle** räumte der Gesetzgeber die Möglichkeit ein, das neue Recht zu wählen.

Achtung: 466

- Für lebzeitige **Schenkungen** bestand keine Wahlmöglichkeit für das neue Recht;
- Die neuen **höheren persönlichen** Freibeträge wurden von der Wahlmöglichkeit nicht erfasst.

Der Antrag auf Wahl des neuen Rechts konnte bis zum Eintritt der Bestandskraft gestellt werden, wenn die Steuerfestsetzung erst nach Inkrafttreten des neuen Rechts erfolgte. Bei einer Steuerfestsetzung vor Inkrafttreten des neuen Rechts, war der Antrag innerhalb von 6 Monaten nach Inkrafttreten des neuen Rechts möglich (also bis 30.6.2009). 467

b) Änderungen des Bewertungsgesetzes mit geänderten Verschonungsregelungen im ErbStG

Mittelpunkt der Änderungen des Bewertungsrechts sind die Neuregelungen zur Bewertung des **Betriebsvermögens** sowie die neuen Bewertungsvorschriften für den **Grundbesitz.** Entgegen den ursprünglichen Überlegungen entschied sich der Gesetzgeber dafür, die Ausgestaltung der Bewertungsvorschriften nicht lediglich in Bewertungsverordnungen festzuschreiben, sondern direkt in das **Bewertungsgesetz** selbst aufzunehmen (der Weg in das Bewertungsgesetz führt für Anteile an Kapitalgesellschaften über § 12 Abs. 2 ErbStG, §§ 151 Abs. 1 Nr. 3, 11 Abs. 2, 199-203 BewG; für Grundbesitz über § 12 Abs. 3 ErbStG, §§ 151 Abs. 1 Nr. 1, 138, 157 Abs. 3, 176-198 BewG; für Betriebsvermögen über § 12 Abs. 5 ErbStG, §§ 151 Abs. 1 Nr. 2, 95-97, 11 Abs. 2, 199-203 BewG) 468

aa) Bewertung und Verschonung des Grundvermögens

Einer der Kernpunkte des neuen Erbschaftsteuerrechts ist die Neubewertung von Grundvermögen. In der Entscheidung des Bundesverfassungsgerichts vom 7.11.2006 war die frühere Bewertung des Grundvermögens mit den Grundbesitzwerten nach § 138 ff. BewG einer der wesentlichen Kritikpunkte einer nicht verfassungskonformen Ausgestaltung des früheren Erbschaftsteuerrechts. 469

(1) Unbebaute Grundstücke

§ 178 BewG bestimmt die Kriterien, nach denen ein unbebautes Grundstück vorliegt. Die Definition des unbebauten Grundstücks wurde unverändert aus § 145 Abs. 1 BewG in den § 178 Abs. 1 BewG übernommen. Danach sind unbebaute Grundstücke solche, auf denen sich keine benutzbaren Gebäude befinden. Die Benutzbarkeit des Gebäudes beginnt im Zeitpunkt seiner Bezugsfertigkeit. Bezugsfertig sind Gebäude, sobald es den künftigen Bewohnern oder sonstigen Benutzern zuzumuten ist, sie zu benutzen. 470

Unbebaute Grundstücke sind nach § 179 BewG mit dem **Bodenrichtwert** und ihrer **Fläche** zu bewerten. Also: 471

Fläche x Bodenrichtwert = Grundbesitzwert

Grundlage für die Bodenrichtwerte sind die Regelungen des Baugesetzbuchs (BauGB). Die Bodenrichtwerte werden von den Gutachterausschüssen der Kommunen jeweils zum Ende jedes zweiten Kalenderjahres ermittelt (§ 196 Abs. 1 Satz 5 BauGB).

472 **Achtung:** Einen pauschalen Bewertungsabschlag, wie er bis zum 31.12.2008 in § 145 Abs. 3 BewG noch mit 20 % vorgesehen war, gibt es im neuen Bewertungsrecht für unbebaute Grundstücke nicht mehr (obwohl das Bundesverfassungsgericht einen Abschlag von 10-20 % an sich als zulässig erachtet hat!). Nach der Gesetzesbegründung zur seinerzeitigen 1. Reform im Jahre 1996 sollten mit diesem damals eingeführten 20 %-Abschlag alle Besonderheiten des Grundstücks, wie beispielsweise Ecklage, Grundstücksgröße, Zuschnitt, Oberflächenbeschaffenheit, Beschaffenheit des Baugrundstücks sowie insbesondere wertmindernde Einflüsse wie etwa Lärm, Staub, Geruch oder Altlasten pauschal abgegolten sein. Überbewertungen und Verfahren zum Nachweis eines niedrigen gemeinen Werts sollten dadurch vermieden werden.

473 Der Steuerpflichtige ist nunmehr viel häufiger darauf angewiesen, über die sog. „Öffnungsklausel" des § 198 BewG solche besonderen Umstände im Rahmen eines **individuellen Wertgutachtens** nachzuweisen. Streitigkeiten bei der Ermittlung des Grundbesitzwertes werden vor diesem Hintergrund voraussichtlich zunehmen. Die Kosten des Gutachtens stellen bei der Ermittlung der Erbschaftsteuer aber wohl keinen Abzugsposten vom Nachlasswert dar.

(2) Bebaute Grundstücke

474 Bebaute Grundstücke sind Grundstücke, auf denen sich benutzbare Gebäude befinden (§ 180 BewG).

475 Die maßgeblichen Bewertungsvorschriften hängen dann von der jeweiligen Art des bebauten Grundstücks ab. Die verschiedenen Grundstücksarten sind in § 181 BewG geregelt und wie folgt unterschieden:

- Ein- und Zweifamilienhäuser,
- Mietwohngrundstücke,
- Wohnungs- und Teileigentum,
- Geschäftsgrundstücke,
- gemischt genutzte Grundstücke,
- sonstige bebaute Grundstücke.

476 **Ein- und Zweifamilienhäuser** sind Wohngrundstücke mit bis zu zwei Wohnungen (§ 181 Abs. 2 BewG). Eine Mitbenutzung für betriebliche Zwecke ist unschädlich, wenn diese weniger als 50 %, berechnet nach der Wohn- oder Nutzfläche beträgt und die Eigenart des Gebäudes als Ein- oder Zweifamilienhaus nicht beeinträchtigt. In § 181 Abs. 9 BewG ist erstmals auch der Wohnungsbegriff gesetzlich definiert. Wichtigste Kriterien dafür sind Abgeschlossenheit zu anderen Raumeinheiten, mindestens 23 m^2 Fläche, Vorhandensein von Küche, Bad/Dusche und Toilette.

477 **Mietwohngrundstücke** sind Grundstücke, die zu mehr als 80 % Wohnzwecken dienen und nicht Ein- und Zweifamilienhäuser oder Wohnungseigentum sind (§ 181 Abs. 3 BewG).

478 **Wohnungseigentum** ist das Sondereigentum an einer Wohnung in Verbindung mit dem Miteigentumsanteil an dem gemeinschaftlichen Eigentum, zu dem es gehört (§ 181 Abs. 4 BewG). Teileigentum ist das Sondereigentum an nicht zu Wohnzwecken die-

nenden Räumen eines Gebäudes in Verbindung mit dem Miteigentum an dem gemeinschaftlichen Eigentum, zu dem es gehört (§ 181 Abs. 5 BewG).

Geschäftsgrundstücke sind Grundstücke, die zu mehr als 80 % eigenen oder fremden betrieblichen oder öffentlichen Zwecken dienen und nicht Teileigentum sind (§ 181 Abs. 6 BewG). 479

Gemischt genutzte Grundstücke sind Grundstücke, die teils Wohnzwecken, teils eigenen oder fremden betrieblichen oder öffentlichen Zwecken dienen und nicht Ein- und Zweifamilienhäuser, Mietwohngrundstücke, Wohnungseigentum, Teileigentum oder Geschäftsgrundstücke sind (§ 181 Abs. 7 BewG). 480

Sonstige bebaute Grundstücke sind Grundstücke, die nicht unter eine der anderen Arten bebauter Grundstücke fallen (§ 181 Abs. 8 BewG). 481

Das Gesetz sieht drei – von der **Grundstücksart** abhängige – Bewertungsmethoden vor: 482

- Vergleichswertverfahren
- Ertragswertverfahren
- Sachwertverfahren

Das **Vergleichswertverfahren** findet Anwendung für die Bewertung von Ein- und Zweifamilienhäusern, Wohnungseigentum und Teileigentum (§ 182 Abs. 2 BewG). 483

Das **Ertragswertverfahren** findet Anwendung für die Bewertung von Mietwohngrundstücken, Geschäfts- und gemischt genutzten Grundstücke, für die sich auf dem örtlichen Grundstücksmarkt eine übliche Miete ermitteln lässt (§ 182 Abs. 3 BewG). 484

Das **Sachwertverfahren** findet Anwendung für Grundstücke, für die an sich das Vergleichswertverfahren anzuwenden wäre, für die aber kein geeigneter Vergleichswert vorliegt. Außerdem für Geschäftsgrundstücke und gemischt genutzte Grundstücke, für die sich am örtlichen Grundstücksmarkt keine übliche Miete ermitteln lässt sowie für sonstige bebaute Grundstücke (§ 182 Abs. 4 BewG). 485

(a) Zum Vergleichswertverfahren

Beim Vergleichswertverfahren (§ 183 BewG) sind die Kaufpreise von Grundstücken zugrunde zu legen, die hinsichtlich der ihren Wert beeinflussenden Merkmale mit dem zu bewertenden Grundstück hinreichend übereinstimmen (sog. Vergleichsgrundstücke). Grundlage sind vorrangig die von den Gutachterausschüssen mitgeteilten Vergleichspreise. Anstelle von Vergleichspreisen können von den Gutachterausschüssen für geeignete Bezugseinheiten, insbesondere Flächeneinheiten des Gebäudes ermittelte und mitgeteilte Vergleichsfaktoren herangezogen werden. Mangels Vorhandensein entsprechender Vergleichsgrundstücke bzw Vergleichsfaktoren wird das Vergleichswertverfahren allerdings nur in Ausnahmefällen Anwendung finden (denkbar zB bei identischen Reihenhäusern mit gleichem Ausstattungsstandard). Hilfsweise muss dann die wirtschaftliche Einheit nach dem sog. Sachwertverfahren (siehe unten Buchstabe c) bewertet werden. 486

(b) zum Ertragswertverfahren

487 Bei der Bewertung nach dem Ertragswertverfahren werden Gebäude und Grund und Boden getrennt bewertet. Der Grund und Boden ist dabei wie ein unbebautes Grundstück (§ 179 BewG) zu bewerten, also mit dem Ansatz des zuletzt festzustellenden Bodenrichtwerts. Dieser Wert stellt zugleich den Mindestwert für das bebaute Grundstück dar (§ 184 Abs. 3 S. 2 BewG). Das Gebäude ist dann mit dem Gebäudeertragswert (§ 185 BewG) zu bewerten, ein gesonderter Ansatz von sonstigen baulichen Anlagen erfolgt nicht. Diese sind mit dem Ertragswert des Gebäudes abgegolten.

488

Ertragswertverfahren (§ 184 BewG)

Rohertrag
(Jahresnettokaltmiete/
übliche Miete)

./.

Bewirtschaftungskosten
(primär Erfahrungssätze der
Gutachterausschüsse,
sonst nach Anlage 23)

=

Reinertrag des Grundstücks

./.

Bodenwertverzinsung
(primär Feststellungen der
Gutachterausschüsse,
sonst Ansatz
nach Grundbuchart)

=

Bodenrichtwert	Gebäudereinertrag
x	x
Grundstücksfläche	Vervielfältiger (nach Anlagen 21, 22)
=	=
Bodenwert	Gebäudeertragswert

zusammen

Ertragswert
=
Grundbesitzwert

Der Bodenwert ergibt sich aus der Bewertung nach § 179 BewG und ist unselbständiger 489
Teil der Feststellung des Ertragswertes für das bebaute Grundstück.

490 Rohertrag ist das Entgelt, das für die Benutzung des bebauten Grundstücks nach den am Bewertungsstichtag geltenden vertraglichen Vereinbarungen für den Zeitraum von 12 Monaten zu entrichten ist. Umlagen, die zur Deckung der Betriebskosten gezahlt werden, sind **nicht anzusetzen** (§ 186 BewG). Maßgeblich ist also die **Jahresnettokaltmiete.** Bei Selbstnutzung oder verbilligter Vermietung (mehr als 20 % unter verkehrsüblicher Miete) ist die für das betreffende Objekt übliche Miete heranzuziehen.

491 ■ Bewirtschaftungskosten (Abzugsposten):

Dies sind die bei gewöhnlicher Bewirtschaftung nachhaltig entstehenden Verwaltungskosten, Betriebskosten, Instandhaltungskosten und das Mietausfallwagnis. Durch Umlagen gedeckte Betriebskosten bleiben unberücksichtigt. Soweit keine Erfahrungssätze von den Gutachterausschüssen zur Verfügung stehen, sind die in der **Anlage 23** zum BewG pauschalierten Bewertungskosten anzusetzen (abhängig von Alter und Art des Gebäudes).

492 ■ Bodenwertverzinsung (Abzugsposten):

Auszugehen ist vom Liegenschaftszinssatz. Das ist der Zinssatz, mit dem der Verkehrswert von Grundstücken im Durchschnitt marktüblich verzinst wird (§ 188 BewG). Vorrangig sind die von den Gutachterausschüssen ermittelten örtlichen Liegenschaftszinssätze anzuwenden. Soweit die Gutachterausschüsse keine örtlichen Werte bereitstellen, ist von folgenden Zinssätzen auszugehen (§ 188 Abs. 2 BewG):

Mietwohngrundstück =	5,0 %
Gemischt genutzte Grundstücke mit einem gewerblichen Anteil von bis zu 50 % =	5,5 %
Gemischt genutzte Grundstücke mit einem gewerblichen Anteil von mehr als 50 % =	6,0 %
Geschäftsgrundstücke =	6,5 %

493 ■ Vervielfältiger:

Der sich ergebende Gebäudereinertrag ist mit dem individuellen Vervielfältiger gem. **Anlage 21** zum BewG zu multiplizieren. Der Vervielfältiger ist abhängig von der Restnutzungsdauer des Gebäudes und dem anzuwendenden Liegenschaftszinssatz. Die wirtschaftliche Gesamtnutzungsdauer ergibt sich aus **Anlage 22** zum BewG abzüglich des Gebäudealters zum Besteuerungszeitpunkt. Gemäß § 185 Abs. 3 Nr. 5 BewG wird eine Restnutzungsdauer von mindestens 30 % der Gesamtnutzungsdauer angesetzt.

Beispiel für Ertragswertverfahren: Mietwohngrundstück wird im Januar 2009 vererbt. Mietwohnhaus ist 15 Jahre alt, Miete beträgt monatlich 6.000 Euro. Grundstück 1.000 m². Bodenrichtwert 500 Euro/m². 494

Berechnung:

Bodenwert des unbebauten Grundstücks (§ 179 BewG):

500 Euro x 1.000 m² =	500.000 Euro
Gebäudewert:	
Rohertrag (§ 186 BewG)	
6.000 Euro x 12 Monate =	72.000 Euro
abzüglich Bewirtschaftungskosten (Anlage 23)	
pauschal 21 %	./. 15.120 Euro
Reinertrag nach § 185 Abs. 1 BewG	56.880 Euro
abzüglich Verzinsung des Bodenwerts	
500 Euro/m² x 1.000 m² x Liegenschaftszinssatz 5 % =	./. 25.000 Euro
Gebäudereinertrag	31.880 Euro
Vervielfältiger nach Anlage 21	
(pauschale Nutzungsdauer nach Anlage 22 =	80 Jahre
abzüglich Alter des Gebäudes	15 Jahre
Restnutzungsdauer damit	65 Jahre,
daraus Liegenschaftszinssatz	5 %,
danach maßgeblicher Vervielfältiger =	19,16
Gebäudeertragswert (31.880 Euro x 19,16)	610.820 Euro
Ertragswert nach § 184 Abs. 3 BewG:	
Bodenwert **zzgl** Gebäudeertragswert =	**1.110.820 Euro**

(c) Zum Sachwertverfahren

Bei einer Bewertung im Sachwertverfahren sind Gebäude und Grund und Boden ebenfalls getrennt zu bewerten (§ 189 Abs. 1 BewG). Grund und Boden ist dabei wie ein unbebautes Grundstück zu bewerten (§ 179 BewG). Für das Gebäude sind die Herstellungskosten anzusetzen. 495

496

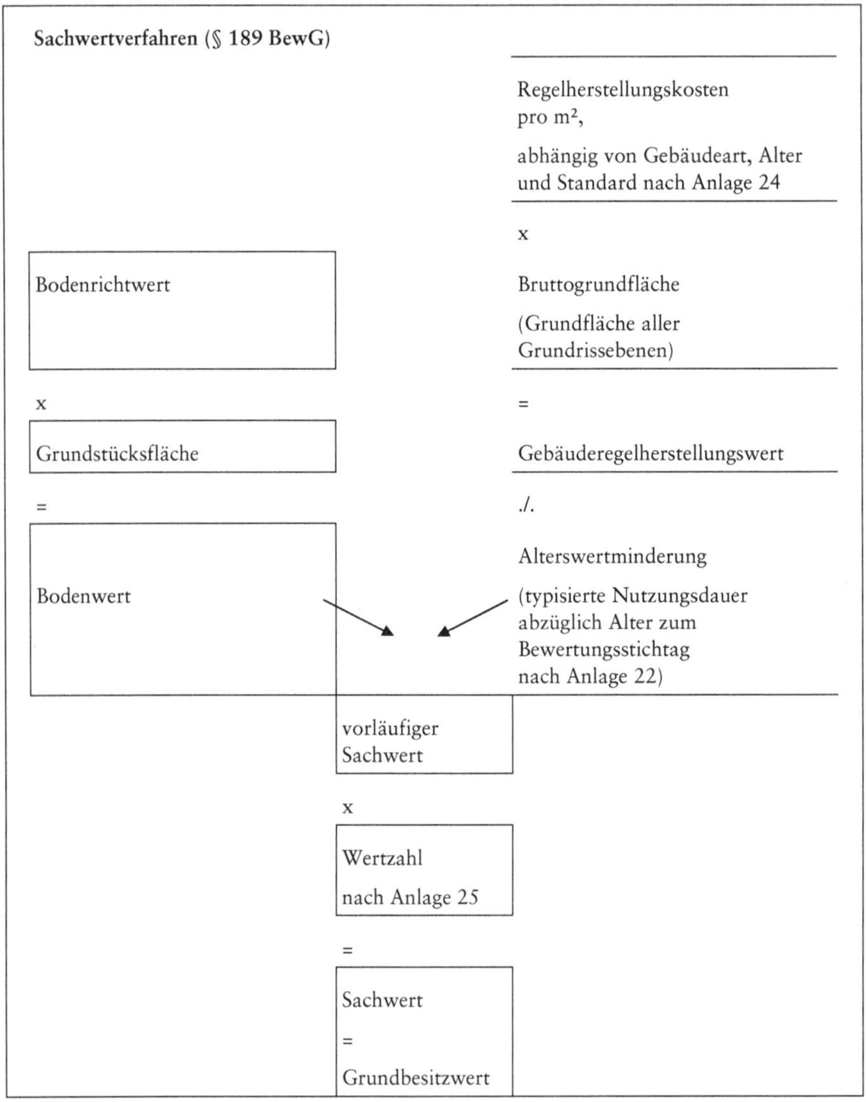

497 Der Bodenwert ergibt sich aus der Bewertung nach § 179 BewG und ist unselbständiger Teil der Feststellung des Sachwerts für das bebaute Grundstück.

498 Regelherstellungskosten sind die gewöhnlichen Herstellungskosten je Flächeneinheit (§ 190 Abs. 1 Satz 2 BewG). Sie ergeben sich aus **Anlage 24** zum BewG und werden festgestellt nach Gebäudeart, Baujahr und Ausstattung.

499 Flächeneinheit ist die Bruttogrundfläche des Gebäudes (Summe aller Grundrissebenen eines Bauwerks).

Alterswertminderung (Abzugsposten): 500

- Die Alterswertminderung bestimmt sich nach der wirtschaftlichen Gesamtnutzungsdauer nach **Anlage 22** und dem Alter des Gebäudes.
- Die Wertzahl dient der Anpassung an den gemeinen Wert. Regelmäßig ergibt sich diese aus **Anlage 25**.

Beispiel für Sachwertverfahren: Einfamilienhaus wird Anfang 2009 geschenkt, Errichtung war Anfang 1979, Keller ohne ausgebautes Dachgeschoss, Bruttogrundfläche 200 m², mittlerer Ausstattungsstandard. Bodenrichtwert 400 Euro/ m². Grundstücksgröße 500 m². 501

Berechnung:

Bodenwert des unbebauten Grundstücks

400 Euro/m² x 500 m² =	200.000 Euro
Gebäudesachwert	
Regelherstellungskosten (Anlage 24)	
690 Euro x 200 m² =	138.000 Euro
abzüglich Alterswertminderung	
pauschale Nutzungsdauer Anlage 22 =	80 Jahre
Alter des Gebäudes =	29 Jahre
Alterswertminderung 29 Jahre x 100/80 =	36,25
Alterswertminderung 138.000 Euro x 36,25 %	50.025 Euro
Gebäudesachwert	87.975 Euro
Vorläufiger Sachwert	
Bodenwert **zzgl** Gebäudesachwert =	287.975 Euro
Angleichung an den gemeinen Wert (§ 191 BewG)	
Wertzahl 1,0 =	
Sachwert	**287.975 Euro**

(3) Verschonungsregelungen für Grundvermögen

Aus Gemeinwohlgründen ist es nach dem Bundesverfassungsgericht zulässig, für bestimmte Vermögensgegenstände eine Verschonung vorzusehen. Davon hat der Gesetzgeber u.a. für Grundvermögen Gebrauch gemacht. 502

(a) Zu Wohnzwecken vermietete Grundstücke

Für zu Wohnzwecken vermietete Grundstücke wird auf den Grundbesitzwert ein Verschonungsabschlag **in Höhe von 10 %** gewährt (§ 13 c Abs. 1 ErbStG). 503

Begünstigungsvoraussetzung ist 504

- Vermietung zu Wohnzwecken,
- Belegenheit im Inland, in einem Mitgliedstaat der Europäischen Union oder einem Staat des Europäischen Wirtschaftsraumes,
- Nichtzugehörigkeit zum begünstigten Betriebsvermögen oder begünstigen Vermögen eines Betriebs der Land- und Forstwirtschaft.

Kein Abschlag wird gewährt 505

- bei selbst genutztem Wohneigentum,
- bei Vermietung zu anderen als zu Mietwohnzwecken.

506 **Achtung:** Es gibt keine Behaltefrist!

507 Da die Begünstigung nur für Mietwohnzwecke gilt, ist bei gemischt genutzten Grundstücken der begünstigte Anteil herauszurechnen (zB nach m^2 oder nach dem Verhältnis der realisierten Erträge).

(b) Lebzeitige Übertragung von Familienheim

508 Schon nach bisherigem Recht konnte selbst genutztes Wohneigentum steuerbefreit auf den Ehegatten übertragen werden. Diese Regelung in § 13 Abs. 1 Nr. 4 a ErbStG wurde mit der Erbschaftsteuerreform auf den Lebenspartner ausgedehnt. Darüber hinaus ist nun nicht mehr nur im Inland belegenes Wohneigentum begünstigt, sondern auch solches in einem Mitgliedstaat der Europäischen Union oder einem Staat des Europäischen Wirtschaftsraumes. Begünstigungsvoraussetzung ist, dass das zu übertragende Familienheim zu **eigenen Wohnzwecken** genutzt wird. Zweit,- Wochenend- und Ferienwohnungen werden damit nicht begünstigt.

509 Gleichgestellt mit der Übertragung eines Familienheims ist die Freistellung des Ehegatten oder Lebenspartners von eingegangenen Verpflichtungen in Zusammenhang mit der Anschaffung oder Herstellung des Familienheims bzw die Übernahme von nachträglichem Herstellungs- oder Erhaltungsaufwand für das Familienheim.

510 **Achtung:** Nach der Übertragung bestehen für den Erwerber keine Behaltefristen für eine etwaige Selbstnutzung (anders als nach § 13 Abs. 1 Nr. 4 b ErbStG bei Erwerb von Todes wegen). Es gibt ferner keine Objektbeschränkung. Somit können auch mehrere Objekte – vorausgesetzt es handelt sich um ein Familienheim – unter Ausnutzung dieser Begünstigungsvorschrift übertragen werden. Eine nur unregelmäßig für Urlaubszwecke genutzte Ferienwohnung erfüllt allerdings den Begriff des Familienheims nicht.

(c) Wohneigentum bei Erwerb von Todes wegen (Ehegatte und Lebenspartner)

511 Mit § 13 Abs. 1 Nr. 4 b ErbStG ist eine Steuerbefreiung für den Erwerb von Todes wegen bei selbst genutztem Wohneigentum von **Ehegatten** und **Lebenspartnern neu eingefügt** worden. Sie gilt für im Inland, einem Mitgliedstaat der Europäischen Union oder einem Staat des Europäischen Wirtschaftsraums belegene bebaute Grundstücke.

Voraussetzung ist:

- Der Erblasser muss bis zum Erbfall in dem Eigentum oder Teileigentum eine zu eigenen Wohnzwecken genutzte Wohnung unterhalten haben (Familienheim). Falls er daran aus zwingenden Gründen (zB Krankheit) gehindert war, ist dies unschädlich, wenn die Wohnung beim Erwerber unverzüglich zur Selbstnutzung führt;
- der Ehegatte oder Lebenspartner muss das Familienheim innerhalb von 10 Jahren zu eigenen Wohnzwecken weiter nutzen. Für den Fall, dass er die Wohnnutzung innerhalb dieser Frist aufgibt, entfällt die Steuerbefreiung vollständig mit Wirkung für die Vergangenheit. Unschädlich ist die Aufgabe der Selbstnutzung, wenn dies aus zwingenden Gründen erfolgt (zB Krankheit, Tod); ein Verkauf oder eine Vermietung des Familienheims innerhalb der Nutzungsfrist wäre schädlich für die Steuerbefreiung.

Achtung: Der Testamentsvollstrecker als Vermögensverwalter (§ 34 Abs. 1, 3 AO) hat die Pflicht, einen nachträglichen Wegfall der Steuerbefreiung anzuzeigen (§ 153 Abs. 2 iVm § 34 AO), sofern zu diesem Zeitpunkt das bisher begünstigte Vermögen noch seiner Verwaltung untersteht. Wenn der Testamentsvollstrecker gegen seine Anzeigepflicht verstößt, kommt für ihn eine Haftung nach § 71 AO in Betracht. Gleichzeitig kann er sich einer leichtfertigen Steuerverkürzung nach § 378 AO oder Steuerhinterziehung nach § 370 AO schuldig machen. 512

(d) Wohneigentum bei Erwerb von Todes wegen (Kinder)

In § 13 Abs. 1 Nr. 4 c ErbStG wurde ferner eine Steuerbefreiung für Kinder der Steuerklasse I nach § 15 Abs. 1 Nr. 2 ErbStG sowie Kinder verstorbener Kinder für den Erwerb von Todes wegen von zu eigenen Wohnzwecken genutztem Eigentum eingefügt. 513

Wie beim Ehegatten oder Lebenspartner ist auch hier Voraussetzung, dass das Familienheim 10 Jahre lang für eigene Wohnzwecke weiter selbst genutzt wird (widerspricht der im Berufsleben immer wieder geforderten räumlichen Mobilität!). 514

Im Gegensatz zum Erwerb von Todes wegen bei Ehegatten oder Lebenspartnern ist aber hier die privilegierte Immobilie an eine bestimmte Größe gebunden. Die Wohnfläche der geerbten Wohnung darf 200 m² nicht übersteigen. 515

Beispiel: Eine geerbte Immobilie hat einen Wert von 2,1 Mio. Die Wohnfläche beträgt 300 m². Die unschädliche Wohnfläche von 200 m² wird um 100 m² überschritten. Der Steuerwert der Immobilie von 2,1 Mio. unterliegt damit nur zu 2/3 der Steuerbefreiung. In den steuerpflichtigen Erwerb gehen 1/3 aus 2,1 Mio., also 700.000 Euro ein. 516

Achtung: der Testamentsvollstrecker als Vermögensverwalter (§ 34 Abs. 1, 3 AO) hat die Pflicht, einen nachträglichen Wegfall der Steuerbefreiung anzuzeigen (§ 153 Abs. 2 iVm § 34 AO), sofern zu diesem Zeitpunkt das bisher begünstigte Vermögen noch seiner Verwaltung untersteht (siehe oben bei c). 517

bb) Bewertung und Verschonung des Betriebsvermögens

Nach der Erbschaftsteuerreform wird Betriebsvermögen grundsätzlich mit seinem gemeinen Wert angesetzt (§ 109 Abs. 1 BewG). Für alle wirtschaftlichen Einheiten des Betriebsvermögens sowie für nicht notierte Anteile an Kapitalgesellschaften ist nunmehr ein **einheitliches** Bewertungsverfahren vorgeschrieben. Die bisherige Rechtsformabhängigkeit (unterschiedliche Bewertung von Beteiligungen an Personengesellschaften – Steuerbilanzwert – und Kapitalgesellschaften – Stuttgarter Verfahren -) ist entfallen. 518

Die Ermittlung des gemeinen Werts richtet sich nach § 11 Abs. 2 BewG. § 11 Abs. 2 BewG betrifft zwar in erster Linie Anteile an Kapitalgesellschaften, für die kein notierter Kurswert vorliegt. Aufgrund der Verweisung in § 109 Abs. 1 S. 2 und § 109 Abs. 2 S. 2 BewG gilt diese Bewertungsregelung jedoch rechtsformunabhängig für alle Einheiten von Betriebsvermögen. 519

(1) Die Bewertungsmethoden

- Vorrangig ist der Wert aus dem Kaufpreis von Verkäufen unter fremden Dritten, die weniger als ein Jahr vor dem Besteuerungszeitraum zurückliegen, abzuleiten (Marktwertmethode); 520

- hilfsweise Bewertung nach einer anerkannten, auch im gewöhnlichen Geschäftsverkehr für nicht steuerliche Zwecke üblichen Methode oder
- Ermittlung nach den Ertragsaussichten (Gesamtbewertungsverfahren), mindestens aber
- Summe der einzelnen Wirtschaftsgüter.

521 Das genannte vereinfachte Ertragswertverfahren wird das **Regelverfahren** sein. Eine Öffnung für den Nachweis eines geringeren Verkehrswerts ist nicht vorgesehen.

Vereinfachtes Ertragswertverfahren (§ 200 BewG) 522

3. letztes Jahr	2. letztes Jahr	letztes Jahr
Ertragsteuerlicher Gewinn	Ertragsteuerlicher Gewinn	Ertragsteuerlicher Gewinn
+	+	+
Hinzurechnungen (§ 202 Abs. 1 Nr. 1 BewG)	Hinzurechnungen (§ 202 Abs. 1 Nr. 1 BewG)	Hinzurechnungen (§ 202 Abs. 1 Nr. 1 BewG)
./.	./.	./.
Abzugsposten u.a. angemessener Unternehmerlohn (§ 202 Abs. 1 Nr. 2 BewG)	Abzugsposten u.a. angemessener Unternehmerlohn (§ 202 Abs. 1 Nr. 2 BewG)	Abzugsposten u.a. angemessener Unternehmerlohn (§ 202 Abs. 1 Nr. 2 BewG)
./.	./.	./.
30 % Ertragsteueraufwand (§202 Abs. 3 BewG)	30 % Ertragsteueraufwand (§202 Abs. 3 BewG)	30 % Ertragsteueraufwand (§202 Abs. 3 BewG)

Durchschnittsertrag

(Summe : 3)

x

Kapitalisierungsfaktor

(§ 203 BewG)

=

Ertragswert

523 Ausgangsgröße für die Bewertung im vereinfachten Ertragswertverfahren ist der nachhaltig erzielbare Jahresertrag. Der nach dem Gewinn der letzten 3 vor dem Bewertungsstichtag abgelaufenen Wirtschaftsjahre ermittelte Durchschnittsertrag bildet die Beurteilungsgrundlage.

524 Ausgehend von dem ertragsteuerlichen Gewinn muss eine Korrektur um außergewöhnliche Ereignisse innerhalb des Wirtschaftsjahres sowie um ertragsteuerliche Gewinnermittlungsbesonderheiten erfolgen. Es sind deshalb Hinzurechnungen und Abzüge nach § 202 Abs. 1 Nr. 1 und 2 BewG vorzunehmen. Soweit in der bisherigen Ergebnisrechnung noch nicht berücksichtigt, ist ein angemessener Unternehmerlohn abzuziehen. Hier ist auf Erfahrungswerte zurückzugreifen, die die jeweilige Branche, Größe und Ertragskraft des Unternehmens berücksichtigen.

525 Zur Abgeltung des Ertragsteueraufwandes ist ein pauschaler Abschlag von 30 % vorzunehmen.

526 Kernpunkt des vereinfachten Ertragswertverfahrens ist der Kapitalisierungszinssatz (§ 203 BewG). Dabei ist von der langfristig erzielbaren Rendite öffentlicher Anleihen auszugehen. Der Kapitalisierungszinssatz setzt sich zusammen aus dem – von der Deutschen Bundesbank anhand der Zinsstrukturdaten auf den ersten Börsentag des Jahres errechneten und vom Bundesfinanzministerium im Bundessteuerblatt veröffentlichten – Basiszinssatz. Dieser Basiszinssatz gilt dann für alle Bewertungen dieses Jahres. Der Basiszinssatz ist um einen Risikozuschlag von 4,5 % zu erhöhen (der u.a. das Unternehmerrisiko berücksichtigt). Aus diesen beiden Zinssätzen bestimmt sich der Kapitalisierungsfaktor als Kehrwert des Kapitalisierungszinssatzes (§ 203 Abs. 3 BewG). Das bedeutet: ein niedriger Basiszinssatz in Zeiten schlechter Konjunktur würde zu einem höheren Unternehmenswert, ein höherer Zinssatz bei guter Konjunktur zu einem niedrigeren Unternehmenswert führen.

Kapitalisierungsfaktor = 100 : Kapitalisierungszinssatz

527 **Beispiel:** Ein Gewerbebetrieb soll in den letzten 3 Jahren unter Berücksichtigung von Hinzurechnungen und Abzügen (inkl. angemessenem Unternehmerlohn) und unter Berücksichtigung des Ertragsteueraufwands von 30 % einen Jahresertrag von durchschnittlich 80.000 Euro haben.

Bewertung im vereinfachten Ertragswertverfahren:

Der Basiszins für 2009 wurde von der Deutschen Bundesbank mit 3,61 % errechnet.

Der Kapitalisierungszinssatz beträgt damit 8,11 % (Basiszins 3,61 % zzgl Risikozuschlag 4,5 %)

Dies ergibt einen Kapitalisierungsfaktor von 12,33 (100: 8,11)

Der Wert im vereinfachten Ertragswertverfahren beträgt damit 986.400 Euro (80.000 x 12,33)

528 Ob die generell gleiche Fixierung des Zinssatzes für alle Branchen verfassungskonform ist, ist fraglich.

(2) Verschonungsregelungen

(a) Verwaltungsvermögen

529 Das begünstigungsfähige Unternehmensvermögen wird in § 13 b Abs. 1 ErbStG definiert. Hierzu zählen – wie bisher – das Betriebsvermögen von Einzelunternehmen, Mitunternehmeranteile, Anteile an Kapitalgesellschaften von mehr als 25 % sowie land- und forstwirtschaftliches Vermögen. Mit der Erbschafsteuerreform ist nunmehr auch

in anderen EU-Mitgliedsstaaten und Staaten des EWR gelegenes begünstigtes Vermögen einbezogen. Neu eingeführt wurde der Begriff des **Verwaltungsvermögens** (§ 13 Abs. 2 ErbStG). Es ist zu prüfen, zu welchem Anteil Unternehmensvermögen aus Verwaltungsvermögen besteht, da nur Produktivvermögen begünstigt sein soll. Dazu werden die Summe der gemeinen Werte der Einzelwirtschaftsgüter des Verwaltungsvermögens ins Verhältnis gesetzt zum gemeinen Wert des Betriebs.

Zum schädlichen Verwaltungsvermögen gehören: 530

- Dritten zur Nutzung überlassene Grundstücke, Grundstücksteile, grundstücksgleiche Rechte und Bauten.

  Ausnahmen:

  - Eine schädliche Nutzungsüberlassung an Dritte wird in Fällen der Betriebsaufspaltung nicht angenommen;
  - kein Verwaltungsvermögen bei Verpachtung des Betriebes im Ganzen, bei der ertragsteuerlich Gewinneinkünfte vorliegen und der bisherige Pächter Erbe geworden ist oder für den Fall, dass ein Beschenkter den Betrieb noch nicht selbst führen kann und er diesen für maximal 10 Jahre an einen Dritten verpachtet;
  - Nutzungsüberlassung innerhalb eines Konzerns im Sinne des § 4 h EStG führt nicht zu schädlichem Verwaltungsvermögen;
  - kein Verwaltungsvermögen bei Nutzungsüberlassung von Wohnimmobilien, wenn deren Überlassung im Rahmen eines in kaufmännischer Weise eingerichteten Geschäftsbetriebes erfolgt.
- Zum schädlichen Verwaltungsvermögen gehören ferner Anteile an Kapitalgesellschaften, wenn die unmittelbare Beteiligung am Nennkapital 25 % oder weniger beträgt und sie nicht dem Hauptzweck des Gewerbebetriebs eines Kredit-, Finanzdienstleistungsinstituts oder Versicherungsunternehmens zuzurechnen sind.
- Als Verwaltungsvermögen gelten Beteiligungen an Personengesellschaften, wenn deren Verwaltungsvermögen mehr als 50 % beträgt;
- Zum Verwaltungsvermögen gehören Wertpapiere und vergleichbare Forderungen, die nicht dem Hauptzweck des Gewerbebetriebs, eines Kredit- Finanzierungsdienstleistungsinstituts oder Versicherungsunternehmens zuzurechnen sind;
- Verwaltungsvermögen sind ferner Kunstgegenstände, Kunstsammlungen, Edelmetalle etc. (Ausnahme: Handel oder Verarbeitung ist Hauptzweck des Betriebs).

(b) Begünstigungsregelungen für Betriebsvermögen

Ob und welche Verschonungsregelung greift, hängt im Wesentlichen von der Quote 531
des unter ba) genannten Verwaltungsvermögens ab. Beträgt das Verwaltungsvermögen **mehr als 50 %** des Unternehmensvermögens, ist das gesamte Unternehmensvermögen zu versteuern. **Dann gibt es keine Begünstigung.**

Hat das Verwaltungsvermögen einen Anteil **von mehr als 10 % bis zu 50 %** am ge- 532
samten gemeinen Wert des Betriebsvermögens, so ergibt sich folgende Steuerbefreiung:

15 % des Unternehmensvermögens sind unter Berücksichtigung eines gleitenden Abzugsbetrags von 150.000 Euro sofort zu versteuern. 85 % des Unternehmensvermögens können vollständig steuerfrei übertragen werden, wenn:

- das Unternehmen für 7 Jahre weitergeführt wird *(Fortführungsklausel)*; nach dem Wachstumsbeschleunigungsgesetz ist eine Reduzierung auf 5 Jahre vorgesehen),
- die Mindestlohnsumme innerhalb dieser 7 Jahre 650 % der Ausgangslohnsumme nicht unterschreitet *(Lohnsummenklausel)*; nach dem Wachstumsbeschleunigungsgesetz sollen 400 % der Lohnsumme ausreichen.

533 Übersteigt das Verwaltungsvermögen hingegen 10 % des gesamten gemeinen Werts des Betriebsvermögens nicht, so ergibt sich auf **Antrag eine weitergehende Option:**

100 % des Unternehmensvermögens können vollständig steuerfrei übertragen werden, wenn

- das Unternehmen für 10 Jahre weitergeführt wird *(Fortführungsklausel)*; nach dem Wachstumsbeschleunigungsgesetz soll die Haltefrist auf 7 Jahre herabgesetzt werden.
- die Mindestlohnsumme innerhalb dieser 10 Jahre 1000 % der Ausgangslohnsumme nicht unterschreitet *(Lohnsummenklausel)*; nach dem Wachstumsbeschleunigungsgesetz ist eine Verringerung auf 700 % vorgesehen.

In beiden Varianten kommt es auf die Einhaltung der Mindestlohnsumme nur an, wenn die Ausgangslohnsumme mehr als 0 Euro beträgt **oder** der Betrieb mehr als 10 Mitarbeiter beschäftigt (nach dem Wachstumsbeschleunigungsgesetz 20 Mitarbeiter).

534 **Achtung:** Bei einem Verstoß gegen die Fortführungsklausel fällt der Verschonungsabschlag **zeitanteilig** weg.

Beim Unterschreiten der Mindestlohnsumme (Verstoß gegen Lohnsummenklausel) vermindert sich der bereits gewährte Verschonungsabschlag **in demselben prozentualen Umfang** wie die Mindestlohnsumme unterschritten wird.

535 Schema für Begünstigungsregelungen:

	Regel	Option
Verschonungsabschlag	85 %	100 %
Verwaltungsvermögen	max. 50 %	max. 10 %
Behaltensfrist	7 Jahre (5 Jahre)	10 Jahre (7 Jahre)
Lohnsumme	650 % (400 %)	1000 % (700 %)

536 Gemäß § 13 a Abs. 5 Nr. 3 ErbStG darf der Erwerber während der Behaltensfrist dem steuerbegünstigt übernommenen Unternehmen nur in eingeschränktem Maß über die erwirtschafteten Erträge hinaus Vermögen entziehen. Die Summe der Entnahmen darf die Summe der Gewinne und Einlagen zuzüglich eines Betrages von 150.000 Euro nicht übersteigen. **Überentnahmen führen zum rückwirkenden Entfall des Verschonungsabschlags.** Es kommt dann zu einer anteiligen Nachversteuerung.

Beispielsfall: Verstoß gegen Behaltefrist Betriebsvermögen beträgt 4 Mio., Verwaltungsvermögen 35 %. Übertragung zum 1.3.2009. Im Januar 2014 vorzeitige Veräußerung des Betriebs. 537

Das begünstigte Vermögen von 85 % beträgt 3,4 Mio.Steuerpflichtig sind damit 600.000 Euro.

Lediglich 4 von 7 Jahren sind von der Behaltefrist abgelaufen. Deshalb erfolgt eine Nachversteuerung von 3/7, also 42,85 %. Von dem bisher nicht versteuerten Vermögen in Höhe von 3,4 Mio. sind 42,85 %, also 1.456.900 Euro nachzuversteuern.

Beispielsfall: Verstoß gegen Lohnsummenklausel Beispiel wie vor. Durchschnittliche Lohnsumme der letzten 5 Jahre 2 Mio. Die nicht unterschreitbare Lohnsumme beträgt damit 2 Mio. x 650 % = 13 Mio. Hat der Übernehmer nach Ablauf von 7 Jahren 11,7 Mio. Lohnsumme aufgewandt und damit die Mindestlohnsumme um 10 % unterschritten, so vermindert sich auch seine Begünstigung um 10 % des begünstigten Vermögens, im Ergebnis also um 8,5 %. Das begünstigte Vermögen ist um 8,5 % zu reduzieren, ergibt 76,5 %. Damit sind anstatt der bisherigen 85 % nur noch 76,5 % von 4 Mio., also 3.060.000 Euro steuerfrei. Anstelle der bisherigen lediglich 600.000 Euro sind nunmehr 940.000 Euro zu versteuern. Es erfolgt eine Nachversteuerung des Differenzbetrages von 340.000 Euro. 538

Beispielsfall: Verstoß gegen Überentnahmeregel Beispiel wie vor. Gewinn 400.000 Euro, Einlage 50.000 Euro ergibt einen zulässigen Überentnahmebetrag von 600.000 Euro. Wenn 800.000 Euro entnommen wurden, sind 200.000 Euro Überentnahmen getätigt. Damit anstelle des bisher in Höhe von 85 % begünstigten Vermögens von 4 Mio. nur noch ein begünstigtes Vermögen von 3.800.000 Euro. Davon 85 % = 3.230.000 Euro. Begünstigt sind somit anstelle der bisherigen 3,4 Mio. lediglich 3.230.000 Euro. Deshalb hat eine Nachversteuerung für 170.000 Euro zu erfolgen. 539

Achtung: der Testamentsvollstrecker als Vermögensverwalter (§ 34 Abs. 1, 3 AO) hat die Pflicht, einen nachträglichen Wegfall der Steuerbefreiung anzuzeigen (§ 153 Abs. 2 iVm § 34 AO), sofern zu diesem Zeitpunkt das bisher begünstigte Vermögen noch seiner Verwaltung untersteht. Wenn der Testamentsvollstrecker gegen seine Anzeigepflicht verstößt, kommt für ihn eine Haftung nach § 71 AO in Betracht. Gleichzeitig kann er sich einer leichtfertigen Steuerverkürzung nach § 378 AO oder Steuerhinterziehung nach § 370 AO schuldig machen. 540

5. Steuer nach dem Erbfall

Mit den **Einkünften,** die aus dem der Testamentsvollstreckung unterliegenden Nachlass erzielt werden, hat der Testamentsvollstrecker nichts zu tun. Die entsprechenden Steuertatbestände verwirklicht der Eigentümer des Nachlassvermögens.[306] Steuerpflichtig ist der Vermögensinhaber, also der Erbe (der Testamentsvollstrecker ist nur „Treuhänder" des Nachlasses).[307] 541

Beispiel: 542

- Zinsen als Einkünfte des Erben aus zum Nachlass gehörenden Kapitalvermögen (§ 20 EStG);
- Mieten aus einem zum Nachlass gehörenden Mietobjekt als Einkünfte des Erben aus Vermietung und Verpachtung (§ 21 EStG).
- Erwirbt der Testamentsvollstrecker mit Mitteln des Nachlasses ein Grundstück (§ 2041 BGB), so ist Schuldner der Grunderwerbsteuer der Erbe.

Die Einkünfte werden **allein dem Erben,** nicht dem Testamentsvollstrecker als Verwalter des Nachlasses zugerechnet.[308] 543

306 Piltz in Bengel/Reimann, 8. Kap. Rn 102.
307 Piltz in Bengel/Reimann, 8. Kap. Rn 102.
308 BFH BStBl. 1992 II S. 781.

a) Besonderheiten bei Unternehmensfortführung

544 Führt der Testamentsvollstrecker entsprechend der letztwilligen Verfügung des Erblassers ein Unternehmen fort, so ergeben sich Besonderheiten:

aa) Einzelunternehmen

545 Der **Erbe** erzielt im Rahmen der **Einkommensteuer** als **Unternehmer** gemäß § 15 Abs. 1 Nr. 1 EStG gewerbliche Einkünfte. Dies gilt nach herrschender Meinung auch dann, wenn der **Testamentsvollstrecker** den Betrieb fortführt, und zwar sowohl bei der „Treuhand"- wie der „Vollmachtslösung". Die mit der Testamentsvollstreckung verbundene Verwaltungsmacht des Testamentsvollstreckers begründet für diesen auch kein wirtschaftliches Eigentum an dem Einzelunternehmen.[309] Diese Betrachtungsweise ist unstreitig, wenn der Testamentsvollstrecker aufgrund der sog. **„Vollmachtslösung"** das Unternehmen fortführt. Führt der Testamentsvollstrecker hingegen das Unternehmen aufgrund der sog. **„Treuhandlösung"** weiter (Testamentsvollstrecker handelt im eigenen Namen auf Rechnung des Erben), wird zum Teil eine Unternehmereigenschaft des Testamentsvollstreckers als möglich erachtet.[310] Abgeleitet wird dies aus der Rechtsprechung, wonach bei unbeschränkter Außenhaftung eines Treuhänders für Gesellschaftsverbindlichkeiten der Treuhänder auch ohne Gewinnbeteiligung wegen des Haftungsrisikos und der nicht entziehbaren Vertretungsmacht **neben** den Treugebern Mitunternehmer ist.[311] Ob diese Rechtsprechung auch auf den Testamentsvollstrecker bei einer **Treuhandlösung** anzuwenden ist, wird bezweifelt.[312] An der Zurechnung aller Einkünfte des Unternehmens an den Erben ändert sich aber auch danach nichts.

546 **Aber Problem:** Im Falle einer angenommenen **Mitunternehmerschaft** des Testamentsvollstreckers würde die Testamentsvollstreckervergütung keine selbstständigen Einkünfte nach § 18 EStG, sondern gewerbliche Sonderbetriebseinnahmen gemäß § 15 Abs. 1 Nr. 2 EStG darstellen (die dann auch gewerbesteuerpflichtig sind!).[313] Wer die Gewerblichkeit der Testamentsvollstreckervergütung vermeiden will, sollte daher nicht die Treuhandlösung wählen.[314]

547 Nach § 5 GewStG trifft die persönliche **Gewerbesteuerpflicht** den Unternehmensinhaber, für dessen Rechnung das Gewerbe betrieben wird. Dies ist nicht der Testamentsvollstrecker.[315] Wenn man den Testamentsvollstrecker nach der „Treuhandlösung" als Mitunternehmer ansieht (siehe oben), so ist sein **Honorar** für die Verwaltung des Unternehmens gewerbesteuerpflichtig.[316]

548 Bei der **Umsatzsteuer** ist nach dem BFH danach zu differenzieren, wer – Erbe oder Testamentsvollstrecker – als Unternehmer anzusehen ist. Bei der **„Vollmachtslösung"** ist es der Erbe. Der Testamentsvollstrecker handelt in dessen Namen und für dessen

309 BFH BStBl. 1954 II S. 250.
310 Mayer/Bonefeld/Daragan, S. 448.
311 Piltz in Bengel/Reimann, 8. Kap. Rn 110; BFH DB 1988, 996; BFH BStBl. 1987 II S. 33.
312 Piltz in Bengel/Reimann, 8. Kap. Rn 110.
313 Piltz in Bengel/Reimann, 8. Kap. Rn 110.
314 Piltz in Bengel/Reimann, 8. Kap. Rn 110.
315 BFH BStBl. 1977 II S. 481.
316 Piltz in Bengel/Reimann, 8. Kap. Rn 113.

Rechnung. Nur der Erbe ist Unternehmer im umsatzsteuerlichen Sinne (§ 2 UStG) und damit Schuldner der Umsatzsteuer.

Anders ist dies bei der „**Treuhandlösung**". Hier soll der Testamentsvollstrecker selbst Unternehmer und damit Umsatzsteuerschuldner sein. Nur er tritt nach außen als Unternehmer auf und wird aus den Verpflichtungsgeschäften verpflichtet. Dies gilt nach dem BFH für beide Varianten der Treuhandlösung, also sowohl für die Vollrechtstreuhand wie für die Ermächtigungstreuhand.[317] 549

Fazit: Kommt es zur Treuhandlösung, so 550

- unterliegt das Testamentsvollstreckerhonorar möglicherweise der Gewerbesteuer;
- wird der Testamentsvollstrecker zum Umsatzsteuerschuldner.

bb) Personengesellschaft

Bei der Testamentsvollstreckung an einem OHG- oder Komplementäranteil (jeweils persönlich haftende Gesellschafter) ist eine Testamentsvollstreckung über die Ersatzlösungen „Vollmacht" oder „Treuhand" möglich. In beiden Fällen sollen nach hM nur die Erben-Gesellschafter Mitunternehmer und damit **einkommensteuerpflichtig** für das Unternehmensergebnis sein.[318] 551

Achtung: Wer allerdings – wie bei Einzelunternehmen – den Testamentsvollstrecker im Fall der Treuhandlösung als Mitunternehmer neben den Erben qualifiziert, muss die Treuhand**vergütung** des Testamentsvollstreckers als gewerbliche Einkünfte im Sinne von § 15 Abs. 1 Nr. 2 EStG einordnen. 552

Aber: Das Ergebnis der Gesellschaft wird weiter **allein den Erben** zugerechnet.[319] 553

Unstreitig: Bei einer Testamentsvollstreckung an einem Kommanditanteil ist nur der Erbe dieses KG-Anteil Mitunternehmer.[320] Der Testamentsvollstrecker ist daneben kein Mitunternehmer.[321] 554

Für die von ihr betriebenen Geschäfte ist die Personengesellschaft selbst **Gewerbesteuerschuldner.** Der Testamentsvollstrecker wird davon nicht tangiert. Sieht man den Testamentsvollstrecker bei der **Treuhandlösung** als Mitunternehmer an, so ist seine Testamentsvollstreckervergütung gewerbesteuerpflichtig (soweit sie auf die Verwaltung der Gesellschaftsbeteiligung entfällt).[322] 555

Umsatzsteuersubjekt ist allein die Personengesellschaft als solche, nicht deren Gesellschafter (und auch nicht der Testamentsvollstrecker). Was nach dem BFH vom 11.10.1990[323] zur umsatzsteuerlichen Unternehmerschaft des Testamentsvollstreckers bei der Treuhandlösung von Einzelunternehmen entschieden wurde, gilt bei der Treuhandlösung für einen OHG- oder Komplementäranteil nicht (!). 556

317 BFH BStBl. 1991 II S. 191; BStBl. 1999 II S. 628; Häfke ZEV 1997, 429/434.
318 BFH BStBl. 1978 II S. 499; BStBl. 1991 II S. 691/700; Piltz in Bengel/Reimann, 8. Kap. Rn 116.
319 Piltz in Bengel/Reimann, 8. Kap. Rn 116.
320 BFH BStBl. 1995 II S. 714.
321 Littmann/Bitz/Meincke, EStG § 15 Anm. 35.
322 Piltz in Bengel/Reimann, 8. Kap. Rn 119.
323 BStBl. 1991 II S. 191.

cc) Kapitalgesellschaften

557 Die einer Testamentsvollstreckung unterliegende Beteiligung an einer **Kapitalgesellschaft** berührt die steuerlichen Qualifizierungen nicht. Körperschaftsteuerpflichtig (§ 1 KStG), gewerbesteuerpflichtig (§ 2 Abs. 2 GewStG) und umsatzsteuerpflichtig (§ 2 UStG) ist allein die Kapitalgesellschaft als solche. Die Dividenden und Veräußerungsgewinne werden **einkommensteuerlich** dem Erben zugerechnet.[324]

558 **Achtung:** Liegt eine Betriebsaufspaltung vor (Grundbesitz oder anderes Anlagevermögen wird einer Kapitalgesellschaft, an der die gleichen Personen wie beim Besitzunternehmen beteiligt sind, vermietet), so ist darauf zu achten, dass eine kongruente Rechtsnachfolge in Besitz- und Betriebsunternehmen stattfindet. Ist dies nicht der Fall, so kommt es zu einer Betriebsaufgabe mit der Rechtsfolge einer Besteuerung der stillen Reserven. Daran ändert sich auch nichts, wenn das vermietete Vermögen ebenso wie die Beteiligung an einer Kapitalgesellschaft unter Testamentsvollstreckung gestellt werden.[325]

559 **Beispiel:** Der Erblasser ist Eigentümer eines Grundstücks, das er an eine GmbH (Alleingesellschafter ist der Erblasser) vermietet hat. Nach dem Tode des Erblassers erhält seine Ehefrau die GmbH-Beteiligung, sein Sohn das Grundstück. Die Verwaltungsbefugnis eines sowohl für die Ehefrau wie den Sohn eingesetzten Testamentsvollstreckers ändert nichts an der Beendigung der Betriebsaufspaltung und damit Besteuerung der stillen Reserven sowohl beim Grundstück wie auch bei der GmbH-Beteiligung.[326]

b) Steuererklärungen

560 Die Pflicht zur Abgabe der Steuererklärungen für die von den Erwerbern (Erbe, Vermächtnisnehmer) **geschuldeten,** nach dem Tod des Erblassers entstehenden Steuern liegt bei den **Erwerbern,** nicht beim Testamentsvollstrecker. Dies gilt nach hM auch dann, wenn Miterben eine Erklärung zur gesonderten und einheitlichen Gewinnfeststellung von Einkünften aus dem Nachlassvermögen (zB Mieteinnahmen, Zinseinnahmen) abzugeben haben.[327] Die Erben können den Testamentsvollstrecker dazu aber bevollmächtigen. Damit verlagert sich die Steuererklärungspflicht aber nicht auf den Testamentsvollstrecker. Sie verbleibt bei den Erwerbern, die die Erklärung auch zu unterzeichnen haben.

561 **Achtung:** Bei Fortführung eines Handelsgeschäfts durch den Testamentsvollstrecker – ungeachtet ob im Wege der „Treuhand"- oder „Vollmachtslösung" – hat der **Testamentsvollstrecker** für die **Betriebssteuern** (Umsatzsteuer, Gewerbesteuer) die Steuererklärung abzugeben. Dies ergibt sich aus § 34[328] bzw § 35 AO.[329] Einkommensteuer, Körperschaftsteuer, Grunderwerbsteuer sind aber keine Betriebssteuern!

562 Bezieht sich die Testamentsvollstreckung auf die Verwaltung eines Grundstücks, so hat der Testamentsvollstrecker die Steuererklärung zB für die Grundsteuer abzugeben.[330]

324 Piltz in Bengel/Reimann, 8. Kap. Rn 123.
325 BFH BStBl. 1985 II S. 657.
326 Piltz in Bengel/Reimann, 8. Kap. Rn 126.
327 Piltz in Bengel/Reimann, 8. Kap. Rn 145; aA: Winkler, Rn 758.
328 Hübschmann/Hepp/Spitaler/Boeker, § 34 AO Anm. 96.
329 Tipke/Kruse, § 34 AO Anm. 16.
330 Piltz in Bengel/Reimann, 8. Kap. Rn 144.

Sind die Erben unbekannt, so wird idR zu deren Vertretung im Verfahren auf Abgabe einer Steuererklärung vom Nachlassgericht ein Nachlasspfleger (§ 1960 BGB) bestellt. Das Finanzamt kann nach § 81 Abs. 1 Nr. 1 AO den Antrag stellen, dass ein solcher Vertreter bestellt wird.[331] 563

c) Steuerbescheid

Soweit die Erwerber (Erben/Vermächtnisnehmer) steuerpflichtig sind, sind die Steuerbescheide auch an sie zu richten **und** ihnen bekanntzugeben, nicht an den Testamentsvollstrecker. Ein gegenüber dem Testamentsvollstrecker bekannt gemachter Bescheid entfaltet keine Wirkung.[332] 564

d) Rechtsbehelfe

Bezüglich der an die Erben zu richtenden Steuerbescheide sind diese rechtsbehelfsbefugt, nicht der Testamentsvollstrecker.[333] Der Testamentsvollstrecker kann auch keine Aussetzung der Vollziehung beantragen[334] und keinen Prozessbevollmächtigten bestellen.[335] 565

e) Steuerzahlung

Der **Erbe** hat selbst für die Bezahlung der Steuerschulden aufzukommen. Er hat die Steuerschuld aus eigenen Mitteln zu begleichen. Dies ist nicht Pflicht des Testamentsvollstreckers, selbst wenn es sich um Erträge des seiner Verwaltung unterliegenden Vermögens handelt. 566

Aber: Wenn der Testamentsvollstrecker an die Erben nichts ausschüttet, so hätten diese steuerlich etwas zu leisten, ohne dafür die entsprechenden Mittel zur Verfügung zu haben. Es ist deshalb anerkannt, dass der Testamentsvollstrecker den Erben zumindest die zur Begleichung der Steuerschuld erforderlichen Mittel aus dem Nachlass zu überlassen hat.[336] 567

Achtung: Führt der Testamentsvollstrecker ein Handelsgeschäft fort, so hat er die **Betriebssteuern** aus dem verwalteten Vermögen zu begleichen.[337] 568

f) Informations- und Aufzeichnungspflichten des Testamentsvollstreckers

Der Testamentsvollstrecker ist gegenüber dem Finanzamt auskunftspflichtig (§ 93 Abs. 1 AO). Der Testamentsvollstrecker hat kein Auskunftsverweigerungsrecht, selbst wenn er Angehöriger des Erben ist (§ 15 AO).[338] Ein Auskunftsverweigerungsrecht soll dem Testamentsvollstrecker auch dann nicht zustehen, wenn er als Rechtsanwalt, Steuerberater oder Wirtschaftsprüfer an sich ein solches Recht nach § 102 Abs. 1 Nr. 3 b AO hätte. Denn die dem Testamentsvollstrecker erlangten Kenntnisse sind diesem nicht 569

331 Tipke/Kruse, § 81 AO, Anm. 7.
332 FG Bremen EFG 1994, 562; BFH BStBl. 1996 II, S. 322.
333 BFH BStBl. 1996 II S. 322.
334 BFH aaO.
335 BFH NV 1992, 223.
336 MünchKomm/Brandner, § 2209 Rn 10.
337 Piltz in Bengel/Reimann, 8. Kap. Rn 150.
338 Tipke/Kruse, § 101 AO, Anm. 2.

in seiner Eigenschaft als Rechtsanwalt, Steuerberater oder Wirtschaftsprüfer, also nicht in seiner berufstypischen Funktion zugegangen.[339]

570 Abgabenrechtliche Pflichten hinsichtlich Aufzeichnung, Buchführung und Aufbewahrung von Unterlagen treffen den Erwerber (Erben/Vermächtnisnehmer) als Steuerpflichtigen. Nur diese, nicht der Testamentsvollstrecker, können vom Finanzamt zur Erfüllung dieser Verpflichtung angehalten werden.[340]

571 **Achtung:** Bei einer Unternehmensfortführung durch den Testamentsvollstrecker hat dieser die Bücher und Aufzeichnungen zu den **Betriebssteuern** zu führen und aufzubewahren.[341]

6. Verhältnis Testamentsvollstrecker – Erbe

572 Der Testamentsvollstrecker kann seinen steuerlichen Pflichten gegebenenfalls nur nachkommen, wenn die Erben ihm die **notwendigen Auskünfte** geben (zB zu Vorschenkungen gemäß § 14 ErbStG). Der Testamentsvollstrecker hat deshalb nach herrschender Meinung einen Auskunftsanspruch auf der Grundlage des § 242 BGB, wenn er seine Pflichten anders nicht erfüllen kann.[342] Erhält der Testamentsvollstrecker von den Erben die Informationen nicht, so wird er dies im eigenen Interesse dem Finanzamt mitteilen.[343]

573 Umgekehrt muss der Testamentsvollstrecker auch den Erwerbern die für die Erfüllung ihrer steuerlichen Verpflichtungen erforderlichen Informationen erteilen und notwendigen Nachweise zur Verfügung stellen, soweit sie das von ihm verwaltete Vermögen betreffen (zB Jahresabschlüsse bei vom Testamentsvollstrecker fortgeführten Unternehmen, Einnahme-Überschussaufstellung bei Kapitalvermögen bzw Vermietung und Verpachtung).[344] Anspruchsgrundlage ist § 2218 BGB iVm § 666 BGB. Kommt der Testamentsvollstrecker seinen Auskunftspflichten nicht nach, hat er den Erwerbern gegebenenfalls Schadensersatz nach § 2219 BGB zu leisten, falls den Erben dadurch ein Nachteil entsteht. Aus Beweisgründen empfiehlt es sich für den Testamentsvollstrecker, erteilte Informationen und übergebene Unterlagen, nachvollziehbar zu dokumentieren (Quittierung der Übergabe oder Übersendung per Einschreiben/Rückschein).

574 Der Testamentsvollstrecker ist bei Fehlen eigener Kenntnisse berechtigt und im Rahmen ordnungsgemäßer Verwaltung sogar verpflichtet, steuerlichen Rat einzuholen.[345] Macht er dies nicht, so kann er sich wiederum schadensersatzpflichtig machen.[346] Allerdings darf der Testamentsvollstrecker keine überflüssigen Steuerberatungskosten erzeugen. Auch hier haftet er den Erben auf Schadensersatz. Einfache Tätigkeiten wird man von einem Testamentsvollstrecker, der selbst Rechtsanwalt oder Steuerberater ist, verlangen können.[347]

339 Piltz in Bengel/Reimann, 8. Kap. Rn 137.
340 Piltz in Bengel/Reimann, 8. Kap. Rn 138.
341 Hübschmann/Hepp/Spitaler/Boeker, § 34 AO Anm. 97.
342 MünchKomm/Brandner, § 2218 Rn 8; Palandt/Heinrichs, § 261 Rn 8.
343 Piltz in Bengel/Reimann, 8. Kap. Rn 157.
344 Möhring/Beisswingert/Klingelhöffer, S. 241; Piltz in Bengel/Reimann, 8. Kap. Rn 158.
345 MünchKomm/Brandner, § 2218 Rn 5 a.
346 Piltz in Bengel/Reimann, 8. Kap. Rn 160.
347 BGH NJWE-FER 2000, 124.

Maßnahmen eines Testamentsvollstreckers, zB bei der Erbauseinandersetzung, können steuerliche Belastungen der Beteiligten nach sich ziehen. Fraglich ist, ob der Testamentsvollstrecker die Beteiligten über diese Steuerfolgen belehren muss, bevor er die Maßnahmen realisiert. Für steuerrechtskundige Testamentsvollstrecker (Steuerberater, Wirtschaftsprüfer, Rechtsanwälte) wird eine Belehrungspflicht über die steuerlichen Folgen bejaht.[348] Von nicht steuerrechtskundigen Testamentsvollstreckern wird eine Warn- oder Belehrungspflicht idR nicht verlangt werden können.[349] Drängen sich dem steuerunkundigen Testamentsvollstrecker jedoch „Steuerzweifel" auf, so muss er einen Sachkundigen hinzuziehen.[350] 575

Der Testamentsvollstrecker ist keine Amtsperson im Sinne des § 30 AO, dh an das Steuergeheimnis nicht gebunden. Wenn der Testamentsvollstrecker Rechtsanwalt, Notar, Wirtschaftsprüfer oder Steuerberater ist, gilt für ihn die Pflicht zur Wahrung von Berufsgeheimnissen (§ 203 StGB). Im Verfahren gegenüber der Steuerbehörde hat der Testamentsvollstrecker jedoch kein Auskunftsverweigerungsrecht. 576

7. Steuerliche Abzugsfähigkeit der Testamentsvollstreckerkosten

a) Bei der Erbschaftsteuer

Nach § 10 Abs. 5 Nr. 3 ErbStG sind Kosten, die dem Erwerber unmittelbar im Zusammenhang mit der Abwicklung, Regelung oder Verteilung des Nachlasses oder mit der Erlangung des Erwerbs entstehen, als Nachlassverbindlichkeiten **abzugsfähig.** Kosten für die **Verwaltung** des Nachlasses sind hingegen **nicht abziehbar.** Das bedeutet: 577

- Kosten für die **Abwicklungstestamentsvollstreckung** (Konstituierungsgebühr und Auseinandersetzungsgebühr) sind im Rahmen der Erbschaftsteuer abzugsfähig. Allerdings nur soweit sie angemessen sind. Sie müssen sich deshalb innerhalb der entwickelten Vergütungsregeln halten.[351]
- Die Kosten für eine **Dauertestamentsvollstreckung** (Verwaltungsgebühr) sind bei der Erbschaftsteuer nicht abzugsfähig.

b) Bei der Einkommensteuer

Die Konstituierungsgebühr ist nicht abziehbar, da sie bereits bei der Erbschaftsteuer zu berücksichtigen ist. Ebenso wenig die Gebühr für eine Auseinandersetzung (ebenfalls bei der Erbschaftsteuer abzugsfähig). 578

Nicht abziehbar ist auch die Gebühr für die Verwaltung des Nachlasses im zeitlichen Zusammenhang mit dem Erbfall, zB zwischen Konstituierung und zeitnaher Auseinandersetzung (nach 1 Jahr).[352] 579

Abziehbar sind hingegen die Gebühren für die **Verwaltungsvollstreckung**, soweit sie mit den aus dem Nachlass zu erzielenden Einkünften in wirtschaftlichem Zusammenhang stehen (und zwar bei den Gewinneinkunftsarten als Betriebsausgaben, bei den Überschusseinkunftsarten als Werbungskosten). 580

348 Gräfe/Lenzen/Rainer, Steuerberaterhaftung, Rn 263.
349 Piltz in Bengel/Reimann, 8. Kap. Rn 165.
350 Piltz in Bengel/Reimann, aaO.
351 Piltz in Bengel/Reimann, 8. Kap. Rn 170.
352 Piltz in Bengel/Reimann, 8. Kap. Rn 178.

581 Soweit die Testamentsvollstreckungskosten nicht als Betriebsausgaben oder Werbungskosten abziehbar sind, kommt gegebenenfalls ein Abzug als Sonderausgaben in Betracht, zB Steuerberatungskosten (§ 10 Abs. 1 Nr. 6 EStG), wenn der Testamentsvollstrecker Steuerberatungsleistungen erbringt.[353]

582 Ein Abzug der Testamentsvollstreckerkosten als außergewöhnliche Belastung ist nicht möglich. Ungeachtet dessen, ob der Nachlass zur Begleichung ausreicht oder nicht, fehlt es an der „Zwangsläufigkeit" (Erbe kann ausschlagen).[354]

c) Bei der Gewerbesteuer

583 Ist das Testamentsvollstreckerhonorar als Betriebsausgabe bei der Einkommensteuer abzugsfähig, so mindert es auch den Gewerbeertrag nach § 7 GewStG.

d) Bei der Umsatzsteuer

584 Ist der Testamentsvollstrecker Unternehmer im Sinne des Umsatzsteuergesetzes, was bei Berufsträgern wie Rechtsanwälten oder Steuerberatern immer der Fall ist, bei anderen Personen dann, wenn sie diese Tätigkeit nachhaltig ausüben, so ist das Honorar umsatzsteuerpflichtig.[355] Der Erwerber kann die vom Testamentsvollstrecker in Rechnung gestellte Umsatzsteuer als **Vorsteuer** abziehen, wenn er selbst Unternehmer ist (zB bei Fortführung eines Einzelunternehmens durch den Testamentsvollstrecker über die „Vollmachtslösung").

8. Besteuerung der Vergütung des Testamentsvollstreckers

a) Sonstige Einkünfte nach § 18 Abs. 1 Nr. 3 EStG

585 Die Vergütung des Testamentsvollstreckers ist gemäß § 18 Abs. 1 Nr. 3 EStG eine Einkunft aus „sonstiger selbstständiger Tätigkeit" und unterliegt insoweit der Einkommensteuer. Voraussetzung ist, dass die Tätigkeit zumindest vorübergehend und nicht nur gelegentlich ausgeübt wird. Fehlt jedwede Absicht zur planmäßigen Betätigung und Wiederholung bei sich bietender Gelegenheit, so liegen Einkünfte im Sinne des § 22 Nr. 3 EStG vor.[356]

586 Eine „sonstige selbstständige Tätigkeit" im Sinne des § 18 Abs. 1 Nr. 3 EStG ist nur bei Ausübung einer leitenden und eigenverantwortlichen Tätigkeit des Testamentsvollstreckers gegeben. Hier hat die Rechtsprechung die sog. „Vervielfältigungstheorie" entwickelt.[357] Nach der „Vervielfältigungstheorie" liegt eine sonstige selbstständige Tätigkeit im Sinne von § 18 Abs. 1 Nr. 3 EStG nicht mehr vor, wenn der Testamentsvollstrecker mehr als einen qualifizierten Mitarbeiter für die Durchführung seiner Tätigkeit einsetzt. Wenn sich der Testamentsvollstrecker solcher qualifizierter Mitarbeiter bedient, der nicht bloße Hilfstätigkeiten verrichtet, wird die Tätigkeit des Testamentsvollstreckers zu einer **gewerblichen** im Sinne des § 15 EStG. Es handelt sich dann um gewerbliche Einkünfte[358] und es fällt zusätzlich zur Einkommensteuer Gewerbesteuer

353 Noll/Schmuck DStR 1993, 1437.
354 Piltz in Bengel/Reimann, 8. Kap. Rn 183; Herrmann/Heuer/Raupach, § 33 EStG Anm. 141 und 300.
355 BFH BStBl. 1976 II S. 57.
356 Wälzholz in Mayer/Bonefeld/Wälzholz/Weidlich Rn 1096.
357 BFH BStBl. 1994 II S. 136; BStBl. 2002 II S. 202; Schmidt/Wacker, EStG, § 18 Rn 23.
358 BFH BStBl. 1994 II S. 936.

an.[359] Eine Gewerbesteuerbelastung wird durch die pauschale Gewerbesteueranrechnung nach § 35 EStG abgemildert.

b) Einkünfte nach § 18 Abs. 1 Nr. 1 EStG

Bei Freiberuflern wie Rechtsanwälten, Steuerberatern oder Wirtschaftsprüfern zählen die aus einer Testamentsvollstreckung erzielten Einkünfte zu den Einkünften aus seiner Haupttätigkeit und unterfallen damit dem § 18 Abs. 1 Nr. 1 EStG (die Vervielfältigungstheorie gilt hier nicht!).[360] Bei bloß gelegentlicher Wahrnehmung und geringem Umfang gehört die Ausführung und Übernahme von Testamentsvollstreckungen zur Ausübung des freien Berufes als solchem.[361] Anders kann dies sein, wenn von einem Anwalt überhaupt keine übliche Anwaltstätigkeit mehr wahrgenommen wird. 587

c) Vervielfältigungstheorie

Der BFH hat in seiner Entscheidung vom 6.9.1990[362] ausgeführt, dass eine Vermutung dafür besteht, dass die Tätigkeit des Testamentsvollstreckers grundsätzlich im Rahmen des sonst praktizierten freien Berufes gemäß § 18 Abs. 1 Nr. 1 EStG erfolgt. 588

In seinem Urteil vom 12.12.2001[363] hat der BFH den Grundsatz aufgegeben, dass ein Freiberufler, der Tätigkeiten im Sinne des § 18 Abs. 1 Nr. 3 EStG ausübt, diese Tätigkeiten auch im Rahmen seiner freiberuflichen Tätigkeit des § 18 Abs. 1 Nr. 1 EStG ausführt und damit nicht der Vervielfältigungstheorie unterliegt.[364] Nach Ansicht des BFH bedingt die bloße berufsrechtliche Zulässigkeit einer vermögensverwaltenden Tätigkeit nicht die Zurechnung zur freiberuflichen Tätigkeit. Die Tätigkeit sei nicht berufstypisch und nicht charakterisierend, so dass sie außerhalb der freiberuflichen Praxis ausgeübt werde. Der BFH hat in dieser Entscheidung die Tätigkeit eines **Insolvenzverwalters** als rein vermögensverwaltende Tätigkeit gemäß § 18 Abs. 1 Nr. 3 EStG qualifiziert. Vor diesem Hintergrund findet nun die Vervielfältigungstheorie bei freiberuflichen Insolvenzverwaltern Anwendung. Bei einem entsprechenden Mitarbeiterstab wird die Tätigkeit eines Rechtsanwalts als Insolvenzverwalter als **gewerblich** eingestuft. 589

Aufgrund dieser Rechtsprechung zum Insolvenzverwalter besteht eine gewisse Gefahr, dass der BFH seine Rechtsprechung auch auf Testamentsvollstrecker ausdehnt. Bei einem fachlich vorgebildeten Mitarbeiterstab für die Durchführung von Testamentsvollstreckungen könnte es deshalb dazu kommen, dass eine Testamentsvollstreckertätigkeit zu gewerblichen Einkünften führt. 590

d) Mitunternehmerschaft

Die Tätigkeit als Freiberufler wird bei Einzelpersonen von der Tätigkeit als Testamentsvollstrecker unterschieden. Die aus ihrer Gesamttätigkeit herrührenden Einkünfte sind getrennt als freiberufliche und – gegebenenfalls – als gewerbliche festzustellen.[365] 591

359 Bamberger/Roth/J. Mayer, § 2221 Rn 32.
360 BFH BStBl. 1990 II S. 1028.
361 Wälzholz Rn 1100.
362 BStBl. II 1990, 1028.
363 DStR 2002, 353; BB 2002, 603.
364 Wälzholz Rn 1100.
365 Schmidt/Wacker EStG § 18 Rn 17, Rn 50; Eckelskemper in Bengel/Reimann, 10. Kap. Rn 176.

592 Wenn jedoch eine Personengesellschaft teils freiberuflich und teils gewerblich tätig ist (es genügt die gewerbliche Tätigkeit nur eines Gesellschafters für Rechnung der Gesellschaft), so gilt die Tätigkeit der Personengesellschaft nach § 15 Abs. 3 Nr. 1 EStG **„in vollem Umfang"** als Gewerbebetrieb.[366] Damit führt jede gewerbliche Tätigkeit der Personengesellschaft zur Umqualifizierung der nicht gewerblichen Einkünfte in gewerbliche.[367] Die Tätigkeit in einer Mitunternehmerschaft ist stets eine gewerbliche, sofern in der Mitunternehmerschaft **auch** eine gewerbliche Tätigkeit ausgeübt wird. Ausgenommen ist lediglich der Fall, dass der gewerbliche Anteil gemessen an der Gesamttätigkeit der Gesellschaft völlig untergeordnet ist (zB Anteil am Gesamtumsatz von 1,25 %).[368] Um eine solche Infektion der grundsätzlich freiberuflichen Einkünfte als gewerbliche Einkünfte zu vermeiden, gilt es durch Gesellschaftsvertrag zu regeln, dass die Honorare aus der Testamentsvollstreckung ausschließlich dem Partner zustehen, der die Testamentsvollstreckung übernommen hat (Zuordnung als Sonderbetriebseinnahmen bzw Zuordnung im Rahmen einer besonderen Gewinnverteilungsabrede).

XV. Haftung des Testamentsvollstreckers

1. Haftungsnormen

593 Der Testamentsvollstrecker hat gegenüber den Erben als Inhaber eines privaten Amtes eine weitgehend **freie Stellung**, gleichwohl aber auch eine Reihe von Verpflichtungen (vgl §§ 2215, 2216, 2218 BGB). Zwischen dem Testamentsvollstrecker und dem Erben (bzw Vermächtnisnehmer) besteht ein gesetzliches Schuldverhältnis. Dieses verpflichtet den Testamentsvollstrecker zu sorgfältiger und gewissenhafter Ausführung der ihm obliegenden Aufgaben.[369] Zwischen Testamentsvollstrecker und Erben bzw Vermächtnisnehmer gibt es idR keine vertragliche Beziehung, aus der bei einer nicht ordnungsgemäßen Erfüllung Ersatzansprüche entstehen. Demzufolge ist eine eigenständige Haftungsgrundlage notwendig, die in § 2219 BGB geschaffen wurde.

594 Gemäß § 2219 Abs. 1 BGB ist ein Testamentsvollstrecker für den Schaden verantwortlich, der dadurch entsteht, dass er ihm obliegende Verpflichtungen verletzt hat. Dabei ist **schuldhaftes Handeln** im Sinne von § 276 BGB erforderlich. Ferner muss zwischen der schuldhaften Pflichtverletzung und dem Schaden ein **Kausalzusammenhang** bestehen. Die Haftung des § 2219 BGB gilt auch dann, wenn ein Berufsträger wie ein Rechtsanwalt oder Steuerberater als Testamentsvollstrecker tätig wird. Die besonderen berufsrechtlichen Haftungsnormen finden dann keine Anwendung.[370]

595 Wenn eine juristische Person, zB eine Bank, Testamentsvollstrecker ist, so haftet sie für Fehler ihrer Organe und „verfassungsmäßig berufenen Vertreter" nach § 31 BGB.[371]

596 Neben der Haftung aus § 2219 BGB kann eine solche aus unerlaubter Handlung nach **§ 823 BGB** in Betracht kommen. Die Haftung aus § 2219 BGB geht jedoch weiter, da sie **auch Vermögensschäden** erfasst. § 823 BGB ist somit nur für Anspruchsberechtigte

366 Eckelskemper in Bengel/Reimann, 10. Kap. Rn 177; Schmidt/Wacker, EStG § 18 Rn 142.
367 BFH BStBl. 1995 II. S. 171.
368 BFH DStR 1999, 1688.
369 Palandt/Edenhofer, § 2219 Rn 1.
370 Riederer v. Paar in Bengel/Reimann, 12. Kap. Rn 5.
371 Palandt/Heinrichs, § 31 Rn 6.

von Bedeutung, die nicht unter den Anwendungsbereich des § 2219 BGB fallen (zB Nachlassgläubiger).[372] Das OLG Koblenz hat in seiner Entscheidung vom 24.4.2008 (5 U 27/08)[373] eine Haftung der Bank gegenüber den Erben für veruntreuende Verfügungen des Testamentsvollstreckers abgelehnt. Der Testamentsvollstrecker hatte hier den Nachlass teilweise auf ein Treuhandkonto übertragen, teilweise als Erbenkonten des Erblassers fortgeführt. Für unberechtigte Kontenverfügungen des Testamentsvollstreckers konnte die Bank nicht in Anspruch genommen werden. Wegen der Dispositionen des Testamentsvollstreckers über das **Treuhandkonto** fehlte es bereits an einer vorsätzlichen, strafrechtlich erheblichen Schädigung durch die Bank. Die Verfügungen über die **Erbenkonten,** bei denen der Testamentsvollstrecker nicht als Rechtsinhaber, sondern stellvertretend für die Erben auftrat, hätten hingegen nach den Regeln über den Missbrauch der Vertretungsmacht unwirksam sein können. Dafür fehlte es jedoch an massiven evidenten Verdachtsmomenten für die Bank. Denn die Abhebungen und Überweisungen von diesen Konten wurden überwiegend wieder dem als Nachlasskonto deklarierten Treuhandkonto gutgeschrieben.[374]

2. Haftungsgläubiger

a) Erbe

Nach § 2219 Abs. 1 BGB haftet der Testamentsvollstrecker gegenüber dem Erben. 597
Mehrere Erben sind Gesamtgläubiger. Der Nacherbe wird erst mit Eintritt des Nacherbfalls zum Erben. Der Testamentsvollstrecker hat aber während der Zeit der Vorerbschaft auch die Interessen des Nacherben zu berücksichtigen. Sollte er dies nicht beachten und zB die Nachlasssubstanz mindern kann ein Schadensersatzanspruch des Nacherben gegenüber dem Testamentsvollstrecker bestehen.[375]

Der Schlusserbe nach § 2269 BGB ist nicht Erbe des erstversterbenden Ehegatten, so 598
dass eine insoweit angeordnete Testamentsvollstreckung über den Nachlass des Erstversterbenden keine Pflichten des Testamentsvollstreckers gegenüber diesem Erben des Letztversterbenden begründet.

b) Vermächtnisnehmer

Ein Testamentsvollstrecker kann auch dem Vermächtnisnehmer gegenüber nach 599
§ 2219 BGB in der Haftung stehen, soweit er ein Vermächtnis zu vollziehen hat.

Denkbar sind **zwei Fälle,** nämlich: 600

- Der Testamentsvollstrecker hat ein Vermächtnis zu erfüllen, das dem Erben auferlegt ist.
- Der Testamentsvollstrecker soll die Ausführung der einem Vermächtnisnehmer auferlegten Beschwerungen überwachen (§ 2223 BGB).

---

372 Riederer v. Paar in Bengel/Reimann, 12. Kap. Rn 9.
373 OLG Koblenz FamRZ 2008, 1660/1661.
374 OLG Koblenz aaO.
375 Winkler, Rn 562.

c) Dritte

601 Sonstigen Nachlassbeteiligten, wie zB Pflichtteilsberechtigten, Auflagenbegünstigten oder Nachlassgläubigern haftet der Testamentsvollstrecker nicht nach § 2219 BGB.[376] Dies ergibt sich aus dem eindeutigen Wortlaut des § 2219 BGB.

602 Hier kann nur eine Haftung unter den Voraussetzungen von § 823 ff BGB in Betracht kommen.

603 **Achtung:** Haftet durch eine schuldhafte Pflichtverletzung des Testamentsvollstreckers Dritten gegenüber der Erbe (zB über § 278 BGB),[377] so hat dieser gegen den Testamentsvollstrecker einen Anspruch auf Haftungsbefreiung.[378]

3. Zeitliche Dimension

604 Vor Annahme des Testamentsvollstreckeramts haftet der Testamentsvollstrecker für Handlungen nach § 2219 BGB analog (ebenfalls für unaufschiebbare Handlungen nach Beendigung des Amts).

605 Verstirbt der Testamentsvollstrecker vor Beendigung seines Amtes, so ist unter Umständen sein Erbe – bis der neue Testamentsvollstrecker oder der unter Testamentsvollstreckung stehende Erbe anderweitige Fürsorge treffen können – zur vorläufigen Weiterführung verpflichtet (§§ 2218 Abs. 1, 673 S. 2 BGB).[379] Da die Fortführung des Amtes in der Person des Erben fingiert wird, soll auf sein Verhalten auch die Haftungsnorm des § 2219 BGB anwendbar sein.[380] Nach anderer Ansicht soll keine Haftung aus § 2219 BGB bestehen (da dem Erben das Amt „aufgedrängt" wurde). Vielmehr sollen die Erben des Testamentsvollstreckers analog § 673 S. 2 BGB nach Auftragsrecht haften.[381]

606 Wenn ein Testamentsvollstrecker nach seiner Amtsannahme tätig wird und sich später herausstellt, dass seine Bestellung unwirksam war (Erblasser hat zB in einem nachfolgenden Testament einen anderen Testamentsvollstrecker bestimmt), so war er nur „vermeintlicher" Testamentsvollstrecker. Auch auf dessen Verhalten ist jedoch § 2219 BGB entsprechend anzuwenden. Der Erbe/Vermächtnisnehmer soll vor solchen Handlungen ebenfalls geschützt werden.[382]

4. Haftungsvoraussetzungen

a) Objektive Pflichtverletzung

607 Die vom Testamentsvollstrecker zu beachtenden Pflichten ergeben sich aus dem in der letztwilligen Verfügung niedergelegten Willen des Erblassers bzw dessen sonst geäußertem Willen (wenn dem Testamentsvollstrecker bekannt).[383] Im Übrigen aus den §§ 2197 ff BGB, insbesondere § 2216 Abs. 1 BGB, der den Testamentsvollstrecker zu ordnungsgemäßer Verwaltung des Nachlasses verpflichtet.

376 Soergel/Damrau, § 2219 Rn 7.
377 Palandt/Heinrichs, § 278 Rn 5.
378 Staudinger/Reimann, § 2219 Rn 28.
379 Staudinger/Reimann, § 2295 Rn 13.
380 v. Paar in Bengel/Reimann, 12. Kap. Rn 26.
381 Zimmermann, Rn 762.
382 Staudinger/Reimann, § 2219 Rn 20.
383 BayObLG 1976, 67.

Achtung: Der Testamentsvollstrecker hat den Willen des Erblassers gerade auch gegenüber einem anderslautenden Willen des Erben zu vertreten und zu vollziehen. Im Zweifelsfalle empfiehlt es sich für den Testamentsvollstrecker, mit dem Erben oder Vermächtnisnehmer Kontakt aufzunehmen und vorsorglich Einverständnis für bestimmte Maßnahmen herbeizuführen. Handelt der Testamentsvollstrecker zwar gegen den Willen des Erblassers, aber mit Einverständnis der Erben, so bleibt eine Pflichtverletzung (gegenüber dem Erblasser) letztlich ohne Sanktion. 608

Die nach § 2216 Abs. 1 BGB bestehende Pflicht zu ordnungsgemäßer Verwaltung bedingt ein besonders gewissenhaftes und sorgfältiges Verhalten des Testamentsvollstreckers.[384] An das ordnungsgemäße Verwaltungshandeln sind strenge Anforderungen zu stellen.[385] Der Testamentsvollstrecker muss das ihm anvertraute Vermögen erhalten und sichern, Verluste verhindern und die Nutzungen gewährleisten. 609

Aber: Da dem Testamentsvollstrecker jedenfalls bei der Verwaltungsvollstreckung ein wirtschaftliches Ermessen eingeräumt ist, verstößt er gegen seine Pflicht zu ordnungsgemäßer Verwaltung des Nachlasses nur bei Überschreitung der Grenzen dieses Ermessens.[386] 610

Beispiele für nicht ordnungsgemäßes Verwaltungshandeln: 611

- größere Summen längere Zeit unverzinslich belassen[387]
- überflüssige und leichtfertige Prozessführung[388]
- Hinnahme eines Wertgutachtens ohne Prüfung[389]
- Fristversäumnis für Klage[390]
- Erhebung haltloser Klage[391]

b) Verschulden

Der Testamentsvollstrecker haftet mangels Sonderregelung nach der allgemeinen Vorschrift des § 276 BGB für Vorsatz und Fahrlässigkeit und nicht nur für die Sorgfalt, die er in eigenen Angelegenheiten zu beachten pflegt. Es gilt ein **objektiver Sorgfaltsmaßstab.** Der Testamentsvollstrecker hat solche Umsicht und Sorgfalt walten zu lassen, die nach dem Urteil besonnener und höchst gewissenhafter Angehöriger des in Betracht kommenden Verkehrskreises zu beachten ist.[392] Wenn der Testamentsvollstrecker die erforderliche Sachkunde nicht hat, so entlastet ihn das nicht, denn dann darf er das Amt entweder nicht annehmen oder muss Fachleute hinzuzuziehen.[393] Fühlt sich der Testamentsvollstrecker generell überfordert, so hat er das Amt schlichtweg abzulehnen. Ansonsten kann für ihn eine Haftung aus einer Art „Übernahmeverschulden" bestehen. 612

384 BGH Rpfleger 2001, 494.
385 BGH WM 1967, 25/27.
386 BGHZ 25, 275/283.
387 LG Bremen Rpfleger 1993, 338.
388 BGH ZEV 2000, 195.
389 BGH FamRZ 1983, 1220.
390 BGH VersR 1968, 1165.
391 BGH WM 1967, 29.
392 OLG Köln NJW-RR 1990, 793.
393 OLG Stuttgart BWNotZ 1962, 61.

613 **Achtung:** Der Erblasser kann das Maß der einzuhaltenden Sorgfalt wegen § 2220 BGB nicht reduzieren.[394]

Bei besonderen Qualifikationen muss der Testamentsvollstrecker auch die in seinem Beruf sonst geltenden Standards (zB als Rechtsanwalt) beachten, zumal ihn der Erblasser idR gerade wegen seiner besonderen Befähigung berufen hat.

Hat der Testamentsvollstrecker nicht die erforderlichen Kenntnisse, so muss er sich entsprechend kundiger Personen bedienen (zB Anlageberater).[395]

614 Zieht der Testamentsvollstrecker

- Hilfskräfte hinzu (zB Bürokräfte), so haftet er für deren Verschulden (§§ 2218, 664 Abs. 1 S. 3, 278 BGB);
- Fachkräfte hinzu (zB Steuerberater, Handwerker), so haftet er nur für sorgfältige Auswahl und Überwachung.[396]

615 Für die Frage, ob ein Sorgfaltsverstoß vorliegt, kommt es auf eine **„Ex-ante-Betrachtung“** an. Die Beurteilung des Verschuldens hat aus der Sicht des damals zur Handlung berufenen Testamentsvollstreckers zu erfolgen.[397]

616 Fraglich ist, ob ein **Mitverschulden** des Erben mit der Folge einer Minderung der Testamentsvollstreckerhaftung nach § 254 BGB vorliegt, wenn er dem Handeln des Testamentsvollstreckers zustimmt. Grundsätzlich ist es Aufgabe des Testamentsvollstreckers und nicht Aufgabe des Erben, den Nachlass zu verwalten. Deshalb wird zT die Ansicht vertreten, dass eine Haftung des Testamentsvollstreckers gegenüber dem Erben nicht ausgeschlossen ist, selbst wenn er dessen Weisungen befolgt hat (ausgenommen die Einwilligung des Erben zur Eingehung von Verbindlichkeiten nach § 2206 Abs. 2 BGB).[398]

c) Kausalität

617 Weitere, bei Schadensersatzansprüchen notwendige Voraussetzung ist das Vorliegen einer haftungsbegründenden und haftungsausfüllenden Kausalität:

„Es ist zu prüfen, welchen Verlauf die Dinge bei pflichtgemäßem Verhalten genommen hätten und wie die Vermögenslage des Erben oder Vermächtnisnehmers sein würde, wenn der Testamentsvollstrecker die Pflichtverletzung nicht begangen, sondern pflichtgemäß gehandelt hätte.“[399]

d) Schaden

618 Bei einer schuldhaften Pflichtverletzung kann der Testamentsvollstrecker nicht nur auf Schadensersatz nach § 2219 BGB in Anspruch genommen werden, sondern auch auf Erfüllung. Beide Ansprüche können im Wege einer Stufenklage verbunden werden, zB

394 Staudinger/Reimann, § 2218 Rn 8.
395 Winkler, Rn 560.
396 Staudinger/Reimann, § 2218 Rn 5.
397 v. Paar in Bengel/Reimann, 12. Kap. Rn 53.
398 Zimmermann, Rn 773; aA Soergel/Damrau, § 2219 Rn 1; v. Paar in Bengel/Reimann, 12. Kap. Rn 74.
399 v. Paar in Bengel/Reimann, 12. Kap. Rn 54.

Leistungsklage auf Erfüllung ordnungsgemäßer Nachlassverwaltung, hilfsweise Schadensersatz nach § 2219 BGB.[400]

Der Begriff des Schadens richtet sich nach den allgemeinen Vorschriften der §§ 249 BGB.[401] 619

Der Schaden des Erben kann darin bestehen, dass er 620

- einen Eigenschaden hat (zB bei fehlerhafter Geldanlage,[402] zB durch Kosten für Einschaltung eines Rechtsanwalts wegen Untätigkeit des Testamentsvollstreckers).[403]
- für den Schaden eines Dritten einstehen muss, der den Erben in Anspruch nimmt (über § 278 BGB).

Eine Aufrechnung mit Honorarforderungen des Testamentsvollstreckers nach § 2221 BGB ist grundsätzlich möglich.[404] Allerdings muss die Vergütungsforderung fällig sein, was normalerweise erst mit dem Ende der Testamentsvollstreckung gegeben ist.[405]

e) Haftungseinschränkung

Durch Klauseln in seiner letztwilligen Verfügung kann der Erblasser den Testamentsvollstrecker von seiner Haftung nach § 2219 BGB nicht befreien, insbesondere den Haftungsmaßstab nicht reduzieren.[406] Eine Umgehung ist auch nicht dadurch möglich, dass der Erblasser dem Testamentsvollstrecker etwa im Wege eines Befreiungsvermächtnisses einen Anspruch auf Erlass etwaiger Schadensersatzansprüche vermacht.[407] 621

Durch **Vereinbarung zwischen Erben und Testamentsvollstrecker** können die Erben einen bereits entstandenen Schadensersatzanspruch erlassen (§ 397 BGB). Ferner können sie auch für die Zukunft auf eine Haftung des Testamentsvollstreckers verzichten (ausgenommen Haftung für vorsätzliche Pflichtverletzung gemäß § 276 Abs. 3 BGB).[408] Der Erlass ist formfrei, auch wenn er schenkweise erfolgt.[409] Mehrere Erben müssen einen Erlassvertrag gemeinsam schließen, da es sich um eine Nachlassforderung handelt (§ 2040 BGB). 622

f) Mehrere Testamentsvollstrecker

Gemäß § 2219 Abs. 2 BGB haften mehrere Testamentsvollstrecker (iS von § 2224 BGB) als Gesamtschuldner gemäß §§ 421 ff BGB. Dabei muss aber nach hM jeden der in Anspruch genommenen Testamentsvollstrecker selbst ein Verschulden treffen.[410] 623

400 Staudinger/Reimann, § 2219 Rn 13.
401 Zimmermann, Rn 776; Palandt/Heinrichs Rn 7 vor § 249.
402 Zimmermann, Rn 176.
403 OLG Koblenz in BeckRS 2008, 20640.
404 Staudinger/Reimann, § 2219 Rn 23.
405 v. Paar in Bengel/Reimann, 12. Kap. Rn 89.
406 Staudinger/Reimann, § 2219 Rn 15.
407 MünchKomm/Zimmermann, § 2219 Rn 3; Soergel/Damrau, § 2219 Rn 1.
408 Staudinger/Reimann, § 2219 Rn 16.
409 OLG Stuttgart NJW 1987, 782.
410 v. Paar in Bengel/Reimann, 12. Kap. Rn 63; Palandt/Edenhofer, § 2219 Rn 1; aA: Staudinger/Reimann, § 2224 Rn 18.

g) Prozess

624 Der Schadensersatzanspruch des Erben fällt in den Nachlass. Gibt es gegebenenfalls einen Ersatztestamentsvollstrecker, nachdem der nicht ordnungsgemäß handelnde Testamentsvollstrecker entlassen worden ist, so ist dieser zur Geltendmachung der Schadensersatzforderung aktiv legitimiert.[411] Ansonsten ist der **Erbe befugt** (da der amtierende Testamentsvollstrecker nicht gegen sich selbst tätig werden kann).[412] Für die Darlegungs- und Beweislast gelten die allgemeinen Grundsätze.[413] Jede Partei hat damit den Tatbestand der ihr günstigen Rechtsfolge behaupten und nachzuweisen. Für den objektiven Tatbestand der Pflichtverletzung liegt die Beweislast beim Gläubiger, für den Einwendungstatbestand des „Nicht-Vertreten-Müssens" beim Testamentsvollstrecker.

625 Der Testamentsvollstrecker haftet aus § 2219 BGB **persönlich.** Deshalb ist eine Klage gegen ihn als Privatperson zu richten und nicht als Partei kraft Amtes. Miterben müssen Leistung an den Nachlass fordern (§ 2039 Satz 1 BGB).

626 **Achtung:** Die örtliche Zuständigkeit des Gerichts im Rahmen eines Haftpflichtprozesses gegen den Testamentsvollstrecker ergibt sich aus den §§ 12 ff ZPO. Der Gerichtsstand der Erbschaft nach §§ 27, 28 ZPO ist nicht einschlägig.[414]

627 Amtsgericht...

Klage

des Herrn...

- Kläger –

gegen

Herrn...

- Beklagter –

wegen Schadensersatz

Gegenstandswert: 3.200 Euro

Hiermit erhebe ich Klage zum sachlich und örtlich zuständigen Amtsgericht... mit der Bitte um Anberaumung eines möglichst zeitnahen Termins zur mündlichen Verhandlung. Im Termin zur mündlichen Verhandlung werde ich folgende Anträge stellen:

1. Der Beklagte wird verurteilt, an die Miterben... des am... verstorbenen Erblassers... einen Betrag in Höhe von 3.200 Euro zuzüglich Zinsen hieraus in Höhe von 5 Prozentpunkten über dem Basiszinssatz seit Rechtshängigkeit zu zahlen.
2. Der Beklagte hat die Kosten des Rechtsstreits zu tragen.
3. Das Urteil ist – gegebenenfalls gegen Sicherheitsleistung – vorläufig vollstreckbar.

Begründung:

Der Kläger macht im Wege des § 2039 Satz 1 BGB als Anspruch auf Leistung an alle Erben gegen den Beklagten als Testamentsvollstrecker für den am... verstorbenen... einen Schadensersatzanspruch nach § 2219 BGB geltend.

Ausweislich des als Anlage beigefügten Erbscheins des am... verstorbenen... vom... ist der Kläger neben seinen Geschwistern... Miterbe zu einem Drittel. Nach dem ebenfalls als Anlage beigefüg-

411 Staudinger/Reimann, § 2219 Rn 33.
412 Soergel/Damrau, § 2219 Rn 2.
413 BGH ZEV 2001, 358; Staudinger/Reimann § 2219 Rn 34.
414 Zimmermann, Rn 781.

ten Testamentsvollstreckerzeugnis ist der Beklagte als Testamentsvollstrecker über diesen Nachlass eingesetzt.

Beweis: Nachlassakten des Amtsgerichts – Nachlassgericht – Az..., deren Beiziehung im vorliegenden Verfahren beantragt wird.

Zum Nachlass gehört gemäß dem als Anlage beigefügten Nachlassverzeichnis ein Bargeldbestand des Erblassers in Höhe von 40.000 Euro.

Beweis: Nachlassverzeichnis vom...

Der Testamentsvollstrecker hatte gemäß der von ihm vorgenommenen Rechnungslegung für den Zeitraum von Beginn des Amtes bis zum 31.12.... diesen Geldbetrag in seiner Verwahrung.

Beweis: Rechnungslegung vom...

Der Beklagte hat keine ordnungsgemäße Anlage getätigt. Er hätte bei der X-Bank diesen Geldbetrag mit mindestens 2 % jährlich anlegen können und damit in vier Jahren mindestens 3.200 Euro Zinsen erzielen können.

Beweis: Zinskonditionen der X-Bank

Der Kläger hat den Testamentsvollstrecker mehrfach aufgefordert, sich um eine ordnungsgemäße Anlage in diesem Sinne zu kümmern.

Beweis:

Schreiben vom...

Schreiben vom...

Der Testamentsvollstrecker hat darauf nicht reagiert.

Der Beklagte hat durch seine Untätigkeit gegen seine Verpflichtung zu ordnungsgemäßer Verwaltung des Nachlasses nach § 2216 Abs. 1 BGB verstoßen. Er hat auch schuldhaft gehandelt, da die Nichtanlage des Geldes und Nichtrealisierung von Zinsen erkennbar keiner ordnungsgemäßen Verwaltung entsprach. Der Geldbetrag war nicht erforderlich, um offene Nachlassverbindlichkeiten zu erfüllen.

Der Beklagte wurde mit Schreiben vom... zum Ausgleich des Schadens unter Fristsetzung aufgefordert.

Beweis: Schreiben vom...

Der Beklagte hat auf dieses Schreiben nicht reagiert.

Es war daher Klage geboten.

(Unterschrift)

XVI. Beendigung des Testamentsvollstreckeramts

Das Ende der Testamentsvollstreck**ung** ist im Gesetz nicht ausdrücklich geregelt. Es tritt mit Erledigung aller Aufgaben, die der Testamentsvollstrecker zu erfüllen hatte, ein. Die Testamentsvollstreck**ung** kann vom Nachlassgericht als solches nie aufgehoben werden. Sie basiert alleine auf dem Willen des Erblassers und ist deshalb einer Entscheidung durch das Nachlassgericht nicht zugänglich. 628

Das Erlöschen des Testamentsvollstrecker**amtes** hingegen ist in den §§ 2225, 2226 und 2227 BGB geregelt. 629

1. Die Entlassung des Testamentsvollstreckers

Wichtigste Sanktion gegenüber dem Testamentsvollstrecker neben seiner Haftung nach § 2219 BGB ist seine Entlassung durch das **Nachlassgericht** nach § 2227 BGB. 630

631 Gegebenenfalls können nunmehr auch deutsche Nachlassgerichte einen nach **ausländischem Recht** bestellten Testamentsvollstrecker abberufen. Vor Inkrafttreten des FamFG beherrschte die sog. „Gleichlauftheorie" die Zuständigkeit in Nachlasssachen. Deutsche Gerichte waren nur bei Anwendung deutschen Sachrechts berufen. Nach § 105 FamFG leitet sich nunmehr die internationale Zuständigkeit aus der **örtlichen Zuständigkeit** (§ 343 FamFG) ab. Soweit keine vorrangigen staatsvertraglichen Regelungen bestehen, indiziert die örtliche Zuständigkeit die internationale Zuständigkeit. D. h. es könnte auch ein deutsches Nachlassgericht einen ausländischen Testamentsvollstrecker abberufen, wenn hierfür ein dringendes Bedürfnis besteht (Voraussetzung ist jedoch, dass auch das ausländische anwendbare materielle Recht die Möglichkeit einer Entlassung des Testamentsvollstreckers kennt).[415] Eine andere Frage ist, ob eine solche Entlassung durch das deutsche Nachlassgericht auch im Heimatland des ausländischen Testamentsvollstreckers wirkt. Dies dürfte fraglich sein.

a) Entlassungsgründe

632 Voraussetzung, damit das Nachlassgericht den Testamentsvollstrecker entlassen kann, ist das Vorliegen eines **wichtigen Grundes** (§ 2227 Abs. 1 BGB). Ob ein solcher wichtiger Grund gegeben ist, hat allein das Nachlassgericht zu entscheiden. Der Erblasser kann dies nach herrschender Meinung auch nicht auf Dritte, insbesondere nicht auf ein Schiedsgericht übertragen.[416] Der Erblasser kann ferner auch nicht bestimmen, dass dem Erben kein Antragsrecht nach § 2227 BGB auf Entlassung zustehen soll.[417]

633 Das Gesetz nennt in § 2227 Abs. 1 BGB zwei **nicht abschließende** Beispielsfälle („insbesondere"), die jedoch deutlich machen, dass es stets darauf ankommt, dass die Pflichten des Testamentsvollstreckers in erheblicher Weise nicht erfüllt wurden. Maßgeblich ist, ob die tatsächlichen Umstände in ihrer Gesamtschau die Merkmale des Begriffs „wichtiger Grund" erfüllen.

aa) Unfähigkeit

634 Nach 2227 Abs. 1 BGB stellt die „Unfähigkeit zur ordnungsgemäßen Geschäftsführung" einen Entlassungsgrund dar. Ein Verschulden des Testamentsvollstreckers ist hier nicht erforderlich.[418]

635 **Beispielsfälle:**

- Unfähigkeit, einen Auseinandersetzungsplan aufzustellen[419]
- fehlende Fähigkeit, die Testamentsvollstreckung sachlich abzuwickeln[420]
- Unfähigkeit aufgrund längerer Abwesenheit oder Krankheit[421]
- verhaltensbedingte Verzögerung einer Abwicklungsvollstreckung[422]

---

415 OLG Hamm OLGZ 1973, 289; BayObLG 1965, 377; OLG Frankfurt OLGZ 1977, 180.
416 Soergel/Damrau, § 2227 Rn 1; Reimann FamRZ 1995, 588/590; aA: Habscheid ZZP 1953, 188/206.
417 Zimmermann, Rn 794.
418 Zimmermann, Rn 797.
419 Zimmermann, Rn 797.
420 OLG Hamm NJW-RR 2007, 878.
421 BayObLG ZEV 1998, 348.
422 OLG Köln NJW-RR 2005, 94.

bb) Grobe Pflichtverletzung

Der weitere in § 2227 Abs. 1 BGB ausdrückliche genannte „wichtige Grund" ist die „**grobe** Pflichtverletzung" des Testamentsvollstreckers. Eine nur leichte oder durchschnittliche Pflichtverletzung genügt nicht. 636

Eine grobe Pflichtverletzung ist bei Verhaltensweisen des Testamentsvollstreckers gegeben, die die Belange der Beteiligten **erheblich gefährden.** Fehlt es an einer Interessengefährdung kann trotz Nichterfüllung einer dem Testamentsvollstrecker obliegenden Aufgabe eine grobe Pflichtverletzung ausscheiden. So hatte der Testamentsvollstrecker über einen Erbteil das von ihm nach § 2215 BGB gleichwohl zu fertigende Nachlassverzeichnis nicht erstellt. Gleichwohl führte das nicht zu einer Entlassung wegen grober Pflichtverletzung. Denn ein anderer Miterbe hatte bereits ein Vermögensverzeichnis angefertigt und bei Gericht eingereicht, welches den Anforderungen des § 2215 BGB entsprach (Auflistung aller Einzelgegenstände). Dieses Verzeichnis bot dem unter Testamentsvollstreckung stehenden Miterben ausreichend Gelegenheit, sich Kenntnis vom Nachlassbestand zu verschaffen und den Testamentsvollstrecker zu kontrollieren.[423] 637

Bei der groben Pflichtverletzung ist auf der **subjektiven Seite** ein Verschulden des Testamentsvollstreckers (Fahrlässigkeit oder Vorsatz nach § 276 BGB) erforderlich. Vom Testamentsvollstrecker als Rechtfertigung seines Handelns vorgetragene Motive müssen zumindest plausibel sein.[424] Fehlt ein Verschulden, so kann als Entlassungsgrund aber immer noch Unfähigkeit (siehe oben) oder ein sonstiger wichtiger Grund gegeben sein.[425] 638

Beispielsfälle: 639

- Verstöße gegen Anordnungen des Erblassers[426]
- Angebot der Erbauseinandersetzung trotz Ausschlussregelung durch den Erblasser[427]
- völlige Untätigkeit[428]
- Bevorzugung von Miterben[429]
- Erstellung eines mangelhaften Nachlassverzeichnisses[430]
- Nichterstellung eines Nachlassverzeichnisses[431]
- Verweigerung von Auskünften über den Stand der Sache[432]
- Entnahme einer unangemessenen Vergütung aus dem Nachlass[433]
- Beauftragung eines Anwalts mit teuren und unsinnigen Einsprüchen gegen einen Erbschaftsteuerbescheid[434]
- Nichteinhaltung von Verpflichtungen gegenüber dem Erben[435]

---

423 OLG München FamRZ 2009, 814/815.
424 OLG Schleswig ZErb 1/2009, 32/38.
425 Zimmermann, Rn 198.
426 OLG Zweibrücken Rpfleger 1989, 370.
427 OLG Karlsruhe NJW-RR 2005, 527.
428 Soergel/Damrau § 2227 Rn 8.
429 BayObLG ZEV 2000, 315.
430 BayObLG NJW-RR 2004, 366.
431 BayObLG NJWE-FER 2001, 262; OLG Köln FamRZ 1992, 723; OLG Schleswig Zerb 1/2007 S. 16 ff.
432 BayObLG ZEV 1998, 348.
433 BayObLG FamRZ 1991, 615.
434 BGH ZEV 2000, 196.
435 BayObLG FamRZ 2000, 193.

- Unzulässige In-Sich-Geschäfte[436]
- Verstoß gegen schuldrechtliche Verwaltungsanordnungen[437]
- Verschweigen von wesentlichen Nachlassbestandteilen[438]

cc) Misstrauen

640 § 2227 Abs. 1 BGB nennt als wichtige Gründe für eine Entlassung **insbesondere** „grobe Pflichtverletzung“ oder „Unfähigkeit zur ordnungsgemäßen Geschäftsführung“. Diese Gründe sind nicht abschließend.

641 Auch wenn zwischen dem Testamentsvollstrecker und dem Erben kein Vertrauensverhältnis bestehen muss, so kann ein auf objektiven Tatsachen beruhendes Misstrauen des Erben gegenüber dem Testamentsvollstrecker einen Entlassungsgrund darstellen, wenn der Testamentsvollstrecker Anlass zu diesem Misstrauen gegeben hat.[439]

642 Ein **Verschulden ist hier nicht erforderlich.** Es ist aber ein strenger Maßstab anzulegen und die Fälle des Misstrauensvorwurfs als Entlassungsgrund sind auf enge Ausnahmefälle beschränkt. Die Erben dürfen nicht in die Lage versetzt werden, durch eigenes feindseliges Verhalten den Testamentsvollstrecker aus dem Amt zu drängen.[440] Persönliche Spannungen, die in der Natur der Sache liegen, genügen nicht.[441]

643 **Beispielfälle für berechtigtes Misstrauen:**

- Testamentsvollstrecker gewährte sich aus einer dem Bezugsberechtigten zustehenden Lebensversicherung ein Darlehen in sechsstelliger Höhe[442]
- Testamentsvollstrecker täuschte die Erben über den Wert des Nachlasses[443]
- Unrichtige Handhabung eines Mietkautionskontos[444]
- Nichteinhaltung einer Vergütungsabsprache mit Erben[445]

644 Wenngleich wie gesagt auf Ausnahmefälle beschränkt, kann ein berechtigtes Misstrauen gerade bei einer Dauertestamentsvollstreckung einen Entlassungsgrund darstellen.[446] Es ist aber immer zu berücksichtigen, dass der Testamentsvollstrecker Vertrauensperson **des Erblassers**, nicht des Erben ist. Ansonsten könnte der Erbe durch diese Komponente allzu leicht versuchen, den Testamentsvollstrecker aus seinem Amt zu „katapultieren“.

b) Ermessen

645 Liegen die vorgenannten Tatbestandsvoraussetzungen (unbestimmter Rechtsbegriff „wichtiger Grund“) vor, so ist die Entlassung auf der **Rechtsfolgenseite** als Ermessensentscheidung ausgestaltet. Das heißt, selbst bei Vorliegen eines wichtigen Grundes ist

436 OLG Frankfurt ZEV 1998, 350.
437 BayObLG FamRZ 2000, 753.
438 OLG Schleswig ZErb 1/2009, 32 ff.
439 BayObLG ZEV 1998, 349; BayObLG FamRZ 2005, 935; OLG Frankfurt ZEV 1998, 350.
440 Zimmermann, Rn 800.
441 BayObLG NJW-RR 2004, 366.
442 OLG Frankfurt ZEV 1998, 350.
443 OLG Naumburg ZErb 6/2006, 199.
444 OLG München FamRZ 2008, 2153/2154.
445 OLG München FamRZ 2008, 2153/2154.
446 OLG Düsseldorf FamRZ 1995, 123.

eine Entlassung nicht zwingend.[447] Das Nachlassgericht kann auch zu dem Ergebnis kommen, dass trotz „wichtigen Grundes“ Umstände für einen Verbleib des Testamentsvollstreckers gegeben sind.[448] Zu fragen ist, was der Erblasser in dieser Situation entschieden hätte, wenn der „wichtige Grund“ zur Ernennungszeit bereits vorhanden gewesen wäre.[449]

Bei einem berufsmäßigen Testamentsvollstrecker, der eine Vergütung erhält, wird man weniger Mängel akzeptieren können als bei einem Testamentsvollstrecker, der vergütungsfrei „ehrenamtlich“ tätig wird.[450] Auch ein Testamentsvollstrecker, der zugleich Miterbe ist, unterliegt einer schärferen Kontrolle als ein Nicht-Erbe.[451] Wenn eine Testamentsvollstreckung kurz vor ihrer Beendigung steht und nur noch wenige Aufgaben zu erledigen sind, so kann eine Entlassung weniger gerechtfertigt sein, als wenn sich die Entlassungsfrage bereits zu Beginn des Amtes stellt.[452] 646

Ein wichtiges Entscheidungskriterium ist auch, ob im Falle einer Entlassung dieses Testamentsvollstreckers die Testamentsvollstreckung insgesamt beendet wäre oder es gegebenenfalls einen Nachfolger gibt (§ 2200 BGB). 647

Waren dem Erblasser bei der Berufung die Tatsachen bereits bekannt, so kann auf diese in der Regel keine Entlassung gestützt werden, es sei denn, die Auswirkungen waren nicht vorhersehbar.[453] 648

Achtung: Hat das Ausgangsgericht die gebotene Ermessensausübung rechtsfehlerhaft unterlassen, so führt dies nicht zwingend zur Aufhebung der Ausgangsentscheidung im Rahmen des Beschwerdeverfahrens. Das Beschwerdegericht kann die unterlassene Prüfung nachholen und insoweit eigenes Ermessen ausüben.[454] 649

c) Verfahren

aa) Antrag

Das Nachlassgericht kann nicht von Amts wegen tätig werden. Erforderlich ist vielmehr der **Antrag** eines Beteiligten (§ 23 FamFG).[455] 650

Der Antrag ist nicht an eine bestimmte Form gebunden. Er muss nur beim zuständigen Nachlassgericht gestellt werden. Der Antrag kann bis zur formellen Rechtskraft des Entlassungsbeschlusses auch wieder zurückgenommen werden und führt dann zur Erledigung der Hauptsache.[456] Eine Zustimmung des Testamentsvollstreckers ist dazu nicht erforderlich.[457] 651

Antragsberechtigt ist jeder Beteiligte, der ein rechtliches Interesse an der Person des Testamentsvollstreckers bzw. der Testamentsvollstreckung an sich hat.[458] Dazu gehört 652

447 BayObLG NJW-RR 2005, 527.
448 BayObLG ZEV 2000, 315.
449 OLG Naumburg FamRZ 2006, 971.
450 Zimmermann, Rn 795.
451 Zimmermann aaO.
452 OLG Celle, NdsRpfl. 1961, 199/200.
453 BayObLG FamRZ 1996, 186.
454 OLG München FamRZ 2008, 2153/2155; OLG Schleswig ZErb 1/2009, 32.
455 Grunsky/Hohmann ZEV 2005, 41.
456 Zimmermann, Rn 804.
457 Zimmermann, aaO.
458 OLG München NJW-RR 2006, 14.

primär der mit der Testamentsvollstreckung beschwerte Erbe bzw jeder Miterbe für sich.[459] Nach dem OLG München vom 22.9.2005 (31 Wx 46/05) kann ein Miterbe, dessen Anteil nicht der Testamentsvollstreckung unterliegt, keinen Antrag auf Entlassung eines Testamentsvollstreckers stellen, der nur die Anteile der Miterben verwaltet.[460] Anders in einer aktuellen Entscheidung des OLG Hamm vom 11.8.2009 (15 Wx 115/09), wonach auch ein nicht der Testamentsvollstreckung unterliegender Miterbe befugt ist, die Entlassung eines Testamentsvollstreckers aus wichtigem Grund zu betreiben.[461] Antragsberechtigt ist ferner der Vermächtnisnehmer.[462] Auch Pflichtteilsberechtigte können einen Entlassungsantrag stellen (wegen § 2213 Abs. 3 BGB, § 748 Abs. 3 ZPO).[463]

653 Ein minderjähriger Beteiligter wird durch seine gesetzlichen Vertreter vertreten. Ist der zu entlassende Testamentsvollstrecker gesetzlicher Vertreter, so ist ein Pfleger zu bestellen.[464]

654 **Kein Antragsrecht haben:**

- Nachlassgläubiger (die nur ein rechtliches Interesse an ihrer Forderung haben und kein Recht auf einen bestimmten Testamentsvollstrecker)[465]
- Erbteilspfandgläubiger[466]
- der Testamentsvollstrecker, da er jederzeit kündigen kann gemäß § 2226 BGB.

655 Amtsgericht...

- Nachlassgericht -

Nachlassverfahren des Herrn..., verstorben am..., zuletzt wohnhaft...

Aktenzeichen:

Ausweislich des als Anlage beigefügten Erbscheins des Amtsgerichts... – Nachlassgericht – bin ich alleiniger Erbe des am... verstorbenen...

Über den Nachlass ist Testamentsvollstreckung angeordnet. Herr... ist zum Testamentsvollstrecker ernannt und hat das Amt mit Erklärung vom... gegenüber dem Nachlassgericht angenommen. Ihm wurde ein Testamentsvollstreckerzeugnis erteilt. Ich nehme dazu Bezug auf die Nachlassakten (Az...).

Hiermit **beantrage** ich, Herrn... aus dem Amt des Testamentsvollstreckers aus wichtigem Grund zu **entlassen.**

Begründung:

1. Wesentliche Aufgabe des Testamentsvollstreckers ist es, unverzüglich nach Annahme seines Amtes gemäß § 2215 Abs. 1 BGB dem Erben ein Nachlassverzeichnis zu erstellen. Der Testamentsvollstrecker ist dem trotz mehrfacher Anmahnung meinerseits bis heute nicht nachgekommen.

   Beweis: Schreiben vom...

459 BayObLG FamRZ 2000, 193; BGH 35, 296/300.
460 OLG München ZErb 12/2005, 424/425; abl. Anm. dazu Muscheler ZErb 12/2005, 426/427.
461 OLG Hamm BeckRS 2009, 23551.
462 OLG Hamm Rpfleger 1986, 16.
463 BayObLG FamRZ 1997, 905; AG Berlin-Schöneberg NJWE-FER 1999, 303; KG FamRZ 2002, 852; BayObLG in BeckRS 2009, 21066; aA: Muscheler Zerb 2/2009 S. 54 ff.
464 BayObLG 1967, 230.
465 BGH NJW 1961, 1717.
466 LG Stuttgart BWNotZ 1992, 59.

2. Ferner wurde ich von mehreren Gläubigern des Erblassers angeschrieben, dessen Verbindlichkeiten zu erfüllen. Die Forderungen der Gläubiger sind unstreitig. Sie könnten jederzeit aus dem Nachlassbestand bedient werden. Die Gläubiger haben auch den Testamentsvollstrecker bereits mehrfach – vergeblich – aufgefordert, die Schulden des Erblassers auszugleichen.

   Beweis: Schreiben vom...

   Aus nicht nachvollziehbaren Gründen kommt der Testamentsvollstrecker der Erfüllung der Nachlassverbindlichkeiten nicht nach.

   Es besteht die Gefahr, dass die Gläubiger den Unterzeichner als Erben direkt persönlich in Anspruch nehmen.

3. Die genannten Untätigkeiten des Testamentsvollstreckers stellen eine grobe Pflichtverletzung dar. Der Testamentsvollstrecker zeigt sich als unfähig, die Geschäftsführung ordnungsgemäß wahrzunehmen. Es liegt ein wichtiger Grund für die Entlassung des Testamentsvollstreckers vor (§ 2227 BGB).

(Unterschrift)

bb) Anhörung

Gemäß § 345 Abs. 4 S. 1 Nr. 2 FamFG ist der Testamentsvollstrecker zwingend zu beteiligen (das bisher in § 2227 Abs. 2 BGB geregelte Anhörungsrecht hat das FGG-ReformG aufgehoben). Das Nachlassgericht kann alle Übrigen, deren Recht durch das Verfahren unmittelbar betroffen wird, als Beteiligte hinzuziehen (§ 345 Abs. 4 S. 2 FamFG). In Betracht kommen Erben, Vermächtnisnehmer, Pflichtteilsberechtigte. Auf entsprechenden Antrag sind sie hinzuzuziehen (§ 345 Abs. 4 S. 3 FamFG). Gegen die Ablehnung eines Zuziehungsantrags hat der Antragsteller die Beschwerdemöglichkeit mit Zweiwochenfrist (§ 7 Abs. 5 S. 2 FamFG). 656

Der Erblasser kann einem Testamentsvollstrecker das Recht einräumen, einen Nachfolger zu benennen (§ 2199 Abs. 2 BGB). Hat der Erblasser dies angeordnet und beabsichtigt das Nachlassgericht, den eingesetzten Testamentsvollstrecker zu entlassen, so ist dem Testamentsvollstrecker vorab grundsätzlich Gelegenheit zu geben, von seinem **Recht, einen Nachfolger zu benennen**, Gebrauch zu machen.[467] In seiner Entscheidung vom 9.7.2008 (31 Wx 3/08)) hatte das OLG München im Rahmen eines Beschwerdeverfahrens u.a. darüber zu befinden, ob die Entlassung eines Testamentsvollstreckers, dem dieses Benennungsrecht vor seiner Entlassung nicht mehr gewährt worden war, aus diesem Grunde unwirksam war. Das OLG München hat dies im Ergebnis verneint. Es hat die seinerzeitige Ermächtigung der Erblasserin zur Nachfolgerbenennung dahingehend ausgelegt, dass damit nicht der Fall umfasst war, dass der Testamentsvollstrecker aufgrund pflichtwidrigen Verhaltens durch Entlassung wegfiel. Nach dem zu ermittelnden Willen der Erblasserin (§§ 133, 2084 BGB) war davon auszugehen, dass dem zu entlassenden Testamentsvollstrecker das Benennungsrecht in diesem Fall nicht zustehen sollte.[468] 657

467 OLG Hamm NJW-RR 2007, 878.
468 OLG München FamRZ 2008, 2153/2155.

cc) Maßnahmen des Gerichts

658 Die Entscheidung über den Entlassungsantrag ergeht durch Beschluss mit Rechtsbehelfsbelehrung (§§ 38, 39 FamFG). Zuständig ist der Richter gemäß § 16 Abs. 1 Nr. 5 RPflG.

659 Als Vorfrage im Rahmen eines Entlassungsverfahrens ist zu prüfen, ob das Amt nicht bereits beendet ist (zB durch Erfüllung aller Aufgaben).[469]

660 Eine vorläufige Entlassung durch das Nachlassgericht während der Dauer des Entlassungsverfahrens ist nicht zulässig.[470]

661 Streitig ist, ob auch eine Teilentlassung möglich ist. Die herrschende Meinung geht von einer Unteilbarkeit des Amtes aus.[471] Nach anderer Ansicht soll in den Fällen, in denen der Aufgabenbereich teilbar ist und der wichtige Grund nur für einen Teilbereich besteht, eine Teilentlassung möglich sein, sofern dies dem Willen des Erblassers entsprechen würde.[472] Nach herrschender Meinung soll es auch keine zeitweilige Entlassung geben, weil dies eine unzulässige Teilentlassung wäre.[473]

d) Rechtsbehelf

662 Bereits mit der Bekanntmachung der Entlassungsverfügung an den Testamentsvollstrecker (nicht erst mit Rechtskraft) wird der Beschluss wirksam und das Testamentsvollstreckeramt erlischt (§ 40 Abs. 1 FamFG). Dem entlassenen Testamentsvollstrecker ist der Beschluss förmlich zuzustellen (§ 41 Abs. 1 S. 2 FamFG). Den anderen Beteiligten ist er formlos bekannt zu geben (§ 41 Abs. 1 S. 1 FamFG). Die Einlegung einer Beschwerde gegen die Entlassungsverfügung hat keine aufschiebende Wirkung.[474] Das Beschwerdegericht kann aber durch eine einstweilige Anordnung nach § 64 Abs. 3 FamFG die sofortige Vollziehung aussetzen und so den Testamentsvollstrecker weiter in seinem Amt belassen.

663 Die Entlassung ist mit der befristeten Beschwerde gemäß §§ 58 ff FamFG angreifbar. Gleiches gilt für die Zurückweisung eines Entlassungsantrages (beschwerdeberechtigt aber nur der Antragsteller gem. § 59 Abs. 2 FamFG). Gegen die Beschwerdeentscheidung des Oberlandesgerichts ist die zulassungsgebundene Rechtsbeschwerde zum BGH möglich.

664 **Achtung:** Für den Fall, dass das Nachlassgericht die Entlassung ablehnt, das Beschwerdegericht diese jedoch als richtig erachtet, kann das Beschwerdegericht die Entlassung nicht selbst aussprechen. Wie sich aus dem Wortlaut des § 2227 BGB ergibt, kann die Entlassung **nur vom Nachlassgericht** verfügt werden. Das Beschwerdegericht müsste das Nachlassgericht deshalb anweisen, die Entlassung auszusprechen.[475]

Für den Fall, dass das Beschwerdegericht den Entlassungsbeschluss des Nachlassgerichts aufhebt, gilt die Entlassung als rückwirkend nicht erfolgt. Etwaige vom Testa-

469 Zimmermann, Rn 810.
470 BayObLG FamRZ 1987, 101/4.
471 Soergel/Damrau, § 2227 Rn 20; Staudinger/Reimann, § 2227 Rn 29.
472 Zimmermann, Rn 812; Grunsky/Hohmann ZEV 2005, 41.
473 Haegele BWNotZ 1974, 219; Zimmermann, Rn 812.
474 BayObLG FamRZ 1999, 474.
475 OLG Karlsruhe NJW-RR 2005, 527.

mentsvollstrecker seit seiner unberechtigten Entlassung zwischenzeitlich vorgenommenen Rechtsgeschäfte sind als wirksam anzusehen (analog § 47 FamFG).[476] Das Testamentsvollstreckerzeugnis gilt dann als nicht kraftlos.[477]

e) Einstweilige Anordnungen

Bis zum 31.8.2009 waren einstweilige Anordnungen des Nachlassgerichts nicht zulässig, weil entsprechende Bestimmungen dazu fehlten.[478] Mit dem FamFG zum 1.9.2009 wurde im § 49 die Rechtsgrundlage für den Erlass einstweiliger Anordnungen (ohne Erfordernis eines gleichartigen Hauptsacheverfahrens) geschaffen. Auf Antrag (§ 51 FamFG) eines Berechtigten (zB Erben) und Glaubhaftmachung der Entlassungsvoraussetzungen kann das Nachlassgericht nunmehr im Rahmen eines Entlassungsverfahrens flankierende Maßnahmen nach § 49 Abs. 2 FamFG treffen. Es könnte dem Testamentsvollstrecker, dessen Entlassung beantragt wurde, die Verfügung über alle oder Teile von Nachlassgegenständen untersagen. 665

Die einstweilige Anordnung tritt mit der Entlassung des Testamentsvollstreckers (anderweitige Regelung nach § 56 Abs. 1 S. 1 FamFG) bzw der Rücknahme oder rechtskräftigen Abweisung des Entlassungsantrags (§ 56 Abs. 2 Nr. 1, 2 FamFG) außer Kraft. 666

Achtung: Mit der einstweiligen Anordnung dürfen nur flankierende Maßnahmen getroffen, nicht jedoch die Hauptsache vorweggenommen werden. Deshalb ist weder eine „vorläufige" Entlassung des Testamentsvollstreckers noch die „vorläufige" Ernennung eines anderen Testamentsvollstreckers möglich. 667

Der Testamentsvollstrecker kann gegen eine ergangene einstweilige Anordnung einen nicht fristgebundenen Aufhebungs- oder Änderungsantrag beim Nachlassgericht gem. § 54 Abs. 1 S. 1 FamFG stellen. Er hat auch die Möglichkeit der fristgebundenen Beschwerde binnen 2 Wochen gem. § 63 Abs. 2 Nr. 1 FamFG.

f) Kosten

§ 80 FamFG regelt die Frage, welche Kosten erstattungsfähig sind. Dies sind die Gerichtskosten und die mit dem Verfahren unmittelbar zusammenhängenden Aufwendungen der Beteiligten, zB die Kosten für die anwaltliche Vertretung. 668

Nach § 81 Abs. 1 FamFG kann das Gericht den Beteiligten die Kosten des Verfahrens nach billigem Ermessen auferlegen. Anders als bislang kann es dabei auch über die Verteilung der gerichtlichen Kosten entscheiden. Bisher war die Möglichkeit der Erstattung der Gerichtskosten nur in Einzelvorschriften geregelt (etwa § 20 HausratsVO).[479] 669

§ 81 Abs. 2 FamFG regelt die Fälle, in denen das Gericht die Kosten des Verfahrens ganz oder teilweise einem Beteiligten auferlegen „soll". 670

Seine eigenen Kosten kann der Testamentsvollstrecker aus dem Nachlass erstattet verlangen, wenn er die Verteidigung gegen das Entlassungsverfahren für erforderlich hal- 671

---

476 Noch zum alten Recht: Soergel/Damrau, § 2227 Rn 21.
477 BayObLG FamRZ 1991, 615/7.
478 OLG Köln NJW-RR 1987, 71; Staudinger/Reimann, § 2227 Rn33.
479 Kroiß/Seiler, § 1 Rn 122 ff.

ten durfte, um den Erblasserwillen durchzusetzen.[480] Ansonsten kann den Testamentsvollstrecker in dem Entlassungsverfahren als „Beteiligten" im Sinne von § 81 Abs. 2 FamFG eine persönliche Kostenschuld treffen.

672 Für die Rechtsmittelkosten gilt, dass demjenigen, der ein Rechtsmittel **erfolglos** eingelegt hat, die Kosten auferlegt werden sollen (§ 84 FamFG). Bei **erfolgreichem** Rechtsmittel bleibt es bei § 81 FamFG.[481]

673 Die Höhe der Gerichtskosten bemisst sich nach wie vor nach der Kostenordnung: Die Entlassung löst eine 5/10-Gebühr (nach § 113 KostO) aus. Der Geschäftswert ist nach § 30 Abs. 2 KostO zu bestimmen. Wendet sich der Testamentsvollstrecker gegen seine Entlassung, so gibt es wegen der Höhe des Geschäftswerts unterschiedliche Vorstellungen: Nach einer Ansicht beträgt der Geschäftswert 2 bis 10 % des Nachlasswerts.[482] Nach anderer Ansicht ist der abgezinste Wert der dem Testamentsvollstrecker entgehenden Vergütung anzusetzen.[483]

g) Wirkung auf das Testamentsvollstreckerzeugnis

674 Mit Zugang des Entlassungsbeschlusses beim Testamentsvollstrecker wird das Testamentsvollstreckerzeugnis gemäß § 2368 Abs. 3 Hs 2 BGB kraftlos.[484]

2. Kündigung durch den Testamentsvollstrecker

a) Kündigungsfrist/-grund

675 Nach § 2226 S. 1 BGB kann der Testamentsvollstrecker **jederzeit** sein Amt kündigen. Es gibt weder eine Kündigungsfrist, noch bedarf es eines Kündigungsgrundes.

676 Über § 2226 S. 3 BGB wird jedoch die Vorschrift des § 671 Abs. 2 BGB in Bezug genommen. Danach darf der Testamentsvollstrecker ohne wichtigen Grund nicht zur Unzeit kündigen. Eine Kündigung zur Unzeit ist zwar wirksam, dem Erben bzw gegebenenfalls Vermächtnisnehmer ist aber der daraus entstehende Schaden zu ersetzen (§ 2226 S. 3 iVm § 671 Abs. 2 S. 2 BGB). Wenn möglich sollte der Testamentsvollstrecker deshalb vorsorglich unter Einhaltung einer gewissen Frist die Kündigung aussprechen.

b) Erklärungsempfänger

677 Gemäß § 2226 S. 2 BGB hat die Erklärung gegenüber dem Nachlassgericht zu erfolgen (§ 130 BGB). Sowohl eine ausdrückliche wie auch eine stillschweigende Kündigung ist möglich. Der Kündigungswille muss aber mit hinreichender Deutlichkeit erkennbar sein.[485]

678 Ein Widerruf der Kündigung ist nicht möglich, allenfalls eine Anfechtung nach §§ 119, 123 BGB.[486]

679 Amtsgericht...

---

480 Staudinger/Reimann, § 2227 Rn 34.
481 Kroiß, Rn 107.
482 OLG Frankfurt ZEV 2006, 173.
483 Zimmermann, Rn 821.
484 OLG Stuttgart OLGZ 1979, 387.
485 OLG Düsseldorf ZEV 1998, 353.
486 Soergel/Damrau, § 2226 Rn 2.

- Nachlassgericht –

Nachlassverfahren des..., verstorben am..., zuletzt wohnhaft...

Aktenzeichen:...

hier: Kündigung des Testamentsvollstreckeramtes

Mit meinem Schreiben vom... an das Nachlassgericht hatte ich das Testamentsvollstreckeramt angenommen. Das Nachlassgericht... hat mir daraufhin am... ein Testamentsvollstreckerzeugnis ausgestellt.

Hiermit kündige ich mein Amt als Testamentsvollstrecker mit sofortiger Wirkung.

Die in meinem Besitz befindliche Ausfertigung des Testamentsvollstreckerzeugnisses lege ich als Anlage bei. Weitere Ausfertigungen habe ich nicht.

(Unterschrift)

c) Zuständiges Gericht

Streiten die Parteien um die Wirksamkeit einer Kündigung, so ist hierfür nicht das Nachlassgericht, sondern das Prozessgericht zuständig. 680

d) Vereinbarungen

Der Testamentsvollstrecker kann mit dem Erblasser bzw Erben vereinbaren, dass das Kündigungsrecht nach § 2226 BGB ausgeschlossen oder nur unter Einhaltung einer gewissen Frist möglich ist. 681

Aber: Auch in einem solchen Fall kann der Testamentsvollstrecker aus wichtigem Grund immer kündigen (§§ 2226 S. 3, 671 Abs. 3 BGB). 682

Im **Außenverhältnis** ist eine Kündigung nach hM stets wirksam, selbst wenn sie vereinbarungswidrig und ohne Vorliegen eines wichtigen Grundes erfolgt sein sollte.[487] Der Testamentsvollstrecker ist dann aber zum Schadensersatz verpflichtet. 683

Der Testamentsvollstrecker kann sich **mit dem Erben** auch dahingehend verständigen, dass er sein Amt unter bestimmten Voraussetzungen kündigt (zB Erreichen eines bestimmten Alters des Erben).[488] Unzulässig ist eine Vereinbarung, wonach sich der Testamentsvollstrecker verpflichtet, **jederzeit** auf Verlangen des Erben sein Amt niederzulegen. Hierdurch würde seine Unabhängigkeit gefährdet.[489] Ansonsten sind „offene" Absprachen zwischen Testamentsvollstrecker und Erben hinsichtlich einer Verpflichtung des Testamentsvollstreckers zur Amtsbeendigung wirksam, auch wenn dies von einer Gegenleistung in Geld abhängig gemacht wird.[490] Problematisch sind hingegen Absprachen, nach denen der Testamentsvollstrecker sein Amt nach außen zwar formal fortführt, im Innenverhältnis das Amt nach den Weisungen der Erben ausübt. Hier liegt ein Institutsmissbrauch vor, der zur Unwirksamkeit der gesamten Absprache führt (§§ 242, 139 BGB).[491] 684

Mit einer **Vereinbarung** zwischen dem Erben und dem Testamentsvollstrecker, dass dieser sein Amt niederlegt, erlischt das Amt selbst noch nicht. Vielmehr ist erforderlich, dass der Testamentsvollstrecker die Vereinbarung durch Kündigungserklärung gegen- 685

487 Soergel/Damrau, § 2226 Rn 1, aA: MünchKomm/Brandner, § 2226 Rn 4.
488 BGH FamRZ 1966, 139/140; Reimann NJW 2005, 789; Zimmermann, Rn 826.
489 BGH NJW 1957, 1916.
490 BGHZ 25, 275/281; Winkler, Rn 790.
491 BGHZ 25, 275/280; Palandt/Heinrichs, § 242 Rn 240.

über dem Nachlassgericht auch vollzieht. Der Anspruch kann von dem Erben vor dem Prozessgericht eingeklagt werden.[492] Die Nichterfüllung einer Zusage des Testamentsvollstreckers zur Amtsaufgabe stellt ferner einen Gesichtspunkt bei der Gesamtwürdigung seiner Amtsführung hinsichtlich einer Entlassungsentscheidung nach § 2227 BGB dar, ist für sich allein betrachtet jedoch noch kein zwingender Entlassungsgrund.[493]

e) Teilkündigung

686 Eine gesetzliche Regelung über eine mögliche Teilkündigung durch den Testamentsvollstrecker gibt es nicht. Eine solche Teilkündigung ist nur dann denkbar, wenn einzelne abtrennbare Aufgabenbereiche vorliegen **und** dies vom Erblasser in der letztwilligen Verfügung ausdrücklich gestattet wurde.[494] Strittig ist, ob bei einer unzulässigen Teilkündigung die Kündigung gänzlich unwirksam ist[495] oder das Testamentsvollstreckeramt vollends erlischt.[496]

f) Rechtsfolge

687 Das **Amt** des Testamentsvollstreckers erlischt durch die Kündigung. Die **Testamentsvollstreckung** selbst endet damit aber nicht zwangsläufig, so zB wenn entweder der Erblasser selbst Ersatzbestimmungen getroffen hat oder ein Ersuchen an das Nachlassgericht im Sinne von § 2200 BGB vorliegt. Die Ernennung eines etwaigen Ersatztestamentsvollstreckers durch den Testamentsvollstrecker nach § 2199 Abs. 2 BGB muss spätestens zusammen mit der Kündigung erfolgen.[497]

688 Aufgrund der Kündigung ermäßigt sich die Vergütung des Testamentsvollstreckers gegebenenfalls, weil das Amt nicht vollständig ausgeführt wurde.

3. Weitere Beendigungsgründe

a) Tod des Testamentsvollstreckers

689 Mit dem Tod des **Testamentsvollstreckers** erlischt das Amt (§ 2225 BGB). Das Amt wird nicht weiter vererbt.

690 **Achtung:** Der Erbe des Testamentsvollstreckers hat den Tod des Testamentsvollstreckers den Erben anzuzeigen und – wenn eine besondere Eilbedürftigkeit gegeben ist – die Geschäfte fortzuführen, bis der Erbe anderweitig Fürsorge treffen kann. Dies ergibt sich aus der Verweisung in § 2218 Abs. 1 BGB auf § 673 S. 2 BGB.

691 Bei einer juristischen Person erlischt mit dem Verlust ihrer Rechtsfähigkeit das Testamentsvollstreckeramt. Nach Verschmelzung einer zum Testamentsvollstrecker ernannten juristischen Person mit einer anderen juristischen Person (zB Zusammenschluss von zwei Banken) soll das Amt im Zweifel mit übergehen (dies entspricht in der Regel dem mutmaßlichen Willen des Erblassers).[498]

---

492 OLG Hamm ZEV 2008, 337/339; Soergel/Damrau, § 2226 Rn 5.
493 OLG Hamm aaO.
494 Zimmermann, Rn 827.
495 Winkler, Rn 789; OLG Hamm FamRZ 1992, 113.
496 Soergel/Damrau, § 2226 Rn 3; Staudinger/Reimann, § 2226 Rn 2.
497 Staudinger/Reimann, § 2199 Rn 12.
498 Soergel/Damrau, § 2225 Rn 2; Zimmermann ZErb 2007, 278; aA: Reimann ZEV 2000, 381.

b) Geschäftsunfähigkeit/Betreuung

Das Amt des Testamentsvollstreckers erlischt auch, wenn der Testamentsvollstrecker **geschäftsunfähig** geworden ist (§ 2225 BGB iVm § 2201 BGB iVm § 104 Nr. 2 BGB). Selbst wenn ein Testamentsvollstreckerzeugnis vorgelegt ist, kann der Dritte auf die Geschäftsfähigkeit des Testamentsvollstreckers nicht vertrauen. Der gute Glaube an das Fortbestehen des Testamentsvollstreckeramtes ist nicht geschützt.[499] 692

In gleicher Weise erlischt das Amt des Testamentsvollstreckers, wenn der Testamentsvollstrecker einen Betreuer zur Besorgung seiner Vermögensangelegenheiten erhalten hat (§§ 2225, 2201, 1896 BGB). Die Betreuerbestellung für einen anderen Aufgabenkreis, wie zB Gesundheitsfürsorge, führt nicht zum Erlöschen des Testamentsvollstreckeramtes. 693

Fraglich ist, ob das Testamentsvollstreckeramt wieder auflebt, wenn die Betreuung endet oder der Testamentsvollstrecker wieder geschäftsfähig wird. Überwiegend wird dies verneint.[500] Nach anderer Ansicht lebt das Amt wieder auf.[501] 694

c) Erledigung der Testamentsvollstreckeraufgaben

Mit **vollständiger Erledigung aller Aufgaben des Testamentsvollstreckers** endet das Amt von selbst.[502] Einer Niederlegungserklärung des Testamentsvollstreckers bedarf es nicht. 695

Nach anderer Ansicht soll das Amt nicht erlöschen, sondern ohne Aufgabe fortbestehen (bis zum Tod des Testamentsvollstreckers). Es könnten ja nachträglich noch Aufgaben auftauchen.[503] Auch wenn das Testamentsvollstreckerzeugnis an das Nachlassgericht zurückgegeben wurde, so berühre dies den Fortbestand des Amtes nicht. Das Zeugnis sei dann an den Testamentsvollstrecker wieder zurückzugeben, damit er sich zur Erfüllung seiner weiteren Aufgaben legitimieren könne.[504] 696

d) Kein Aktivvermögen

Hat der Nachlass **kein Aktivvermögen** mehr, so erlischt das Amt, weil keine Aufgaben mehr erfüllbar sind.[505] Taucht weiterer Nachlass auf, so soll das Amt wieder aufleben.[506] Mit Eröffnung eines Insolvenzverfahrens oder Anordnung der Nachlassverwaltung erlischt das Amt nicht.[507] Das Verwaltungs- und Verfügungsrecht des Testamentsvollstreckers wird aber vom Insolvenzverwalter überlagert. 697

e) Tod des Erben

Bei **Tod des Erben** endet die Testamentsvollstreckung nur, wenn sie an die Lebenszeit des Erben gekoppelt war.[508] Dies kann sich aus einer ausdrücklichen Bestimmung des Erblassers entsprechend § 2210 S. 2 BGB ergeben (für die Verwaltungsvollstreckung). 698

499 Soergel/Damrau, § 2368 Rn 12.
500 Soergel/Damrau, § 2201 Rn 4; Winkler, Rn 784; MünchKomm/Brandner, § 2225 Rn 5.
501 Zimmermann, Rn 835, 836.
502 BayObLG ZEV 1995, 370; Soergel/Damrau, § 2225 Rn 1.
503 Zimmermann, Rn 137.
504 OLG München NJW 1951, 74.
505 OLG Hamm NJW-RR 2002, 1300.
506 Staudinger/Reimann, § 2225 Rn 3; Zimmermann, Rn 838.
507 Gottwald/Döbereiner, Insolvenzrechtshandbuch, § 110 Rn 13.
508 Soergel/Damrau, § 2225 Rn 5.

Bei der gewöhnlichen Abwicklungsvollstreckung ist der Nachlass so lange mit der Testamentsvollstreckung beschwert, bis dieser abgewickelt ist. Daher kann die Belastung der Testamentsvollstreckung auf die Erben des Erben übergehen. Die Testamentsvollstreckung bleibt dann bestehen, bis die letztwilligen Verfügungen ausgeführt bzw der Nachlass auseinandergesetzt ist.

f) Zeitablauf

699 Der Erblasser kann die Testamentsvollstreckung befristen, so dass sie nach **Zeitablauf** automatisch endet. Für die Verwaltungsvollstreckung ist die Frist des § 2210 BGB zu beachten.

4. Folgen der Beendigung des Testamentsvollstreckeramtes

700 Mit Amtsbeendigung verliert der Testamentsvollstrecker seine Befugnisse.

701 Streitigkeiten zwischen dem Testamentsvollstrecker und dem Erben, ob das Amt des Testamentsvollstreckers beendet ist oder nicht (weil zB alle Aufgaben erledigt sind), hat das Prozessgericht, nicht das Nachlassgericht zu entscheiden.[509] Das Nachlassgericht kann die Testamentsvollstreckung als solche nicht aufheben.[510] Indirekt kann dies dadurch geschehen, dass ein neuer Erbschein beantragt wird, der keinen Testamentsvollstreckervermerk mehr enthält (§ 2364 BGB).

702 Mit Beendigung des Amtes wird das Testamentsvollstreckerzeugnis von selbst **kraftlos** (§ 2368 Abs. 3 Hs 2 BGB). Eine Einziehung gibt es nicht.[511]

703 Ist das Amt beendet, so erfolgt im Grundbuch keine Löschung des Testamentsvollstreckervermerks von Amts wegen. Die Erben können die Löschung beantragen und den Wegfall der Testamentsvollstreckung durch einen **neuen Erbschein** ohne Testamentsvollstreckervermerk nachweisen. Auch ein Nachweis durch rechtskräftiges Urteil des Prozessgerichts ist möglich.[512] Eine **abstrakte** Löschungsbewilligung des bisherigen Testamentsvollstreckers in öffentlich-beglaubigter Form genügt nach herrschender Meinung nicht.[513] Ausreichend soll eine beglaubigte Löschungsbewilligung des Testamentsvollstreckers sein, in der das Erlöschen des Amtes konkret dargetan wird[514] (das Amt ist erloschen, weil ich alle Aufgaben erfüllt habe, nämlich...).

704 **Achtung:** Hat der Testamentsvollstrecker während seiner Amtszeit **Vollmachten** erteilt, so erlöschen diese nach hM mit Beendigung seines Amtes, da der Bevollmächtigte den Testamentsvollstrecker vertritt.[515] Nach aA hingegen soll der Bevollmächtigte den Erben vertreten und die Vollmacht deshalb trotz Amtsende fortbestehen können.[516]

509 BGH FamRZ 2008, 406.
510 BayObLG 1953, 357/361.
511 OLG Köln Rpfleger 1986, 261.
512 Zimmermann, Rn 848.
513 BayObLG FamRZ 1990, 669.
514 Zimmermann, Rn 848.
515 OLG Düsseldorf ZEV 2001, 281/282; Klumpp in Bengel/Reimann 6.Kap. Rn 29; Soergel/Damrau, § 2218 Rn 3.
516 Kipp/Coing, Erbrecht, § 73 II 5 b; Muscheler ZEV 2008, 213/216.

XVII. Prozesse und Verfahren im Rahmen der Testamentsvollstreckung

1. Aktivprozesse bei Testamentsvollstreckung

a) Klage des Testamentsvollstreckers

Gemäß § 2212 BGB kann ein der Verwaltung des Testamentsvollstreckers unterliegendes Recht nur von dem Testamentsvollstrecker gerichtlich geltend gemacht werden. Der Testamentsvollstrecker ist Kläger in seiner Eigenschaft **als Amtsinhaber.** Die Erben sind zwar Eigentümer des Nachlasses, gleichwohl klagt der Testamentsvollstrecker nicht in deren Vertretung, sondern im eigenen Namen. 705

In dem Rechtsstreit 706

des Herrn...

als Testamentsvollstrecker über den Nachlass des am... verstorbenen...

- Kläger –

gegen

...

- Beklagter –

Der vom Testamentsvollstrecker zu stellende Klageantrag lautet auf Zahlung **an den Testamentsvollstrecker,** nicht auf Zahlung an die Erben.[517] 707

In dem Rechtsstreit 708

des Herrn...

als Testamentsvollstrecker über den Nachlass des am... verstorbenen...

- Kläger –

gegen

...

- Beklagter –

erhebe ich Klage zum sachlich und örtlich zuständigen Amtsgericht...

Im Termin zur mündlichen Verhandlung werde ich beantragen, wie folgt zu erkennen:

Der Beklagte wird verurteilt, an den Kläger in seiner Eigenschaft als Testamentsvollstrecker über den Nachlass des am... verstorbenen... einen Betrag in Höhe von... Euro nebst Zinsen mit 5 Prozentpunkten über dem Basiszinssatz seit Rechtshängigkeit zu zahlen.

...

Achtung: Der Testamentsvollstrecker ist Partei, weshalb er gegebenenfalls als Partei gemäß §§ 445 ff ZPO zu vernehmen ist.[518] Nicht der Testamentsvollstrecker, jedoch der Erbe kann Zeuge gemäß §§ 373 ff ZPO sein. 709

Da das Urteil in dem vom Testamentsvollstrecker geführten Prozess für und gegen den Erben wirkt (§ 327 ZPO), kann der Erbe dem Rechtsstreit als streitgenössischer Nebenintervenient beitreten (§ 68 ZPO). 710

In dem Rechtsstreit 711

des Herrn...

als Testamentsvollstrecker über den Nachlass des am... verstorbenen...

517 Soergel/Damrau, § 2212 Rn 8; Staudinger/Reimann, § 2212 Rn 2; Zimmermann, Rn 594.
518 OLG Hamburg OLGE 4, 122; Zimmermann, Rn 594.

- Kläger –

gegen

...

- Beklagter –

Aktenzeichen:...

trete ich hiermit dem Rechtsstreit auf Seiten des Klägers als Nebenintervenient bei und werde beantragen wie folgt zu erkennen:

...

712 Für den Fall, dass **mehrere Testamentsvollstrecker** gemeinschaftlich gemäß § 2224 Abs. 1 BGB eingesetzt sind, müssen sie gemeinschaftlich klagen (als notwendige Streitgenossen nach § 62 ZPO). In Dringlichkeitsfällen (zB ablaufende Verjährung oder Rechtsmittelfrist) kann ein Testamentsvollstrecker auch ohne die anderen Testamentsvollstrecker handeln (§ 2224 Abs. 2 BGB).

b) Klage des Erben

713 Der Erbe ist von einem Aktivprozess ausgeschlossen. Eine Klage des Erben wäre unzulässig. Klagt der Erbe trotzdem und wird vom Gericht unter Außerachtlassung der fehlenden Prozessführungsbefugnis des Erben in der Sache selbst entschieden, so gilt Folgendes:

- Ein die Klage des Erben **abweisendes** Urteil wirkt nicht gegen den Testamentsvollstrecker.[519] Der Testamentsvollstrecker kann erneut klagen.
- Erwirkt der Erbe ein **obsiegendes** Urteil, so erlangt dieses Urteil Rechtskraft, der Erbe kann aus dem Urteil vollstrecken. Der Testamentsvollstrecker kann vom Erben die Herausgabe der Prozesserträge verlangen und ihn gegebenenfalls darauf verklagen (§ 2205 BGB).[520]

714 Wenn der Testamentsvollstrecker den Aktivprozess nicht führt, so kommt dem Erben gleichwohl keine hilfsweise Klagebefugnis zu. Vielmehr müsste der Erbe den Testamentsvollstrecker auf Führung des Prozesses verklagen, sofern ein solcher Prozess zur ordnungsgemäßen Verwaltung des Nachlasses gehört (§ 2216 BGB). Gegebenenfalls kann der Erbe auch beantragen, dass der Testamentsvollstrecker wegen Pflichtenverstoßes nach § 2227 BGB entlassen wird.

c) Gewillkürte Prozessstandschaft

715 Der Testamentsvollstrecker kann den Erben ermächtigen, im eigenen Namen in gewillkürter Prozessstandschaft zu klagen.[521]

716 Die vom Erben im Wege gewillkürter Prozessstandschaft geführte Leistungsklage muss im Antrag auf **Leistung an den Testamentsvollstrecker** gerichtet sein. Denn der Testamentsvollstrecker hat den Nachlass weiterhin zu verwalten.[522] Ein die Klage des in gewillkürter Prozessstandschaft klagenden Erben abweisendes Urteil wirkt **auch gegen**

519 Soergel/Damrau, § 2212 Rn 2.
520 Zimmermann, Rn 596.
521 MünchKomm/Zimmermann, § 2212 Rn 18.
522 Soergel/Damrau, § 2212 Rn 3.

den Testamentsvollstrecker.[523] Prozessuale Voraussetzung für eine gewillkürte Prozessstandschaft ist ein schutzwürdiges Interesse des Erben. Da er Eigentümer des Nachlasses ist, ist dieses in der Regel gegeben.[524] Eine gewillkürte Prozessstandschaft ist bei Missbrauch unzulässig (zB wenn das Kostenrisiko verschoben wird, weil der prozessführende Erbe vermögenslos ist und der Beklagte bei einem klageabweisenden Urteil seinen Kostenerstattungsanspruch gegen den Erben gegebenenfalls nicht realisieren kann).[525]

In dem Rechtsstreit 717

...

- Kläger –

gegen

...

- Beklagter –

erhebe ich im Wege gewillkürter Prozessstandschaft Klage zum sachlich und örtlich zuständigen

...

Im Termin zur mündlichen Verhandlung werde ich beantragen, wie folgt zu erkennen:

Der Beklagte wird verurteilt, an den Testamentsvollstrecker ... über den Nachlass des am... verstorbenen... einen Betrag von... Euro nebst Zinsen in Höhe von 5 Prozentpunkten über dem Basiszinssatz seit Rechtshängigkeit zu zahlen.

...

d) Klagebefugnis des Testamentsvollstreckers

Der Umfang des Prozessführungsrechts des Testamentsvollstreckers hängt vom Umfang seines Verwaltungsrechts ab. Seine Befugnis umfasst grundsätzlich alle Rechtsstreitigkeiten, die sich auf den Nachlass beziehen (Leistungsklagen, Feststellungsklagen, Mahnverfahren, Zwangsvollstreckung, Rechtsmittelverfahren, Antrag auf Teilungsversteigerung nach § 175 ZVG, Antrag auf Eröffnung eines Insolvenzverfahrens nach § 317 InsO).[526] 718

Der Testamentsvollstrecker hat **keine Klagebefugnis**, wenn es um die Feststellung des Erbrechts als solchem nach dem Erblasser geht.[527] Dies ist vielmehr Sache der Erben. Der Testamentsvollstrecker hat jedoch dann eine Befugnis zur Klärung der Erbenstellung, wenn Unklarheiten bestehen, die zu einer Haftung bei ihm führen können. Er kann dann Feststellungsklage erheben,[528] wenn er sonst sein Amt nicht sachgerecht ausüben kann (zB bezüglich der Erbauseinandersetzung). 719

Innere Angelegenheiten einer Gesellschaft, die unmittelbar auf Mitgliedschaftsrechten der Erben beruhen, sind vom Prozessführungsrecht des Testamentsvollstreckers nicht umfasst. Dies gilt insbesondere für Rechtsstreitigkeiten bei Anteilen persönlich haftender Gesellschafter.[529] 720

523 Soergel/Damrau, § 2212 Rn 3; Staudinger/Reimann, § 2212 Rn 8.
524 Zimmermann, Rn 597.
525 Zimmermann, Rn 597; BGH NJW 1961, 1528.
526 Zimmermann, Rn 598.
527 Soergel/Damrau, § 2212 Rn 4; Staudinger/Reimann, § 2212 Rn 25.
528 BGH NJW-RR 1987, 1090.
529 BGH ZEV 1998, 72; Staudinger/Reimann, § 2212 Rn 7.

721 Gegen einen **Erbschaftsteuerbescheid** kann der Testamentsvollstrecker nicht kraft eigenen Rechts, sondern nur mit Vollmacht des Erben Einspruch einlegen (siehe oben 14.3.6).

722 Der Testamentsvollstrecker kann **keine Rechtsstreitigkeiten gegen sich selbst** führen. Ist er Nachlassschuldner, so sind die Erben klagebefugt.[530]

723 Der **Erbe** behält selbstverständlich auch dann seine Prozessführungsbefugnis, wenn es Rechtspositionen betrifft, von deren Verwaltung der Testamentsvollstrecker vom Erblasser ausgeschlossen wurde (§ 2208 BGB). Gleiches gilt für Rechtsstreitigkeiten über Nachlassgegenstände, die der Testamentsvollstrecker freigegeben hat (§ 2217 BGB).

e) Kosten

724 Führt der Testamentsvollstrecker einen Prozess nach § 2212 BGB, so trägt die **Kosten der Nachlass,** in den aus dem Kostenfestsetzungsbeschluss vollstreckt werden kann.[531]

2. Passivprozesse bei Testamentsvollstreckung

725 Passivprozesse im Rahmen der Testamentsvollstreckung sind in § 2213 BGB geregelt (eine negative Feststellungsklage gegen Dritte auf Feststellung der Unwirksamkeit einer Verfügung des Testamentsvollstreckers gilt aus Sicht des Nachlasses als Passivprozess und nicht als Aktivprozess, für den ausschließlich der Testamentsvollstrecker prozessführungsbefugt wäre).[532]

726 Wie sich aus § 2213 Abs. 1 BGB ergibt, haben Nachlassgläubiger verschiedene Möglichkeiten, ihre gegen den Nachlass gerichteten Ansprüche gerichtlich geltend zu machen.

a) Klage gegen den Erben

727 Der Nachlassgläubiger kann den Erben selbst verklagen. Mit diesem Zahlungstitel gegen den Erben kann der Gläubiger auf das **Privatvermögen** des Erben zugreifen. Der Erbe hat die Möglichkeit, die Haftung mit seinem eigenen Vermögen durch eine Beschränkung der Haftung auf den Nachlass nach §§ 780 Abs. 1, 781, 785 ZPO auszuschließen (Geltendmachung der Haftungsbeschränkung im Prozess!).

728 Dem Beklagten wird nach § 780 ZPO die Beschränkung seiner Haftung für Hauptanspruch, Nebenforderungen und Kosten auf den Nachlass des am... verstorbenen Erblassers, zuletzt wohnhaft..., vorbehalten.

729 Mit einem allein gegen den Erben ergangenen Urteil kann der Nachlassgläubiger **nicht in den Nachlass vollstrecken,** weil dieser der Testamentsvollstreckung unterliegt. Zur Vollstreckung in den Nachlass ist noch ein zusätzlicher Titel gegen den Testamentsvollstrecker auf **Duldung** der Zwangsvollstreckung nach § 2213 Abs. 3 BGB erforderlich.

730 Landgericht...

- Zivilkammer –

530 Soergel/Damrau, § 2212 Rn 5; BGH ZErb 2003, 48.
531 Soergel/Damrau, § 2212 Rn 12.
532 BGH NJW 1988, 1390.

Klage

des Herrn...

- Kläger –

Prozessbevollmächtigter:...

gegen

Herrn...

in seiner Eigenschaft als Testamentsvollstrecker für den Nachlass des am... verstorbenen...

- Beklagter –

wegen Duldung der Zwangsvollstreckung

Namens und in Vollmacht des Klägers erhebe ich Klage zum sachlich und örtlich zuständigen Landgericht.

Im Termin zur mündlichen Verhandlung werde ich beantragen, wie folgt zu erkennen:

Der Beklagte wird verurteilt, die Zwangsvollstreckung in Höhe eines Betrages von... zuzüglich Zinsen hieraus in Höhe von 5 Prozentpunkten über dem Basiszinssatz seit dem... in den von ihm in seiner Eigenschaft als Testamentsvollstrecker verwalteten Nachlass des am... verstorbenen... zu dulden.

Dem Beklagten wird für jeden Fall der Zuwiderhandlung die Festsetzung eines Ordnungsgeldes bis zu... oder Ordnungshaft bis zu... angedroht.

...

Ein rechtskräftiges **klageabweisendes** Urteil gegen den Erben wirkt auch zu Gunsten 731 des Testamentsvollstreckers. Eine gegen ihn gerichtete nachfolgende Duldungsklage wäre sinnlos, wenn nichts geschuldet ist und damit der Testamentsvollstrecker auch nichts zu dulden hat.[533]

Ein rechtskräftiges **stattgebendes** Urteil gegen den Erben wirkt hingegen nicht gegen 732 den Testamentsvollstrecker (§§ 327 Abs. 2, 748 ZPO).[534] Eine gegen den Testamentsvollstrecker zur Vollstreckung in den Nachlass erhobene Duldungsklage kann deshalb gleichwohl noch abgewiesen werden.[535]

b) Klage gegen den Testamentsvollstrecker

Der Nachlassgläubiger kann auch nur gegen den Testamentsvollstrecker auf Zahlung 733 klagen. Mit einem solchen Titel kann der Nachlassgläubiger dann **in den Nachlass vollstrecken** (§ 748 Abs. 1 ZPO). Selbstverständlich besteht die Passivlegitimation des Testamentsvollstreckers auch nur, sofern und soweit die Klage Gegenstände betrifft, die seinem Verwaltungsrecht unterliegen.

Ein gegen den Testamentsvollstrecker ergangenes Urteil wirkt für und gegen den Erben 734 (§ 327 Abs. 2 ZPO). Wegen der ausdrücklichen Regelung in § 780 Abs. 2 ZPO ist der Vorbehalt der beschränkten Erbenhaftung im Urteil nicht erforderlich.

c) Klage gegen Testamentsvollstrecker und Erben

Der Gläubiger kann den Testamentsvollstrecker **und** den Erben gleichzeitig auf Zah- 735 lung verklagen.

533 Zimmermann, Rn 602.
534 Musielak ZPO 2007, § 327 Rn 3.
535 Zimmermann aaO.

736 Gegen den Erben ist eine Klage vor Annahme der Erbschaft nicht zulässig (§ 1958 BGB). Gegen den Testamentsvollstrecker kann vorgegangen werden, sobald er sein Amt angenommen hat (§ 2213 Abs. 2 BGB). Die Erteilung eines Testamentsvollstreckerzeugnisses oder Inbesitznahme des Nachlasses durch den Testamentsvollstrecker ist nicht Voraussetzung.

737 **Achtung:** Bei gegenständlich beschränkter Testamentsvollstreckung (§ 2208 Abs. 1 S. 2 BGB) kann der Nachlassgläubiger nur gegen den Erben Leistungsklage erheben. Denn die in § 2213 Abs. 1 S. 1 BGB geregelte „Sowohl als auch-Lösung" gilt nur, wenn sich der Anspruch gegen den „Nachlass" richtet.[536] Gegen den Testamentsvollstrecker selbst ist dann nur eine Klage auf Duldung der Zwangsvollstreckung möglich und auch erforderlich, wenn der Gläubiger in einem dem Verwaltungsrecht des Testamentsvollstreckers unterliegenden Nachlass nach § 748 Abs. 2 ZPO vollstrecken will. Ansonsten kann in das Eigenvermögen des Erben oder aber in den nicht der Testamentsvollstreckung unterliegenden Nachlass vollstreckt werden.[537]

3. Besonderheiten bei Pflichtteilsansprüchen

738 Pflichtteilsansprüche können nicht gegen den Testamentsvollstrecker, sondern **nur gegen den Erben** geltend gemacht werden (§ 2213 Abs. 1 S. 3 BGB). Hintergrund dafür ist, dass das Pflichtteilsrecht dem außerhalb der Verwaltung des Testamentsvollstreckers liegenden Erbrecht nahe steht.[538]

739 Für sämtliche den Pflichtteil betreffenden Ansprüche ist **der Erbe passivlegitimiert,** also auch bezüglich des Anspruchs auf Auskunft nach § 2314 BGB,[539] die Abgabe der eidesstattlichen Versicherung nach § 260 Abs. 2 BGB sowie die Zahlung des Pflichtteils (gegebenenfalls im Wege der Stufenklage).

740 Verlangt der Pflichtteilsberechtigte ein Gutachten über den Wert des Nachlasses, so sind die Kosten hierfür aus dem Nachlass zu entrichten. Der Erbe hat gegen den Testamentsvollstrecker insoweit einen Anspruch auf Begleichung der Gutachterkosten.[540]

741 Wenn der Pflichtteilsberechtigte in das der Testamentsvollstreckung unterliegende Nachlassvermögen vollstrecken will, benötigt er neben dem Leistungstitel gegen den Erben einen zusätzlichen **Duldungstitel** gegen den Testamentsvollstrecker (§ 2213 Abs. 3 BGB; § 748 Abs. 3 ZPO).[541]

742 **Achtung:** Das Anerkenntnis eines Erben bindet den Testamentsvollstrecker nicht.[542] Es ist weiterhin ein Duldungstitel gegen den Testamentsvollstrecker erforderlich. Umgekehrt bindet auch ein außergerichtliches Anerkenntnis des Testamentsvollstreckers den Erben nicht.[543] Die Auszahlung an den Pflichtteilsberechtigten ist nur ratsam, wenn der Testamentsvollstrecker sich mit dem Erben vorher abgestimmt hat und die Auszahlung dem Wunsch des Erben entspricht. Andernfalls ist der Testamentsvollstrecker

536 Soergel/Damrau, § 2213 Rn 4.
537 OLG Hamm Rpfleger 1977, 306.
538 MünchKomm/Zimmermann, § 2213 Rn 13.
539 OLG Dresden ZEV 2003, 289.
540 Klingelhöffer ZEV 2006, 261.
541 BGH 51, 123/130.
542 OLG Celle MDR 1967, 46.
543 BGH 51, 125; Klingelhöffer ZEV 2000, 262.

dem Erben schadensersatzpflichtig, wenn sich herausstellt, dass der Pflichtteil mit einer zu hohen Summe bedient wurde.

Leistungsklage gegen den Erben und Duldungsklage gegen den Testamentsvollstrecker können in einer Klage verbunden werden. 743

Landgericht... 744
- Zivilkammer –

Klage
des Herrn...
- Kläger –
Prozessbevollmächtigter:...
gegen
1. Herrn...
als Erben des am... verstorbenen...
- Beklagter zu 1) -
2. Herrn...
als Testamentsvollstrecker des am... verstorbenen...
- Beklagter zu 2) –
wegen Pflichtteilsanspruch

Namens und im Auftrag des Klägers erhebe ich hiermit Klage zum sachlich und örtlich zuständigen Landgericht.

Im Termin zur mündlichen Verhandlung werde ich beantragen, wie folgt zu erkennen:

1. Der Beklagte zu 1) wird als Erbe des am... verstorbenen... verurteilt, an den Kläger... € nebst Zinsen hieraus in Höhe von 5 Prozentpunkten über dem Basiszinssatz seit Rechtshängigkeit zu bezahlen.
2. Der Beklagte zu 2) hat als Testamentsvollstrecker über den Nachlass des am... verstorbenen... die Zwangsvollstreckung aus dem Titel aus Ziffer 1 in den seiner Verwaltung unterliegenden Nachlass zu dulden.

...

Achtung: Ein Pflichtteils**vermächtnis** unterliegt ist als spezielle Ausgestaltung des Pflichtteilsanspruchs ebenfalls der speziellen Regelung des § 2213 Abs. 1 S. 3 BGB. 745

4. Sonstiges zum Prozessrecht

a) Gerichtsstand

Klagen gegen den Testamentsvollstrecker **als Amtsträger** können am allgemeinen Gerichtsstand des Testamentsvollstreckers wie auch unter den Voraussetzungen der §§ 27, 28 ZPO am Gerichtsstand der Erbschaft erfolgen.[544] 746

b) Tod des Erblassers

Ungeachtet dessen, ob der Erblasser anwaltlich vertreten war oder nicht, wird bei **Tod des Erblassers** in der Praxis das laufende Gerichtsverfahren auf Antrag ausgesetzt. Ak- 747

544 Zimmermann, Rn 609.

tivprozesse können dann nur vom Testamentsvollstrecker (§ 2212 BGB) aufgenommen, Passivprozesse vom Erben und/oder Testamentsvollstrecker fortgeführt werden.[545]

c) Ende des Testamentsvollstreckeramtes während Prozess

748 Endet das Testamentsvollstreckeramt während eines Prozesses (zB durch Kündigung oder Entlassung), besteht aber die Testamentsvollstreck**ung** fort, so erfolgt eine Unterbrechung, bis der neue Testamentsvollstrecker von seiner Bestellung Anzeige macht (bei anwaltlicher Vertretung nach § 246 ZPO nur Aussetzung auf Antrag, aber keine automatische Unterbrechung). Endet hingegen die Testamentsvollstreck**ung** selbst, so übernimmt der Erbe das Verfahren.

d) Prozesskosten

749 Wenn der Testamentsvollstrecker einen Prozess verliert und die Kosten zu tragen hat, kann er diese dem Nachlass entnehmen. Er hat einen Aufwendungsersatzanspruch nach §§ 2218 Abs. 1, 670 BGB. Der Testamentsvollstrecker muss den Prozess aber mit gewissenhafter Sorgfalt geführt haben.[546] War der Prozess offensichtlich unsinnig, so kann er die Kosten dem Nachlass nicht entnehmen, da er sie sofort wieder im Wege des Schadensersatzes nach § 2219 BGB an den Nachlass zurückführen müsste.

750 **Achtung:** Bezüglich der Bewilligung von Prozesskostenhilfe kommt es auf die Einkommens- und Vermögensverhältnisse des Testamentsvollstreckers nicht an. Maßgeblich ist, ob die Prozesskosten aus dem **verwalteten Vermögen** aufgebracht werden können bzw den am Gegenstand des Rechtsstreits wirtschaftlich Beteiligten (Erben) zumutbar sind.[547]

5. Persönliche Prozesse des Testamentsvollstreckers

751 Persönliche Prozesse des Testamentsvollstreckers unterfallen nicht den §§ 2212, 2213 BGB.

752 Anders als bei **Amtsklagen** darf der Testamentsvollstrecker nicht in seiner Eigenschaft als Testamentsvollstrecker über den Nachlass, sondern muss als **Privatperson** verklagt werden. Wird der Testamentsvollstrecker in einer falschen Eigenschaft in Anspruch genommen, so ist die Klage unbegründet.[548] Regelmäßig wird aber das Gericht einen Hinweis nach § 139 ZPO erteilen und dann eine Parteiberichtigung vorgenommen.[549]

753 Persönliche Prozesse des Testamentsvollstreckers sind zB Klagen **des Testamentsvollstreckers** auf seine Vergütung oder Klagen der Erben **gegen** den Testamentsvollstrecker auf Schadensersatz.[550] Ferner Feststellungsklage, ob die Ernennung des Testamentsvollstreckers wirksam,[551] das Amt des Testamentsvollstreckers beendet ist bzw wenn Befugnisse des Testamentsvollstreckers streitig sind.

---

545 BGH NJW 1988, 1390.
546 OLG Karlsruhe NJW-RR 2205, 452.
547 Zöller/Philippi ZPO § 116 Rn 5.
548 Garlichs ZEV 1996, 447.
549 Zimmermann, Rn 614.
550 BGH NJW-RR 2003, 217.
551 Staudinger/Reimann, § 2213 Rn 3.

Wird der Testamentsvollstrecker in Anspruch genommen und verliert er den Prozess, so werden ihm nach § 91 ZPO die Kosten auferlegt. Hinsichtlich der Frage, ob er die Kosten dann dem Nachlass entnehmen kann oder nicht, ist zu unterscheiden: 754

- Bei Verfahren, die nach Ansicht des Testamentsvollstreckers für notwendig gehalten werden durften, um den letzten Willen des Erblassers zu verteidigen, kann er im Wege des Aufwendungsersatzes die Kosten ersetzt verlangen (§§ 2218, 670 BGB).[552] Darunter fallen zB Streitigkeiten über die Gültigkeit des Testaments, auf dem die Testamentsvollstreckerernennung beruht.
- Bei verlorenen Schadensersatz- oder Vergütungsprozessen hat der unterlegene Testamentsvollstrecker die Kosten selbst zu tragen und keinen Aufwendungsersatzanspruch.
- Für Verfahren im Rahmen der Amtsführung (zB bei Erstellung des Nachlassverzeichnisses), in denen der Testamentsvollstrecker eine nicht gänzlich abwegige Rechtsmeinung vertreten hat, sind ihm die Kosten zu ersetzen.[553]

6. Eigengläubiger des Erben bei Testamentsvollstreckung

Eigengläubiger des Erben können sich nach einem Erbfall grundsätzlich sowohl an das Nachlassvermögen wie auch an das Eigenvermögen des Erben halten. 755

Eigengläubiger der unter **Testamentsvollstreckung** stehenden Erben hingegen können ihre Ansprüche nur gegen das Eigenvermögen des Erben geltend machen. Die der Verwaltung des Testamentsvollstreckers unterliegenden Nachlassgegenstände sind dem Zugriff der Eigengläubiger des Erben entzogen (§ 2214 BGB, siehe dazu auch Kapitel II Ziff. 5.2). Das gilt bereits ab Beginn der **Testamentsvollstreckung** (= Erbfall). 756

Durch die Anordnung der Testamentsvollstreckung werden damit nicht wie sonst das Eigenvermögen und das Nachlassvermögen zu einer Vermögensmasse verschmolzen. 757

Wird entgegen § 2214 BGB die Vollstreckung in Nachlassgegenstände betrieben, so ist eine solche Vollstreckung zwar unzulässig, aber nicht nichtig.[554] Der Testamentsvollstrecker hat gegen die Vollstreckung Erinnerung gemäß § 766 ZPO einzulegen.[555] 758

Auch die Erträge des Nachlasses (zB Mieteinnahmen) unterfallen der Testamentsvollstreckung und sind deshalb dem Zugriff der Eigengläubiger entzogen. Die Eigengläubiger können aber gegebenenfalls Ansprüche der Erben gegen den Testamentsvollstrecker auf Überlassung bestimmter Erträge bzw Gegenstände des Nachlasses (§ 2217 BGB) pfänden.[556] 759

Aufgrund der Testamentsvollstreckung ist auch die Versteigerungsanordnung eines Grundstücks zum Zwecke der Aufhebung der Gemeinschaft gegenüber dem Eigengläubiger eines Miterben ausgeschlossen, der dessen Anteil am Nachlass gepfändet hat. Dies hat der BGH in seinem Beschluss vom 14.5.2009 (V ZB 176/08) entschieden.[557] 760

552 Winkler, Rn 449; Soergel/Damrau, § 2212 Rn 12; Zimmermann, Rn 617.
553 Zimmermann, Rn 617.
554 Zimmermann, Rn 620.
555 Zimmermann aaO.
556 MünchKomm/Brandner, § 2214 Rn 4.
557 BGH ZEV 2009, S. 391/392.

Schon bisher war anerkannt, dass ein Miterbe keine Teilungsversteigerung über einen der Testamentsvollstreckung unterliegenden Nachlassgegenstand beantragen kann. Einen Versteigerungsantrag kann allein der Testamentsvollstrecker stellen, wenn er das Objekt auf diese Weise verwerten will. Das Pfändungspfandrecht eines Eigengläubigers des Miterben ändert daran nichts. Es macht keinen Unterschied, ob ein Miterbe seinen eigenen Anspruch auf Auseinandersetzung der Grundstücksgemeinschaft geltend macht oder die Teilungsversteigerung mit einer Gläubigerpfändung des Auseinandersetzungsanspruchs eines Miterben beantragt wird.[558]

7. Zwangsvollstreckung

a) Erblasser als Gläubiger

761 Liegt bereits ein **Titel des Erblassers** als Gläubiger vor und unterliegt der Anspruch der Testamentsvollstreckung, so kann der Erbe daraus nicht vollstrecken. Der Erbe kann keine Umschreibung der vollstreckbaren Ausfertigung auf seinen Namen erreichen (was sonst mittels Erbschein nach § 727 ZPO möglich wäre).[559]

762 **Nur der Testamentsvollstrecker** kann verlangen, dass zum Zwecke der Zwangsvollstreckung die Vollstreckungsklausel auf ihn als Testamentsvollstrecker umgeschrieben wird.

763 Amtsgericht...

In dem Rechtsstreit

des Herrn...

gegen

...

beantrage ich, gemäß §§ 749, 727 ZPO in meiner Eigenschaft als Testamentsvollstrecker über den Nachlass des am... verstorbenen... die Erteilung einer vollstreckbaren Ausfertigung des für den Erblasser ergangenen und als Anlage im Original beigefügten rechtskräftigen Urteils des Amtsgerichts... vom..., Aktenzeichen..., auf mich als Testamentsvollstrecker.

...

b) Erblasser als Schuldner

764 Eine vor dem Tod des Erblassers gegen ihn **bereits begonnene** Vollstreckung kann gegen den Nachlass fortgesetzt werden (§ 779 ZPO).

765 Wurde die Vollstreckung **noch nicht begonnen,** so kann der Gläubiger bei dem Gericht, das den Titel erlassen hat, die Erteilung einer vollstreckbaren Ausfertigung gegen den Testamentsvollstrecker beantragen (§§ 749 S. 1, 727 ZPO). Dazu hat sich der Gläubiger beim Nachlassgericht eine Ausfertigung des Testamentsvollstreckerzeugnisses zu beschaffen bzw ein solches zu beantragen, sollte es noch nicht vorliegen.

766 Amtsgericht...

In dem Rechtsstreit

des Herrn...

gegen

---

558 BGH aaO.

559 Zimmermann, Rn 633.

...

beantrage ich die Erteilung einer vollstreckbaren Ausfertigung des als Anlage im Original beigefügten rechtskräftigen Urteils des Amtsgerichts... vom..., Aktenzeichen..., das gegen den am... verstorbenen... ergangen ist, zum Zwecke der Zwangsvollstreckung gegen den Testamentsvollstrecker...

c) Umschreibung von Testamentsvollstreckertiteln

Hatte der Testamentsvollstrecker als Amtsinhaber einen Aktivprozess geführt und einen zugunsten des Erben wirkenden (§ 327 Abs. 1 ZPO) Titel erlangt, so ist der Titel nach Beendigung der Testamentsvollstreckung auf den Erben als Gläubiger umzuschreiben (§ 728 Abs. 2 ZPO).[560] Der Erbe kann den Wegfall der Testamentsvollstreckung durch Vorlage eines Erbscheins ohne Testamentsvollstreckervermerk nachweisen.[561] 767

Ein gegen den Testamentsvollstrecker während seiner Amtszeit ergangener Titel, der gegen die Erben wirkt (§ 327 Abs. 2 ZPO) kann nach Beendigung der Testamentsvollstreckung ebenfalls auf die Erben umgeschrieben werden (§§ 728 Abs. 2, 727 ZPO). Der Gläubiger muss einen Erbschein vorlegen, der keinen Testamentsvollstreckervermerk mehr aufweist. 768

8. Insolvenzverfahren

a) Testamentsvollstrecker in der Insolvenz

Wird über das eigene Vermögen des Testamentsvollstreckers ein Insolvenzverfahren eröffnet, so beendet das nicht automatisch das Testamentsvollstreckeramt. Es kann aber einen Entlassungsgrund darstellen, wenn berechtigtes Misstrauen in die weitere Amtsführung des Testamentsvollstreckers besteht.[562] 769

b) Nachlass in der Insolvenz

Der Testamentsvollstrecker kann Antrag auf Eröffnung des Insolvenzverfahrens über den Nachlass stellen (§ 317 Abs. 1 InsO). 770

Ob eine Antragspflicht des Testamentsvollstreckers besteht, ist strittig.[563] 771

Bei verspäteter Antragstellung des Testamentsvollstreckers kann eine Schadensersatzpflicht gegenüber den Erben bestehen, wenn der Testamentsvollstrecker diese nicht entsprechend informiert hatte und diese nicht rechtzeitig einen eigenen Insolvenzantrag stellen konnten.[564] Die Erben haben selbst das Recht, bei einem unter Verwaltung eines Testamentsvollstreckers stehenden Nachlasses, Insolvenzantrag zu stellen (§ 317 Abs. 1 InsO). 772

Durch die Eröffnung des Nachlassinsolvenzverfahrens erlischt das Testamentsvollstreckeramt nicht.[565] Die Befugnisse des Testamentsvollstreckers beschränken sich aber im Wesentlichen auf das insolvenzfreie Vermögen.[566] 773

560 Soergel/Damrau, § 2212 Rn 14.
561 Zimmermann, Rn 639.
562 Soergel/Damrau, § 2227 Rn 5.
563 Ablehnend: Palandt/Edenhofer, § 1980 Rn 3; befürwortend: Jaeger/Weber, KO § 224 Rn 24.
564 Zimmermann, Rn 643.
565 Soergel/Damrau, § 2225 Rn 3.
566 Schaub in Bengel/Reimann, 4. Kap. Rn 285.

XVIII. Auseinandersetzung des Nachlasses

1. Pflicht des Testamentsvollstreckers

774 Nach § 2204 Abs. 1 BGB hat der Testamentsvollstrecker bei mehreren Erben regelmäßig die Aufgabe, die Auseinandersetzung zu bewirken (anders, wenn die Aufgabe des Testamentsvollstreckers allein darin besteht, den Nachlass zu verwalten, § 2209 BGB).

775 Nach dem Wortlaut des § 2204 Abs. 1 BGB handelt es sich um eine **Pflicht des Testamentsvollstreckers.** Kommt der Testamentsvollstrecker dieser Verpflichtung nicht nach, kann er von den Erben vor dem Zivilgericht auf Durchführung verklagt werden (Vollstreckung nach § 888 ZPO).

776 Nach § 363 Abs. 1 1. Hs FamFG können mehrere Erben beantragen, dass das Gericht die Auseinandersetzung zwischen den Beteiligten vermittelt. **Aber:** Nach Hs 2 dieser Vorschrift gilt dies nicht, wenn ein zur Auseinandersetzung berechtigter Testamentsvollstrecker vorhanden ist. Um den Testamentsvollstrecker insoweit auszuschalten, könnten die Erben gegebenenfalls dessen Entlassung nach § 2227 BGB forcieren, sofern ein Entlassungsgrund vorhanden ist. Von sich aus können die Erben die Auseinandersetzung nicht vornehmen, es bedarf der Zustimmung des Testamentsvollstreckers.[567]

777 Landgericht...

Klage

der Erben

...

- Kläger -

Prozessbevollmächtigte:...

gegen

Herrn...

- Beklagter -

wegen Zustimmung zum **Teilungsplan** zur Auseinandersetzung der Erbengemeinschaft...

Namens und im Auftrag der Kläger erheben wir hiermit Klage zum sachlich und örtlich zuständigen Landgericht... Im Termin zur mündlichen Verhandlung werden wir beantragen wie folgt zu erkennen:

Der Beklagte wird verurteilt, in seiner Eigenschaft als Testamentsvollstrecker der Auseinandersetzung des Nachlasses des am... verstorbenen... gemäß folgendem Teilungsplan zuzustimmen.

...

778 Eine Auseinandersetzung durch den Testamentsvollstrecker ist ausgeschlossen, wenn

- der Erblasser einen Ausschluss der Auseinandersetzung verfügt hat (§ 2044 BGB),
- die Erben einen Ausschluss der Auseinandersetzung vereinbaren (§§ 2042 Abs. 2, 749 Abs. 2 BGB),
- dem Testamentsvollstrecker nur eine Vollstreckung über einen Erbteil zusteht.

567 Zimmermann, Rn 650.

Ein Auseinandersetzungsausschluss durch den Erblasser liegt regelmäßig in der Anordnung einer Dauervollstreckung.[568] Wird gleichwohl auseinandergesetzt, so setzt sich die Testamentsvollstreckung an den zugeteilten Gegenständen fort.[569]

2. Allgemeine Regeln für die Auseinandersetzung

Nach § 2204 Abs. 1 BGB ist die Auseinandersetzung nach Maßgabe der §§ 2042 779
bis 2056 zu bewirken.

Achtung: Durch das Erbrechtsreformgesetz (1.1.2010) wurde diese Verweisung auf 780
§ 2057 a BGB erstreckt. Damit ist nun gesetzlich geregelt, dass der Testamentsvollstrecker auch die in § 2057 a BGB vorgegebene Ausgleichung bei besonderer Leistung eines Abkömmlings im Rahmen der Auseinandersetzung zu berücksichtigen hat.

Nach § 2048 S. 1 BGB sind vom Erblasser in einer letztwilligen Verfügung getroffene 781
Auseinandersetzungsanordnungen vorrangig.[570] Gemäß § 2048 S. 2 BGB kann der Erblasser bestimmen, dass die Auseinandersetzung „nach dem billigen Ermessen eines Dritten" erfolgen soll. Ein solcher Dritter kann auch der Testamentsvollstrecker sein. Hat der Erblasser eine solche Anordnung getroffen, dann ist der Testamentsvollstrecker nicht an die Auseinandersetzungsregeln der §§ 2042 ff BGB gebunden. Einzuhaltende Grenze ist allerdings die offenbare Unbilligkeit nach § 2048 S. 3 BGB.

Hat der Erblasser keine Vorgaben gemacht, so ist die Auseinandersetzung nach den 782
§§ 2042 bis 2057 a BGB zu bewirken. Sind sich die Miterben und der Testamentsvollstrecker einig, so können sie von den Vorgaben des Erblassers auch abweichen.

Modalitäten der Erbauseinandersetzung: 783

- Gemäß Vereinbarung zwischen Testamentsvollstrecker und Erben
- nach den Anordnungen des Erblassers
- nach billigem Ermessen des Testamentsvollstreckers
- nach den gesetzlichen Vorschriften der §§ 2042 ff BGB

3. Auseinandersetzungsplan/Auseinandersetzungsvertrag

§ 2204 Abs. 2 BGB nennt als Auseinandersetzungsmittel den **„Auseinandersetzungs-** 784
plan". Dieser Auseinandersetzungsplan ist aufzustellen, falls keine Einigung mit den Miterben gefunden werden kann, die in einen **„Auseinandersetzungsvertrag"** münden. Ein solcher Auseinandersetzungsvertrag mit den Erben würde an die Stelle des Aufteilungsplanes treten.[571]

Bei dem Auseinandersetzungsplan handelt es sich um ein einseitiges Rechtsgeschäft 785
(empfangsbedürftige Willenserklärung) darüber, wie der Testamentsvollstrecker bei der Auseinandersetzung des Nachlasses vorgehen wird.[572]

568 Staudinger/Reimann, § 2209 Rn 12.
569 Staudinger/Reimann, aaO.
570 BGH FamRZ 1984, 688.
571 BayObLG ZEV 1995, 370/371.
572 BayObLG 1967, 230; Soergel/Damrau, § 2204 Rn 21; Schaub in Bengel/Reimann, 4. Kap. Rn 221.

786 Mit **Zugang** des Plans bei den Miterben wird der Plan bindend.[573] Nach anderer Ansicht wird der Plan erst dann verbindlich, wenn der Testamentsvollstrecker endgültig erklärt hat, dass die Auseinandersetzung nach diesem Plan erfolgen soll.[574]

787 Der Plan bedarf **keiner Form.** Da es sich nicht um einen Vertrag handelt, findet § 313 BGB auch dann keine Anwendung, wenn Grundstücke zum Nachlass gehören.[575]

788 Der Auseinandersetzungsplan selbst hat **nur schuldrechtliche Wirkung.** Zu seinem Vollzug sind noch entsprechende Umsetzungsakte erforderlich, bei beweglichen Sachen nach §§ 929 ff BGB, bei Forderungen nach § 398 BGB, bei Grundstücken nach §§ 873, 925 BGB.[576]

789 Für die Wirksamkeit des Planes bedarf es weder einer Zustimmung der Erben noch einer Genehmigung des Nachlassgerichts.[577] Auch bei **minderjährigen** Erben ist eine Genehmigung des Gerichts zum Plan nicht erforderlich. Es handelt sich nicht um einen Erbteilungsvertrag im Sinne von § 1822 Nr. 4 BGB.[578] Nur wenn in dem Plan besondere Vereinbarungen der Erben enthalten sind, die weder den Anordnungen des Erblassers noch den gesetzlichen Vorschriften entsprechen, ist eine familiengerichtliche Genehmigung erforderlich.[579]

4. Verfahren zur Auseinandersetzung

a) Berichtigung von Nachlassverbindlichkeiten

790 **Bevor** die Auseinandersetzung durchgeführt wird, hat der Testamentsvollstrecker die Nachlassverbindlichkeiten zu berichtigen (§ 2046 Abs. 1 S. 1 BGB). Zu den Nachlassverbindlichkeiten gehören die vom Erblasser herrührenden Schulden sowie Verbindlichkeiten aus **Pflichtteilen, Vermächtnissen** und **Auflagen** (§ 1967 BGB). Vorrangig sind die vom Erblasser selbst herrührenden Schulden vor anderen Verbindlichkeiten zu erfüllen (§§ 1973, 1991 Abs. 4, 1992 BGB).[580]

b) Auseinandersetzungsregeln

aa) Teilbare/unteilbare Gegenstände

791 Der nach Berichtigung der Nachlassverbindlichkeiten verbleibende Überschuss ist unter den Erben nach dem Verhältnis ihrer Erbteile zu verteilen (§ 2047 Abs. 1 BGB). Nach § 2042 Abs. 2 BGB finden die Vorschriften über die Gemeinschaftsteilung nach § 752 ff BGB Anwendung. Danach gilt Folgendes:

792 Grundsätzlich hat die **Teilung in Natur** zu erfolgen (§ 752 BGB). Dies gilt für alle Gegenstände, die sich ohne Verminderung ihres Wertes in gleichartige, den Anteilen der Miterben entsprechende Teile zerlegen lassen. **Teilbar** sind zB:[581]

573 Zimmermann, Rn 655.
574 Winkler, Rn 522; Schaub in Bengel/Reimann, 4. Kap. Rn 243; Bonefeld in Mayer/Bonefeld/Wälzholz/Weidlich Rn 366; Damrau ZEV 1994, 1.
575 Haegele Rpfleger 1963, 331; Nieder in Münchner Vertragshandbuch IV 2. Halbband, Form. X.1, Anm. 2.
576 Staudinger/Reimann, § 2204 Rn 36; Zimmermann, Rn 655.
577 Palandt/Edenhofer, § 2204 Rn 4.
578 Soergel/Damrau, § 2204 Rn 8; Damrau ZEV 1994, 1; Winkler, Rn 531.
579 Palandt/Edenhofer, § 2204 Rn 4.
580 Schaub in Bengel/Reimann, 4. Kap. Rn 225.
581 Zimmermann, Rn 662.

- Geldbeträge,
- Wertpapiere,
- Aktien,
- Anleihen,
- Investmentanteile in teilbarer Stückzahl,
- Forderungen sonstiger Art.
- Unbebaute Grundstücke sind teilbar, wenn die Einzelgrundstücke bebaubar bleiben und der Gesamtwert der Einzelgrundstücke nicht hinter dem Gesamtwert des Grundstücks zurückbleibt bzw die Einzelgrundstücke nicht wertmäßig erheblich verschieden sind.[582]

Solche teilbaren Gegenstände sind **nach einer Meinung** immer in Natur zu teilen unter 793
Hinweis auf die Verweisungskette der §§ 2204 Abs. 1, 2042 Abs. 2, 752 BGB.[583] **Nach anderer Ansicht** soll der Testamentsvollstrecker an diese gesetzlichen Vorgaben nicht gebunden sein. § 2042 Abs. 2 BGB gelte nur für den Fall, dass kein Auseinandersetzungsvertrag – der hier aber durch den Auseinandersetzungsplan des Testamentsvollstreckers ersetzt würde – vorhanden ist.[584] Der Testamentsvollstrecker soll deshalb auch eine teilbare Sache verkaufen und den Erlös aufteilen können.

Alles, was nur mit Wertverringerung in Natur geteilt werden kann, zB ein Gemäl- 794
de[585] oder ein Hausgrundstück, da sich gleichwertige, den Anteilen der Miterben entsprechende Wohnungen in der Regel nicht bilden lassen sind **unteilbare Gegenstände.** Auch die Begründung von Wohnungs- und Teileigentum führt nicht zur Teilbarkeit im Sinne des § 752 BGB.[586] Bei unbebauten Grundstücken, landwirtschaftlichen Grundstücken, Wald kommt es auf die Größe und den Zuschnitt an. **Unteilbar** sind weiterhin regelmäßig Unternehmen.[587]

Bei unteilbaren Gegenständen erfolgt die Auseinandersetzung durch Verkauf und Tei- 795
lung des Erlöses. Bei beweglichen Gegenständen geschieht dies nach den Vorschriften über den Pfandverkauf (§§ 1253 ff BGB), bei Grundstücken nach §§ 180 ff ZVG durch Zwangsversteigerung.

Achtung: Hat der Erblasser eine Veräußerung an Dritte ausgeschlossen, ist der Nach- 796
lassgegenstand unter den Miterben zu versteigern (§ 753 Abs. 1 S. 2 BGB).

Bei Einverständnis aller Miterben, dass der Testamentsvollstrecker die Gegenstände 797
unter ihnen verteilt, ist diese Art der Auseinandersetzung auch bei unteilbaren Gegenständen unstreitig möglich. Wie oben bei den teilbaren Gegenständen ist **streitig,** ob im Falle der Nichteinigkeit der Miterben der Testamentsvollstrecker dann zwingend an die

582 Palandt/Sprau, § 752 Rn 3.
583 Staudinger/Reimann, § 2204 Rn 12; Winkler, Rn 512; Soergel/Damrau, § 2204 Rn 8; OLG Karlsruhe NJW-RR 1994, 905.
584 Schaub in Bengel/Reimann, 4. Kap. Rn 229; Lange/Kuchinke ErbR § 29 V 6; Zimmermann, Rn 662.
585 Zimmermann, Rn 663.
586 Schaub in Bengel/Reimann, 4. Kap. Rn 231; OLG München NJW 1952, 1297; OLG Hamm NJW-RR 1992, 665; Palandt/Sprau, § 752 Rn 3.
587 Schaub aaO.

gesetzlichen Teilungsregeln der §§ 752 ff BGB gebunden ist, also stets eine Veräußerung vorzunehmen und den Erlös aufzuteilen hat.[588]

798 Es wird vertreten, dass für den Testamentsvollstrecker die gesetzlichen Vorgaben zur Verwertung unteilbarer Nachlassgegenstände nicht zwingend seien. Er könne bei Uneinigkeit unter den Erben trotzdem einzelne Gegenstände den Miterben zuweisen.[589]

799 **Problem:** Sollten für den Testamentsvollstrecker die gesetzlichen Auseinandersetzungsregeln der §§ 752 ff BGB zwingend sein, so könnte dies zur Unwirksamkeit eines im Widerspruch dazu aufgestellten Teilungsplanes führen. Die Erben könnten dann Klage auf Feststellung der Unwirksamkeit des Auseinandersetzungsplanes erheben. Ferner könnten sie gegen den Vollzug des Auseinandersetzungsplanes eine einstweilige Verfügung nach § 940 ZPO beantragen.[590]

800 Nachdem die Frage der Auseinandersetzungsmodalität streitig ist und sich daraus erhebliche Konsequenzen ergeben können, empfiehlt es sich für den Testamentsvollstrecker, sich mit den Erben abzustimmen, falls er von den gesetzlichen Auseinandersetzungsregeln abzuweichen gedenkt. Andernfalls besteht nicht nur die Gefahr, dass die Erben gerichtliche Anträge stellen. Für den Testamentsvollstrecker besteht auch eine erhebliche Haftungsgefahr, insbesondere wenn sich nachträglich abweichende Werte bei den zugeteilten Nachlassgegenständen herausstellen sollten.

801 **Achtung:** Im Hinblick auf die Verschonungsregelungen im neuen Erbschaftsteuerrecht sind die Auseinandersetzungsmodalitäten von besonderer Bedeutung. So besteht zB für den überlebenden Ehegatten (bzw Lebenspartner) bzgl des Familienheims eine Steuerbefreiung, wenn er es zu eigenen Wohnzwecken 10 Jahre lang **weiter selbst nutzt.** Gleiches gilt für Kinder der Steuerklasse I nach § 15 Abs. 1 Nr. 2 ErbStG sowie Kinder verstorbener Kinder (die Wohnfläche der geerbten Wohnung darf hier aber 200 m^2 nicht übersteigen). Befinden sich der insoweit privilegierte Ehegatte oder begünstigte Kinder in einer **Miterbengemeinschaft**, so kann ihnen – Selbstnutzung vorausgesetzt – die Befreiung von der Steuer entsprechend ihrer **Erbquote** zuerkannt werden. Wird ihnen im Rahmen der nachfolgenden Auseinandersetzung der Erbengemeinschaft das begünstigte Objekt insgesamt übertragen, so könnten sie die Steuerprivilegierung dann in voller Höhe in Anspruch nehmen. Vor diesem Hintergrund würde der Testamentsvollstrecker bei gegenständlicher Zuweisung im Rahmen der Erbauseinandersetzung dem Ehegatten/Kindern die Steuerprivilegierung erhalten. Es ist davon auszugehen, dass dies auch dem Willen des Erblassers entsprach und er den Testamentsvollstrecker insoweit von den allgemeinen Auseinandersetzungsvorschriften (Versteigerung/Verkauf und Verteilung des Erlöses auf Miterben) befreit hat. Die Frage ist allerdings, ob eine zB bei einer Dauervollstreckung ggf erst Jahrzehnte nach dem Erbfall stattfindende Erbauseinandersetzung dem begünstigten Ehegatten/Kind dann auch noch die volle Steuerbefreiung des Familienheims erhalten kann oder es dann bei der Privilegierung nur nach Quoten verbleibt.

588 OLG Karlsruhe NJW-RR 1994, 905; Staudinger/Reimann, § 2204 Rn 12; Soergel/Damrau, § 2204 Rn 9.
589 Lange/Kuchinke, § 29 V 6; Winkler, Rn 512; Zimmermann, Rn 663.
590 Soergel/Damrau, § 2204 Rn 9, 25.

Zu beachten ist jedoch stets, dass der privilegierte Personenkreis (Ehegatte/Kinder) unverzüglich nach dem Erbfall die **Selbstnutzung** des Familienheims aufnehmen muss. Denn dies ist Grundvoraussetzung der Steuerbefreiung nach § 13 Abs. 1 Nr. 4 b und c ErbStG. Der Testamentsvollstrecker hat im Rahmen seines Verwaltungsrechts die Möglichkeit, dies zu gewährleisten. 802

bb) Ausgleichung nach §§ 2050 ff BGB

Der Testamentsvollstrecker hat bei der Auseinandersetzung zu prüfen, ob gegebenenfalls Ausgleichungen für Vorempfänge vorzunehmen sind. Der Testamentsvollstrecker hat die Regeln über die Ausgleichung von Vorempfängen zu beachten, auch wenn die Ausgleichungspflicht der Rechtsqualität nach weder ein Vermächtnis zu Gunsten des Begünstigten noch eine Nachlassverbindlichkeit darstellt, sondern lediglich eine Berechnungsregel für die Erbteilung.[591] Damit der Testamentsvollstrecker die Vorempfänge berücksichtigen kann, kann er von den Miterben gemäß § 2057 BGB Auskunft verlangen.[592] 803

Achtung: Auch Pflegetätigkeiten eines Abkömmlings sind zu berücksichtigen. Mit der Erbrechtsreform zum 1.1.2010 wurde die bisherige gesetzliche Lücke in § 2204 Abs. 1 BGB formell geschlossen, der auf diesen § 2057 a BGB nicht verwiesen hat. Es war jedoch bislang schon einhellige Meinung, dass dieser § 2057 a BGB, der zum 1.7.1970 eingeführt worden war, nur versehentlich in § 2204 BGB nicht angepasst wurde. Da ohne Berücksichtigung des § 2057 a BGB der Testamentsvollstrecker keinen sinnvollen Auseinandersetzungsplan vorlegen kann, hatte der Testamentsvollstrecker auch bisher den § 2057 a BGB schon zu beachten. 804

Hat ein Abkömmling zu Lebzeiten des Erblassers von diesem Vorempfänge erhalten, so sind diese bei der Auseinandersetzung gegebenenfalls zu berücksichtigen. 805

a) Ausgleichungspflichtige Personen

   Die Ausgleichung findet nur unter den Abkömmlingen statt, die als gesetzliche Erben zur Erbfolge gelangen. Die Ausgleichung setzt einen zu verteilenden Nachlass voraus. Soweit eine letztwillige Verfügung vorliegt, hat gemäß der Auslegungsregel des § 2052 BGB eine Ausgleichung nur zu erfolgen, wenn diese Erbteile den gesetzlichen entsprechen oder wenn sie so bestimmt sind, dass sie zueinander in demselben Verhältnis stehen wie die gesetzlichen Erbteile. Anstelle eines weggefallenen Abkömmlings sind die an seine Stelle tretenden Abkömmlinge zur Ausgleichung verpflichtet.

b) Ausgleichungspflichtige Zuwendungen

   Die ausgleichungsspflichtigen Zuwendungen werden in § 2050 BGB wie folgt eingeteilt:

   - § 2050 Abs. 1, Ausstattung:

     Diese ist auszugleichen, soweit nicht der Erblasser bei der Zuwendung etwas anderes angeordnet hat. Ausstattungen sind Zuwendungen des Erblassers, die

591 Palandt/Edenhofer, § 2050 Rn 2; Bengel in Bengel/Reimann, 1. Kap. Rn 161.
592 Soergel/Damrau, § 2204 Rn 20; Palandt/Edenhofer, § 2057 Rn 1.

er seinem Abkömmling zur Verheiratung oder Begründung einer Lebensstellung oder zu anderen Zwecken des § 1624 BGB gemacht hat (Legaldefinition: § 1624 BGB).

Ausstattungen können sein:

- Mitgift oder Aussteuer anlässlich der Heirat, Einrichtung eines Betriebes, Zahlung der Schulden des Schwiegersohns usw. Erforderlich ist der Ausstattungszweck; es muss sich bei der Zuwendung um eine Form der Existenzhilfe handeln. Die Existenzhilfe ist der Rechtsgrund (eine „causa sui generis") für die Ausstattung. Die Ausstattung stellt deshalb auch keine Schenkung dar und unterliegt nicht der Pflichtteilsergänzung.

Die Ausstattung muss den Vermögensverhältnissen des Zuwendenden entsprechen. Ist diese Angemessenheitsgrenze überschritten, gelten für das sog. „Übermaß" die schenkungsrechtlichen Vorschriften. Es liegen dann zwei Rechtsgeschäfte vor, unterhalb des Übermaßes eine Ausstattung und darüber eine Schenkung, jedes zu einem bestimmten Betrag und mit eigenen rechtlichen Wirkungen.

- § 2050 Abs. 2, Zuschüsse zu Einkünften, Aufwendungen für die Berufsvorbildung:

  Sie sind nur auszugleichen, wenn sie unverhältnismäßig sind, also nicht von der gesetzlichen Unterhaltspflicht umfasst werden. Nicht ausgleichungspflichtig sind also beispielsweise angemessene, auf eine gewisse Dauer und Regelmäßigkeit erfolgende Unterstützungszahlungen der Eltern an ihre verheiratete, von ihrem Ehemann jedoch verlassene Ehefrau. Nicht ausgleichungspflichtig sind auch Zuwendungen der Eltern zu einem neuen, andersartigen Beruf nach Beendigung einer ersten Berufsausbildung.

  Übermaßzuschüsse sind jedoch auszugleichen. Beispiel: Wenn die Eltern ihre Tochter mit monatlich 2.000 Euro unterstützt hätten, obwohl nach den Lebensverhältnissen der Eltern 1.000 Euro angemessen gewesen wären. Ob Angemessenheit oder Übermaß vorliegt, ist danach zu beurteilen, ob der Erblasser angesichts der mutmaßlichen Entwicklung seiner Vermögensverhältnisse die Zuwendung unter Berücksichtigung auch seiner anderen Kinder erbringen konnte.

- § 2050 Abs. 3, Andere Zuwendungen:

  Sie sind dann auszugleichen, wenn der Erblasser die Ausgleichung (spätestens) **bei der Zuwendung** angeordnet hat. Solche Zuwendungen können beispielsweise Schenkung von wertvollem Schmuck, Gemälden usw sein.

  Ausgleichungspflichtige Vorempfänge sind also:

  - Ausstattungen (nicht Übermaßausstattungen, hier kommt Pflichtteilsergänzung in Betracht),
  - Übermaßzuschüsse zu Einkünften und Berufsfortbildung,

- andere Zuwendungen (Schenkungen), wenn bei der Zuwendung eine Ausgleichungspflicht angeordnet wurde.

  Achtung: Für die Ausgleichung ist unerheblich, wie lange die Zuwendung zurückliegt, es gilt insbesondere keine 10-Jahres-Frist.

c) Durchführung der Ausgleichung

Gemäß § 2055 BGB werden sämtliche ausgleichungspflichtigen Zuwendungen dem Nachlass hinzugerechnet und jedem Miterben der Wert seiner ausgleichungspflichtigen Zuwendung auf sein Erbteil angerechnet. Das Ehegattenerbteil ist vorher auszuscheiden, da der Ehegatte an der Ausgleichung nicht beteiligt ist (nur „Abkömmlinge").

Beispiel: Der in Zugewinngemeinschaft verheiratete Erblasser E hinterlässt seine Ehefrau F, 806
sowie die 4 Kinder K1 bis K4. Der Nachlasswert beträgt 2 Mio. Euro. An Ausstattung haben (jeweils bereits hochindexiert) erhalten: K1 500.000, K2 400.000, K3 100.000, K4 0.
Wie ist der Nachlass zu verteilen?
Lösung:
F erhält vorab ihren Erbteil von 1 Mio. Euro.
Für die Abkömmlinge verbleibt ein zu verteilender Nachlass in Höhe von 1 Mio. Euro (= realer Ausgangsnachlass).
Unter Hinzurechnung sämtlicher Vorempfänge ergibt sich ein fiktiver Ausgleichsnachlass in Höhe von 2 Mio. Euro, dividiert durch 4 = 500.000 Euro.

Danach erhält K1	500.000 Euro
./. Vorempfang	500.000 Euro
	0 Euro
K2	500.000 Euro
./. Vorempfang	400.000 Euro
	100.000 Euro
K3	500.000 Euro
./. Vorempfang	100.000 Euro
	400.000 Euro
K4	500.000 Euro

Hat ein Miterbe als ausgleichungspflichtige Zuwendung mehr erhalten als ihm bei der Auseinandersetzung zukommen würde, muss er den Mehrempfang nicht herausgeben. Er erhält dann aber vom vorhandenen Nachlass auch nichts.

Beispiel: Hätte K1 einen ausgleichungspflichtigen Vorempfang in Höhe von 600.000 Euro 807
erhalten, bliebe der Wert seiner Zuwendung und sein Erbteil außer Ansatz.
Der Ausgleichungsnachlass beträgt dann 1,5 Mio. Euro.
Dieser Betrag ist dann durch die Anzahl der verbliebenen Ausgleichsbeteiligten, nämlich K2, K3 und K4 zu teilen, so dass sich für jeden von ihnen ein „gebührender Anteil" am Nachlass mit 500.000 Euro errechnet, von welchem die eigenen Vorempfänge dann wiederum in Abzug zu bringen sind, woraus sich dann der Auseinandersetzungsanteil ergibt.

d) Ausgleichungspflichtige Leistungen gemäß § 2057 a BGB (Ausgleichung mit „umgekehrten Vorzeichen")

Ein Abkömmling des Erblassers, der letztlich dazu beigetragen hat, dass das Vermögen des Erblassers erhalten oder vermehrt wurde, kann hierfür einen Ausgleich verlangen.

Die Ausgleichung findet bei der Auseinandersetzung nur unter Abkömmlingen des Erblassers und nur, wenn diese zur gesetzlichen Erbfolge gelangen oder wenn sie entsprechend § 2052 BGB testamentarisch auf ihre gesetzlichen Erbteile oder im Verhältnis ihrer gesetzlichen Erbteile eingesetzt sind, statt. Mit dem **Gesetz zur Änderung des Erb- und Verjährungsrechts** zum 1.1.2010[593] wurde der Satz 2 des § 2057 a BGB geändert. Nicht umgesetzt wurde dabei die geplante Erweiterung auf alle gesetzlichen Erben. Es verbleibt weiterhin nur bei den Abkömmlingen als Ausgleichsbeteiligten. Andere den Erblasser pflegende Angehörige als Abkömmlinge erhalten auch künftig keine Honorierung ihrer Pflegeleistungen im Rahmen einer Ausgleichung. Bislang war das Ausgleichsrecht für den pflegenden Abkömmling aber davon abhängig, dass die Betreuung einen völligen oder teilweisen Verzicht auf eigenes berufliches Einkommen notwendig machte.[594] Dieses Erfordernis des Verzichts auf eigenes Berufseinkommen ist entfallen. Nunmehr werden berufstätige Abkömmlinge, die gerade eine Doppelbelastung durch Beruf und Pflege getragen haben, ebenfalls berücksichtigt.

Der Ehegatte des Erblassers ist aber nach wie vor auch hier an der Ausgleichung nicht beteiligt.

808 **Beispiel:** Der Erblasser hinterlässt seine Ehefrau F, mit welcher er im gesetzlichen Güterstand lebte, sowie seinen Sohn S und seine Tochter T. Der Nachlass beträgt 180.000 Euro. Die T hat den Vater bis zu seinem Tode insgesamt fast 3 Jahre gepflegt. Der Wert ihrer Pflegeleistung beträgt 30.000 Euro.
Wie verteilt sich der Nachlass unter den Erben?
Lösung:
Gesetzliche Erben sind F zu $1/_2$, S und T zu je $1/_4$.
1. Schritt, Feststellung des Werts des Nachlasses, der den Abkömmlingen zufällt, unter denen die Ausgleichung stattfindet:
F nimmt an der Ausgleichung nicht teil. Sie erhält entsprechend ihrem Erbteil 90.000 Euro. Dieser Betrag ist vom realen Nachlass abzuziehen. Der für S und T verbleibende Nachlass beträgt damit 90.000 Euro.
2. Schritt, Berechnung des Ausgleichungsnachlasses durch Abzug der Pflegeleistung: Da T für ihre besonderen Leistungen einen Ausgleich verlangen kann, ist zunächst der Ausgleichungsnachlass zu ermitteln. Dieser beträgt 90.000 Euro abzüglich 30.000 Euro = 60.000 Euro. Hiervon steht S und T je $1/_2$ = 30.000 Euro zu.
3. Schritt, Berechnung des Auseinandersetzungsanspruchs:
T erhält ihren so ermittelten Ausgleichungserbteil zuzüglich der Pflegeleistung, also 30.000 Euro + 30.000 Euro = 60.000 Euro.
S erhält damit 30.000 Euro, F erhält 90.000 Euro.
Variante:
S hatte von seinem Vater einen ausgleichungspflichtigen Vorempfang in Höhe von 50.000 Euro erhalten.
Lösung:
1. Schritt:
Für F bleibt es bei ihrem gesetzlichen Erbteil von $1/_2$ = 90.000 Euro, der für S und T verbleibende Nachlass beträgt 90.000 Euro.
2. Schritt, Ermittlung des Ausgleichungsnachlasses durch:

593 BT-Drucks. 16/8954 und 16/13543.
594 Palandt/Edenhofer, § 2057 a Rn 9.

- Hinzurechnung des Voremfangs und
- Abzug des Werts der Pflegeleistung

Verbleibender Nachlass:	90.000 Euro
zuzüglich Vorempfang an S	+ 50.000 Euro
abzüglich Wert der Pflegeleistung durch T	– 30.000 Euro
Ausgleichsnachlass mithin	110.000 Euro

3. Schritt, Berechnung des Auseinandersetzungsanspruchs:
Vom Ausgleichsnachlass erhalten

S und T je $^1/_2$ =	55.000 Euro
S erhält	55.000 Euro
abzüglich Vorempfang	– 50.000 Euro
	5.000 Euro
T erhält	55.000 Euro
zuzüglich Wert der Pflegeleistung	+ 30.000 Euro
	85.000 Euro

F erhält 90.000 Euro.

c) Der Auseinandersetzungsplan

aa) Anhörung der Erben

Nach § 2204 Abs. 2 BGB hat der Testamentsvollstrecker vor Ausführung des Teilungsplanes die Erben **anzuhören.** Sinnvoll ist es gegebenenfalls, die Erben bereits vor endgültiger Planaufstellung anzuhören. So können Bedenken und Anregungen noch berücksichtigt werden.[595] 809

Herrn... 810

Testamentsvollstreckung über den Nachlass des am... verstorbenen...

hier: Auseinandersetzungsplan zur Auseinandersetzung des Nachlasses

Sehr geehrter Herr...

ich habe die mir obliegenden Abwicklungsaufgaben als Testamentsvollstrecker erledigt und nunmehr noch die Auseinandersetzung durchzuführen. Unter Berücksichtigung der gesetzlichen Vorschriften habe ich den als Anlage beigefügten Auseinandersetzungsplan erstellt.

Hiermit gebe ich Ihnen Gelegenheit, zu diesem Plan Stellung zu nehmen.

Für den Fall, dass ich von Ihnen bis

...

keine schriftlichen Einwendungen vorliegen habe, gehe ich davon aus, dass Sie mit dem Auseinandersetzungsplan einverstanden sind. Die übrigen Miterben erhalten von mir ein gleichlautendes Schreiben.

Ich werde anschließend die im Teilungsplan genannten Maßnahmen zum Vollzug der Auseinandersetzung veranlassen.

Mit freundlichen Grüßen

(Unterschrift)

als Testamentsvollstrecker

595 Schaub in Bengel/Reimann, 4. Kap. Rn 236.

811 Anzuhören sind die von der Auseinandersetzung betroffenen Erben, bei minderjährigen Kindern ihre gesetzlichen Vertreter (regelmäßig die Eltern gemäß § 1629 BGB). Ist der gesetzliche Vertreter selbst an der Erbengemeinschaft beteiligt, so ist eine Pflegerbestellung erforderlich (§ 1909 BGB). Gleiches gilt, falls der Testamentsvollstrecker zugleich gesetzlicher Vertreter eines minderjährigen Miterben ist. Ansonsten müsste sich der Testamentsvollstrecker „selbst anhören".[596] Ob für jeden Minderjährigen ein besonderer Pfleger bestellt werden muss, ist strittig.[597]

812 Eine Anhörung sonstiger Personen wie zB Pflichtteilsberechtigter, Vermächtnisnehmer oder Auflagenbegünstigter ist nicht vorgeschrieben, jedoch zulässig.[598]

813 **Unterlässt** der Testamentsvollstrecker die **Anhörung,** so führt dies nicht zur Unwirksamkeit des Teilungsplans. Gegen den Testamentsvollstrecker können sich aber nach § 2219 BGB gegebenenfalls Schadensersatzansprüche ergeben.[599]

814 Ob eine Anhörung erfolgt ist oder nicht, muss dem Grundbuchamt nicht nachgewiesen werden, da dies die Wirksamkeit des Plans nicht berührt.[600]

815 Eine Genehmigung des Plans durch die Erben ist nicht erforderlich,[601] auch keine Genehmigung des Gerichts.[602] Ungeachtet dessen, ob und welche Einwendungen die Erben vorgebracht haben, kann der Testamentsvollstrecker den Plan vollziehen. Ein Widerspruch der Erben gegen den Auseinandersetzungsplan hindert die Ausführung nicht. Der endgültige Plan kann vom Testamentsvollstrecker nicht mehr geändert oder rückgängig gemacht werden. Nach Rücksprache mit allen Erben kann der Plan aber wieder aufgehoben und dann durch einen neuen ersetzt werden.[603]

bb) Gerichtliche Verfahren

816 Miterben, die mit dem Plan nicht einverstanden sind, können vor dem Prozessgericht auf **Feststellung der Unwirksamkeit** des Teilungsplanes klagen (nach herrschender Meinung alle sich dem Plan widersetzenden Erben jeweils für sich bzw in einfacher Streitgenossenschaft).[604]

817 Bei einer erfolgreichen Feststellungsklage auf Unwirksamkeit des Teilungsplanes (§ 256 ZPO) hat der Testamentsvollstrecker einen anderen Plan nach Maßgabe der Urteilsgründe zu erstellen.

818 Landgericht...

- Zivilkammer –

Klage

der...

- Kläger –

---

596 BayObLG 1967, 230/240.
597 Bejahend: Winkler, Rn 520; verneinend: Schaub in Bengel/Reimann, 4. Kap. Rn 237; Damrau ZEV 1994, 1/4; Soergel/Damrau, § 2204 Rn 23.
598 Zimmermann, Rn 673.
599 MünchKomm/Brandner, § 2204 Rn 6; Staudinger/Reimann, § 2204 Rn 31.
600 Winkler, Rn 519.
601 BayObLG 1967, 230/240.
602 Palandt/Edenhofer, § 2204 Rn 4; Soergel/Damrau, § 2204 Rn 23.
603 Soergel/Damrau, § 2204 Rn 22.
604 Palandt/Edenhofer, § 2042 Rn 16.

Prozessbevollmächtigte:...

gegen

Herrn...

in seiner Eigenschaft als Testamentsvollstrecker über den Nachlass des am... verstorbenen...

- Beklagter –

wegen Feststellung

Namens und im Auftrag des Klägers erheben wir Klage zum sachlich und örtlich zuständigen Landgericht... Im Termin zur mündlichen Verhandlung werden wir beantragen wie folgt zu erkennen:

Es wird festgestellt, dass der vom Beklagten am... aufgestellte und verbindlich erklärte Auseinandersetzungsplan zur Auseinandersetzung des Nachlasses des am... verstorbenen... unwirksam ist.

...

Der mit dem Teilungsplan nicht einverstandene Erbe kann **auch einen anderen Auseinandersetzungsplan** aufstellen und den Testamentsvollstrecker bzw die nicht einverstandenen anderen Miterben auf Zustimmung verklagen.[605] Das Gericht prüft dann, ob der Plan der letztwilligen Verfügung und den gesetzlichen Verteilungsregeln entspricht. 819

Landgericht... 820

- Zivilkammer –

Klage

des...

- Kläger –

Prozessbevollmächtigte:...

gegen

Herrn/Frau (Erbe)

- Beklagter zu 1) –

Herrn/Frau (Erbe)

- Beklagter zu 2) –

Herrn...

in seiner Eigenschaft als Testamentsvollstrecker für den Nachlass des am... verstorbenen...

- Beklagter zu 3) –

wegen Auseinandersetzung

Namens und im Auftrag des Klägers erheben wir hiermit Klage zum sachlich und örtlich zuständigen Landgericht... Im Termin zur mündlichen Verhandlung werden wir beantragen wie folgt zu erkennen:

1. Die Beklagten werden verurteilt, der Auseinandersetzung des Nachlasses des am... verstorbenen... gemäß folgendem Teilungsplan zuzustimmen:

   ...

605 Palandt/Edenhofer, § 2042 Rn 16.

2. Der Beklagte zu 3) wird verurteilt, in seiner Eigenschaft als Testamentsvollstrecker in Ausführung des unter Ziffer 1. dargestellten Teilungsplanes an den Kläger folgende Nachlassgegenstände herauszugeben:

   ...

3. Der Beklagte zu 3) wird verurteilt, in seiner Eigenschaft als Testamentsvollstrecker in Ausführung des unter Ziffer 1. dargestellten Teilungsplans an den Kläger als Alleineigentümer den im Grundbuch des Amtsgerichts vom... eingetragenen Grundbesitz... aufzulassen und in die entsprechende Umschreibung des Grundbuchs einzuwilligen.[606]

...

821 **Achtung:** Bei Eilbedürftigkeit können die nicht einverstandenen Miterben im Wege einer einstweiligen Verfügung (§ 940 ZPO) beantragen, dass dem Testamentsvollstrecker die Auseinandersetzung gemäß seinem erstellten Plan untersagt wird.[607]

Wenngleich der Plan auch ohne Einverständnis der Erben verbindlich wird, kann auch der Testamentsvollstrecker gegen die widersprechenden Erben zur Rechtsklarheit Feststellungsklage nach § 256 BGB erheben.[608]

cc) Vollzug des Auseinandersetzungsplans

822 **Auseinandersetzungsplan**

für den Nachlass des am... verstorbenen...

I. Feststellungen zur Erbfolge und Erblasseranordnungen (letztwillige Verfügung, Testamentsvollstreckung, Teilungsanordnung usw.)

   ...

II. Feststellung des Nachlasses zum Todeszeitpunkt/Amtsannahme (Nachlassverzeichnis)

   ...

III. Feststellung des Auseinandersetzungsnachlasses (nach Erfüllung der Nachlassverbindlichkeiten und Verwertung von Nachlassgegenständen)

   ...

IV. Aufteilung des Nachlasses (auf die Erben entsprechend der Erbquote entfallende Werte)

   ...

V. Ausgleichung (Vorempfänge)

   ...

VI. Auseinandersetzungsplan

   Es ergibt sich folgende Teilung des Reinnachlasses:

   1. Erbe 1 erhält...
   2. Erbe 2 erhält...
   3. Erbe 3 erhält...

VII. Vollzug des Auseinandersetzungsplans (Erklärung zu Mitwirkung der Erben bei Zuteilung von Nachlassgegenständen, Umlegung der Erbschaftsteuer entsprechend der Erbquote, Umlegung der Testamentsvollstreckervergütung entsprechend der Erbquote)

(Unterschrift)

als Testamentsvollstrecker

606 In Anlehnung an Littig in Krug/Rudolf/Kroiß, Erbrecht, § 13 Rn 224; Locher, Mes, Beck'sches Prozessformularbuch S. 676.

607 Soergel/Damrau, § 2204 Rn 25; Zimmermann, Rn 1979.

608 MünchKomm/Brandner, § 2204 Rn 8; Schaub in Bengel/Reimann, 4. Kap. Rn 244.

Der vom Testamentsvollstrecker erstellte Auseinandersetzungsplan hat nur **schuldrechtliche, keine dingliche Wirkung.** Entsprechend dem Aufteilungsplan sind deshalb noch die entsprechenden Verfügungsakte bezüglich der betroffenen Gegenstände vorzunehmen. Bewegliche Sachen hat der Testamentsvollstrecker nach den §§ 929 ff BGB durch Einigung und Übergabe zu übereignen. Forderungen sind nach § 398 BGB abzutreten, Grundstücke aufzulassen und der Eigentumswechsel im Grundbuch einzutragen nach §§ 873, 925 BGB. 823

Achtung: Soll bei Vollzug des Auseinandersetzungsplans der Testamentsvollstrecker den Miterben ein Grundstück übertragen, so bedarf es hierfür keines schuldrechtlichen Vertrages nach § 311 Abs. 1 BGB. Der schuldrechtliche Grund liegt in der Teilungsregelung. Dem Grundbuchamt gegenüber ist die Eigenschaft des Erwerbers als Miterben in der Form des § 35 GBO (zB durch Erbschein) nachzuweisen. Der Testamentsvollstrecker hat die Erklärung abzugeben, dass er das Grundstück dem Miterben in Ausführung des Teilungsplans auf Rechnung seines Erbteils, also nicht unentgeltlich überträgt.[609] Gegenleistung ist die Aufgabe der Gesamthandsberechtigung am Nachlass und damit des Auseinandersetzungsanspruchs.[610] Der Testamentsvollstrecker muss seine Eigenschaft als Testamentsvollstrecker nachweisen (idR durch Testamentsvollstreckerzeugnis). 824

Achtung: Der Testamentsvollstrecker hat zu beachten, dass er einem Miterben nicht mehr zuteilt, als ihm nach seiner Erbquote zusteht. Denn dann läge „Unentgeltlichkeit" vor und die Verfügung wäre unwirksam.[611] 825

Ist der Testamentsvollstrecker zugleich Miterbe, so kann regelmäßig angenommen werden, dass der Erblasser dem Testamentsvollstrecker die Vornahme von Rechtsgeschäften mit sich selbst gestattet hat. Der Testamentsvollstrecker kann dann das ihm selbst nach dem Teilungsplan Zugeteilte annehmen, insbesondere Grundstücke an sich selbst auflassen.[612] 826

Rein faktisch kann ein Miterbe die Ausführung des Plans dadurch verhindern, dass er einem Mitwirkungsakt beim Vollzug des Auseinandersetzungsplans nicht nachkommt, zB beim Notar die Auflassung für ein ihm zuzuteilendes Grundstück nicht vornimmt.[613] In diesem Fall kann der Testamentsvollstrecker die Mitwirkung des Erben notfalls aber im Klagewege erzwingen. 827

1. Der Beklagte wird verurteilt, in Ausführung des vom Kläger in seiner Eigenschaft als Testamentsvollstrecker für den Nachlass des am... verstorbenen... aufgestellten Teilungsplans vom... folgende Nachlassgegenstände entgegenzunehmen: 828

   ...

2. Der Beklagte wird verurteilt, in Ausführung des vom Kläger in seiner Eigenschaft als Testamentsvollstrecker für den Nachlass des am... verstorbenen... aufgestellten Teilungsplans vom... in die Auflassung des im Grundbuch des Amtsgerichts... vom... eingetragenen Grundstücks einzuwilligen.[614]

609 Winkler, Rn 527.
610 BayObLG 1986, 208/210.
611 BGH NJW 1963, 613; Haegele BWNotZ 279.
612 Staudinger/Reimann, § 2204 Rn 40; MünchKomm/Brandner, § 2204 Rn 12.
613 Schaub in Bengel/Reimann, 4. Kap. Rn 256.
614 Formulierungsbeispiel nach Littig in Krug/Rudolf/Kroiß, Erbrecht § 13 Rn 225.

d) Teilung durch Auseinandersetzungsvertrag

aa) Ersetzung des Aufteilungsplans

829 Die Auseinandersetzung kann auch dadurch durchgeführt werden, dass die Erben mit dem Testamentsvollstrecker einen **Erbauseinandersetzungsvertrag** schließen. Auf eine solche einvernehmliche Auseinandersetzung sollte der Testamentsvollstrecker stets hinwirken.[615] Ein Auseinandersetzungsvertrag tritt an die Stelle des Aufteilungsplanes.[616] Nur unter sich und gegen den Willen des Testamentsvollstreckers können die Erben einen Auseinandersetzungsvertrag nicht vereinbaren.[617] Stimmen die Miterben einem Teilungsplan des Testamentsvollstreckers ausdrücklich zu, so wird dies als konkludent geschlossener Auseinandersetzungsvertrag ausgelegt.[618] Anders ist es, wenn die Erben zum Teilungsplan gehört werden und sich dazu nicht äußern. Zwar wird in dem Anschreiben des Testamentsvollstreckers an die Erben regelmäßig eine Frist gesetzt mit der Erklärung, dass der Testamentsvollstrecker davon ausgeht, dass der Erbe mit dem Plan einverstanden ist, falls er nichts Gegenteiliges erklärt. Gleichwohl wird dieses Schweigen nicht als Willenserklärung im Sinne einer Vertragsannahme interpretiert werden können. Der Miterbe hat keine Verpflichtung, eine etwaige abweichende Meinung zum Ausdruck zu bringen.[619] Die Fristsetzung durch den Testamentsvollstrecker ist demzufolge rechtlich folgenlos für die Erben.

830 Der Auseinandersetzungsvertrag bedarf – im Gegensatz zum Teilungsplan, bei dem eine Anhörung genügt – der **ausdrücklichen Mitwirkung** der Erben. Es handelt sich um einen gegenseitigen schuldrechtlichen Vertrag, der Rechtsgrund für einen Erwerb der Nachlassgegenstände durch die Erben bildet.[620]

831 Der Vorteil des Auseinandersetzungsvertrages liegt zum einen in der psychologischen Seite. Die Erben wirken an der Auseinandersetzung selbst unmittelbar mit, ihnen wird nicht vom Testamentsvollstrecker einseitig etwas aufgedrängt. Rechtlich besteht im Rahmen eines Erbauseinandersetzungsvertrages die Möglichkeit, einvernehmlich von den Erblasseranordnungen abweichende Aufteilungen des Nachlasses vorzunehmen. Insbesondere ist bei Zustimmung aller Erben sichergestellt, dass ein Rechtsgeschäft, mit dem einem Miterben mehr zugeteilt wird als seiner Erbquote entspricht, nicht unentgeltlich und damit nicht nach § 2205 S. 3 BGB unwirksam ist.

832 Der Auseinandersetzungsvertrag hat aber ebenso wie der Auseinandersetzungsplan **nur schuldrechtliche Wirkung,** auch hier ist noch eine dingliche Übertragung der Nachlassgegenstände erforderlich. Insoweit unterscheidet sich der Auseinandersetzungsvertrag nicht vom Auseinandersetzungsplan.[621] Zum Vollzug sind deshalb wiederum die Übertragungsakte durch den Testamentsvollstrecker erforderlich.

833 Grundsätzlich ist der Auseinandersetzungsvertrag **formfrei.** Enthält der Vertrag **jedoch formbedürftige Abreden,** zB Verpflichtungen zur Übertragung eines Grundstücks (§ 313 BGB) oder eines GmbH-Anteils (§ 15 GmbHG), so bedarf er der **entsprechenden**

615 Schaub in Bengel/Reimann, 4. Kap. Rn 259.
616 BayObLG ZEV 1995, 370/371.
617 Zimmermann, Rn 683.
618 Winkler, Rn 518; Zimmermann, Rn 683; aber aA: Damrau ZEV 1994, 1/4.
619 Palandt/Heinrichs, Rn 6 vor § 116.
620 BGH DNotZ 1956, 406; Winkler, Rn 518.
621 Schaub in Bengel/Reimann, 4. Kap. Rn 261.

Form.[622] Übernimmt ein Miterbe im Wege der Erbauseinandersetzung alle Erbanteile, ist dies kein nach § 2371 BGB formgebundener Erbteilsverkauf, sondern ein formfreier Auseinandersetzungsvertrag.[623] Allerdings bedarf der Vollzug dieses Vertrages durch dingliche Übertragung der Erbteile der notariellen Form (§ 2033 BGB).[624]

Auseinandersetzungsvereinbarung 834

zwischen

Herrn...

in seiner Eigenschaft als Testamentsvollstrecker für den Nachlass des am... verstorbenen...

- Testamentsvollstrecker -

und

1.

2.

3.

- Erben -

Ausweislich der sich bei den Akten des Amtsgerichts... – Nachlassgericht – befindlichen Sterbeurkunde (Standesamt... Nr....) ist... in..., zuletzt wohnhaft..., geboren am..., am... verstorben. Der Erblasser hat mit letztwilliger Verfügung vom..., eröffnet durch das Amtsgericht... – Nachlassgericht – als einzigem vorhandenen Testament zu seinen Erben folgende Personen eingesetzt:

1.... mit einer Erbquote zu...

2.... mit einer Erbquote zu...

3.... mit einer Erbquote zu...

Der Erblasser hat in der gleichen Verfügung folgende Teilungsanordnung unter Anrechnung auf den jeweiligen Erbteil/Erbquote bestimmt:

1.... erhält...

2.... erhält...

3.... erhält...

Ferner wurde durch den Erblasser in diesem Testament die Testamentsvollstreckung angeordnet und... zum alleinigen Testamentsvollstrecker für den Nachlass ernannt. Beschränkungen der Tätigkeit des Testamentsvollstreckers sind im Testament nicht vorgesehen. Mangels abweichender Bestimmung von Seiten des Erblassers liegt der gesetzliche Regelfall einer Abwicklungs- und Auseinandersetzungsvollstreckung nach §§ 2203, 2204 BGB vor.

Sämtliche Erben haben die Erbschaft ausdrücklich durch Erklärung gegenüber dem Amtsgericht... – Nachlassgericht – angenommen. Durch das Nachlassgericht wurde auf der Grundlage der letztwilligen Verfügung des Erblassers am... ein Erbschein erteilt.

Mit Erklärung vom... wurde durch den Testamentsvollstrecker gegenüber dem Nachlassgericht die Annahme des Amtes als Testamentsvollstrecker erklärt.

Das Testamentsvollstreckerzeugnis wurde vom Amtsgericht... – Nachlassgericht – am... erteilt.

---

622 Palandt/Edenhofer, § 2042 Rn 4; Damrau ZEV 1994, 1/3; Zimmermann, Rn 684.
623 Schaub in Bengel/Reimann, 4. Kap. Rn 263; Mayer in Mayer/Bonefeld/Wälzholz/Weidlich Rn 375 ff.
624 Schaub in Bengel/Reimann, 4. Kap. Rn 263; Differenzierend: Zimmermann, Rn 684.

Unter diesen Voraussetzungen schließen die Parteien mit der Maßgabe der vorliegenden Feststellungen folgende Vereinbarung über die Auseinandersetzung des Nachlasses des am... verstorbenen...:

...[625]

bb) Genehmigungen

835 Wenn an einer Erbengemeinschaft Kinder beteiligt sind, so können die Eltern für ihre minderjährigen Kinder ohne gerichtliche Genehmigung handeln. Denn der einschlägige § 1643 Abs. 1 BGB verweist nicht auf den § 1822 Nr. 2 BGB.

836 Anders ist dies, wenn der Erbteilungsvertrag oder dessen Vollzug nach § 1643 Abs. 1 BGB genehmigungspflichtige Geschäfte enthält.[626]

837 Sind aber Eltern, ein Elternteil oder andere Verwandte in gerader Linie neben den Kindern an der Erbengemeinschaft, die auseinandergesetzt wird, beteiligt, so können sie die Kinder wegen Interessengegensatzes nicht vertreten (§§ 1629 Abs. 1, 1795 BGB). Es bedarf dann der Bestellung eines Ergänzungspflegers nach § 1909 BGB.[627] Für jeden der minderjährigen Erben ist wegen § 181 BGB ein eigener Pfleger zu bestellen.[628] Der Pfleger braucht dann für die Auseinandersetzung die gerichtliche Genehmigung nach § 1822 Nr. 2 BGB.

838 Ein im gesetzlichen Güterstand lebender Ehegatte bedarf als Miterbe bei der Auseinandersetzung der Zustimmung seines Ehepartners nach § 1365 BGB, falls der Erbteil sein ganzes oder wesentliches Vermögen bildet.[629]

XIX. Überlassung von Nachlassgegenständen an Erben

1. Überlassung mit Amtsbeendigung

839 Mit Beendigung des Amtes sind vom Testamentsvollstrecker die vorhandenen Nachlassgegenstände an den Erben herauszugeben (§ 2218 BGB iVm § 667 BGB).

2. Vorzeitige Freigabe von Nachlassgegenständen

840 Bereits **vor Beendigung des Amtes** kann sich für den Testamentsvollstrecker eine Herausgabepflicht aus § 2217 BGB ergeben. Danach hat der Testamentsvollstrecker Nachlassgegenstände, deren er zur Erfüllung seiner Aufgaben offenbar nicht bedarf, auf Verlangen des Erben freizugeben (§ 2217 Abs. 1 S. 1 BGB).

841 Der Erblasser kann in seiner letztwilligen Verfügung zu dieser Freigabe Regelungen treffen. Er kann den Freigabeanspruch des Erben entgegen § 2217 BGB einschränken bzw den Testamentsvollstrecker von dieser Verpflichtung vollständig freistellen. § 2217 BGB ist in § 2220 BGB nicht genannt, so dass der Erblasser entsprechende Anordnungen treffen kann.[630]

---

625 Formulierungsbeispiel Auseinandersetzungsvereinbarung von Littig in Krug/Rudolf/Kroiß, Erbrecht § 3, Rn 222.
626 Schaub in Bengel/Reimann, 4. Kap. Rn 264.
627 Schaub in Bengel/Reimann, 4. Kap. Rn 265.
628 BGHZ 21, 229; Haegele Rpfleger 1957, 1947; aA: Damrau ZEV 1994, 1/5.
629 BGHZ 35, 135.
630 MünchKomm/Brandner, § 2217 Rn 1; Staudinger/Reimann, § 2217 Rn 2.

a) Freigabefähige Nachlassgegenstände

Welche Nachlassgegenstände der Testamentsvollstrecker gegebenenfalls vorzeitig herauszugeben hat, hängt davon ab, welche Aufgaben ihm der Erblasser zugewiesen hat. 842

Hat der Testamentsvollstrecker im Rahmen des Regeltypus der **Abwicklungsvollstreckung** die letztwillige Verfügung des Erblassers auszuführen, so benötigt er zB die Nachlassgegenstände, mit denen angeordnete Vermächtnisse und Auflagen, gegebenenfalls Teilungsanordnungen zu erfüllen sind. Die Herausgabe dieser Gegenstände würde die Ausführung verhindern und ist deshalb logischerweise nicht möglich.[631] 843

Der Testamentsvollstrecker hat auch regelmäßig Nachlassverbindlichkeiten zu erfüllen und benötigt dazu entsprechende Geldmittel. Es sind so viele Geldmittel zurückzubehalten, damit die Schulden getilgt werden können.[632] Ein etwaiger überschießender Betrag kann freigegeben werden. 844

Bei einer **Auseinandersetzungsvollstreckung** benötigt der Testamentsvollstrecker regelmäßig alle Nachlassgegenstände bis zur Schlussverteilung.[633] Eine vorzeitige Freigabe kann in Betracht kommen, wenn alle Erben damit einverstanden sind, dass ein bestimmter Gegenstand (zB Grundstück) einem Erben überlassen wird. 845

Ist eine **Verwaltungsvollstreckung** nach § 2209 S. 1 1. Hs BGB oder eine **Dauervollstreckung** nach § 2209 S. 1 2. Hs BGB angeordnet, so ist eine Freigabe von Nachlassgegenständen regelmäßig ausgeschlossen.[634] Denn was der Verwaltung des Testamentsvollstreckers unterworfen ist, darf regelmäßig nicht freigegeben werden.[635] 846

b) „Offenbar" nicht benötigte Nachlassgegenstände

Eine Freigabepflicht besteht nur, wenn der Testamentsvollstrecker den Gegenstand **offenbar** zur Erfüllung seiner Obliegenheiten nicht mehr benötigt. Der Testamentsvollstrecker hat insbesondere Mittel zur Erfüllung von Steuerverbindlichkeiten zurückzubehalten. Andernfalls kann der Testamentsvollstrecker sogar als Haftungsschuldner zur Steuerzahlung herangezogen werden.[636] 847

Nachdem das Gesetz von „offenbar" spricht, muss **ohne große Nachforschung und Beweiserhebung** erkennbar sein, dass bei vernünftiger Betrachtungsweise der Gegenstand für die Erfüllung der Testamentsvollstreckeraufgaben keine Rolle mehr spielen wird.[637] Zweifel gehen zu Lasten des Erben.[638] 848

c) Freigabeverlangen

Die entbehrlichen Gegenstände können nur **auf Verlangen** des Erben herausgegeben werden. Ansonsten hat der Testamentsvollstrecker weiterhin die Verwaltungspflicht über diese Gegenstände nach § 2205 BGB. Mehrere Erben müssen das Verlangen ge- 849

631 BGHZ 56, 275; Staudinger/Reimann, § 2217 Rn 10.
632 Staudinger/Reimann, § 2217 Rn 11.
633 MünchKomm/Brandner, § 2217 Rn 3; Staudinger/Reimann, § 2217 Rn 11.
634 Soergel/Damrau, § 2217 Rn 2.
635 MünchKomm/Brandner, § 2217 Rn 3; Staudinger/Reimann, § 2209 Rn 16.
636 MünchKomm/Brandner, § 2217 Rn 10; Staudinger/Reimann, § 2217 Rn 6.
637 Klumpp in Bengel/Reimann, 6. Kap. Rn 172.
638 Zimmermann, Rn 441.

meinsam erklären (§ 2040 Abs. 1 BGB).[639] Ob der Testamentsvollstrecker gegenüber dem Freigabeverlangen ein Zurückbehaltungsrecht hat (zB wegen seines Honorars oder wegen für den Nachlass erbrachter Aufwendungen), ist strittig.[640]

d) Kostentragung bei unterlassener Freigabe

850 Nach herrschender Meinung richtet sich der Anspruch auf Freigabe gegen den Testamentsvollstrecker **persönlich,** weil um sein Verwaltungsrecht gestritten wird. Deshalb soll der Testamentsvollstrecker bei einem Unterliegen die Kosten des Rechtsstreits über eine Freigabe persönlich tragen und nicht dem Nachlass entnehmen können.[641] Nach anderer Ansicht nimmt der Testamentsvollstrecker das Verwaltungsrecht nicht für sich persönlich, sondern zur **Erfüllung seines Amtes** in Anspruch. Das Verwaltungsrecht ist selbst Streitgegenstand. Es bestehe deshalb keine Rechtfertigung, ihm persönlich die Kosten des verlorenen Rechtsstreits aufzuerlegen, wenn seine Weigerung nicht von vornherein offensichtlich unbegründet war. Ansonsten käme es wegen des Prozessrisikos in vielen Fällen zu gegebenenfalls nicht gerechtfertigten vorschnellen Freigaben.[642]

e) Rechtsnatur

851 Nach herrschender Meinung handelt es sich bei der Freigabe um eine einseitige empfangsbedürftige **Willenserklärung** des Testamentsvollstreckers dahingehend, dass auf das Verwaltungs- und Verfügungsrecht über den freizugebenden Gegenstand verzichtet werde.[643]

852 Herrn...

Testamentsvollstreckung über den Nachlass des am... verstorbenen...

<u>hier:</u> Freigabe des Pkw Marke..., Fahrzeug-Identifikationsnummer..., Kilometerstand..., amtliches Kennzeichen...

Sehr geehrter Herr...

der am... verstorbene Erblasser... hat mich in seinem Testament vom... zu seinem Testamentsvollstrecker eingesetzt. Ich habe das Amt bekanntermaßen angenommen und mir wurde vom Amtsgericht... – Nachlassgericht – am... ein Testamentsvollstreckerzeugnis erteilt.

Ausweislich des Nachlassverzeichnisses vom... gehört zum Nachlass auch der Pkw Marke..., Fahrzeug-Identifikationsnummer..., amtliches Kennzeichen... Dieses Fahrzeug ist 10 Jahre alt und wird zur Erfüllung der Testamentsvollstreckeraufgaben nicht benötigt.

Entsprechend Ihrer Aufforderung vom... auf Freigabe dieses Nachlassgegenstandes gebe ich diesen Pkw aus dem Nachlass frei und überlasse Ihnen diesen zu Ihrer Verfügung.

Bitte setzen Sie sich mit mir wegen der Fahrzeugübergabe in Verbindung. Bei dieser Gelegenheit können Ihnen dann auch die Fahrzeugpapiere übergeben werden.

(Unterschrift)

als Testamentsvollstrecker

---

639 Palandt/Edenhofer, § 2217 Rn 3; aA: Muscheler ZEV 1996, 410 (jeder Miterbe kann Freigabe an alle verlangen).

640 Bejahend: MünchKomm/Brandner, § 2217 Rn 5; Staudinger/Reimann, § 2217 Rn 14; aA: Klumpp in Bengel/Reimann, 6. Kap. Rn 175; Muscheler ZEV 1996, 401/402.

641 Lange/Kuchinke, § 31 VIII 1; MünchKomm/Brandner, § 2217 Rn 5; Soergel/Damrau, § 2217 Rn 3.

642 Klumpp in Bengel/Reimann, 6. Kap. Rn 178; Muscheler ZEV 1996, 401/402.

643 Staudinger/Reimann, § 2217 Rn 15; MünchKomm/Brandner, § 2217 Rn 7; Palandt/Edenhofer, § 2217 Rn 5.

Die Freigabe hat Verfügungscharakter.[644] Unstreitig verliert der Testamentsvollstrecker mit der Freigabe das Verwaltungs-, Verfügungs- und Prozessführungsrecht.[645] 853

Achtung: Werden Gegenstände nach § 2217 BGB freigegeben, so endet auch das Zugriffsverbot der Privatgläubiger des Erben nach § 2214 BGB.[646] 854

Unerheblich ist, ob die Voraussetzungen des § 2217 BGB tatsächlich vorlagen.[647] Es kommt allein auf die **Freigabeerklärung** an. Auch eine rechtsgrundlose Freigabe wirkt dinglich. Eine pflichtwidrige Freigabe kann aber Schadensersatzansprüche gegenüber Erben/Vermächtnisnehmer nach § 2219 BGB nach sich ziehen. Nachlassgläubiger können Schadensersatzansprüche haben, wenn die pflichtwidrige Freigabe ihnen gegenüber eine unerlaubte Handlung darstellt.[648]

f) Form

Die Freigabe kann formlos erfolgen und sich auch konkludent aus den Umständen ergeben, zB wenn der Testamentsvollstrecker ein Handelsgeschäft dem Erben zur künftigen Verwaltung in eigenem Namen überlässt.[649] Bezieht sich die Freigabe auf Grundstücke, **so bedarf sie der Form des § 29 GBO.** Der Testamentsvollstreckervermerk nach § 52 GBO muss gelöscht werden. Sowohl der Erbe als auch der Testamentsvollstrecker können die Löschung durch Grundbuchberichtigung nach § 22 GBO beantragen. 855

g) Unberechtigte Freigabe

Hat der Testamentsvollstrecker irrtümlich eine Freigabe erklärt, ohne dass die Voraussetzungen des § 2217 BGB vorlagen, so könnte er gegen die Erben einen schuldrechtlicher Anspruch auf Rückgewähr haben. Der Testamentsvollstrecker müsste dann aber seine Freigabe als Willenserklärung wegen Irrtums über den Erklärungsinhalt (§ 119 Abs. 1 1. Alt. BGB) oder Irrtums in der Erklärungshandlung (§ 119 Abs. 1 2. Alt. BGB) anfechten.[650] Der Kondiktionsanspruch nach § 812 BGB geht dann auf Wiederherstellung des Verwaltungsrechts des Testamentsvollstreckers.[651] 856

Kannte aber der Testamentsvollstrecker das Fehlen der Freigabepflicht und hat er dennoch freigegeben, so ist eine Rückgewähr nach § 814 BGB ausgeschlossen. Bei Unmöglichkeit der Rückgewähr kann gegebenenfalls Wertersatz nach § 818 Abs. 2 BGB in Betracht kommen.[652] 857

h) Nutzungen

Die Freigabepflicht nach § 2217 BGB bezieht sich nur auf „Nachlassgegenstände". Nach herrschender Meinung fallen „Nutzungen" nicht unter die Regelung des § 2217 BGB.[653] Die Herausgabe von Nutzungen richtet sich vielmehr nach § 2216 Abs. 1 BGB 858

644 BayObLG DNotZ 1993, 339; aA: Muscheler ZEV 1996, 401/3 dinglicher Vertrag.
645 Staudinger/Reimann, § 2217 Rn 16; BayObLG DNotZ 1993, 399.
646 MünchKomm/Brandner, § 2217 Rn 8.
647 BGHZ 57, 84/87; Staudinger/Reimann, § 2217 Rn 19.
648 Klumpp in Bengel/Reimann, 6. Kap. Rn 182; MünchKomm/Brandner, § 2217 Rn 9; Soergel/Damrau, § 2217 Rn 9.
649 BGHZ 12, 100/104.
650 Klumpp in Bengel/Reimann, 6. Kap. Rn 190.
651 Staudinger/Reimann, § 2217 Rn 20; MünchKomm/Brandner, § 2217 Rn 9; Palandt/Edenhofer, § 2217 Rn 7.
652 Staudinger/Reimann, § 2217 Rn 20.
653 BGH Rpfleger 1986, 434.

nach den Grundsätzen ordnungsgemäßer Verwaltung.[654] Maßgeblich ist, was der Erblasser angeordnet hat (§ 2216 Abs. 2 BGB), der mutmaßliche Wille des Erblassers bzw die allgemeinen Grundsätze ordnungsgemäßer Verwaltung.

859 Bei einer Dauervollstreckung hat der Testamentsvollstrecker die Nutzungen des Nachlasses zu verwalten, sie gehören zum Nachlass.[655] Mangels Erblasseranordnung muss er sie deshalb regelmäßig nicht an die Erben ausschütten. Nach herrschender Meinung entspricht es jedoch ordnungsgemäßer Verwaltung, dass der Testamentsvollstrecker den Erben aus dem Nachlass die Mittel überlässt, die dieser für nach dem Erbfall bezüglich Nachlassobjekten fällig werdende Steuerzahlungen benötigt (zB Einkommensteuer auf Nachlasserträge).[656] Soweit die Erben bedürftig sind, haben sie einen Anspruch auf Leistungen, damit sie ihren angemessenen Unterhalt bestreiten und ihren Unterhaltspflichten nachkommen können.[657]

860 Bei der Pflichtteilsbeschränkung in guter Absicht besteht ein Anspruch des Abkömmlings auf den jährlichen Reinertrag, wenn der Erblasser nach § 2338 Abs. 1 S. 2 BGB Testamentsvollstreckung angeordnet hat.[658]

i) Freigabe gegen Sicherheitsleistung

861 Nach § 2217 Abs. 2 BGB kann der Testamentsvollstrecker zur Überlassung von Nachlassgegenständen verpflichtet sein, wenn der Erbe entsprechende Sicherheit leistet.

- **Fallgruppe 1:** Freigabe gegen Sicherheit ist möglich bei Verbindlichkeiten, die nicht auf einem Vermächtnis oder auf einer Auflage beruhen. Bezüglich solcher Nachlassverbindlichkeiten kann der Testamentsvollstrecker die Überlassung nicht verweigern, wenn der Erbe ausreichende Sicherheit leistet.[659]
- **Fallgruppe 2:** Bedingte und betagte Vermächtnisse oder Auflagen. Die Erfüllung solcher Vermächtnisse oder Auflagen kann zeitlich weit hinausgeschoben sein. Der Erbe müsste zuwarten, bis die Bedingung eintritt (zB der Erblasser hat zugunsten eines Freundes ein Vermächtnis dergestalt ausgesetzt, dass dieser 100.000 Euro erhält, sobald er sein Studium abgeschlossen hat).

In beiden Fallvarianten kann durch Sicherheitsleistung eine Herausgabe erreicht werden.[660]

862 Als Sicherheit kommt in erster Linie eine **Bankbürgschaft** in Betracht, wenn es um Geldvermächtnisse oder Geldauflagen geht. Nicht vertretbare Sachen wie Familienerbstücke, Gemälde, Kunstgegenstände müssen zurückbehalten werden, der Erbe kann hier keine vorzeitige Herausgabe durch Sicherheit erreichen, weil der Vermächtnisnehmer Anspruch auf den konkreten Gegenstand hat.[661]

---

654 Staudinger/Reimann, § 2217 Rn 6; Palandt/Edenhofer, § 2217 Rn 10; Winkler, Rn 494.
655 BGH NJW-RR 1988, 386.
656 Staudinger/Reimann, § 2217 Rn 13; MünchKomm/Brandner, § 2209 Rn 10.
657 Winkler, Rn 178; Staudinger/Reimann, § 2216 Rn 9.
658 MünchKomm/Brandner, § 2209 Rn 12; MünchKomm/Frank, § 2338 Rn 15.
659 Klumpp in Bengel/Reimann, 6. Kap. Rn 199.
660 Staudinger/Reimann, § 2217 Rn 22; Palandt/Edenhofer, § 2217 Rn 4.
661 Klumpp in Bengel/Reimann, 6. Kap. Rn 209; Zimmermann, Rn 447.

j) Freigaberecht des Testamentsvollstreckers?

§ 2217 BGB regelt lediglich eine Freigabe**pflicht** des Testamentsvollstreckers. Ob der Testamentsvollstrecker zur Freigabe berechtigt ist, sagt § 2217 BGB nichts.[662] Nach herrschender Meinung ist eine Freigabe zulässig, wenn der Erbe zustimmt, selbst für den Fall, dass die Freigabe einer Erblasseranordnung widersprechen würde.[663] 863

k) Prozess

Für den Fall, dass der Testamentsvollstrecker einen berechtigten Anspruch des Erben auf Freigabe nach § 2217 BGB nicht erfüllt, kann er vor dem **Prozessgericht** verklagt werden. Gläubiger ist der Alleinerbe bzw die Miterben gemeinsam (§ 2040 Abs. 1 BGB).[664] 864

Landgericht... 865

- Zivilkammer –

Klage

des Herrn...

- Kläger –

Prozessbevollmächtigte:...

gegen

Herrn...

in seiner Eigenschaft als Testamentsvollstrecker über den Nachlass des am... verstorbenen...

- Beklagter –

wegen vorzeitiger Überlassung von Nachlassgegenständen

Namens und im Auftrag des Klägers erheben wir hiermit Klage zum sachlich und örtlich zuständigen Landgericht. Im Termin zur mündlichen Verhandlung werden wir beantragen wie folgt zu erkennen:

Der Beklagte wird verurteilt, den Pkw... amtliches Kennzeichen..., Fahrzeug-Identifikationsnummer... aus dem Nachlass des am... verstorbenen... freizugeben und dem Kläger zur freien Verfügung zu überlassen sowie sämtliche Kfz-Papiere (Kfz-Schein, Kfz-Brief) herauszugeben.

...

Achtung: Die Freigabe hat weder auf den Testamentsvollstreckervermerk im Erbschein Einfluss, noch muss das Testamentsvollstreckerzeugnis berichtigt werden.[665] 866

XX. Vergütung ohne Erblasserregelung

Unter § 2 Ziff. VI wurden bereits Ausführungen zur Vergütung des Testamentsvollstreckers gemacht, insbesondere im Hinblick auf etwaige Regelungen seitens des Erblassers. 867

Wenn der Erblasser zur Vergütung nichts bestimmt, die Vergütung aber auch nicht ausgeschlossen hat, so kann der Testamentsvollstrecker nach § 2221 BGB eine angemessene Vergütung verlangen. Der Begriff der „Angemessenheit" wird regelmäßig 868

662 BGHZ 56, 275/284.
663 MünchKomm/Brandner, § 2217 Rn 12; Staudinger/Reimann, § 2217 Rn 5; Winkler, Rn 501.
664 MünchKomm/Brandner, § 2217 Rn 5; aA: Muscheler ZEV 1996, 401: jeder Miterbe kann Freigabe an alle Erben gemeinsam verlangen.
665 Soergel/Damrau, § 2217 Rn 8.

durch die dafür entwickelten Tabellen und von der Rechtsprechung erarbeiteten Angemessenheitskriterien ausgefüllt (siehe dazu im Einzelnen oben bei § 2 Ziff. VI). Selbstverständlich kann der Testamentsvollstrecker auch mit allen Erben zur Höhe der Vergütung nach dem Erbfall eine besondere Abrede treffen. Diese ist wirksam, selbst wenn sie etwaigen anderslautenden Anordnungen des Erblassers widersprechen sollte.[666]

1. Vergütung des vermeintlichen Testamentsvollstreckers

869 Stellt sich heraus, dass die Anordnung des Erblassers zur Testamentsvollstreckung von Anfang an unwirksam war (etwa wegen dessen Testierunfähigkeit) oder später durch ein überholendes Ereignis unwirksam wurde (zB später aufgefundenes widerrufenes Testament, Anfechtung der Anordnung), so stellt sich die Frage, ob dieser „vermeintliche Testamentsvollstrecker" gleichwohl einen Vergütungsanspruch hat. Nach dem BGH soll der gutgläubige Testamentsvollstrecker, dessen Tätigkeit die Erben nicht von Anfang an abgelehnt haben, einen Anspruch auf Vergütung nach §§ 675, 612 BGB sowie einen Anspruch auf Aufwendungsersatz nach § 683 BGB haben.[667] Wenn hingegen die Erben von vornherein der Tätigkeit des Testamentsvollstreckers widersprochen haben, dann soll ihm kein Anspruch zustehen (wegen des entgegenstehenden Willens der Erben). Diese Rechtsprechung wird zu Recht kritisiert. Der Testamentsvollstrecker würde bei Widerspruch der Erben gegen seine Amtstätigkeit das volle Risiko tragen, wenn sich seine Ansicht über die Wirksamkeit der Ernennung zum Testamentsvollstrecker später als unrichtig erweist. Der Testamentsvollstrecker müsste – da ihm nach dieser Ansicht keine Vergütung zusteht – seine Tätigkeit einstellen. Hinzu kommt, dass der Testamentsvollstrecker nach dem Willen des Erblassers verpflichtet ist, sein Amt gerade auch gegen den Willen der Erben auszuüben und oftmals schnell und ohne eingehende Untersuchungsmöglichkeit sein Amt antreten muss. Soweit ein Testamentsvollstreckerzeugnis erteilt wird, ergibt sich zu seinen Gunsten auch ein Rechtsschein für die Richtigkeit seiner Amtsausübung. Daher wird dem Testamentsvollstrecker ein Vergütungsanspruch unabhängig vom Widerspruch der Erben allein nach Vertrauensgesichtspunkten analog §§ 2218, 2221 BGB zuzubilligen sein, wenn er gutgläubig annehmen konnte, zum Testamentsvollstrecker berufen zu sein.[668]

2. Geltendmachung des Vergütungsanspruchs

870 Der Testamentsvollstrecker kann seine Vergütung nicht selbst festsetzen, es sei denn, der Erblasser hat im Testament angeordnet, dass der Testamentsvollstrecker die Höhe seiner Vergütung bestimmen kann.[669]

871 Der Testamentsvollstrecker hat den Erben mitzuteilen, welchen Betrag er für angemessen hält und kann den Betrag dem Nachlass entnehmen. Bei Streit über den vom Testamentsvollstrecker angesetzten Betrag kann entweder der Testamentsvollstrecker Feststellungsklage gegen die Erben nach § 256 ZPO oder die Erben ihrerseits Klage gegen

666 Zimmermann, Rn 697.
667 Zimmermann, Rn 717; BGH NJW 1963, 1615.
668 Soergel/Damrau, § 2221 Rn 80; Winkler, Rn 632.
669 BGH NJW 1957, 1947/8.

den Testamentsvollstrecker auf Rückzahlung des zuviel entnommenen Vergütungsbetrages erheben.

3. Fälligkeit der Vergütung

Eine gesetzliche Regelung zur Fälligkeit des Testamentsvollstreckerhonorars gibt es nicht. Die Vergütung wird mangels anderer Regelung durch den Erblasser deshalb als einmalige Zahlung grundsätzlich erst nach Beendigung der Tätigkeit fällig. Bei länger dauernden Verwaltungen wird dem Testamentsvollstrecker jedoch zugestanden, in regelmäßigen Abständen (jährlich) Vergütungen entnehmen zu dürfen.[670] 872

4. Schuldner der Vergütung

Sofern der Erblasser nichts anderes geregelt hat, muss die Vergütung im Außenverhältnis von den Erben als Gesamtschuldner getragen werden. Es handelt sich um eine gemeinschaftliche Nachlassverbindlichkeit (§§ 2046, 2058 BGB). Jeder Miterbe ist gegenüber dem Testamentsvollstrecker zum vollen Ersatz verpflichtet. Im Innenverhältnis hingegen richtet sich die Vergütung nach den jeweiligen **Erbquoten,** wie sie sich aus dem Erbschein ergeben (§ 426 BGB).[671] 873

Regelmäßig ist ein begünstigter Vermächtnisnehmer an den Kosten des Testamentsvollstreckerhonorars nicht zu beteiligen. Denn es handelt sich bei der Vergütung um eine Nachlassverbindlichkeit, mit der der Erbe belastet ist.[672] 874

Bei einer Testamentsvollstreckung nur für einen Miterben wird die Auffassung vertreten, dass gleichwohl alle Miterben – nicht nur der unter Testamentsvollstreckung stehende Miterbe – das Testamentsvollstreckerhonorar zu tragen haben.[673] Der Testamentsvollstrecker kann deshalb auch einen Miterben, der nicht unter Testamentsvollstreckung steht, für die Zahlung der Vergütung in Anspruch nehmen. Für den Fall, dass der Erblasser dies nicht für gerechtfertigt hält, sollte er das in seinem Testament entsprechend regeln (siehe § 2 IV. 7.). 875

5. Entnahme

Der Testamentsvollstrecker hat das Recht, seine Vergütung aus dem Nachlass zu entnehmen.[674] Es handelt sich um eine **Nachlassverbindlichkeit,** die der Testamentsvollstrecker entsprechend **§ 181 BGB** selbst erfüllen kann. Der Anspruch des Testamentsvollstreckers hinsichtlich seiner Vergütung geht auf **Geldzahlung.** Sachwerte zur Erfüllung seiner Honorarforderung darf er deshalb dem Nachlass nicht entnehmen.[675] Der Testamentsvollstrecker könnte allerdings die Sachwerte im Rahmen eines zulässigen In-Sich-Geschäfts an sich veräußern und dann den Kaufpreis mit dem Vergütungsanspruch verrechnen.[676] 876

670 Staudinger/Reimann, § 2221 Rn 70; Tilling ZEV 1998, 333.
671 BGH NJW 1997, 1362.
672 OLG Karlsruhe ZEV 2001, 285; Muscheler ZEV 1996, 185.
673 BGH NJW 1997, 1362; Winkler ZEV 2003, 413; aA: OLG Hamburg NJW-RR 1996, 455.
674 BGH NJW 1963, 1615; Eckelskemper in Bengel/Reimann, 10. Kap. Rn 64; Winkler, Rn 623.
675 Staudinger/Reimann, § 2221 Rn 21.
676 Zimmermann, Rn 728.

877 Wegen seines Rechts zur Entnahme der Vergütung hat der Testamentsvollstrecker kein Recht auf einen Vorschuss. Deshalb ist § 669 BGB in § 2218 BGB auch nicht erwähnt.[677]

878 Sollte der Testamentsvollstrecker zuviel an Vergütung entnehmen, können die Erben ihn auf Rückzahlung nach § 812 BGB in Anspruch nehmen. Bei diesem Rückforderungsprozess ist dann inzidenter die Angemessenheit der Testamentsvollstreckervergütung zu klären.

879 Gegebenenfalls kann der Testamentsvollstrecker Nachlassgegenstände veräußern, um seine Vergütung damit abzudecken. Eine Veräußerung unter Wert dürfte jedoch Schadensersatzansprüche der Erben nach sich ziehen, falls der Testamentsvollstrecker nicht vorab die Erben aufgefordert hat, die fällige Vergütung mit eigenen Mitteln zu bezahlen.

880 Die Entnahme einer unangemessen hohen Vergütung kann uU eine strafrechtliche Untreue darstellen. Sie kann den Testamentsvollstrecker zu Schadensersatz nach § 2219 BGB verpflichten sowie einen Entlassungsgrund nach § 2227 BGB darstellen.

---

677 BGH WM 1971, 101; Eckelskemper in Bengel/Reimann, 10. Kap. Rn 129.

Stichwortverzeichnis

Fette Zahlen verweisen auf Kapitel, magere Zahlen auf Randnummern.

FSC
www.fsc.org
MIX
Papier | Fördert gute Waldnutzung
FSC® C083411

Kolibri 360 GmbH
Ferdinand-Jühlke-Straße 7
99095 Erfurt, Deutschland
produktsicherheit@kolibri360.de